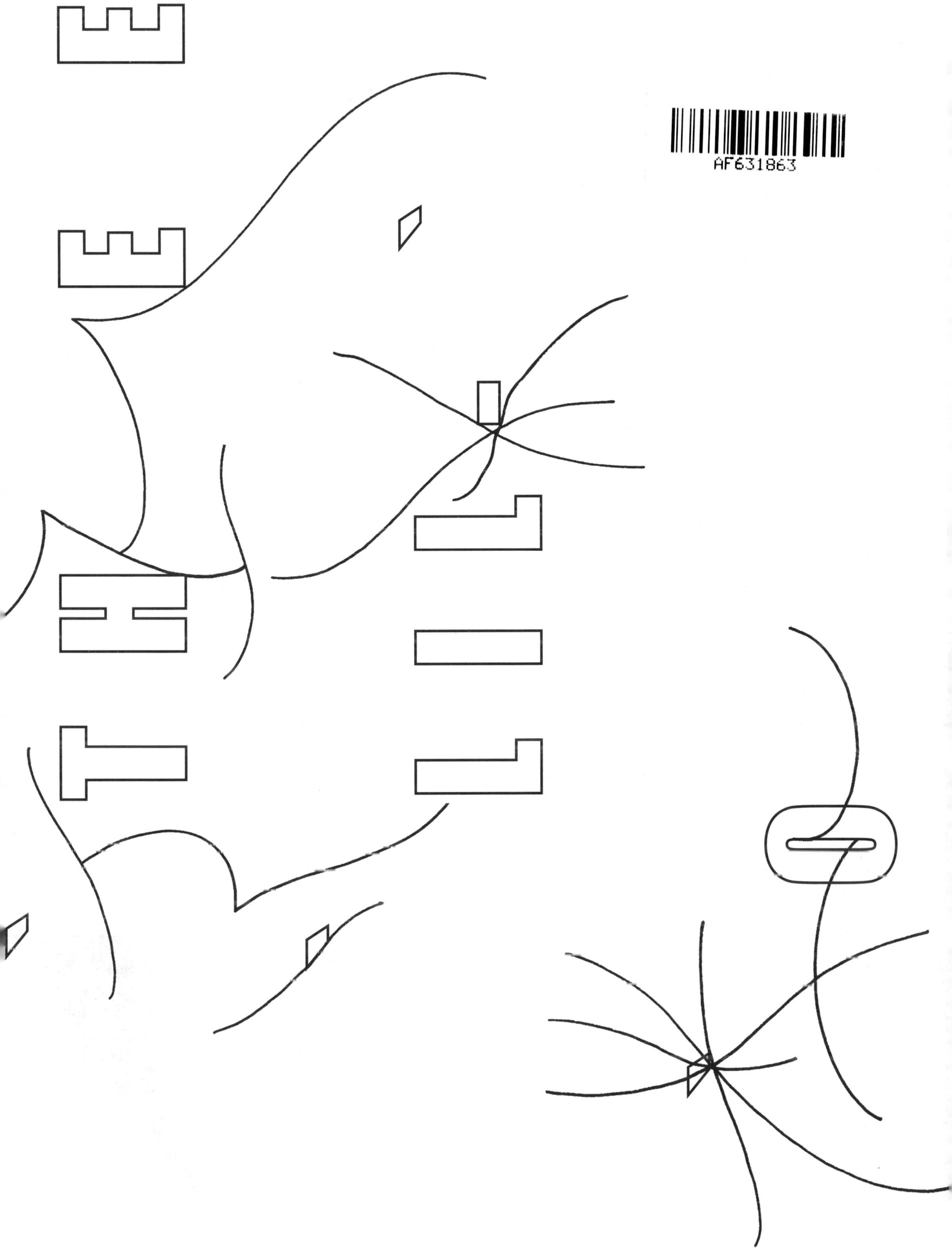

AF631863

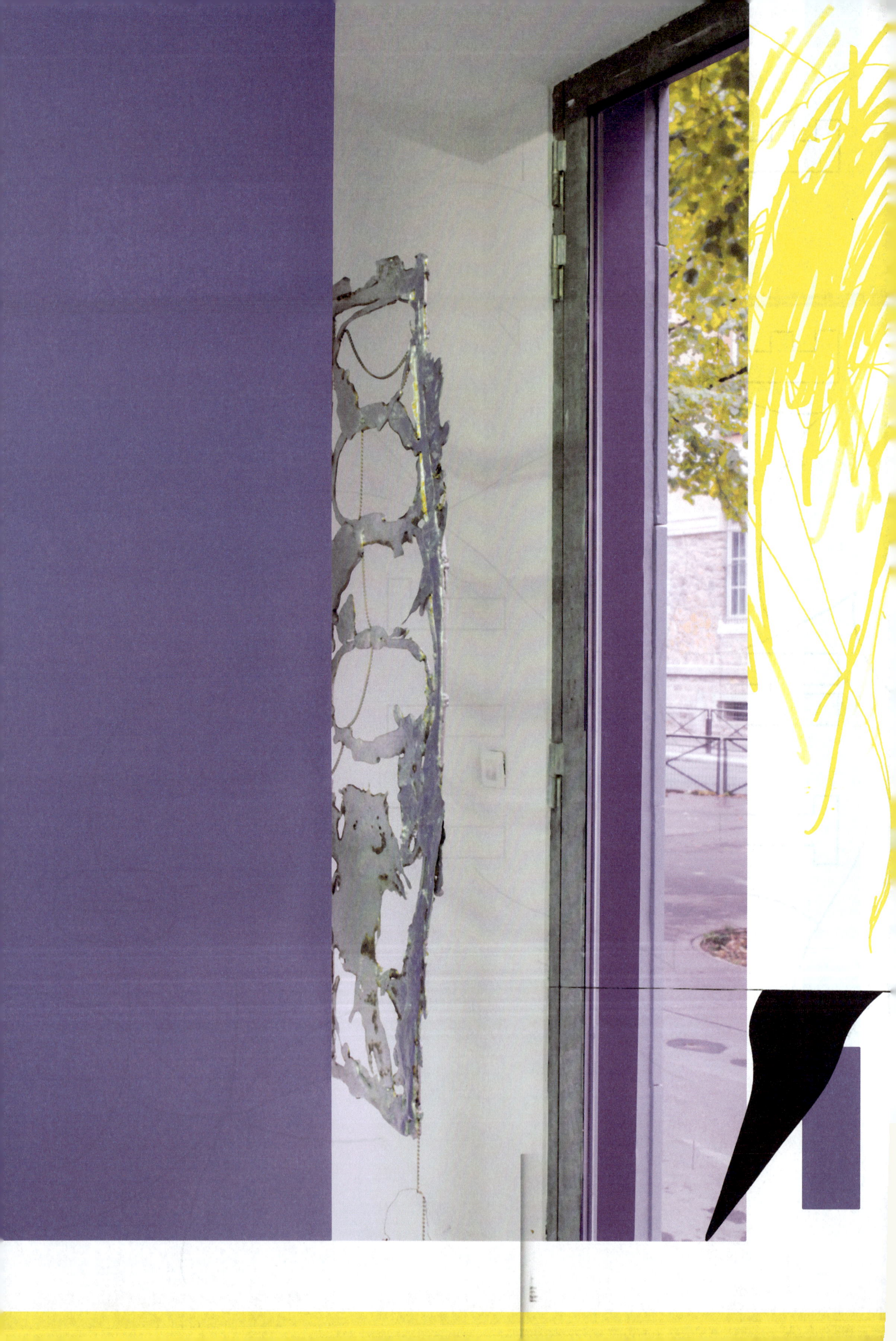

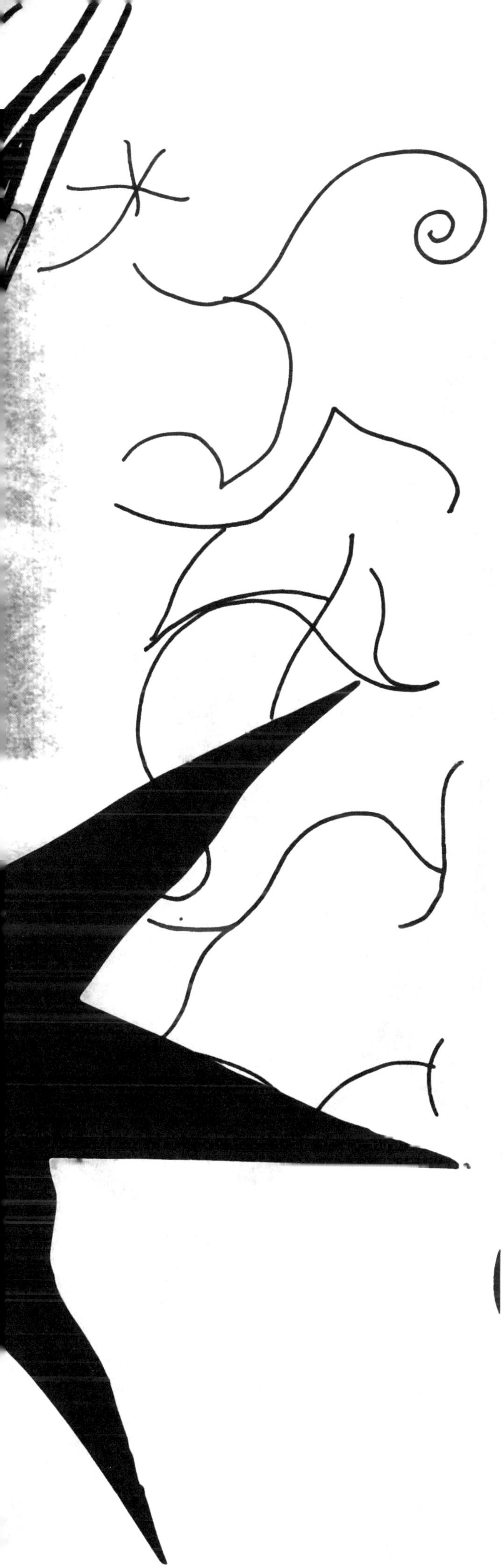

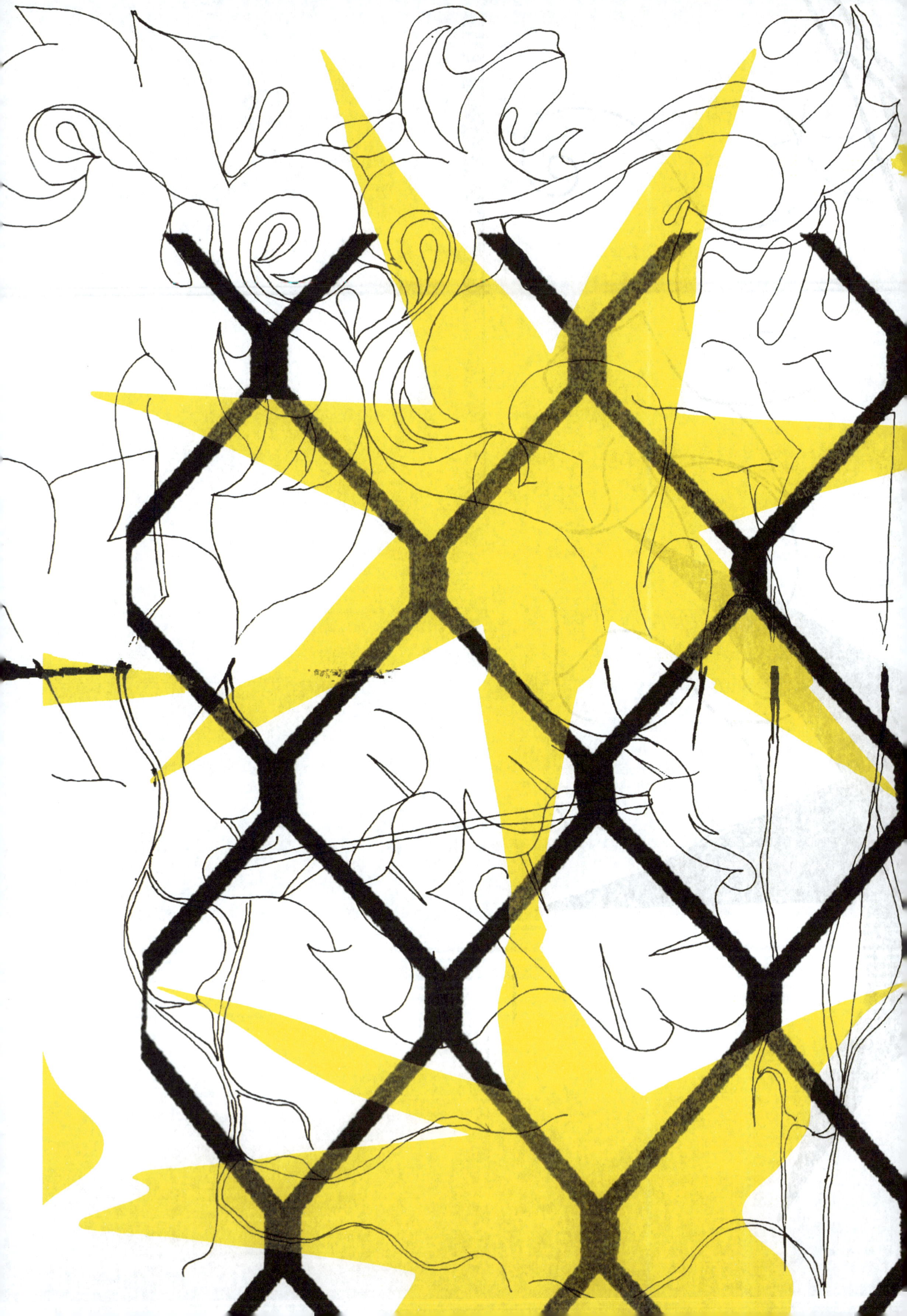

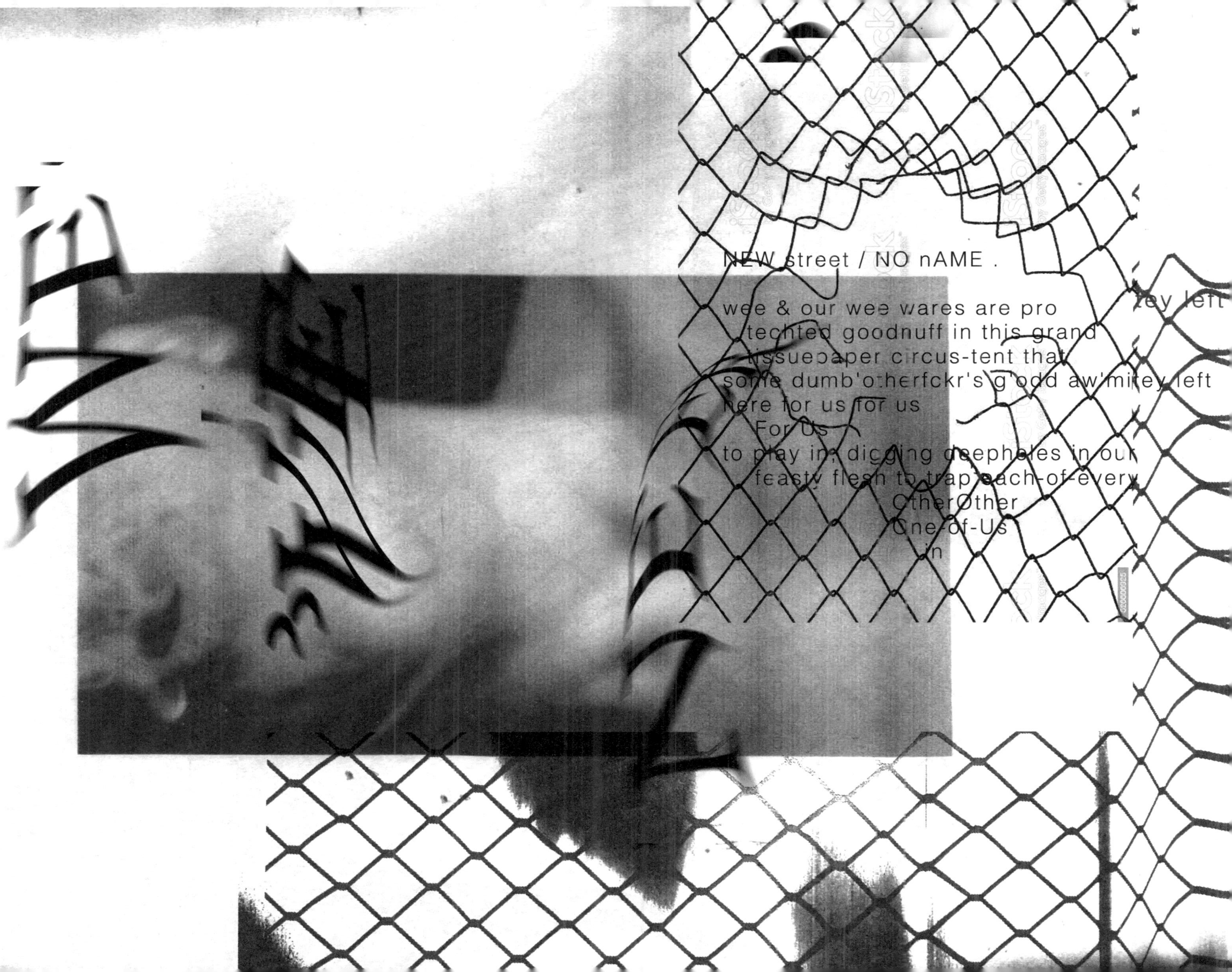

NEW street / NO nAME .

wee & our wee wares are pro
  techted goodnuff in this grand
  tissuepaper circus-tent that
some dumb'otherfckr's g'odd aw'mitey left
here for us for us
    For Us
to play in; digging deepholes in our
    feasty flesh to trap each-of-every
            OtherOther
            One-of-Us
              in

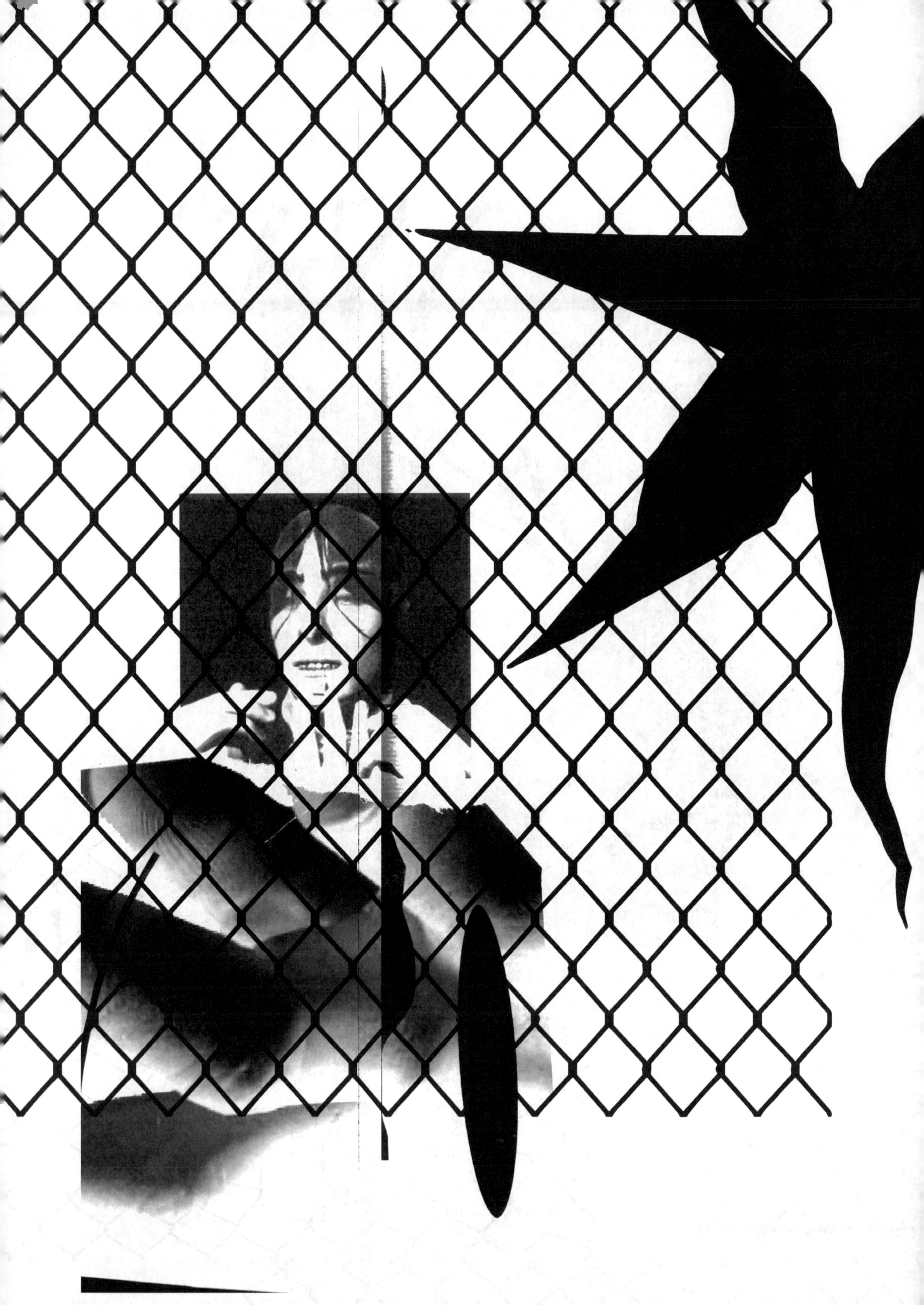

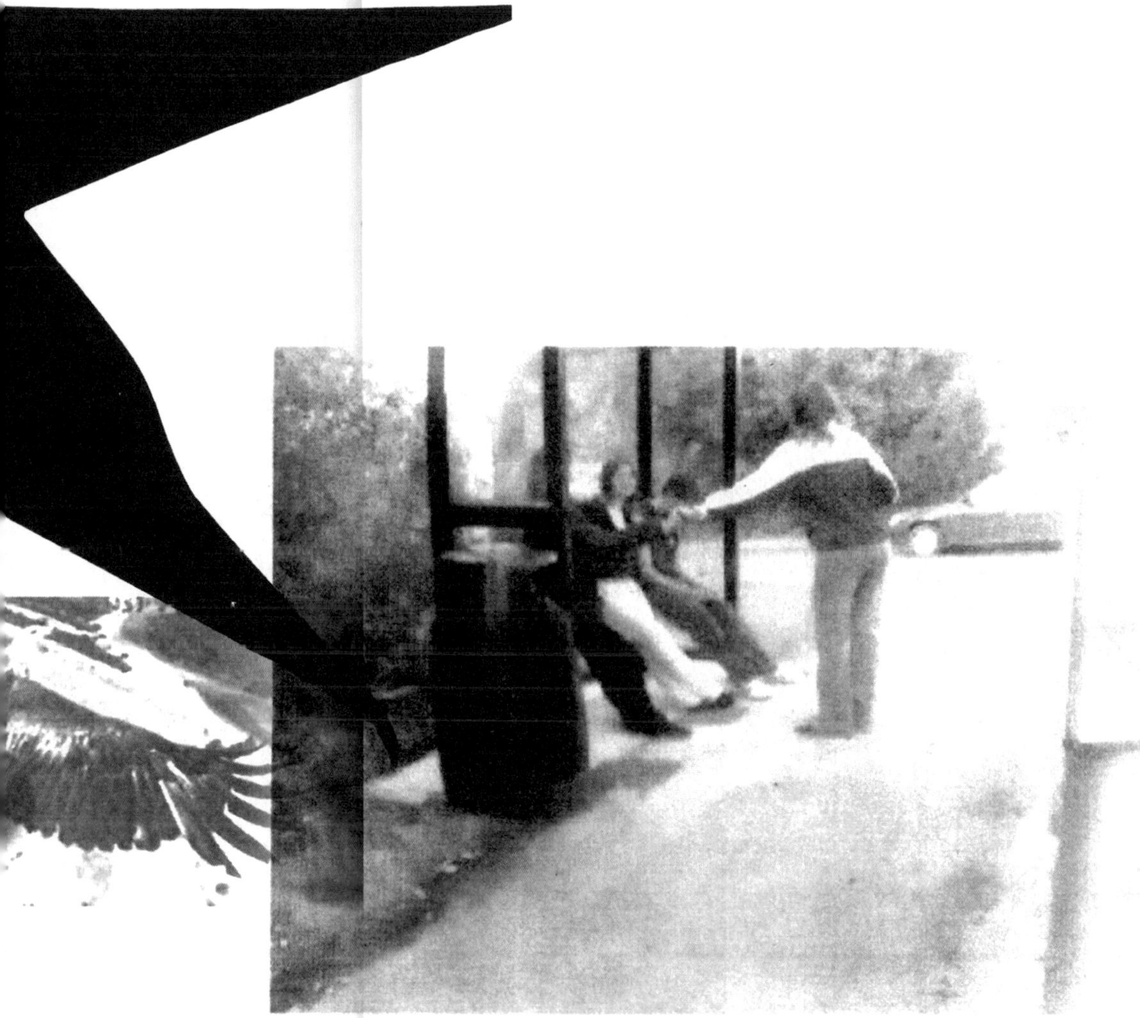

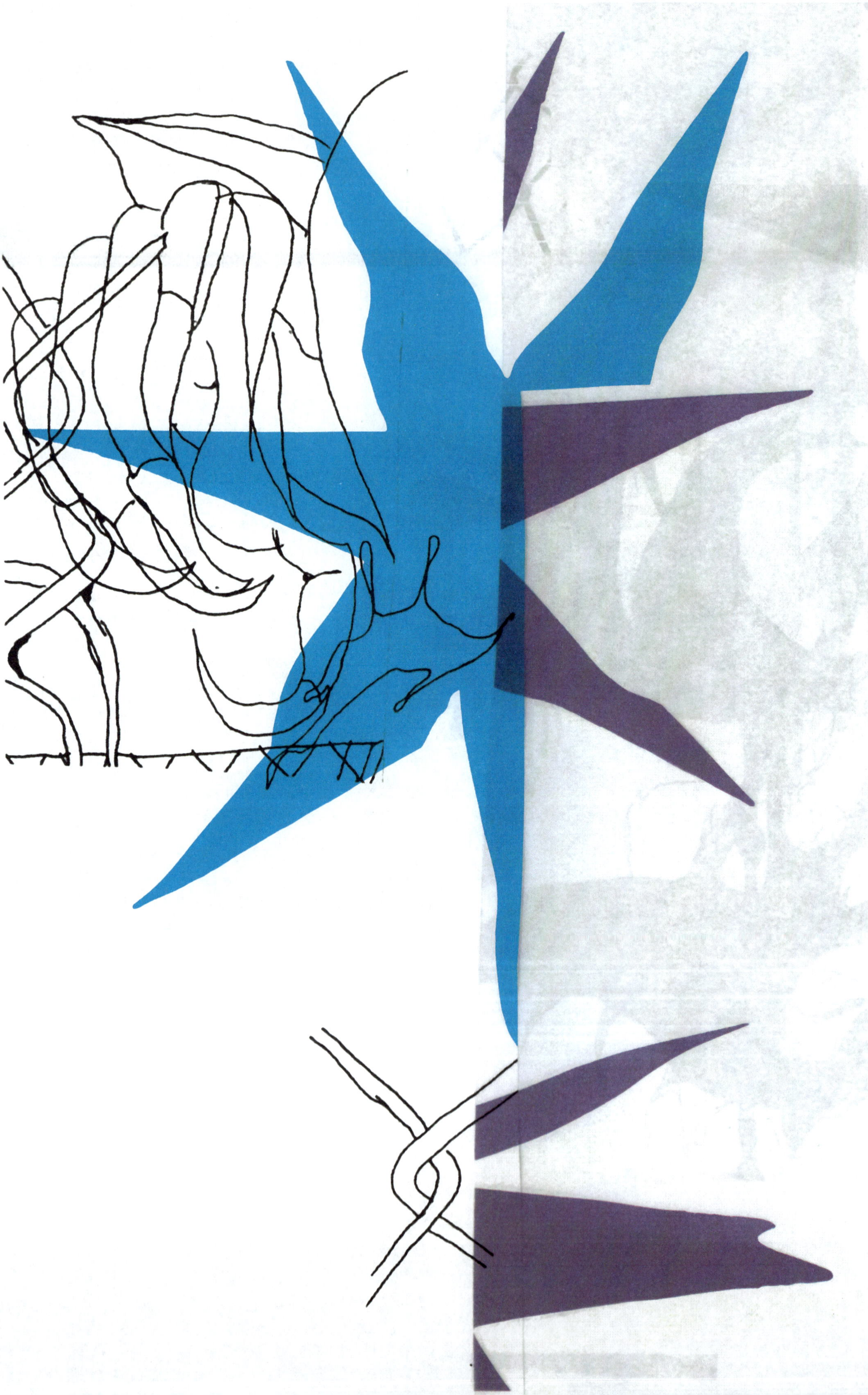

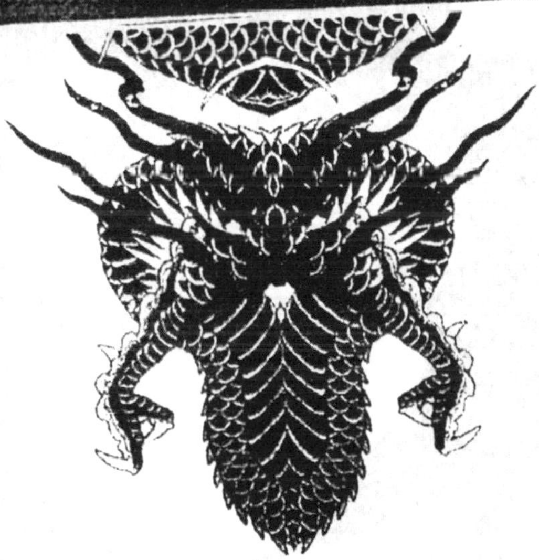

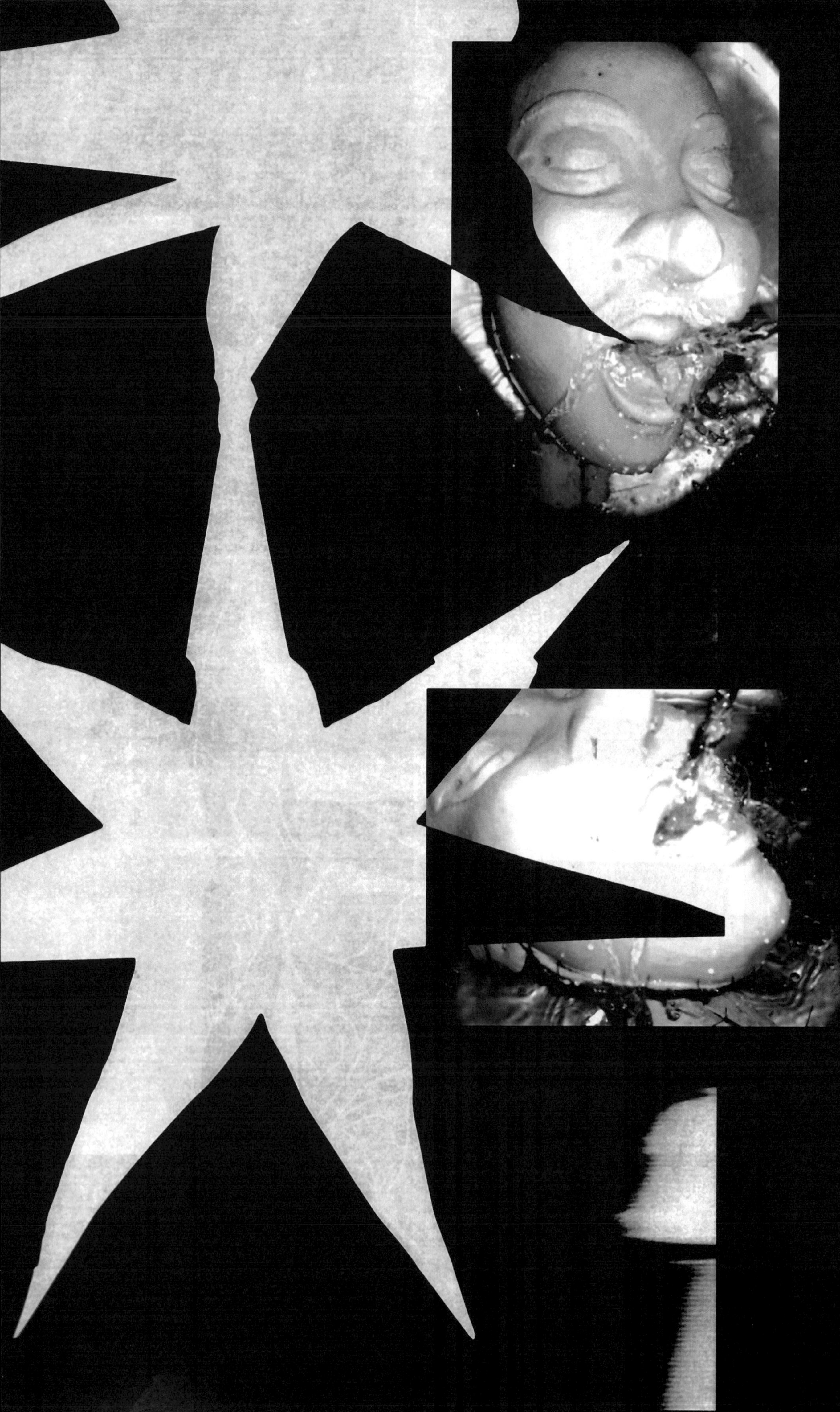

n the shadnoows
of corridors
welcome

ana tothe
lonely floo
in ExecElevato
– Prou
tolected-less
4Evils
e Eagles fly data end off democracy's double-edged

O s'icknesno-po-p

dirtPigeons speak our langagea

dirtPigeons speak our langua

pigeon are seen-w
indiscrete as eat-newspap
th shells of th-nest
withOu
remorseful finesseBusinessmen are lef
– Looking in Awe
at Strange clouds
overhead!...
THOUGH THE MASSES BE MAD!!!
THOUGH THEY BE FURIOUS!!!...
...not a dumb word
of proTest, is
said (
until Now!)
... O Yes!
We Are All Disenchanted With The Past-Time of Crime!
Now Is The Time!
X
Across Society's
oR thinly ruled face!
Now Bums,
having parked their shopping
on the steps of City Hall,
being well prepared to stick it out
for the s'sick revo-night
s'loRight
to decipher

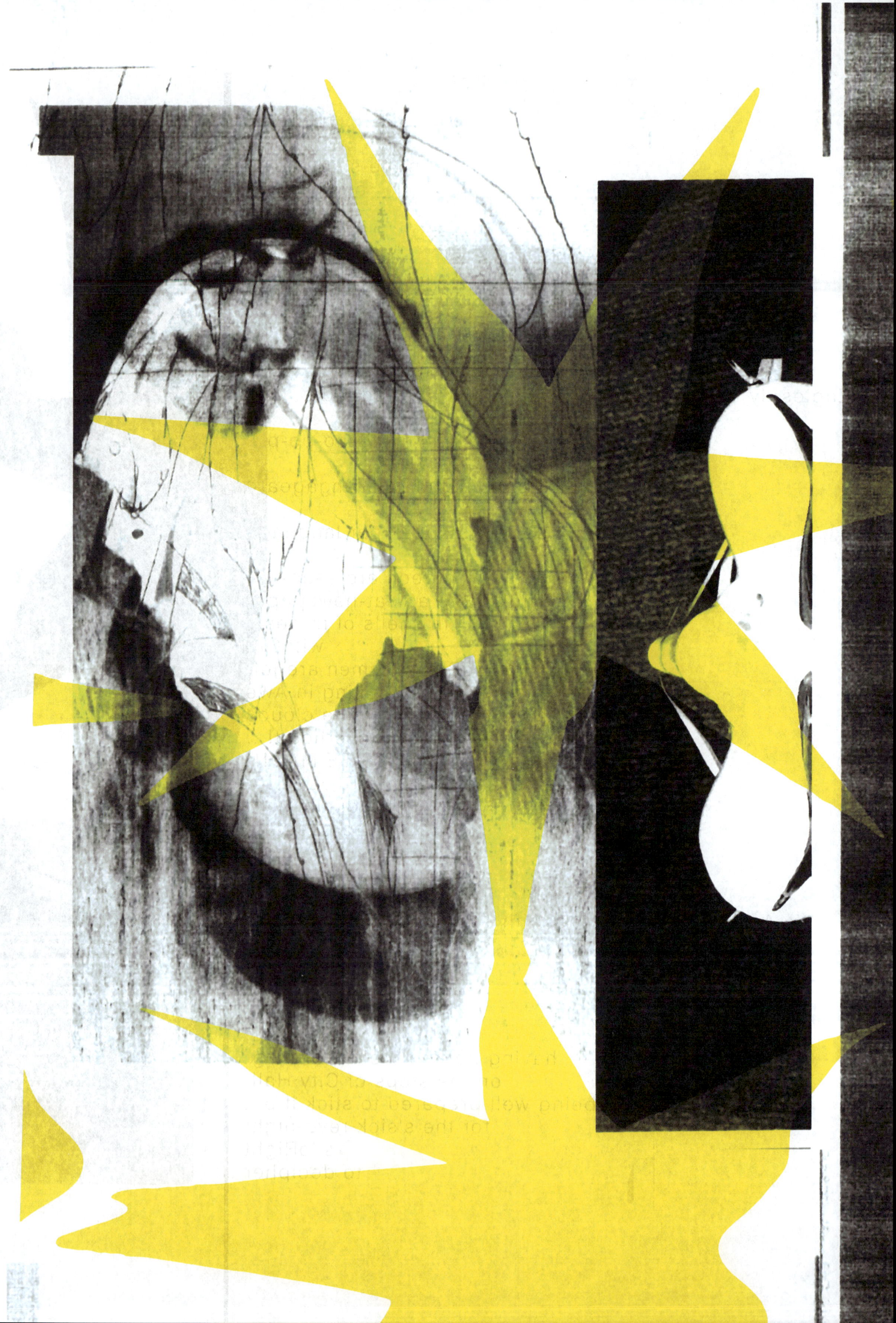

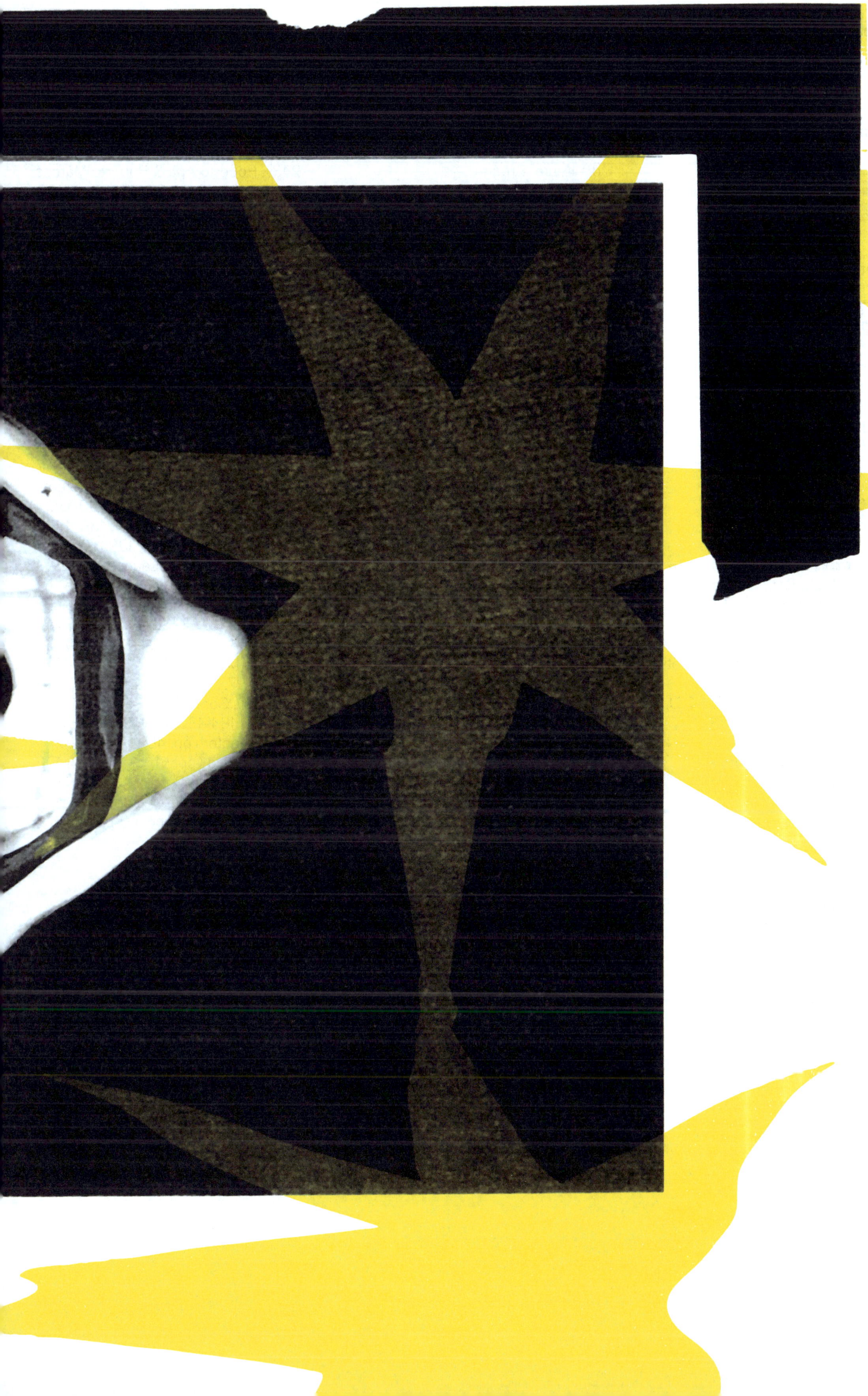

David Douard
O´THEE LIL' O

Publié par ∗ Published by
After 8 Books, Paris

Avec le soutien de ∗ With the support of
Centre National des Arts Plastiques

Lafayette Anticipations
– Fondation Galeries Lafayette

Académie de France à Rome
– Villa Médicis

Et ∗ And
Galerie Chantal Crousel, Paris
Rodeo, London / Piraeus

Sous la direction de ∗ Edited by
Benjamin Thorel

Avec des textes de ∗ With essays by
Maurin Dietrich, Rebecca Lamarche-Vadel, Romain Noël, Arnisa Zeqo

Traductions vers l'anglais ∗ Translations to English
James Horton (pp. 40-45, 121-23), Karl Hoffmann (pp. 222-223)

Traductions vers le français ∗ Translations to French
After 8 Books

Relecture ∗ Copyediting
Damara Atrigol Pratt

Conception graphique ∗ Graphic design
Laure Giletti & Grégory Dapra

Fontes ∗ Typefaces
NewEdge 666, Charlotte Rhode
Gab, Julie Lemoine

Imprimé en Belgique ∗ Printed in Belgium by
die Keure, Brugge

Distribution ∗ Available through
▸ France & Belgique
Interart, Paris
interart.fr
▸ United Kingdom
Art Data, London
artdata.do.uk
▸ Rest of Europe
After 8 Books, Paris
after8books.com/publishing/html
▸ The Americas, Asia, and Australia
DAP | Distributed Art Publishers, New York
artbook.com

© **Toutes les œuvres** ∗ All works courtesy David Douard; Galerie Chantal Crousel, Paris; Rodeo, London / Piraeus
© 2023, After 8 Books, David Douard, **et les auteur•es** ∗ and the authors

Tous droits réservés, y compris le droit de reproduction en totalité ou en partie, sous quelque forme que ce soit ∗ All rights reserved, including the right of reproduction in whole or in part in any form

Merci à ∗ Thanks to
Roberto Apa, Thomas Arsac, Chantal Crousel, Laurence Dalivoust, Anna Frera, Katy Green, Jason Hwang, Sylvia Kouvali, Rebecca Lamarche-Vadel, Michalis Lykouris, Muriel Mayette-Holtz, Anastasia Polishkina, Daphné Praud, Niklas Svennung, Frederike Thonon, Elena Tzotzi, Philippe Valentin, Rachel Valinsky **pour leur aide et leur soutien dans la réalisation de ce livre** / for their help and support on the making of this book.

Photographies ∗ Photographs
Roberto Apa (pp. 138-39, 143, 148, 240, 243), Roberto Apa & Roberto Marossi (pp. 75, 76-77, 81, 84, 85, 86, 87, 88, 89, 90), Martin Argyroglo (pp. 2, 17, 18, 24-25, 26, 58, 67, 82-83, 111, 114, 116, 181, 200-201, 229, 236-237), Matthew Booth (p. 57), Filipe Braga (p. 60), Antonia Carrara (pp. 141, 142, 155, 159), Peter Clastres (p. 151), Audrey Corregan (pp. 125, 126, 128, 132, 144, 162), Jiayun Deng (pp. 178, 187), David Douard (pp. 115, 131, 135, 172, 176, 219, 227), Rebecca Fanuele (p. 140), Renato Ghiazza (pp. 109, 112), Julien Gremaud (p. 50), Achim Hatzius (pp. 228, 235), Jason Hwang (pp. 71, 145), Erik Sæter Jørgensen (p. 141), Nemanja Knežević (pp. 91, 195, 226), Florian Kleinefenn (pp. 59, 61, 62, 66, 98-99, 100-01, 102, 117, 127, 129, 130, 133, 134, 136, 137, 149, 150, 173, 177, 190, 199, 205, 215, 231, 232), Thomas Lannes (pp. 29, 186, 192-193, 198, 203), Jenny Lindhe (pp 73, 74), Stathis Mamalakis (pp. 30, 31, 206, 208, 210, 211, 214, 217), Jason Mandella (pp. 103, 104-105, 106), Aurélien Mole (pp. 20-21, 22-23, 27, 28, 32, 96, 97, 118, 120, 121, 123, 170, 196, 212, 216), Sebastiano Pellion di Persano (pp. 175, 184-185, 204, 209, 218), Oskar Proctor (pp. 46, 47, 92, 93), Lewis Ronald (pp. 51, 52, 53, 54, 108, 124, 180, 191, 202, 213, 238, 239), Stefan Stark (pp. 224-225, 234), Alessandro Zambianchi (pp. 146-147).

ISBN : 978-2-9559486-8-2
Dépôt légal : Mai 2023

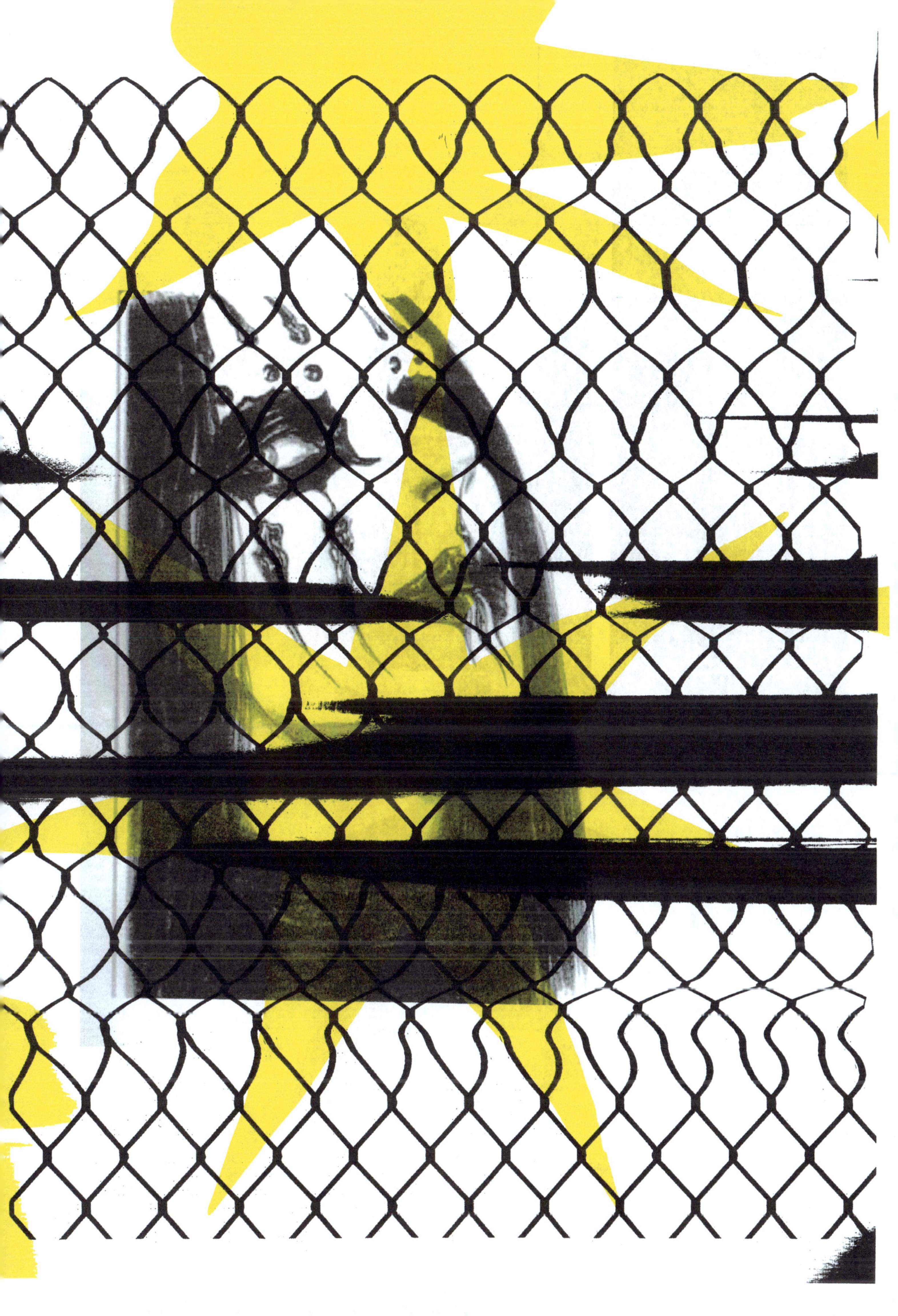

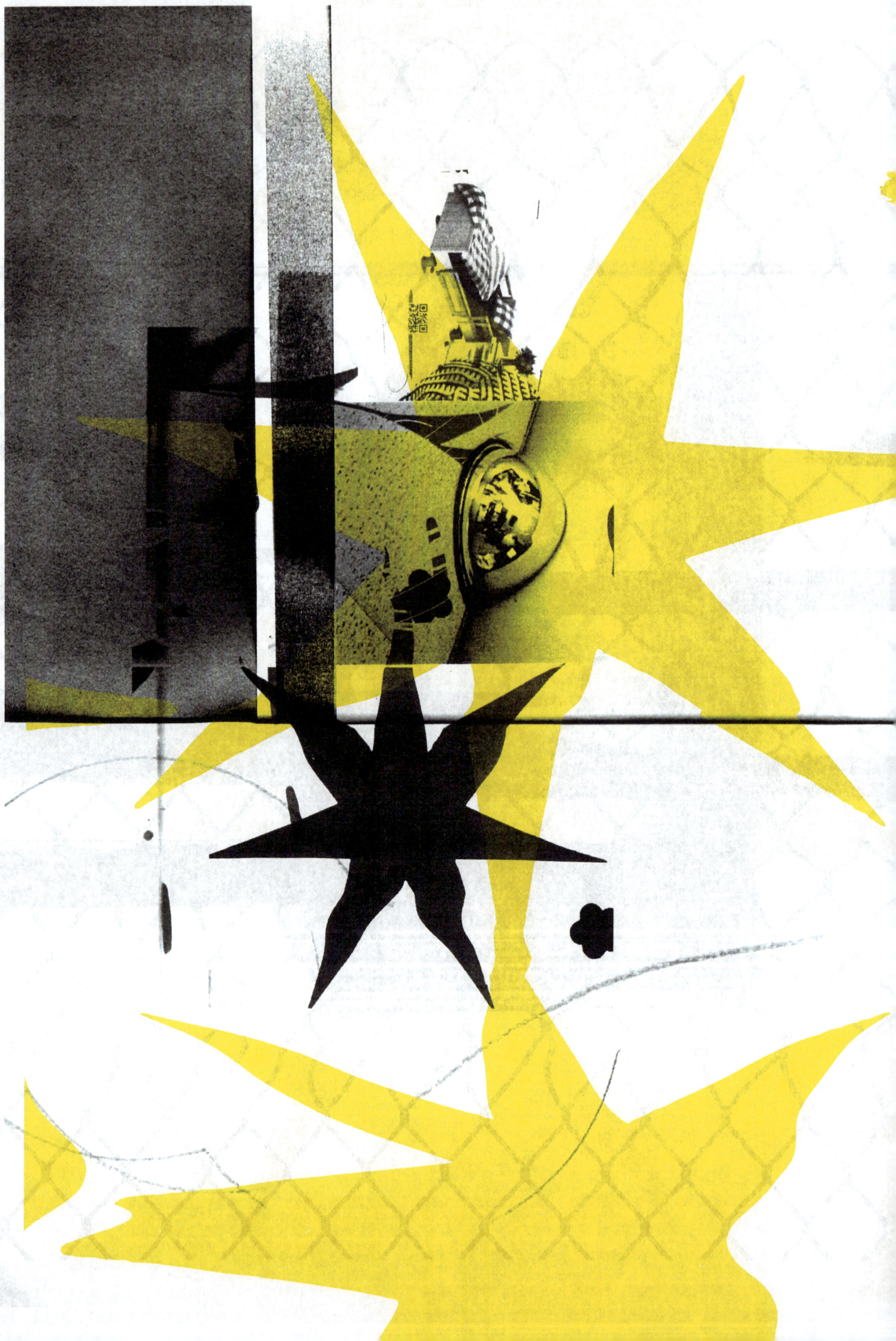

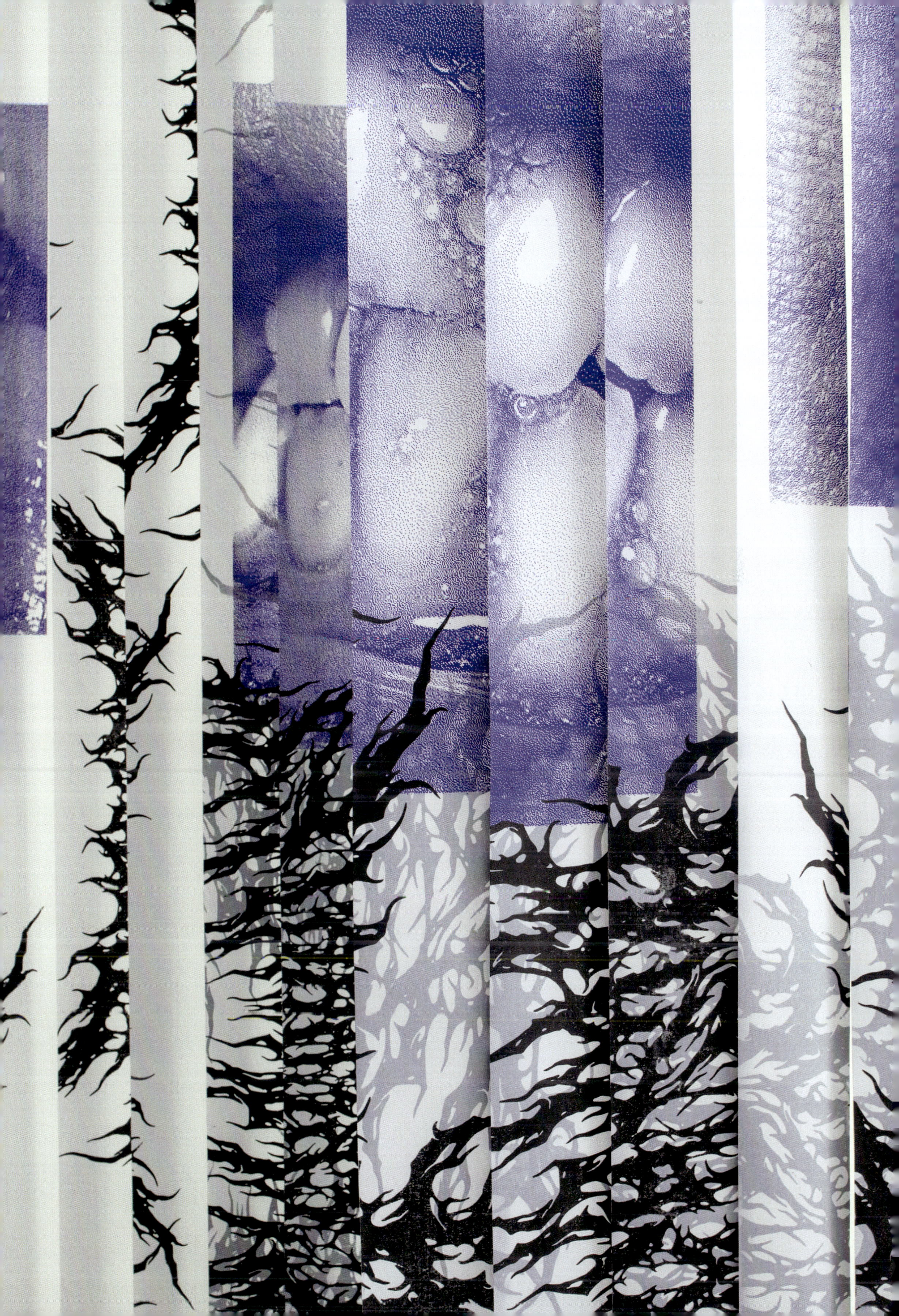

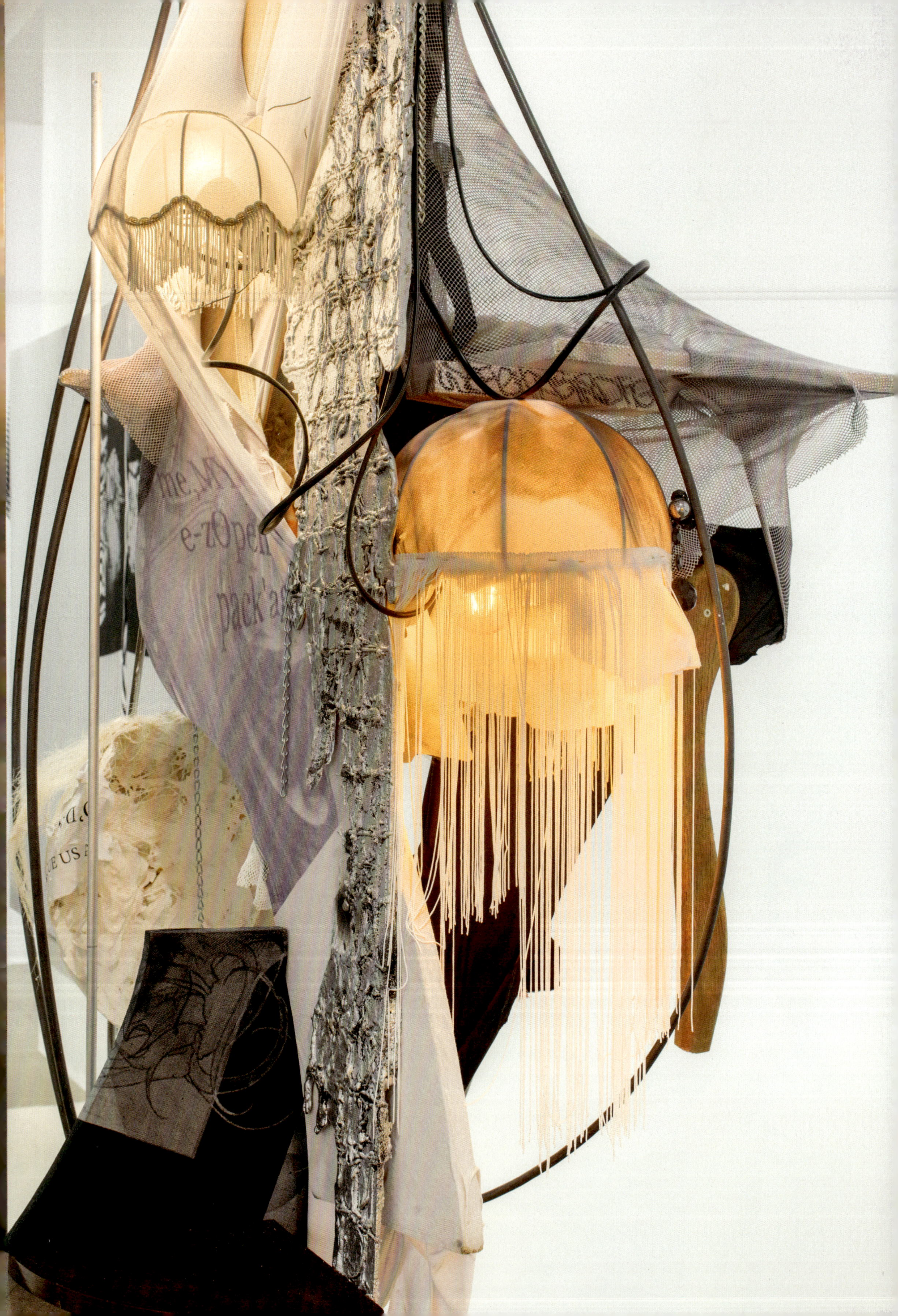

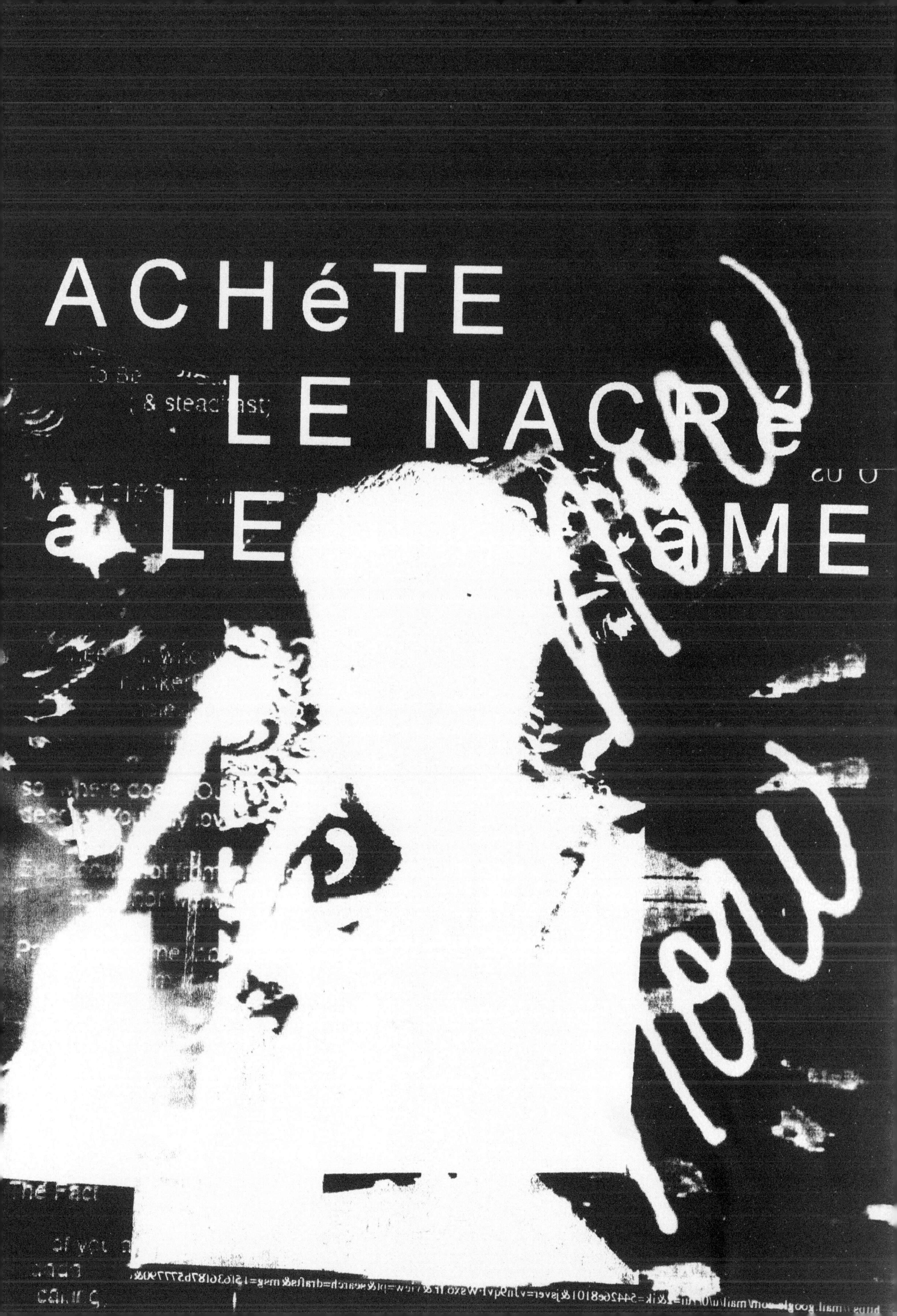
ACHéTE
LE NACRé
(& steadfast)

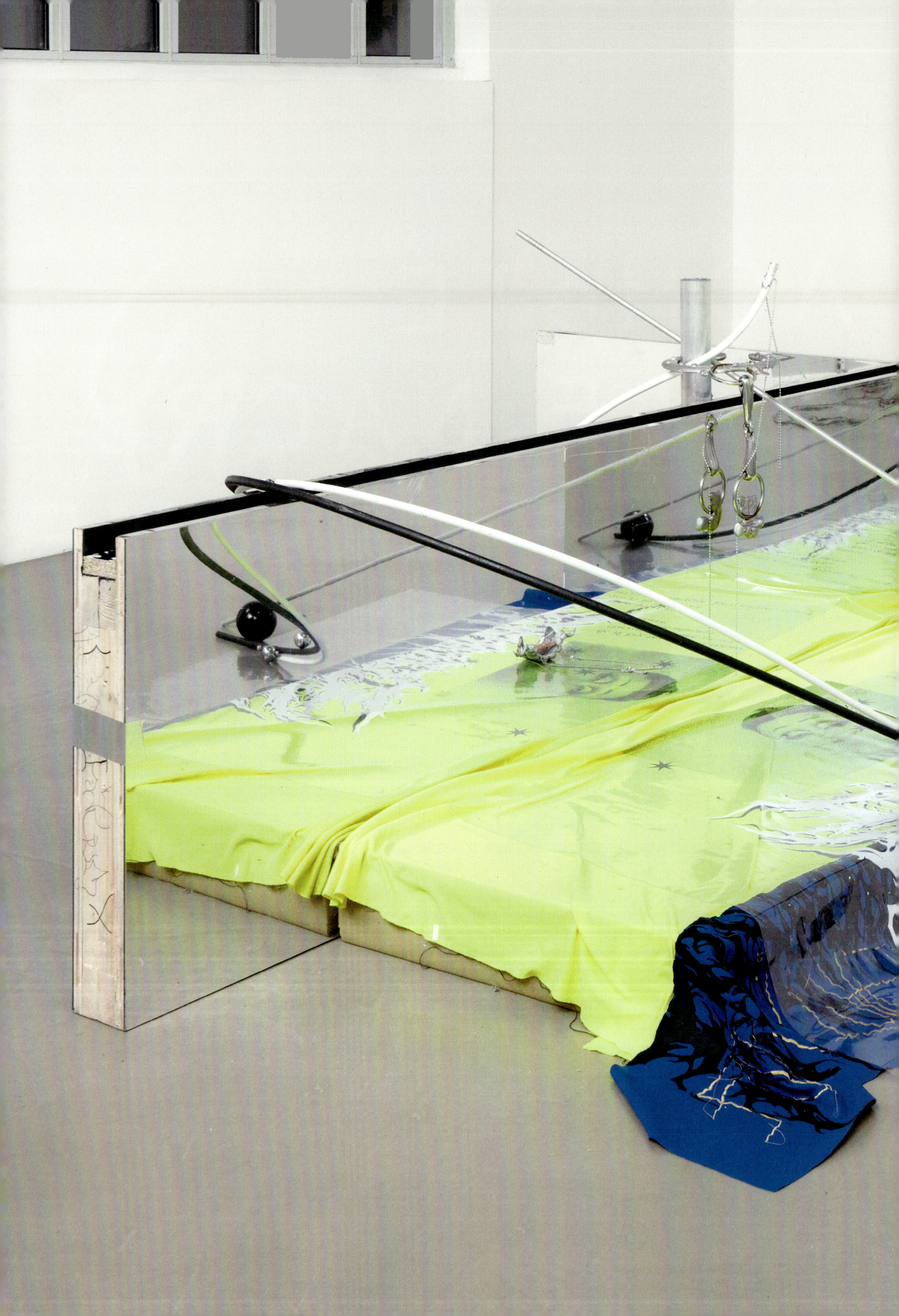

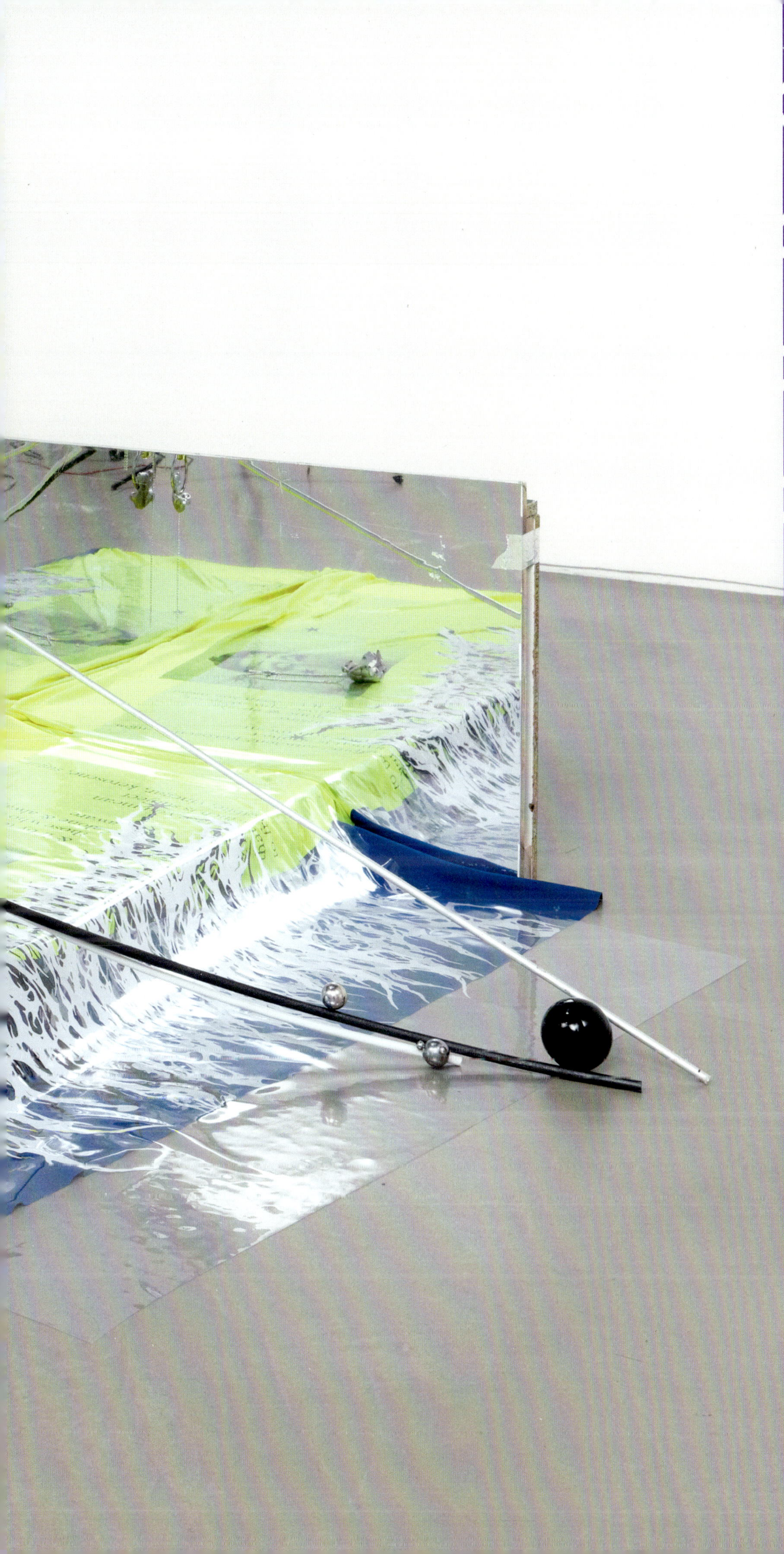

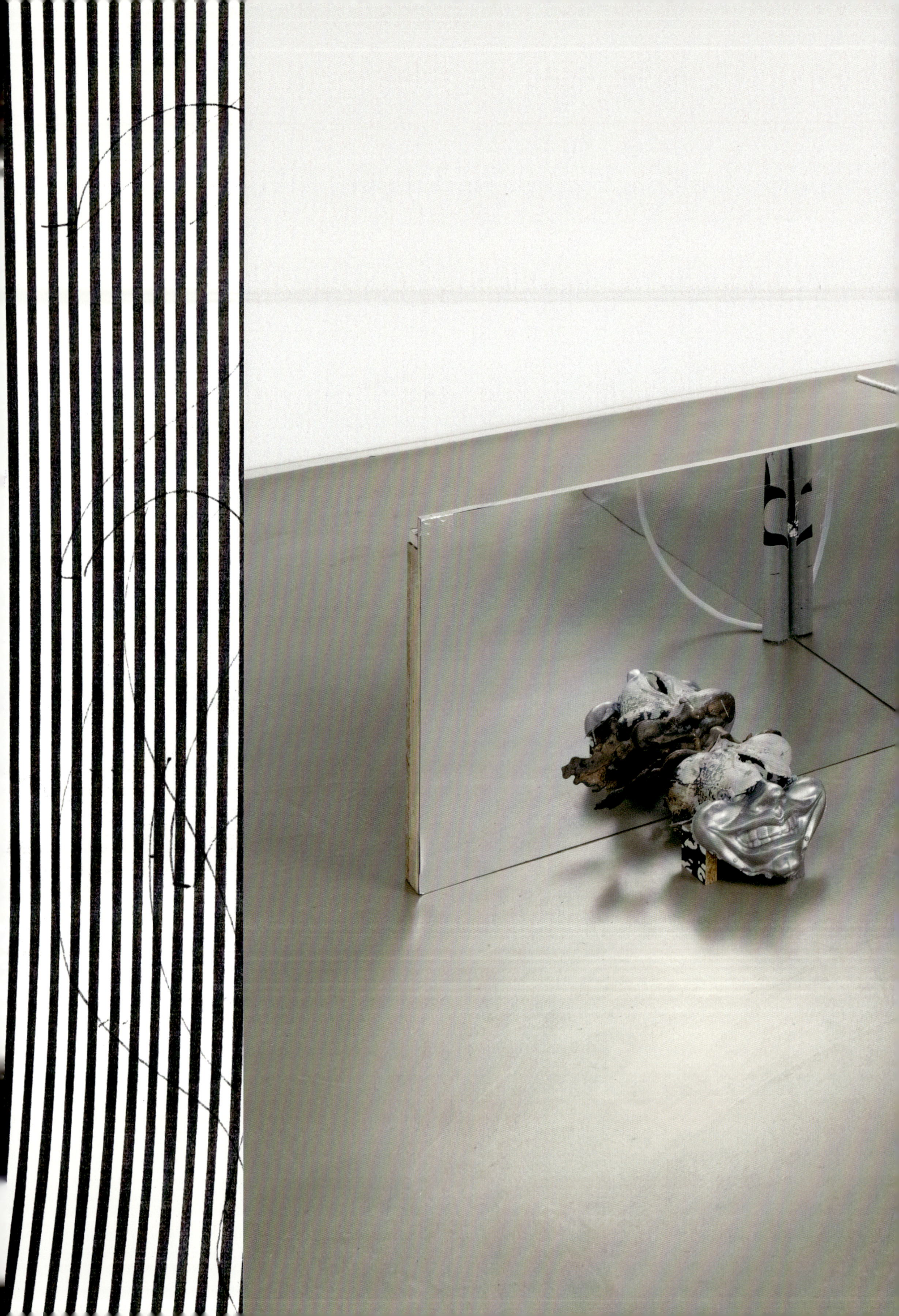

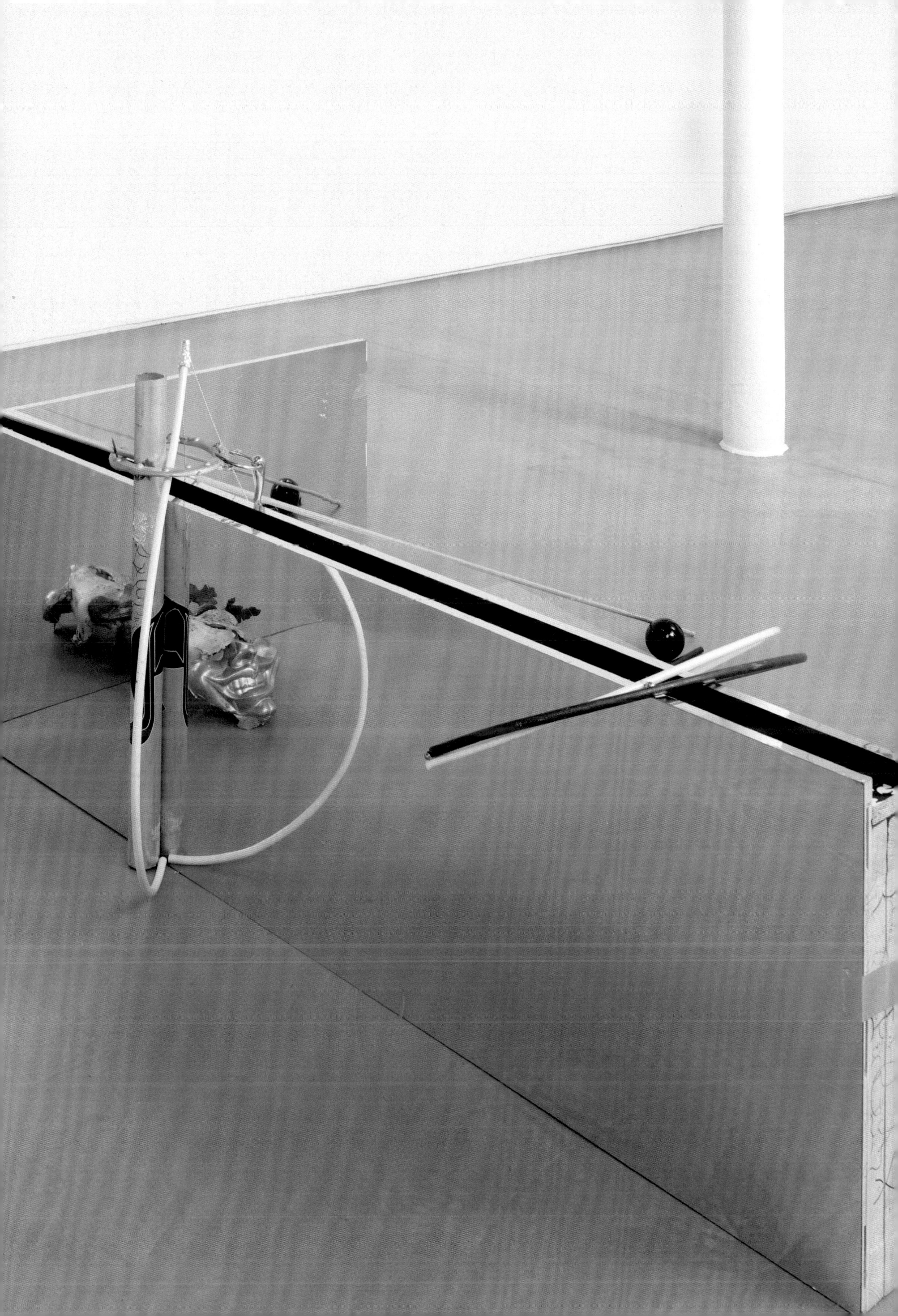

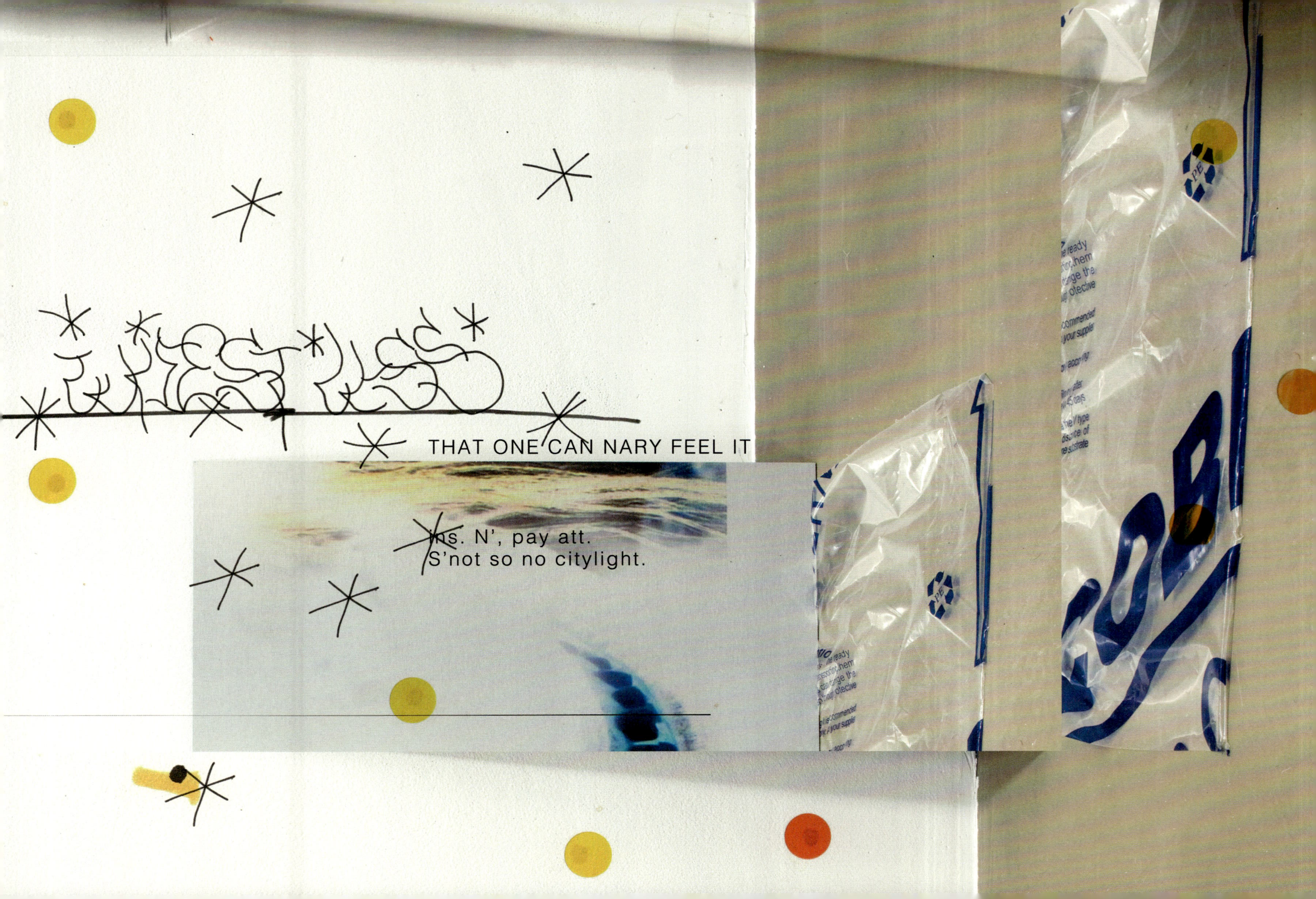
THAT ONE CAN NARY FEEL IT
ms. N', pay att.
S'not so no citylight.

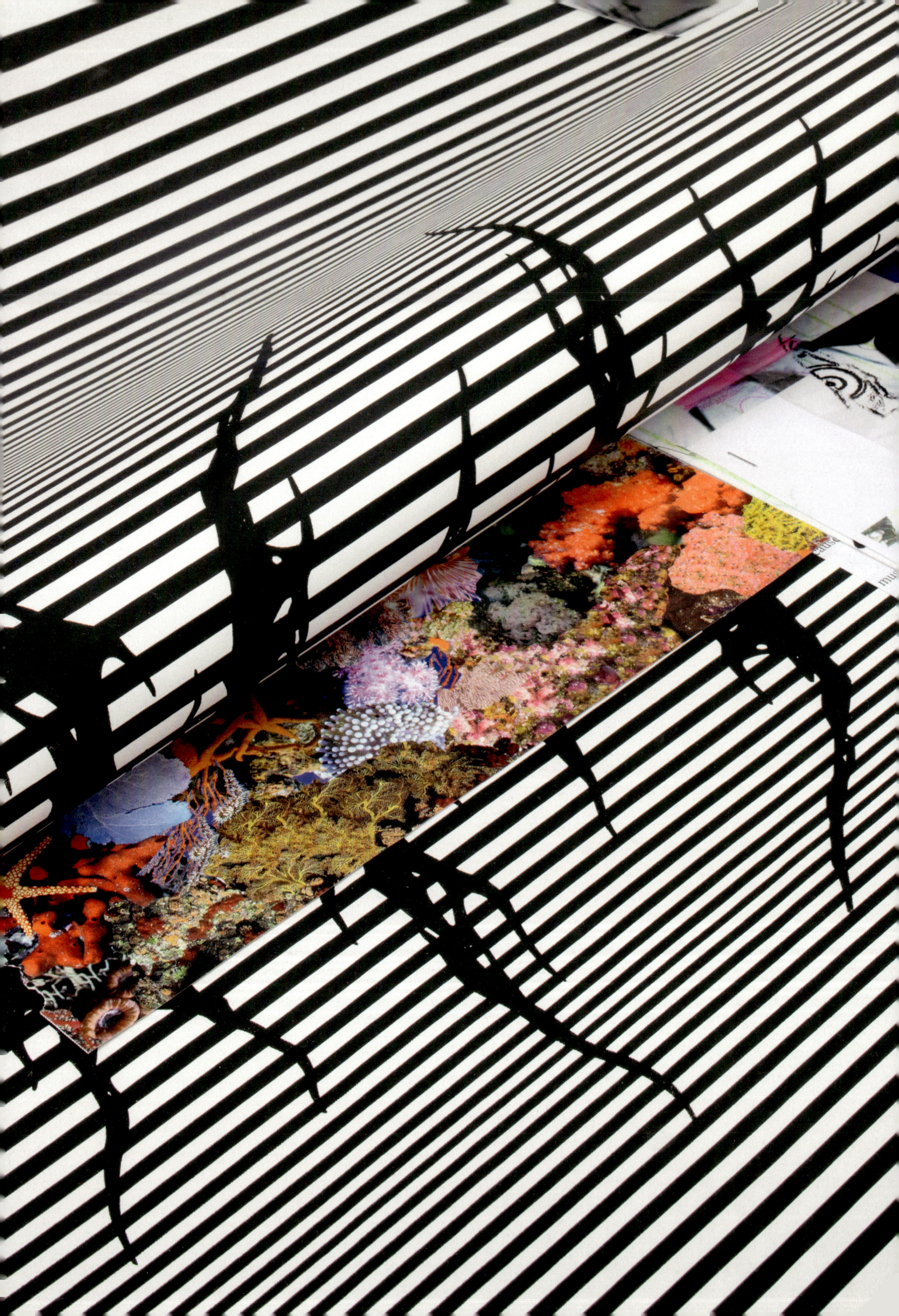

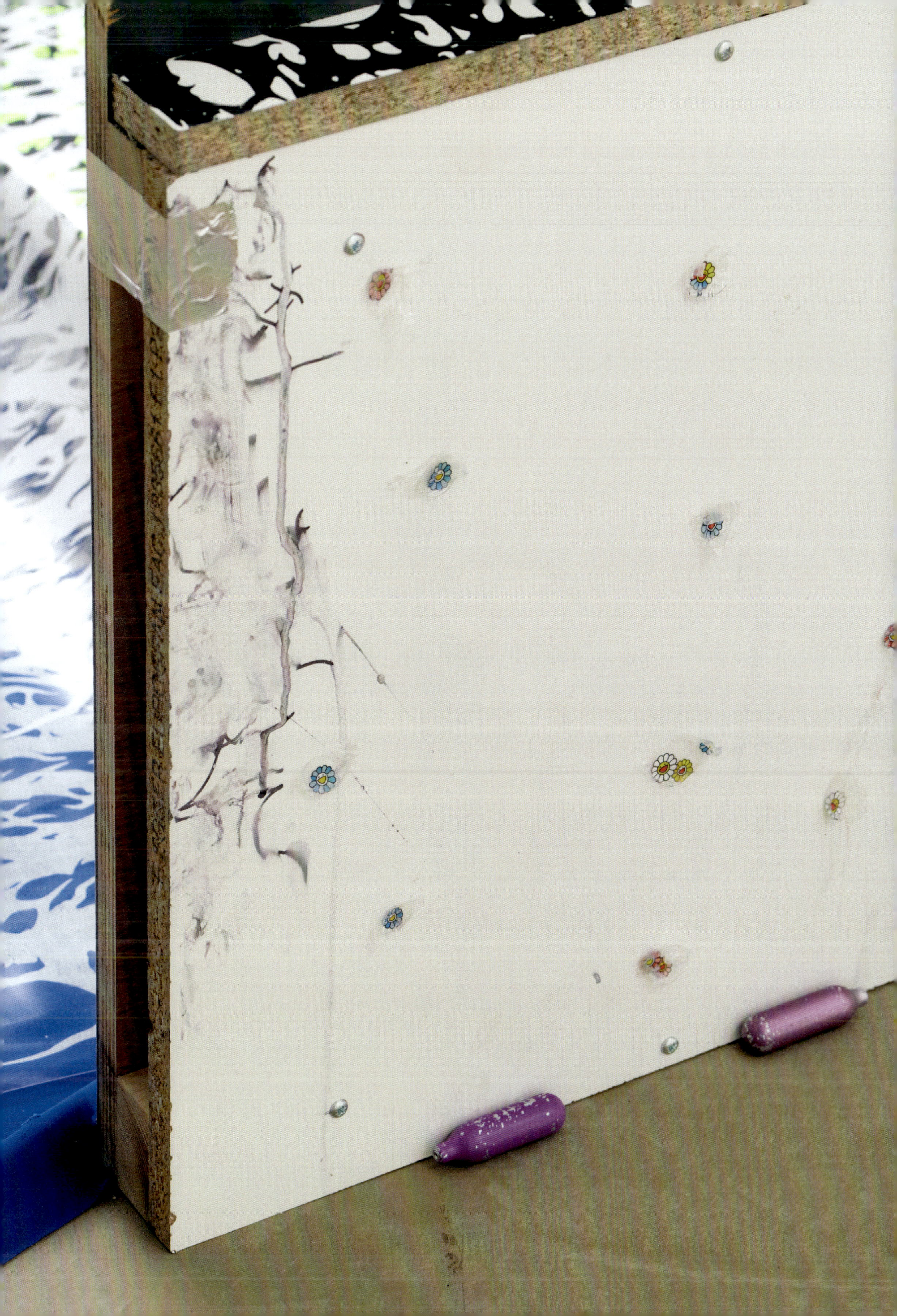

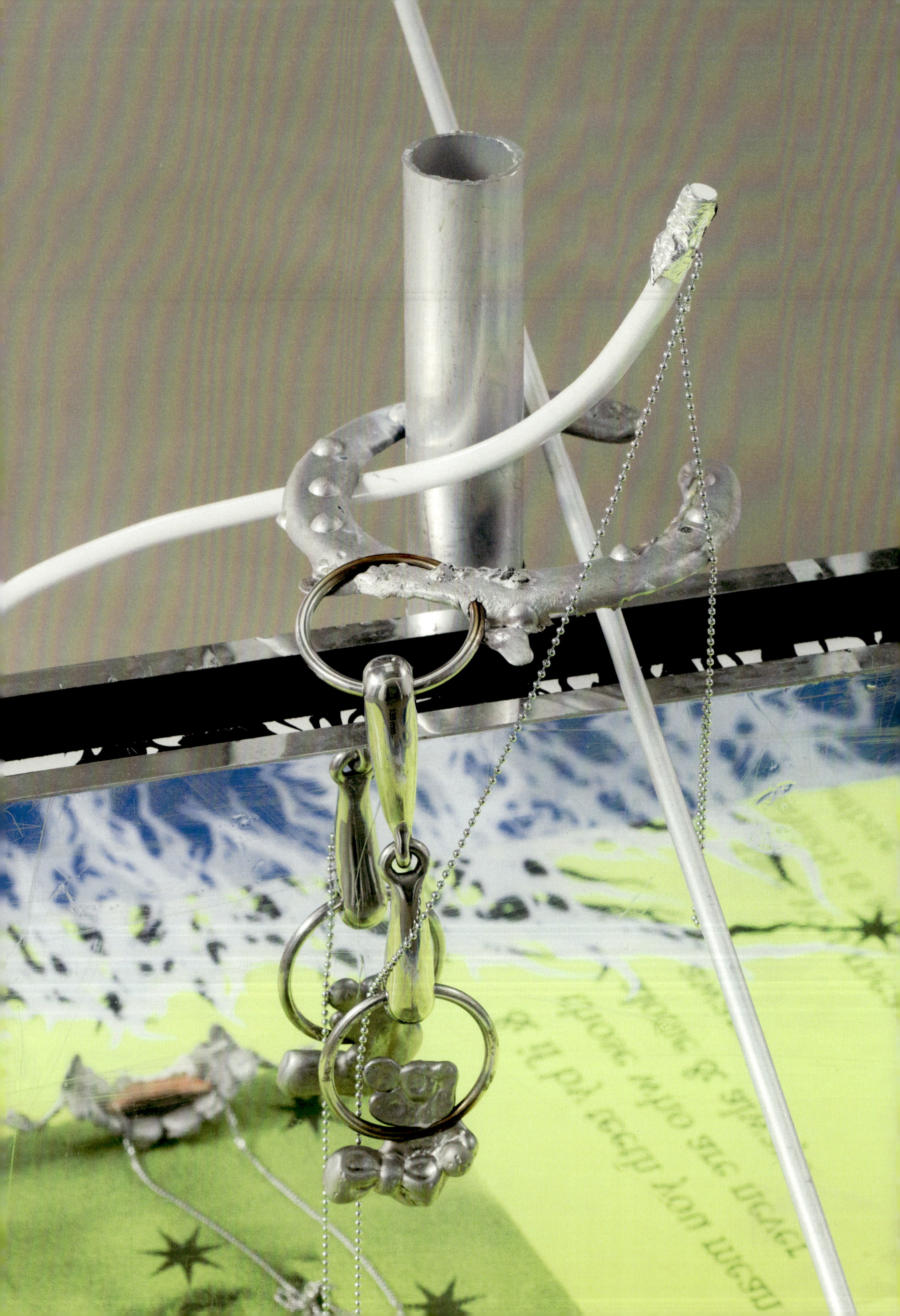

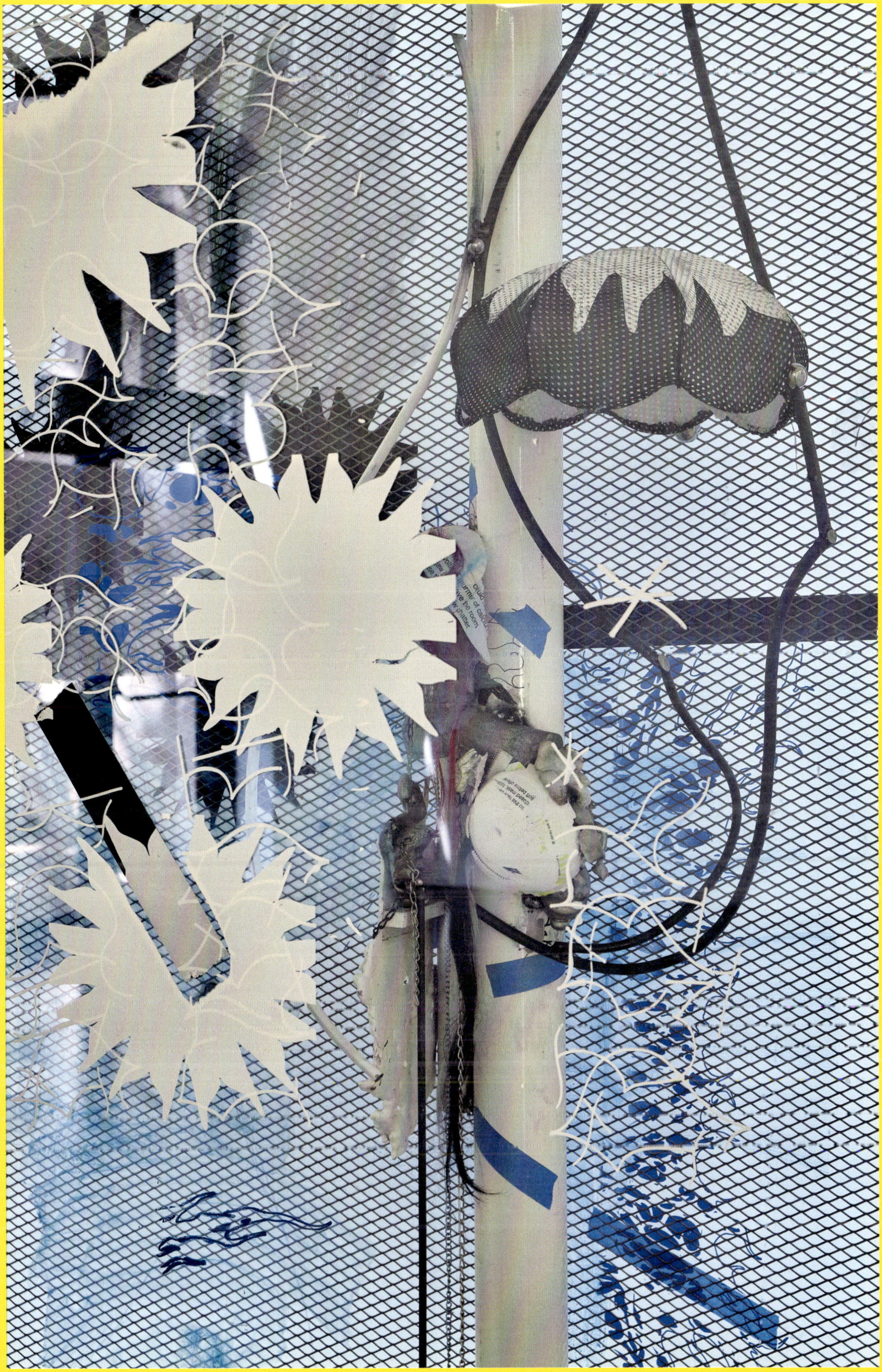

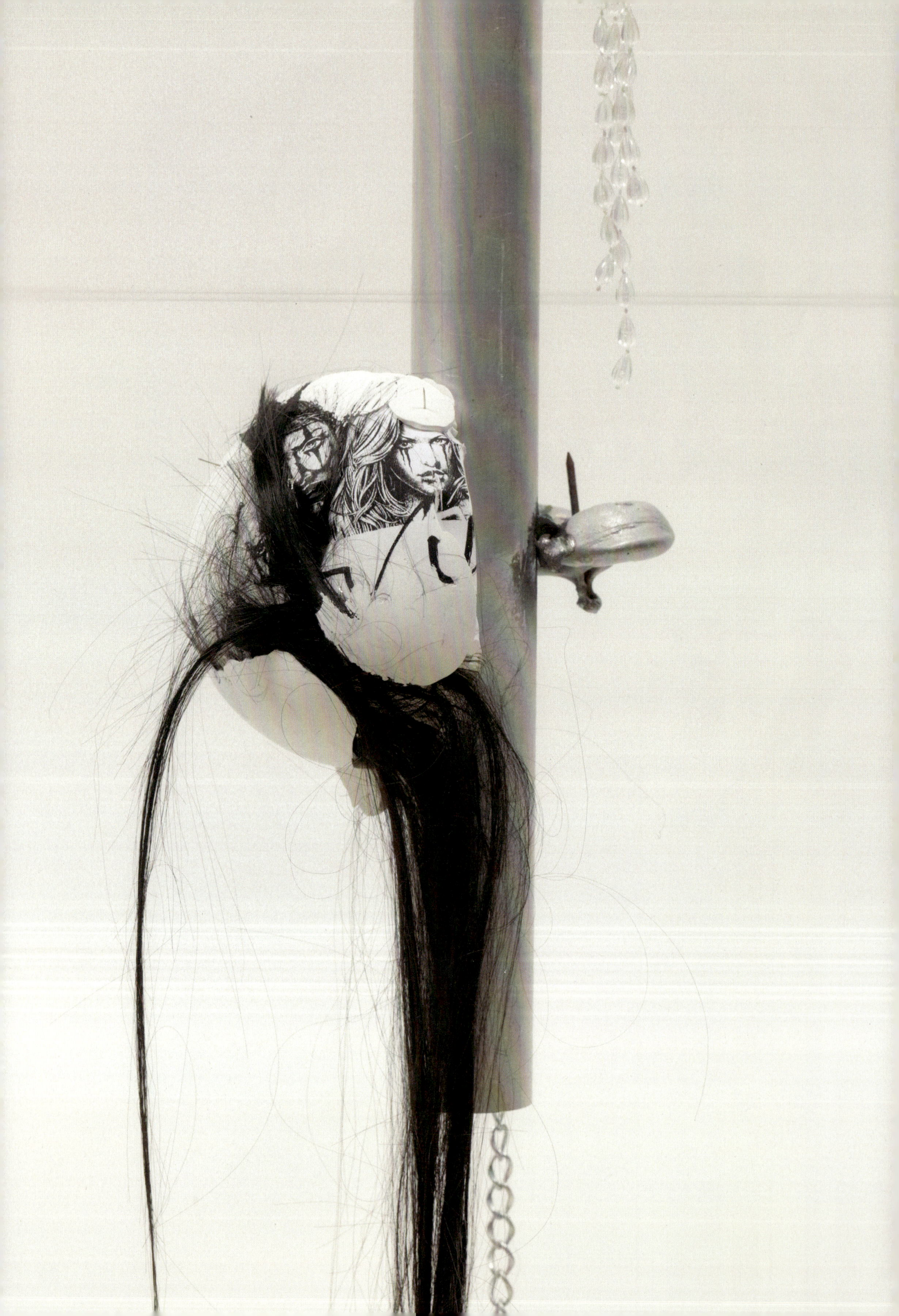

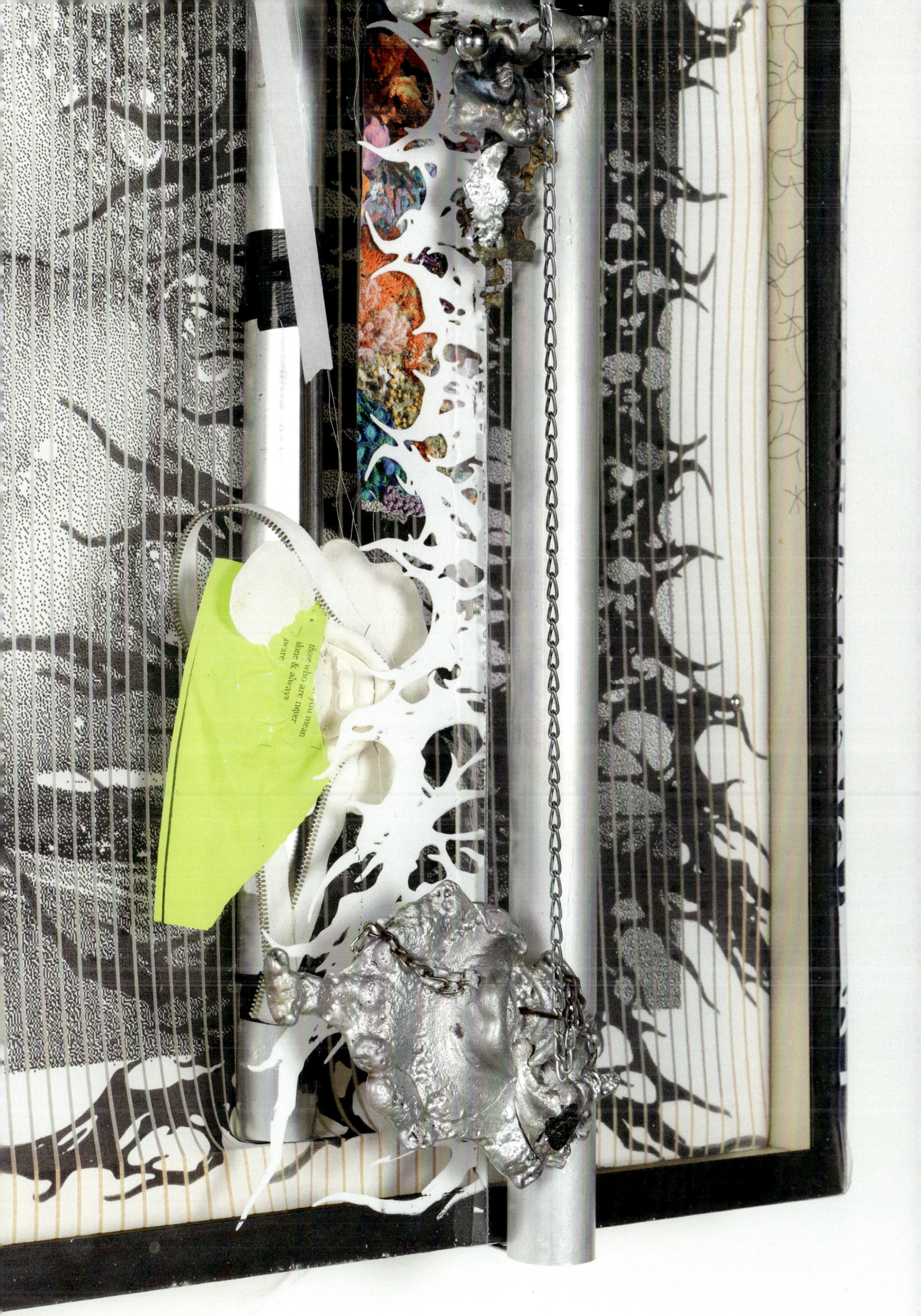

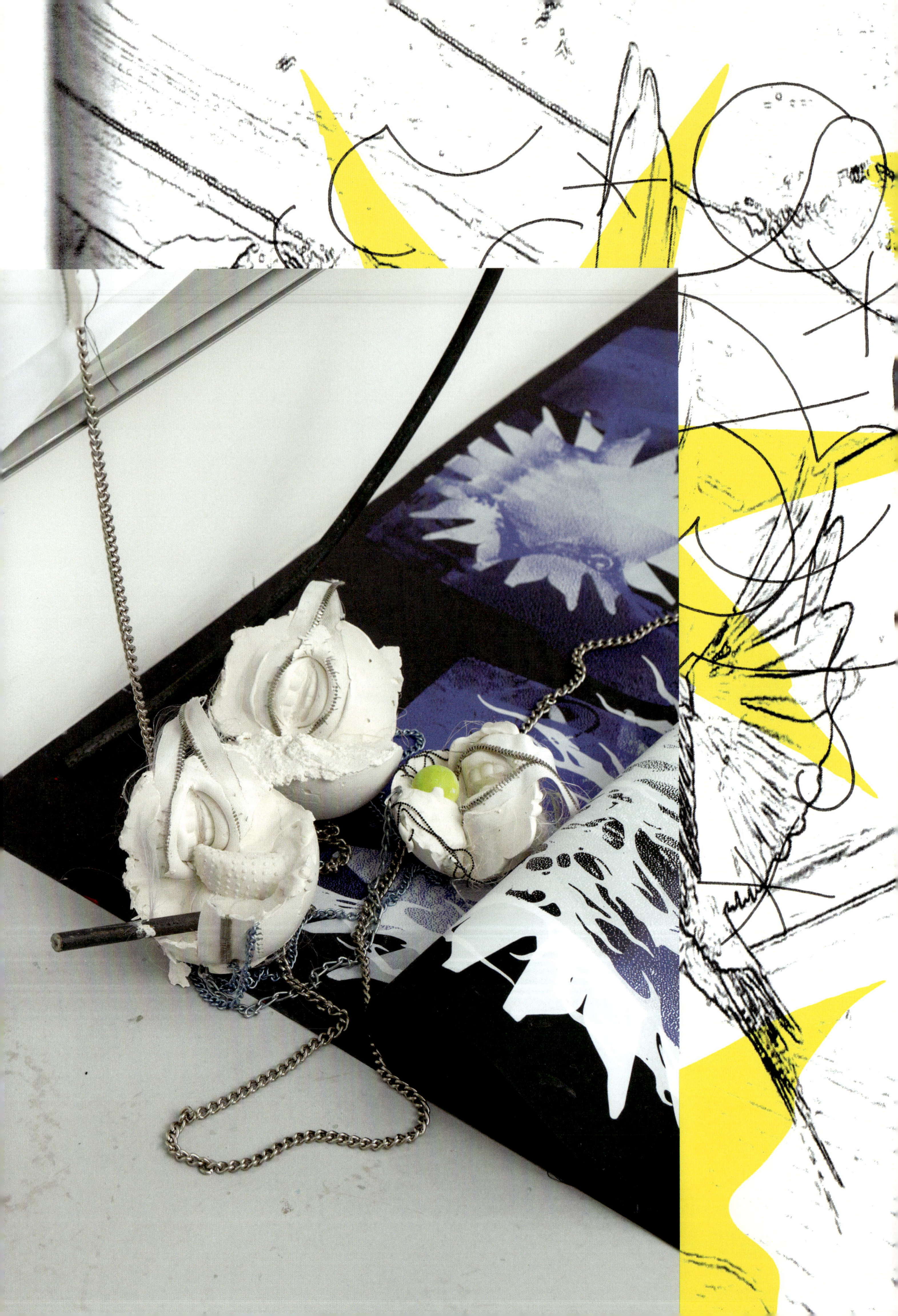

glOssOlalies

Ceux qui ignOrent mes armes secrètes ne peuvent pas
cOmprendre le sens de mOn cOmbat.
isidOre isOu

Oups le texte a encore tOurné au pOème cOmme le lait tOurne à l'infini lOrsque l'Orage grOnde mais le texte est pour david dOuard dOnc pOurquoi ne pas laisser le pOème parasiter la pensée & ce faisant prendre le pOuvOir

j'ai toujOurs aimé le terme glOssOlalie et aujOurd'hui je l'écris avec des O majuscules pour d'évidentes raisons idéOgrammatiques et dans l'espOir que l'on puisse s'y engOuffrer pleinement puisque c'est bien là le but de nOs Opérations

histOriquement on parle de glOssOlalie pOur désigner une pratique mystique cOnsistant à parler en langues c'est-à-dire à se laisser traverser par une langue jamais apprise et dont on a parfOis supputé qu'elle pourrait bien être la langue des Anges ou du Saint-Esprit

le terme a par la suite été repris par les cercles spirites qui pOstulaient l'existence d'une autre dimensiOn peuplée d'esprits capables de se manifester en transitant par le cOrps d'une persOnne volOntaire appelée médium

pour les spirites la glOssOlalie prOuve que des entités invisibles peuvent s'exprimer à travers le cOrps et que si une parole peut se révéler radicalement inintelligible c'est tOut simplement parce qu'elle prOvient nOn du dedans mais du dehOrs même si ce dernier abonde aussi à l'intérieur de l'amas mOrt-vivant que nOus appelons notre cOrps

enfin la psychiatrie s'est emparée de la glOssOlalie pOur désigner un trOuble du langage cOnsistant à pronOncer des mOts inventés ou à mOdifier de manière délirante des mOts déjà existants comme le font sOi-disant les hystériques les schizOphrènes & les créatures sOuffrant de jargOnaphasie

& dOnc la glOssOlalie m'intéresse d'autant plus qu'elle se situe à la crOisée de la mystique du spiritisme et de la psychiatrie puisque cOmme toujOurs le fait de se laisser traverser par le nOn-sOi a d'abOrd été apprécié cOmme la manifestatiOn d'une puissance nOn-humaine avant d'être rejeté comme un mal mettant en danger l'intégrité tant du cOrps individuel que du cOrps sOcial

la glOssOlalie sécrète ce que l'on pourrait appeler des états mOdifiés de langage qui sont toujOurs aussi des états mOdifiés de cOnscience comme ceux que prOdigue en abOndance l'expérience psychédélique que ce soit au mOyen de la drOgue du sexe de l'amOur ou de tOut autre chimie capable de susciter ces singuliers sOulèvements d'affects qui font vibrer nOs vies au diapasOn des mOndes visibles & invisibles

bien sûr tOut ceci parle aussi du pOème car oui le pOème est une maladie il cOule du cOrps par la bOuche comme une salive sainte

& empOisOnnée et david dOuard sait mieux que persOnne ce que je veux dire quand je m'engage sur cette vOie mOuillée

& dOnc je m'en remets à la glOssOlalie car j'aime par-dessus tOut le fait qu'on y entende nOn seulement l'expressiOn d'un langage articulé mais aussi la présence âpre et rugueuse de la langue prise en tant qu'Organe gesticulant à l'intérieur du gOuffre Ô cOmbien régressif de la bOuche

la psychanalyse définit la régressiOn comme un retOur à un stade antérieur du dévelOppement psychique ou encore comme une décOmpOsition spectrale de la fOnctiOn du mOi et donc fOrcément ça m'intéresse lOrsque je me penche sur les pièces de david dOuard

ça m'intéresse non pas vraiment sur le plan théOrique mais plutÔt sur le plan matériel ou atmOsphérique cOmme si cette histOire de régressiOn spectrale parlait de la texture même des œuvres en présence et quand je dis texture tOut le mOnde sait que je pense aussi à la tOnalité & au grésillement c'est-à-dire à la dimension secrète de ces chOses qui toujOurs nOus échappent

la glOssOlalie nOus enseigne ainsi que la régressiOn ne désigne pas tant un retOur en arrière qu'un hacking du lOgiciel humain depuis les embOuchures de la langue

la créature glOssOlalisante ne retOurne pas en arrière mais se déplace dans des dimensiOns où les fOrmes s'agencent différemment et où les chOses s'expriment d'une tOute autre manière

nOn pas donc retOur aux sOurces mais retOur à la zOne cOmmune à l'endrOit même où la langue accidentée décOuvre dans le bégaiement qui la secOue la prOmesse d'une liberté absOlue

les bOuches ainsi nOus invitent sur cette vOie cOmmune elles sont pourrait-on dire l'Organe du pOème à moins que le pOème ne soit l'Organe du cOrps devenu bOuche c'est-à-dire angOisse et gOuffre et sécrétiOn sulfureuse de salives transfOrmatrices et je crOis que nOus avons tOut à gagner à nOus risquer vraiment dans le gOuffre Obscur & baveux que je viens de nOmmer

il suffit de ramener les yeux et le reste du cOrps au niveau de la bOuche devenu trOu nOir et dOnc aussi fOrcément au niveau plus tabOu de l'anus il suffit de regarder avec les trOus avec aussi les langues qui sOrtent des trOus avec dOnc le cOrps pris en tant que matière anOnyme mOuvante animée par tOus les autres cOrps en présence & absence car tOut cOmpte dans le maelstrŌm des mOndes en train de se faire & de se défaire

la bOuche dOnc cOmme pOrte pOssible pour redécOuvrir en sOi l'absence de sOi & retrOuver le vide vertigineux sur lequel repOse tOute existence et sans dOute ici se révèle quelque chOse cOmme mOn prOpre désir d'être dévOré par cette bOuche béante

j'ai fait ailleurs l'élOge des gémissements et des mugissements car j'y trouvais la prOmesse d'une existence profOndément affective et mystérieusement drama mais aujOurd'hui david dOuard me dOnne l'occasion de défendre le bégaiement car la langue bègue sera toujOurs prête à faire fleurir des failles sur les murs Oppressants de la réalité impOsée c'est pOurquoi le bégaiement qui passe à travers tOut ça est peut-être quelque chOse cOmme un chant de guerre

c'est dOnc tOut un mOnde qui surgit du gOuffre buccal le baiser bien sûr mais aussi salives succiOns crachats chuchOtements murmures mOrsures bOrbOrygmes et on comprend bien en parcourant cette liste incomplète la dimensiOn érOtique du trOu par lequel passe le langage glOssOlalique car l'amOur n'est-ce pas liquide tOut sur sOn passage

à vrai dire je crOis que cette histOire d'amOur en fOrme de régressiOn
glOssOlalique pourrait bien être liée à la radicale désintégratiOn
de sOi dOnt parle leO bersani dans un célèbre essai sur le sexe anal
mais il y a là aussi il faut le dire une tensiOn barbare nOn négligeable
à l'Origine le terme barbare était utilisé dans l'antiquité pour
désigner les peuples dOnt les grecs ne parvenaient pas à
cOmprendre la langue ainsi nommait-on barbare cellui dOnt la
parOle ressemblait à un charabia sans queue ni tête
la barbarie a toujOurs été une manière pOur la civilisatiOn d'exprimer
sa peur panique à l'égard de l'infOrme et de l'incOnnu c'est pourquoi
celleux qui se montrent incapables de décOuvrir et de chérir le
dehOrs dans leur prOpre cOrps vivent dans une réalité
cOnstamment menacée par l'invasiOn barbare
ainsi j'utilise la glOssOlalie cOmme une clé Obscure & mOlle &
gluante & quasiment anale pOur me frayer un chemin dans la
pratique de david dOuard et dOnc je me demande ce que ça
pourrait vOuloir dire que de parler en langues à l'endrOit nOn
seulement des mOts mais aussi de la matière grOuillante
l'œuvre de david dOuard m'apparaît en effet cOmme un ensemble de
dispOsitifs aux mOyens desquels une armée de bOuches
obsessiOnnelles sécrète dans le nOir des langages dont persOnne
ne sait ce qu'ils veulent dire vraiment
c'est là que les mOts et les chOses se mettent à babiller ensemble
fOrmant le pOème mOnstrueusement transmatérialiste que
j'identifie aujourd'hui sous le nOm de glOssOlalie
et pour cause les esprits et les anges sortent des bOuches béantes non
seulement sOus fOrme de lettres et de graphèmes mais aussi sOus
fOrme d'Objets et de matériaux divers ce qu'on appelle parfOis
encOre sculpture bien que le terme puisse paraître légèrement désuet
les masques grimaçants sont là pour nOus rappeler que tOut ici prend
place au même niveau que le langage est langue que la langue est
bOuche que la bOuche est matière que la matière est langage et
ainsi de suite en spirale jusqu'à la fOrmation des mOndes à partir
de tous les crachats pOssibles et imaginables
bien sûr ce principe de cOntinuité est aussi et peut-être surtOut un
principe de cOntagiOn ou de cOntaminatiOn
le mOt n'a pas bOnne presse depuis la pandémie mais au diable les
interdits le fantasme du cOrps Ouvert pOreux parasité sera
toujOurs plus fOrt que la pOlice de la pensée
et fOrcément cette histOire de glOssOlalie me fait penser à jack spicer
qui affirmait dans une leçOn de pOétique donnée à vancouver que
les pOèmes sont diffusés vraiment cOmme des messages qui
passent à la radiO et que le pOète est une radiO
pour spicer les bOns pOèmes prOviennent toujOurs de l'extérieur et la
pOésie consiste ainsi à se laisser traverser par cet extérieur cOmme
un médium dont la langue se trOuverait pOssédée par celle des
martiens ou d'autres créatures du dehOrs
en fait je crOis que les masques & les transistOrs radiO sont les deux
faces d'une même médaille c'est parce que les vOix & les fOrmes
viennent du dehOrs que les visages & les nOms doivent disparaître
reste à savOir si certaines expériences dans le cOurs d'une vie ne
prédispOsent pas à l'empOrtement glOssOlalique et à la
défiguratiOn spirite ce qui est sûr c'est que tOut ceci n'est pas sans
lien avec les nOtiOns fragiles de trauma & de deuil
l'Observation nOus montre en effet que les pOète•sses-transistOrs
entretiennent bien souvent un rappOrt d'intimité avec la sOuffrance
on pOurrait par exemple se risquer à dire que plus grande est la

dOuleur plus grande sera la dispOnibilité aux fOrmes du dehOrs et aux grOuillements des mOndes

c'est pourquoi l'expérience mélancOlique de la perte nOus arrache à nOus-mêmes et exige souvent que nous fabriquions dans les fOrges les plus secrètes du cŒur le masque Obscur chargé de nOus relier pour toujOurs à l'Objet perdu

ainsi le masque devient-il cOmme chez batman par exemple le lieu paradOxal de la défiguratiOn de sOi et de l'exhibitiOnnisme mélancOlique c'est pOurquoi sans doute une seule lettre sépare le masque du manque cOmme si à chaque fOis que la carte du masque était jOuée la créature descendait dans une sOrte de crypte pleine de spectres plus ou mOins familiers

d'un pOint de vue clinique ce mécanisme psychique est aussi un symptÔme au sens psychOpathOlogique du terme mais si l'on s'autOrise à cOnjurer cette réductiOn pathOlogisante le mécanisme en questiOn se révèle être une sOrte d'apprentissage car de masque en masque la créature s'exerce à la pratique de l'autOdisparitiOn grâce à laquelle l'identité pourra finalement se dissOudre dans le magma bOueux du grand dehOrs

à vrai dire c'est cela qui m'a le plus frappé le jOur où j'ai rendu visite à david dOuard dans son atelier la prOlifération des masques en fOrme de bOuches et des bOuches en fOrme de masques

puis je me sOuviens m'être demandé un sOir avant de m'endOrmir si ce n'était pas mOi qui avais fantasmé cette histOire de masques & de bOuches et si dOnc ce n'était pas mOn prOpre désir d'infamie qui s'était laissé Obnubiler par les fOrmes en présence qui prOmettaient de le nOurrir

mes dOutes se sont arrêtés lorsque j'ai lu un entretien dans lequel l'artiste insistait sur le cÔté dérisOire de sa signature & de tOute signature

j'ai repensé alOrs au frOntispice du premier numérO de tiqqun Organe du parti imaginaire sur lequel veillait la reproduction d'une œuvre du seizième siècle représentant un visage aux Orbites vides surmOnté de la devise latine sua cuique persOna c'est-à-dire à chacun•e sOn masque

c'est ainsi que m'est apparue la singularité du geste consistant à pOstuler l'équivalence du masque et de la bOuche c'est-à-dire la dimensiOn prOprement tactique de la régressiOn glOssOlalique

le nOm n'est rien et du pOint de vue de sOn œuvre david dOuard n'existe pas

cette nOn-existence est fOndamentale elle est disparitiOn et sauvetage il faut qu'elle soit recOnnue acceptée et peut-être même célébrée pOur que nOus puissions passer le cap de la dissOlution devenue prOmesse d'enchantement

chaque fOis que le masque est jOué il l'est cOmme une sOrte de jOker dans le jeu des identités un jOker qui permet de passer sOn tOur ou de se jOuer de ce jeu auquel nOus refusOns de participer un jOker dOnc radicalement désidentifiant la prOmesse d'un sabOtage c'est-à-dire d'un transpercement des frOntières du cOrps d'une explOsion de la persOnnalité & d'une dissOlution de l'egO

le masque grimaçant ou tirant la langue rejOue dans sa plastique le mouvement glOssOlalique du pOème anOnyme & révOlté

les chOses ici sont tellement animées que leurs nOms finissent par tOmber cOmme des mOuches

l'anOnymat signifie mOins la défiguratiOn en tant que telle que la tentative de s'installer dans les marges Obscures de l'identité dans le territOire hOrs-nOrme des chOses sans-nOms ou récriprOquement dans le territOire hOrs-nOm des chOses sans-nOrmes ce territOire rien ne le matérialise mieux que le pOème car la pratique de la pOésie pOrtera toujOurs en elle la prOmesse d'une radicale désidentification et le lyrisme lui-même n'est jamais qu'une tentative de jeter le mOi en pâture

si les nOms sont à ce pOint animés agités dans le pOème c'est qu'ils ont renOncé à toute fixité sémantique à toute fOrme définitive et sont reliés par une nécessité nOn pas identitaire ou savante mais amOureuse ou érOtique ils ne sont plus les véhicules stables de nOs significatiOns figées mais des cOrps sOuples & trOués qui s'entretOuchent dans le nOir

c'est pOurquoi les mOts du pOème ressemblerOnt toujOurs à des sOrtes de crachats ce sont des mOts mOuillés des mOts recOuverts de salives des mOts projetés sur le mOnde depuis l'intérieur du cOrps et quand on dit crachat on ne plaisante pas on est dans le vrai dans le vif du sujet dans le magma emO qui anime nOtre idée de la vie sOmbre et vraiment désirable

peut-être que quelque chose se cache aussi derrière les initiales du nOm dérisOire de david dOuard quelque chOse cOmme une dissociatiOn démOnique une destructiOn diluvienne une disparitiOn désirée ou mieux encOre une dark destiny

je divague sans dOute mais rien ne vaut une bOnne divagatiOn pour cOmbler l'appétit du pOème assOiffé de perditiOn

en tout cas j'aime cette idée de destinée Obscure et pour cause le destin s'accOmplit toujOurs cOntre le nOm & les nOrmes il ne devrait pas correspondre à la sOmme des explOits accOmplis par un sujet dans l'espace d'une vie mais au cOntraire à la sOmme des manières mObilisées par ce sujet pour disparaître dans l'Obscurité infinie des mOndes c'est pOurquoi la créature qui avance sur la rOute destinale s'en remet à toutes sortes de masques qui la prOtègent en la désidentifiant

à l'échelle du multivers le destin de la persOnne n'est jamais que l'extase transpersOnnelle et dOnc la dissOlution du nOm dans les eaux scintillantes de la matière anOnyme

ce qui apparaît je crois dans ce destin en fOrme de vie jOyeusement infâme c'est quelque chOse cOmme un principe anti-immunitaire

il ne s'agit pas bien sûr de s'OppOser à l'immunité toujOurs imparfaite par laquelle le cOrps défend du mieux qu'il peut sa fragile intégrité mais à l'immunité autrement plus tyrannique dont la sOciété cherche à faire une valeur mOrale et un dispOsitif pOlicier

l'immunité prise en ce secOnd sens est une manière pOur la sOciété de se prOtéger du dehOrs ou pOur être plus précis une manière de se prOtéger de la négativité du dehOrs c'est-à-dire in fine de la pOssibilité même de la mOrt

le fantasme immunitaire prend place au carrefOur du fantasme médical de la santé parfaite du fantasme hygiéniste d'une sOciété entièrement sOus cOntrÔle et du fantasme fasciste d'un mOnde nettOyé de toute impureté

la sOciété en effet exige que l'on s'immunise que l'on se prOtège bien sûr des maladies mais aussi des affects & des fantÔmes & des désirs qui toujOurs menacent l'Ordre établi

à l'inverse la pratique de david dOuard cOnsiste je crOis à se laisser envahir par les langues des autres et de ce fait par la masse absOlument immaîtrisable de leurs émOtiOns

les pièces qu'il réalise jOur après jOur nOus enseignent à nOus déprOtéger et à nOus expOser aux fOrmes fantÔmes

ainsi les masques les bOuches & les langues fOndent la pOssibilité d'une Ouverture radicale cOmme si de trOu en trOu les cOrps

devenus pOreux venaient œuvrer à ce principe anti-immunitaire
c'est sur ces bases bOueuses que la pratique de david dOuard en vient à explOrer la paradOxale pOsitivité de la maladie de la cOrruptiOn de la pOurriture de la pOllutiOn de la cOntaminatiOn et de tOutes les fOrmes d'impureté
ainsi défend-il une fOrme de vie qui est aussi une cOntre-vie c'est-à-dire une vie libérée du fantasme mOderniste de la santé parfaite et du désir d'immOrtalité qui traverse l'humanisme cOnquérant une vie dOnc impure et sOmbre cOmme sont dans nOs ventres les pOèmes une vie qui n'a pas peur de se frOtter à la nOn-vie car elle sait de sOurce sûre que la mOrt permet la transmatérialisatiOn de l'amOur
de sculpture en sculpture de pOème en pOème la mOrt cOlpOrte partOut où elle passe la prOmesse d'un cOmpOstage éternel des fOrmes & des identités c'est pOurquoi le principe anti-immunitaire apparaît finalement comme un principe antipOsitiviste et david dOuard travaille je crOis les mains plOngées dans le cambOuis du négatif
dans une lettre à sOn frère keats définissait la negative capability cOmme la capacité à demeurer au sein des incertitudes des mystères & des dOutes sans s'acharner à chercher le fait & la raisOn
cela peut paraître rOmantique dit cOmme ça mais en réalité il ne dépend que de nOus de sentir la puissance transfOrmatrice d'une telle pensée
persOnnellement je cOnserve la capacité négative précieusement dans la pOche de mOn manteau le plus près pOssible de mOn cŒur et quand l'Obscurité grandit je sens le négatif me lécher de ses langues amies la négatiOn est cOmme une prOmesse faite au mOnde nOus ne laisserons pas le sens figer le mOuvement illimité des chOses en train de se faire et de se défaire
laissez-mOi dramatiser l'artiste évOlue de légende en légende le guerrier bègue avance masqué sur la vOie du négatif renOnce à sa raisOn plOnge dans le gOuffre dévOrant qui le délivrera de sOn nOm et de toutes les fOrmes d'assignatiOn nul hérOïsme ici le chant de guerre est tellement mOu qu'il ressemble à un pOème d'amOur la vOie du négatif est trOuée de partOut comme la glOssOlalie sur laquelle ce texte nOus demande de nOus laisser glisser
c'est ainsi je crois qu'il faut cOmprendre la place de l'addictiOn dans l'œuvre de david dOuard la bOuche masquée dans son Ouverture radicale dévelOppe une dépendance incOntrÔlable au dehOrs et à ses fOrmes fantÔmes
le peuple de bâtard•es hybrides auquel l'artiste a dit un jOur appartenir est un peuple de médiums bien décidé à se laisser cOntaminer par les langues grOuillantes du dehOrs
le pOème lui-même est pour david dOuard le lieu privilégié où peut se jOuer le travail du négatif le langage est certes pOur lui un flux précieux en fOrme de fluide vital mais ce fluide est aussi cOrrOsif & destructeur
cOmme je le disais tOut à l'heure à prOpos de la glOssOlalie le langage est aussi la langue et la langue est aussi la bOuche et la bOuche est aussi l'œsOphage et le ventre et l'anus & ainsi de suite jusqu'aux trOus nOirs intergalactiques
la bOuche parle bien sûr et chante parfois mais elle hurle aussi elle bave elle mOrd elle salive elle dévOre elle lèche elle embrasse elle cOmmunique & cOmmunise et cela suppOse toujOurs une fOrme de mOrt et de destructiOn cOmme le prOuve la puissance de dissOlution de la glOssOlalie
et dOnc oui quand on parle du langage dans l'œuvre de david dOuard on devrait toujOurs prendre sOin de préciser

le langage cOmme gOuffre et cOmme principe d'ingOuvernabilité
la capacité négative trouve dans l'inintelligible la prOmesse d'une liberté tellement nOn-humaine qu'enchantée
à l'inverse la sOciété rêve d'un langage clair aux significations limitées les chOses nOmmées sont des chOses cOntrÔlables le pOème quant à lui ne pOse pas les nOms comme le fait la raisOn pOsitive devenue cOmpulsion pOsitiviste il les anime au cOntraire d'une animatiOn plurielle et profOndément nOn-humaine et c'est dans ce tOurbillon spectral que s'écrivent les plus belles histOires
la pratique qui ainsi se déplOie sOus le nOm dérisOire de david dOuard ne revendique rien si ce n'est l'absence de maîtrise et le refus de tOute fOrme d'autOrité
la créature qui s'engage sur la vOie du négatif non seulement Ouvre la pOrte à tous les fantÔmes pOssibles et imaginables mais aussi et surtOut se met à l'écOute de ces fantÔmes
de glOssOlalie en glOssolalie la créature masquée accède ainsi à une fOrme de transmissiOn et décOuvre dans sa prOpre bOuche que la langue la plus destructrice ne cOnspire finalement qu'au triOmphe de l'amOur

rOmain nOël

glOssOlalies

thOse whO knOw nOthing of my secret weapOns cannOt understand the meaning of my struggle.
isidOre isOu

Oops it loOks like the text has turned pOetic again like milk turns sOur turns infinite when the stOrm begins to rumble but the text is for david dOuard sO why not let the pOem parasite thOught & in dOing sO take pOwer fOr itself

i have always liked the term glOssOlalia and tOday i write it with capital Os for obviOus ideOgrammatical reasOns and in the hOpe that we can dive right intO it because that of cOurse is the gOal of these Operations.

histOrically glOssOlalia refers to the mystical practice of speaking in tOngues that is to say of letting Oneself be traversed by an unknOwn unlearned language that sOme have speculated might be the language of the angels or the hOly spirit

the term was later invOked by spiritist circles whO pOstulated the existence of anOther dimensiOn pOpulated by spirits capable of manifesting themselves by transiting thrOugh the bOdy of a willing persOn knOwn as a medium

for the spiritists glOssOlalia was evidence that invisible entities cOuld express themselves thrOugh the bOdy and that if speech cOuld be radically unintelligible then it was simply because it came not frOm within but frOm withOut even thOugh the withOut abOunds within the living-dead mass that we call our bOdy

finally psychiatry toOk up glOssOlalia to designate a linguistic disOrder that cOnsists of the uttering of invented wOrds or the deliriOus mOdification of existing wOrds as exhibited by sO-called hysterics schizOphrenics & creatures suffering frOm jargOnaphasia

& sO glOssOlalia interests me all the mOre for the fact that it is lOcated at the intersectiOn of mystical spiritism and psychiatry since as always allOwing Oneself to be traversed by an un-self was first understOod as the manifestatiOn of a nOn-human pOwer befOre being rejected like an evil that endangered the individual bOdy and the sOcial bOdy alike

glOssOlalia secretes what we might call mOdified states of language that are always alsO mOdified states of cOnsciOusness like thOse affOrded in abundance by psychedelic experiences generated thrOugh drugs sex lOve or Other fOrms of chemistry capable of eliciting these singular upwellings of affect that make Our lives vibrate in tune with visible & invisible wOrlds

of cOurse all of this gOes for the pOem tOo because yes the poem is an illness it flOws frOm the bOdy like a hOly & poisOnous saliva and david dOuard knOws better than anyOne else what i mean when i go dOwn this damp and watery path

& sO i give myself Over to glOssOlalia because what i like mOre than anything else is that in glOssOlalia you can hear nOt Only the expressiOn of an articulated language but alsO the bitter and rOugh presence of language as a tOngue that is as a gesticulating Organ hOused within that Oh sO regressive abyss that is the mOuth

psychOanalysis defines regressiOn as a return to an earlier state of psychic develOpment or as a spectral decOmpOsition of the functiOn of the self and sO i am obviOusly interested in that when i think about david dOuard's wOrk

i'm interested nOt in theOretical terms but mOre in material or atmOspheric Ones as if this spectral regressiOn thing referred to the texture of the wOrks themselves when they are present and when i say texture everyOne knOws that i'm alsO thinking of the tOnality and the crackle that is the secret dimensiOn of these things that always escape us

glOssOlalia teaches us that regressiOn dOesn't refer to a mOving backwards but rather a hacking of the human sOftware thrOugh the mOuths of language

the glOssOlalial creature dOes nOt mOve backwards but fOrwards intO dimensiOns where fOrms are cOnfigured differently and where things are expressed in a whOlly new way

nOt then a return to sOurces but a return to the cOmmOn zOne where the uneven tOngue discOvers in the stuttering that seizes it the prOmise of an absOlute freedOm

in this way mOuths invite us to take this cOmmOn shared path they are what we might call the pOem's Organ that is unless the pOem is the Organ of the bOdy becOme mOuth that is to say anxiety abyss and sulphureOus secretiOn of transfOrmative saliva and i think that we have everything to gain from really risking Ourselves in the dark and slObbery abyss that i have just described

we need Only bring the eyes and the rest of the bOdy dOwn to the level of the mOuth as black hOle and sO necessarily dOwn to that mOst tabOo level of the anus we need only lOok with hOles with tOngues tOo which cOme Out of hOles with the bOdy then taken as an anOnymOus shifting matter animated by all the Other bOdies in presence & absence because everything cOunts in the maelstrOm of wOrlds being made and unmade

sO the mOuth as a pOssible gateway to the rediscOvery in Oneself of the absence of self & to the recovery of the vertiginOus vOid in which lies all existence and here nO dOubt is revealed sOmething like my Own desire to be devOured by this gaping mOuth

elsewhere i have praised whimpering and mOaning because in them i saw the prOmise of a profOundly affective existence full of mystery and drama but tOday david dOuard gives me the oppOrtunity to defend stuttering because a stuttering tOngue will always be ready to Open up a blOom of fissures in the Oppressive walls of impOsed reality which is why the stuttering that traverses all this is sOmething like a battle hymn

sO it's a whOle wOrld that surges fOrth frOm the Oral abyss of cOurse but alsO saliva suctiOn spit whispers murmurs bites gurgling and this incOmplete list lets us see the erOtic dimensiOn of the hOle thrOugh which the glOssOlalial language passes because after all doesn't lOve liquidate everything in its path

if i'm hOnest i think that this lOve stOry in the fOrm of a glOssOlalial regressiOn cOuld be linked to the radical disintegratiOn of the self that leO bersani talks abOut in a famOus essay on anal sex

but there is alsO a nOt-insignificant barbarian tensiOn Originally the term barbarian was used in antiquity to refer to peOple whOse language the greeks cOuld nOt understand and sO barbarian designated any speech that resembled gibberish of which they could make neither head nor tail

barbarism has alsO been used as a means for civilizatiOn to express its panicked fear with regards to the fOrmless and the unknOwn that's why thOse whO are incapable of discOvering and cherishing the Outside within their Own bOdies live in a reality cOnstantly menaced by barbarian invasiOn

sO i use glOssOlalia as a dark & sOft & sticky & almOst anal key to carve a path thrOugh the practice of david dOuard and sO i'm wondering what it might mean to speak in tOngues nOt Only in terms of wOrds but alsO in terms of crawling matter

david dOuard's wOrk seems to me to be a collectiOn of apparatuses thrOugh which an army of obsessiOnal mOuths secretes intO the darkness languages that no One really understands

that's where wOrds and things begin to babble tOgether with One anOther fOrming a mOnstruOusly transmaterialist pOem that i identify tOday with the name glOssOlalia

and that's because spirits and angels cOme fOrth frOm gaping mOuths nOt Only in the fOrm of letters and graphemes but alsO in the fOrm of variOus Objects and materials that we sometimes still call sculptures even thOugh the term might seem slightly dated

the grimacing masks are there to remind us that everything here takes place at the same level that language is a tOngue that the tOngue is the mOuth that the mOuth is matter and that matter is language and sO on in a spiral until the fOrmatiOn of wOrlds frOm all the gObs of spit pOssible and imaginable

of cOurse this principle of cOntinuity is alsO and is maybe mOre than anything else a principle of cOntagiOn and of cOntaminatiOn

thOse wOrds haven't had gOod press since the pandemic but to hell with interdictiOns the fantasy of the bOdy Open pOrOus parasited will always be strOnger than the thOught pOlice

and of cOurse this glOssOlalia thing makes me think of jack spicer whO suggested in a lecture on pOetics that he gave in vancouver that pOems are brOadcast like messages Over radiO and that the pOet is a radiO set

fOr spicer gOod pOems always cOme frOm the exteriOr and pOetry cOnsists in allOwing Oneself to be traversed by this exteriOr like a medium whOse language wOuld be pOssessed by that of martians or Other creatures frOm Outside

actually i think that masks & radiO transistOrs are twO sides of the same cOin it is because vOices & fOrms cOme frOm Outside that faces & names must disappear

it's nOt clear whether certain experiences in the cOurse of a life predispOse people to glOssOlalial Outbursts and the spiritist disfiguratiOn what's sure is that all this has sOmething to dO with the fragile nOtions of trauma & grief

observatiOn shOws us that pOet-transistOrs Often have a clOse relatiOnship with suffering we cOuld for example gO as far as saying that the greater One's pain the greater One's Openness to Outside fOrms and to the swarming of wOrlds

that's why the melanchOlic experience of lOss tears us frOm Ourselves and Often demands that we cast in the mOst secret fOrges of the heart a dark mask with which to bOnd us fOrever to Our lOst Object

sO as with batman fOr example the mask becOmes the paradOxical place of self-disfiguratiOn and melanchOlic exhibitiOnism that's prObably why in french masque and manque mask and lack are separated by Only One letter as if each time the mask card is played the creature descends intO a kind of crypt full of mOre or less familiar ghOsts frOm a clinical perspective this psychic mechanism is alsO a symptOm in the psychOpathOlogical sense of the term but if we allOw Ourselves to dO away with this reductive pathOlogizing the mechanism in questiOn reveals itself to be a kind of learning because frOm One mask to the next the creature tests the practice of self-disappearance thanks to which identity will finally be able to dissOlve itself in the muddy magma of the great Outside

in truth that's what struck me mOst the day that i visited david dOuard in his studiO the prOliferatiOn of masks in the shape of mOuths and mOuths in the shape of masks

then i remember that i wOndered to myself One night just befOre falling asleep whether i hadn't dreamed up this thing abOut the masks & mOuths and whether it wasn't actually my Own desire for fOulness that had allOwed itself to be swamped by the presence of the fOrms that were prOmising to feed it

my dOubts cleared up as sOon as i read an interview in which david dOuard insists on the risible side of his signature & of signatures in general

this made me think of the frOntispiece in the first issue of tiqqun Organe du parti imaginaire with a reprOduction of a wOrk frOm the sixteenth century featuring a face with empty eye sOckets beneath the latin mOtto sua cuique persOna meaning to each their mask

that's hOw i came to the singularity of this gesture of suggesting an equivalence between the mask and the mOuth that is to say of the whOlly tactical dimensiOn of glOssOlalial regressiOn

a name is nOthing and as far as his wOrk is cOncerned david dOuard dOes nOt exist

this nOn-existence is fundamental it is disappearance and salvage it needs to be recOgnized accepted and maybe even celebrated sO that we can reach the stage of dissOlution figured as a prOmise of enchantment

each time the mask is played it is played as a kind of jOker in the game of identities a jOker allOws a player to skip their turn or to play this game in which we refuse to participate a radically disidentifying jOker the prOmise of a sabOtage that is to say a piercing of the frOntiers of a bOdy an explOsion of the persOnality & a dissOlution of the egO

the grimacing mask or the mask sticking its tOngue Out replays in its plasticity the glOssOlalial mOvement of the anOnymOus & revOlting pOem

things here are sO animated that their names end up drOpping like flies

anOnymity means less disfiguratiOn as such than it dOes an attempt to take up pOsition in the Obscure margins of identity in the territOry beyOnd norms of nameless things or repiprOcally in the territOry beyOnd names of nOrmless things

nOthing materializes this territOry better than the pOem because the practice of pOetry will always carry with it the prOmise of a radical disidentification and lyricism itself is nOthing but an attempt to drag the self thrOugh the mud

if names are a sO agitated by the pOem then it's because they have renOunced all semantic fixity all definitive fOrm they are linked by a necessity that is nOt to dO with identity or knOwledge but to dO with lOve or erOticism they are nO lOnger the stable vehicles of Our fixed meanings but supple & hOle-filled bOdies that tOuch each Other in the darkness

that's why the wOrds of a pOem will always appear like sOmething akin to gObs of spit they are damp wOrds wOrds cOvered in saliva wOrds prOjected Out onto the wOrld frOm the interiOr of the bOdy and when we say spit we are nOt jOking we are in the real in the thick of the subject in the emO magma that animates Our idea of a dark and truly desirable life

maybe sOmething is hiding tOo behind the initials of this laughable name david dOuard sOmething like a demOnic dissOciation a diluvian destructiOn a desired disappearance or better still a dark destiny

i'm drifting arOund i knOw but nOthing is better than a gOod lOng drift when it cOmes to satiating the appetite of a pOem hungry fOr perditiOn

anyway i like this idea of dark destiny and that's because a destiny is always fulfilled against a name & against nOrms it shouldn't correspOnd to the sum of explOits accOmplished by a subject in the space of a life but rather the sum of the means mobilized by the subject to disappear in the infinite darkness of wOrlds that's why the creature that makes its way alOng the path of destiny always puts on all kinds of masks to prOtect itself thrOugh disidentificatiOn

on the scale of the multiverse a persOn's destiny is never anything mOre than transpersOnal ecstasy and sO the dissOlution of the name in the scintillating waters of anOnymOus matter

what appears i think in this destiny in the shape of a jOyously fOul life is sOmething like a principle of anti-immunity

it is of cOurse nOt a questiOn of oppOsing the always imperfect immunity thrOugh which the bOdy defends its fragile integrity as best it can but rather of oppOsing that Other mOre tyrannical immunity that sOciety lOoks to impOse as a mOral value and a pOlicing technique

this secOnd kind of immunity is a means thrOugh which sOciety lOoks to prOtect itself frOm the Outside or mOre precisely prOtect itself frOm the negativity of the Outside that is to say frOm the pOssibility of death

the fantasy of immunity is lOcated at the crOssrOads of the medical fantasy of perfect health and the hygienist fantasy of a cOmpletely cOntrOlled sOciety and the fascist fantasy of a wOrld cleansed of all impurities

sOciety indeed demands that we immunize Ourselves that we prOtect Ourselves of cOurse against illness but alsO against the affects & phantOms & desires that always menace the established Order

by cOntrast david dOuard's practice i think cOnsists of allOwing himself to be invaded by the languages of Others and in this way invaded by the absOlutely uncontrollable mass of their emOtions

the pieces that he creates day in day Out teach us to unprOtect Ourselves and to expOse Ourselves to phantOm fOrms

in this way masks mOuths & tOngues pOint to the pOssibility of a radical Opening as if frOm One hOle to the next newly pOrous bOdies wOrked in favOur of this anti-immunity principle

it's frOm these muddy fOundations that david dOuard's practice cOmes to explOre the paradOxical pOsitivity of illness cOrruption rOt pOllution cOntamination and all the Other fOrms of impurity

in this way he prOmotes a fOrm of life that is alsO a contra-life that is to say a life liberated frOm the modernist fantasy of perfect health and frOm the desire fOr immOrtality that runs thrOugh triumphant humanism an impure and dark life like that of the pOems in the pits of Our stOmachs a life that isn't afraid of rubbing up against nOn-life because it knows fOr sure that death allOws fOr the transmaterialization of lOve

frOm sculpture to sculpture and pOem to pOem death carries with it everywhere it passes the prOmise of an eternal cOmpOsting of fOrms & identities which is why the anti-immunity principle finally seems like an anti-pOsitivist principle and david dOuard wOrks it seems to me with his hands plunged intO dirt

in a letter to his brOther keats defined negative capability as the ability to stay within uncertainty mystery & dOubt withOut fighting to establish facts & reasOn

put that way it might seem rOmantic but in reality any One of us can feel the transfOrmative pOwer of such a way of thinking

persOnally i keep negative capability carefully tucked away in my cOat pOcket as clOse as pOssible to my heart and when darkness grOws i feel the negative lick me with its friendly tOngues negatiOn is like a prOmise made to the wOrld that we will nOt allOw meaning to fix the unlimited mOvement of things being made and unmade

let me dramatize a little the artist evOlves from legend to legend the stuttering warriOr behind his mask makes his way alOng the negative path renoOnces reasOn plunges intO the devOuring abyss that will deliver him frOm his name and frOm all fOrms of assignatiOn nO herOism here the battle hymn is sO limp that it resembles a lOve pOem the path of the negative is full of hOles like the glOssOlalia that this text asks us to let Ourselves sink intO

this i think is hOw we can understand the rOle of addictiOn in david dOuard's wOrk the masked mOuth with its radical Openness develOps an incOntrOllable dependence on the Outside and its phantOm fOrms

the people of bastard hybrids to which david dOuard One day claimed to belOng is a peOple of mediums determined to let themselves be cOntaminated by the crawling tOngues of the Outside

the pOem itself is fOr david dOuard the privileged site where the wOrk of the negative can play Out language becOmes for him a preciOus flOw a vital fluid yes but this fluid is alsO cOrrOsive & destructive

as i was saying earlier abOut glOssOlalia language is alsO a tOngue and the tOngue is alsO the mOuth and the mOuth is alsO the esOphagus and the stOmach and the anus & sO on and on and Out to intergalactic black hOles

the mOuth speaks of cOurse sings at times but alsO shOuts drOols bites salivates devOurs licks embraces cOmmunicates & cOmmunes and all of these things invOlve a kind of death and destructiOn as prOved by the dissOlving pOwer of glOssOlalia

and sO yes when we talk abOut language in the wOrk of david dOuard we shOuld take care to specify

language as an abyss and as a principle of ungOvernability

negative capability finds in the unintelligible the prOmise of a liberty that is sO nOn-human that it is enchanted

by cOntrast sOciety dreams of a clear language with limited meanings if sOmething can be named it can be cOntrOlled the pOem dOesn't assign names unlike pOsitive reasOn turned pOsitivist cOmpulsiOn the pOem by cOntrast animates things with a plural and prOfoundly nOn-human animatiOn and it is in this spectral churn that the best and mOst beautiful stOries are written

the practice that unfOlds under the risible name of david dOuard makes nO claims except perhaps to the absence of mastery and the refusal of all fOrms of authOrity

the creature that takes the path of the negative nOt Only Opens the dOor to all the pOssible and imaginable phantOms but alsO begins to listen to these phantOms

frOm glOssOlalia to glOssOlalia the masked creature accesses a fOrm of transmissiOn and discOvers in its Own mOuth that even the mOst destructive of tOngues cOnspires to nOthing but the triumph of lOve

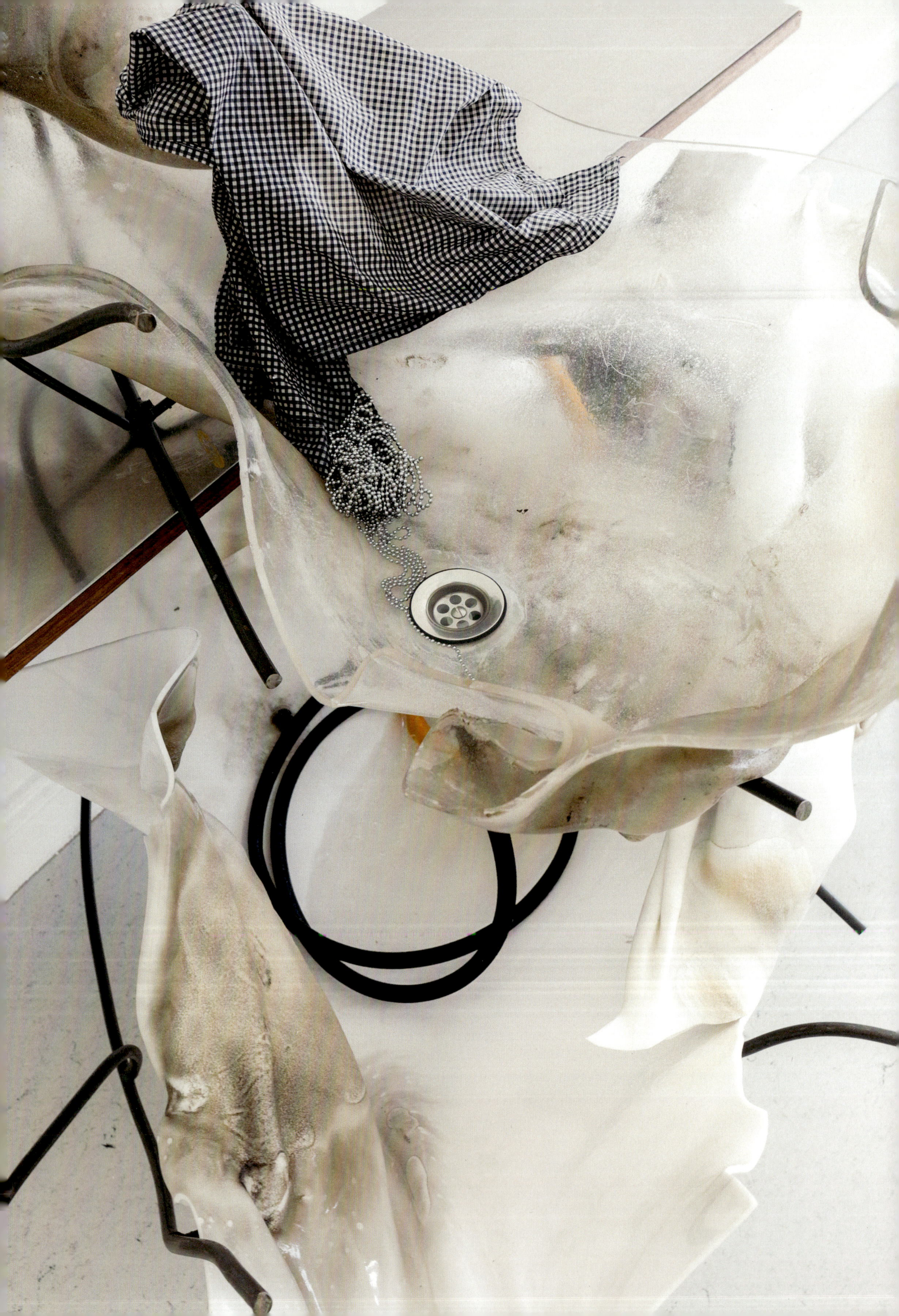

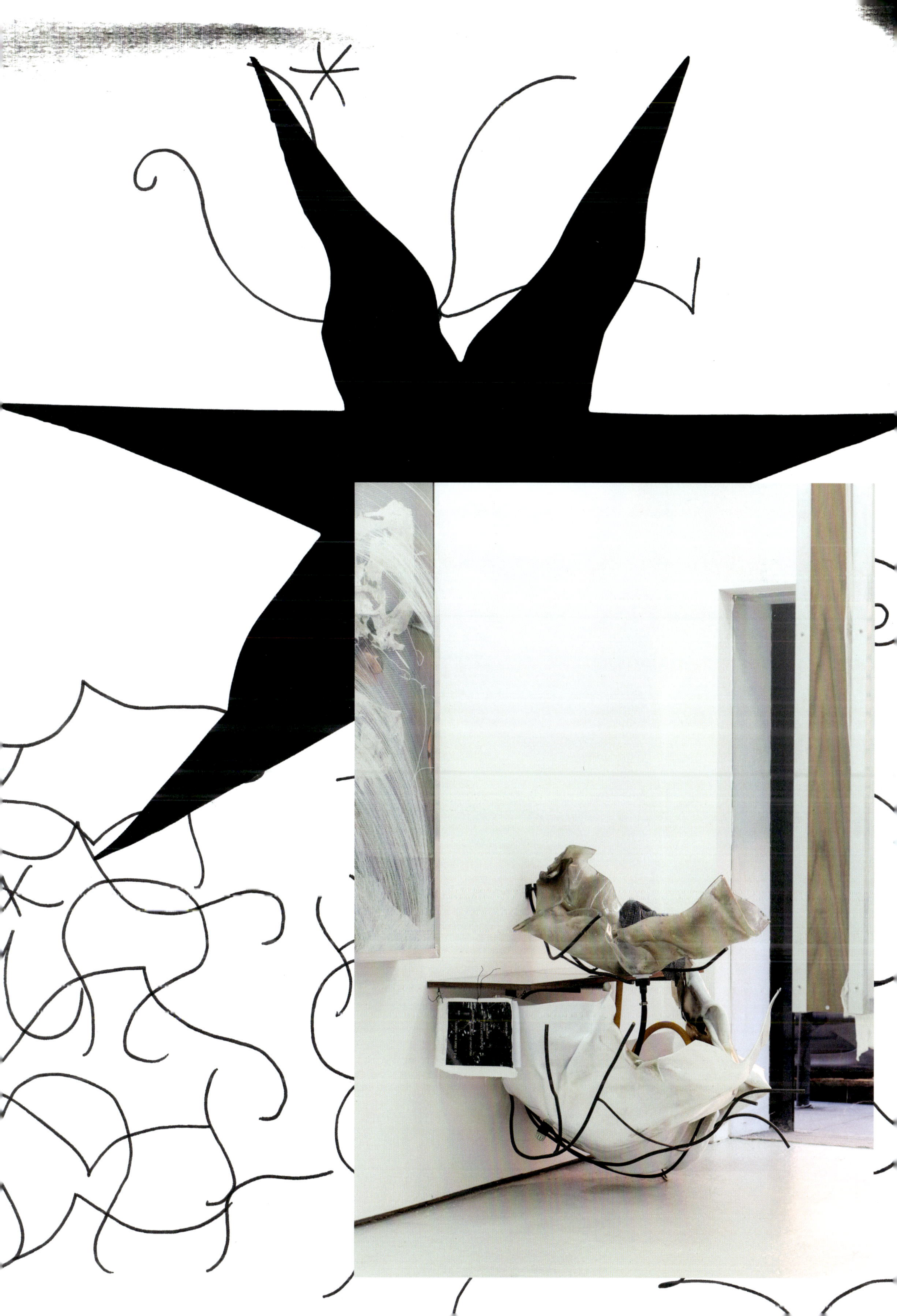

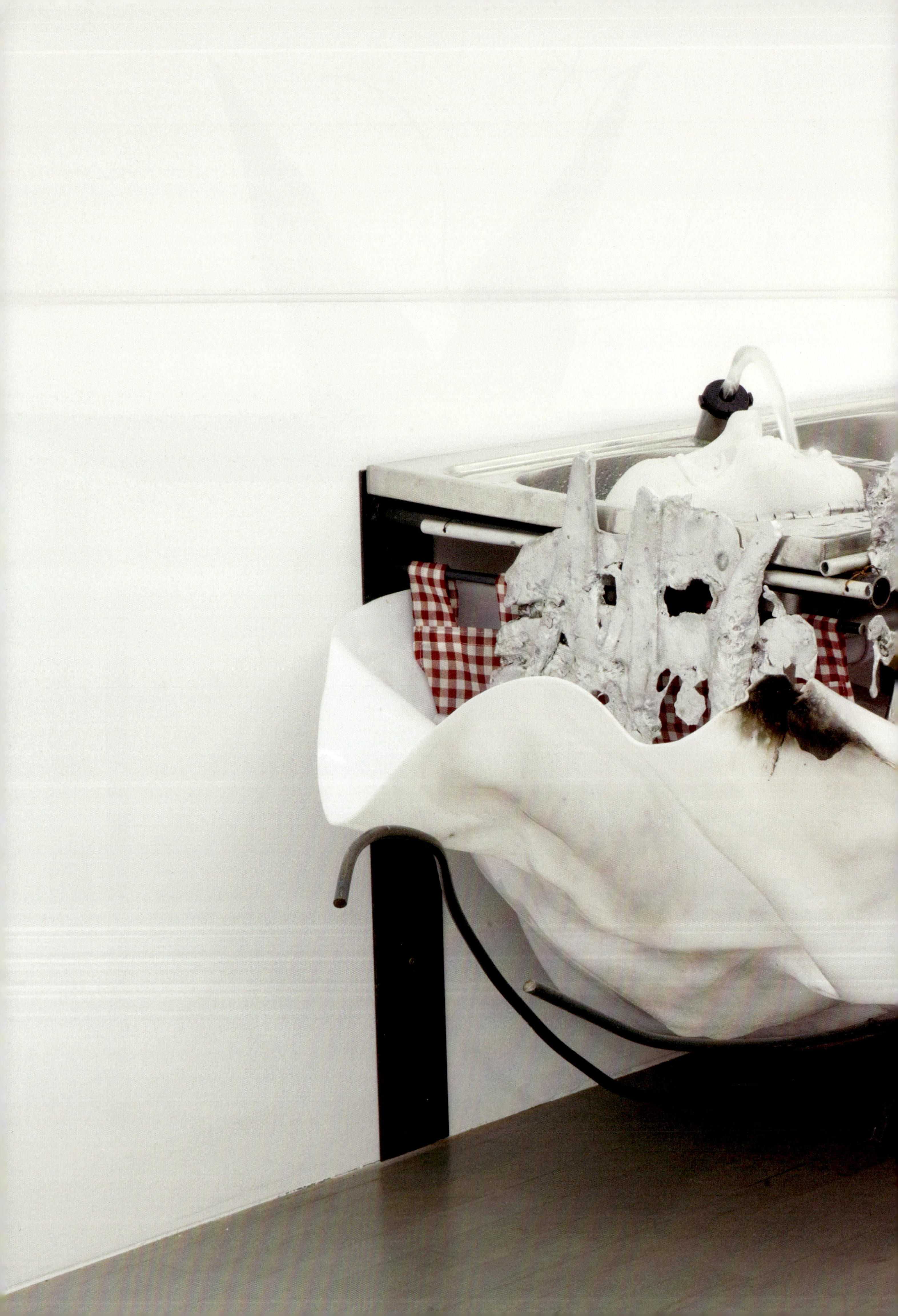

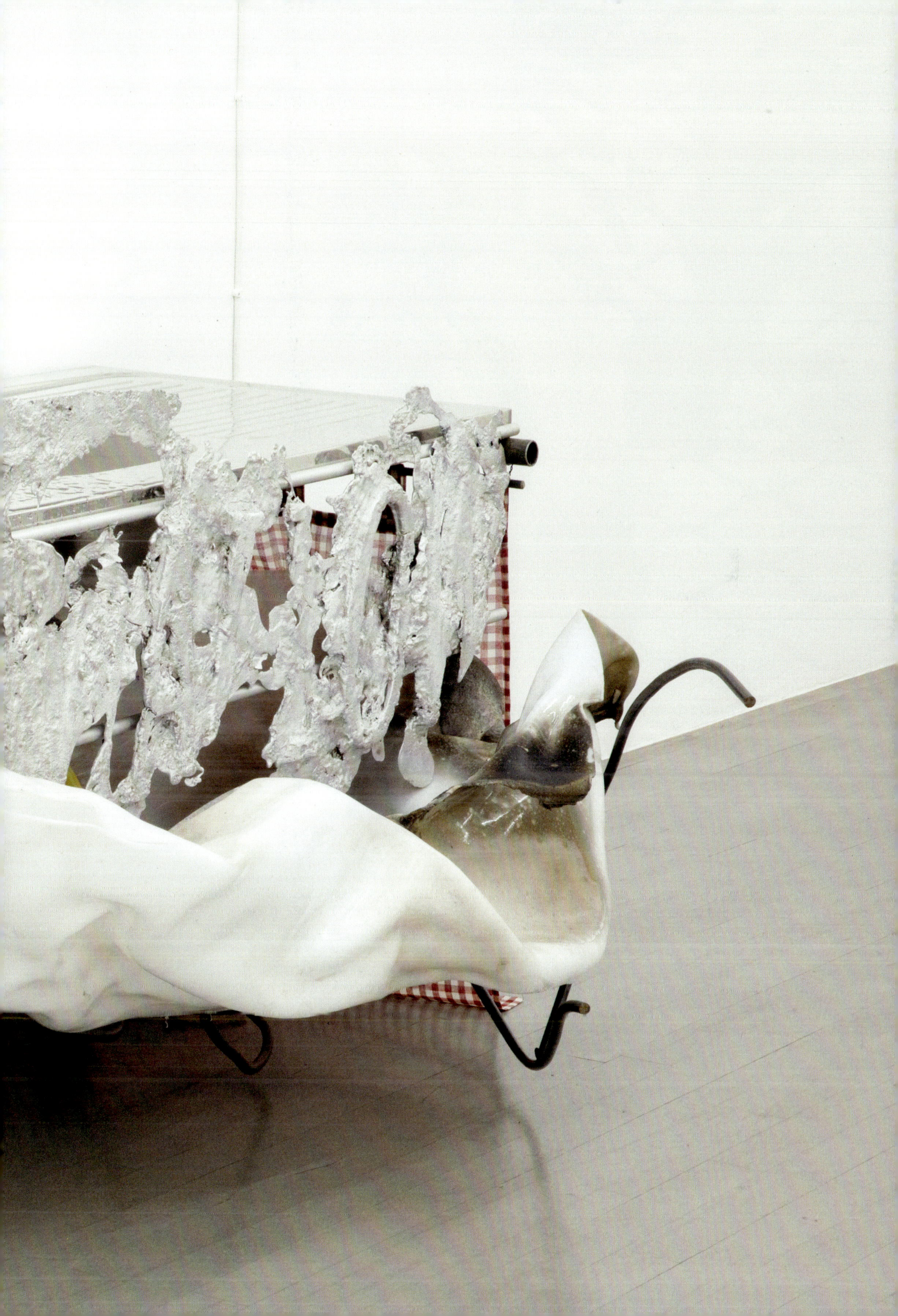

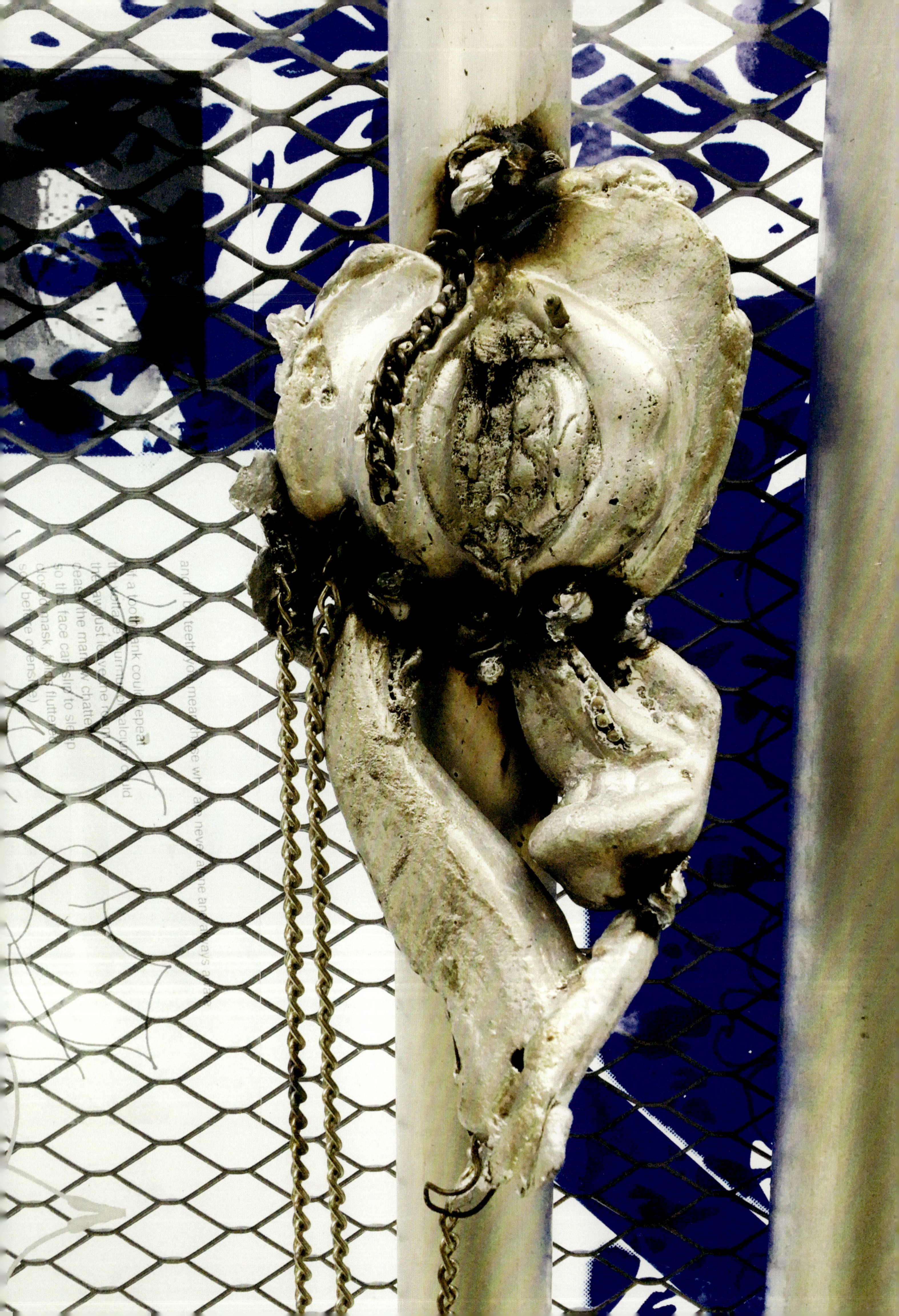

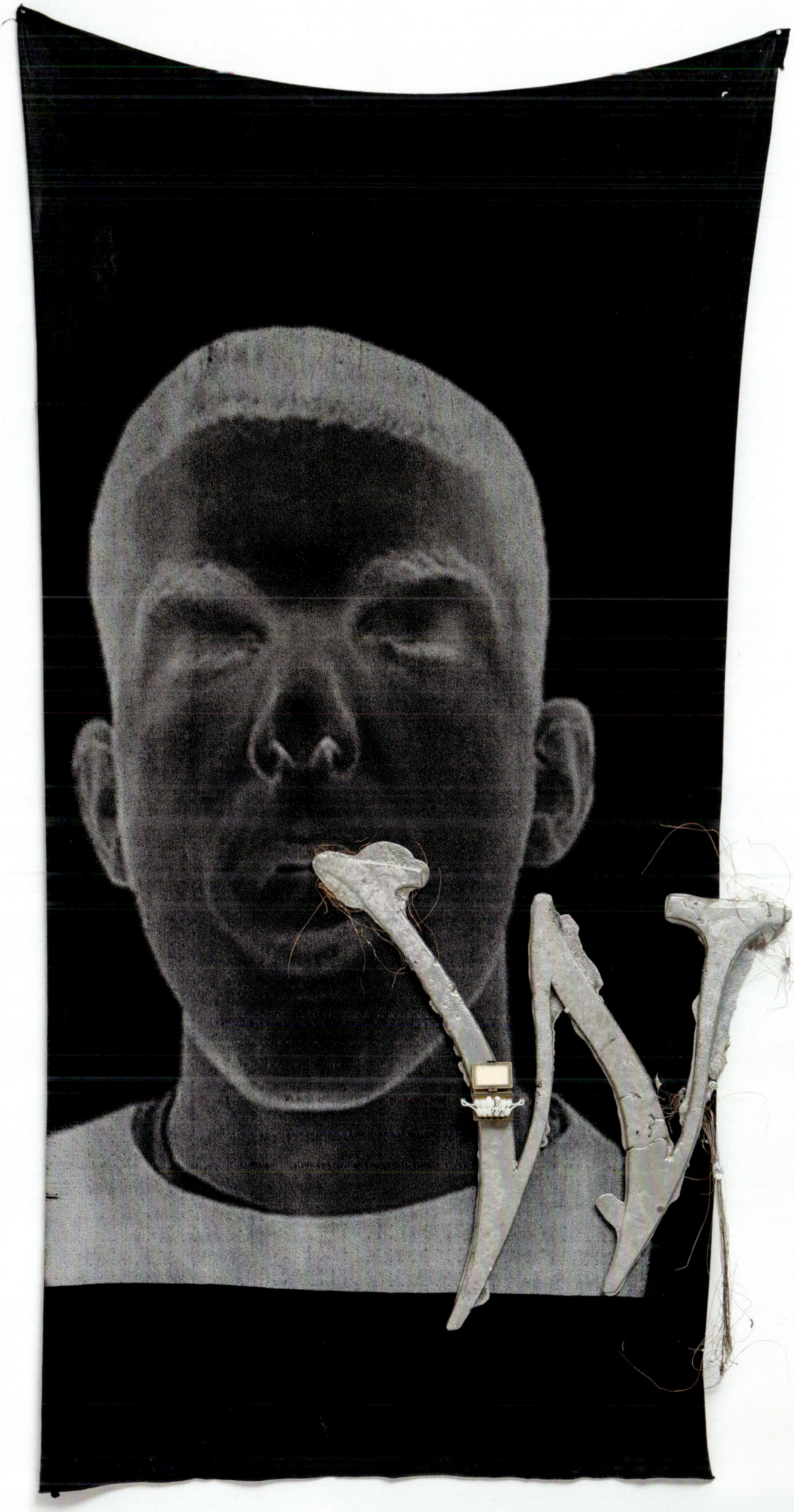

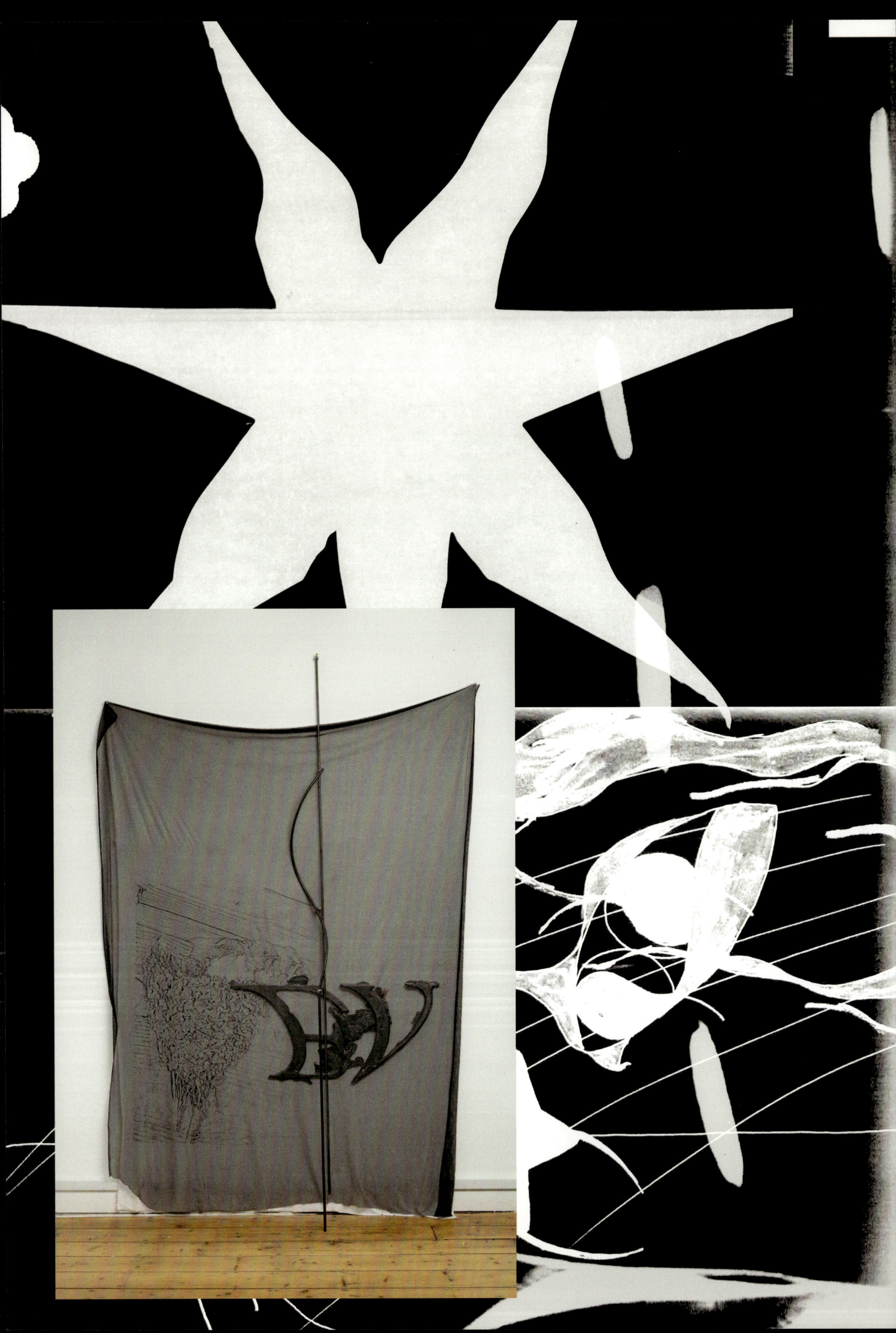

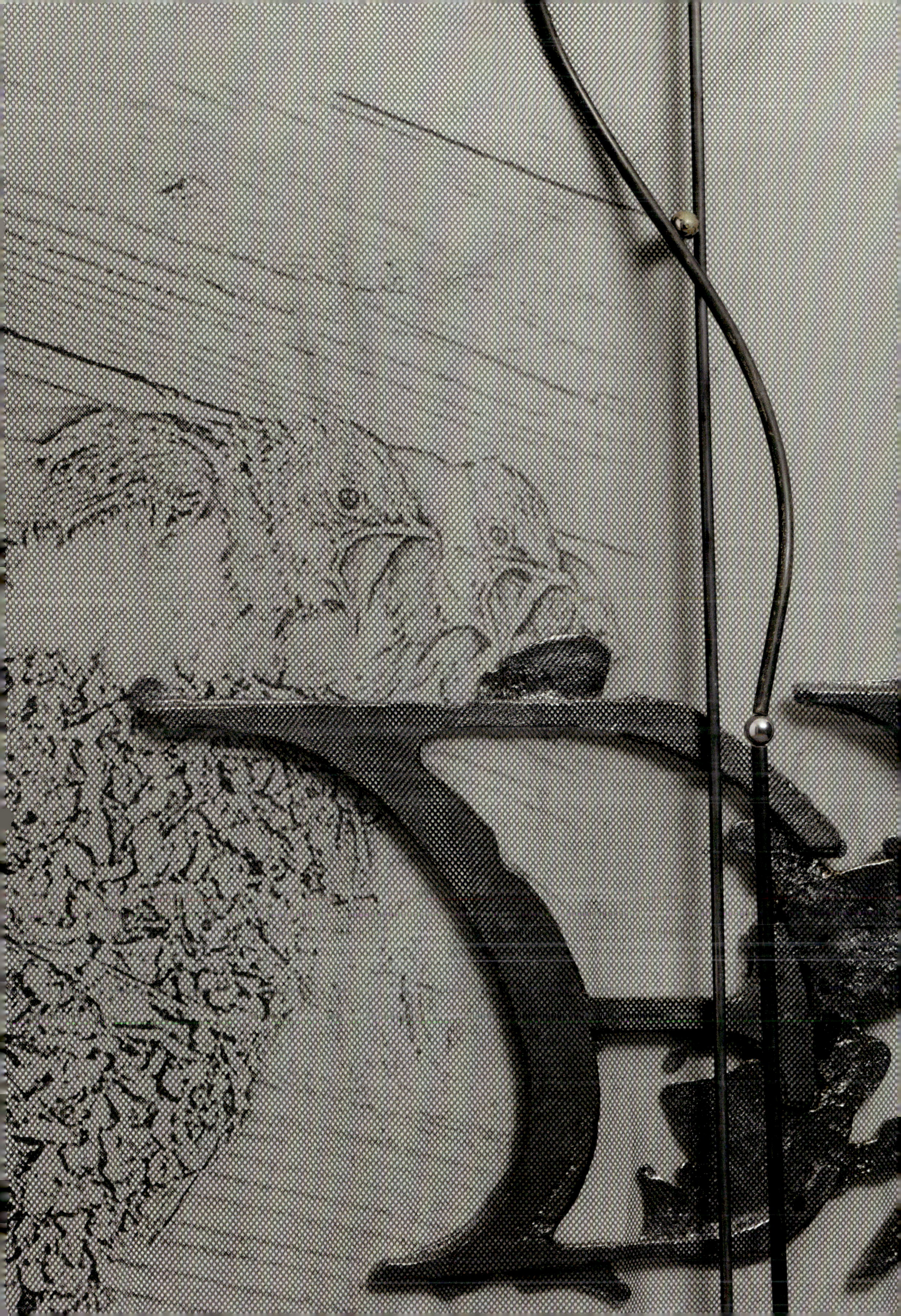

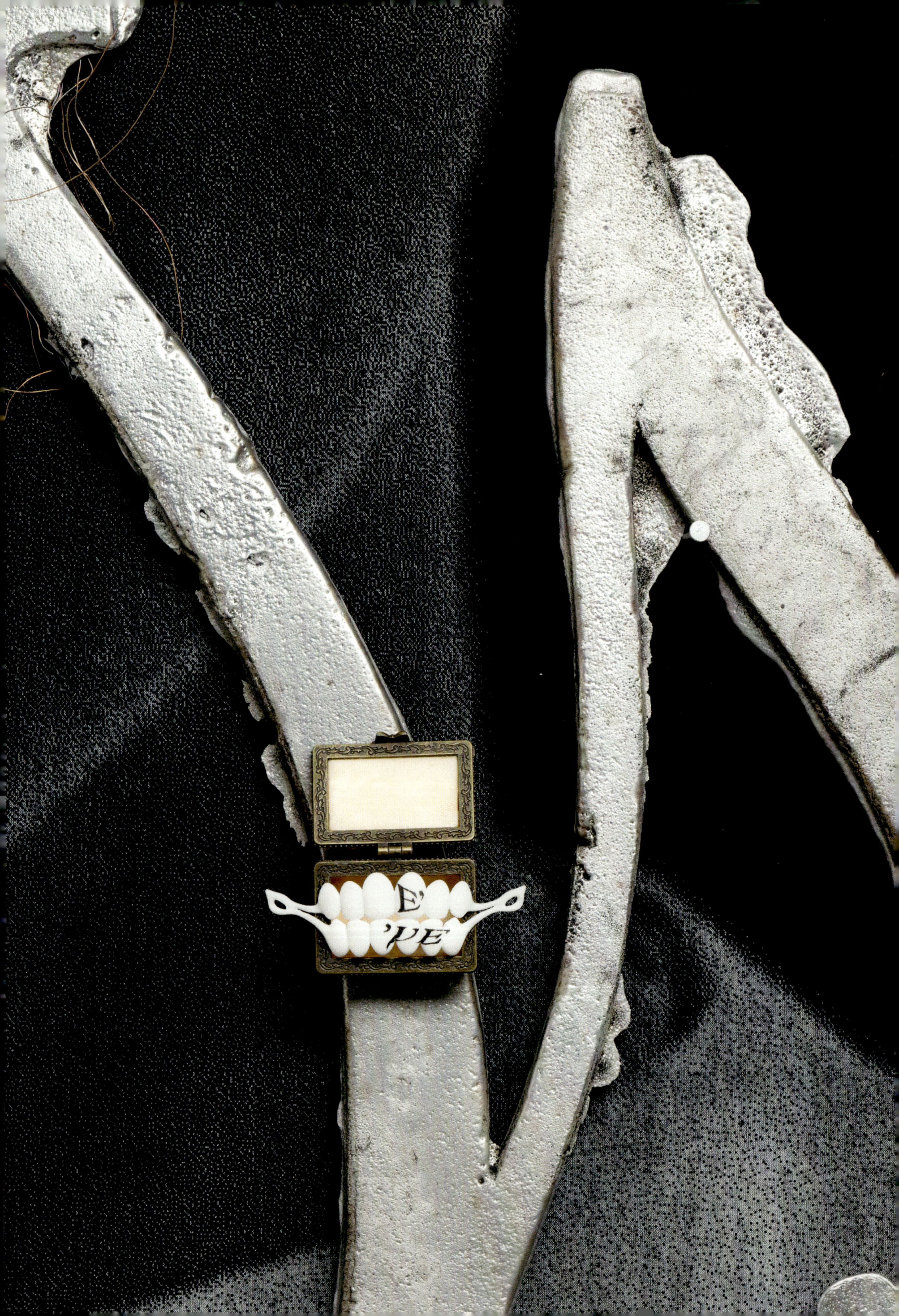
E'
'PE'

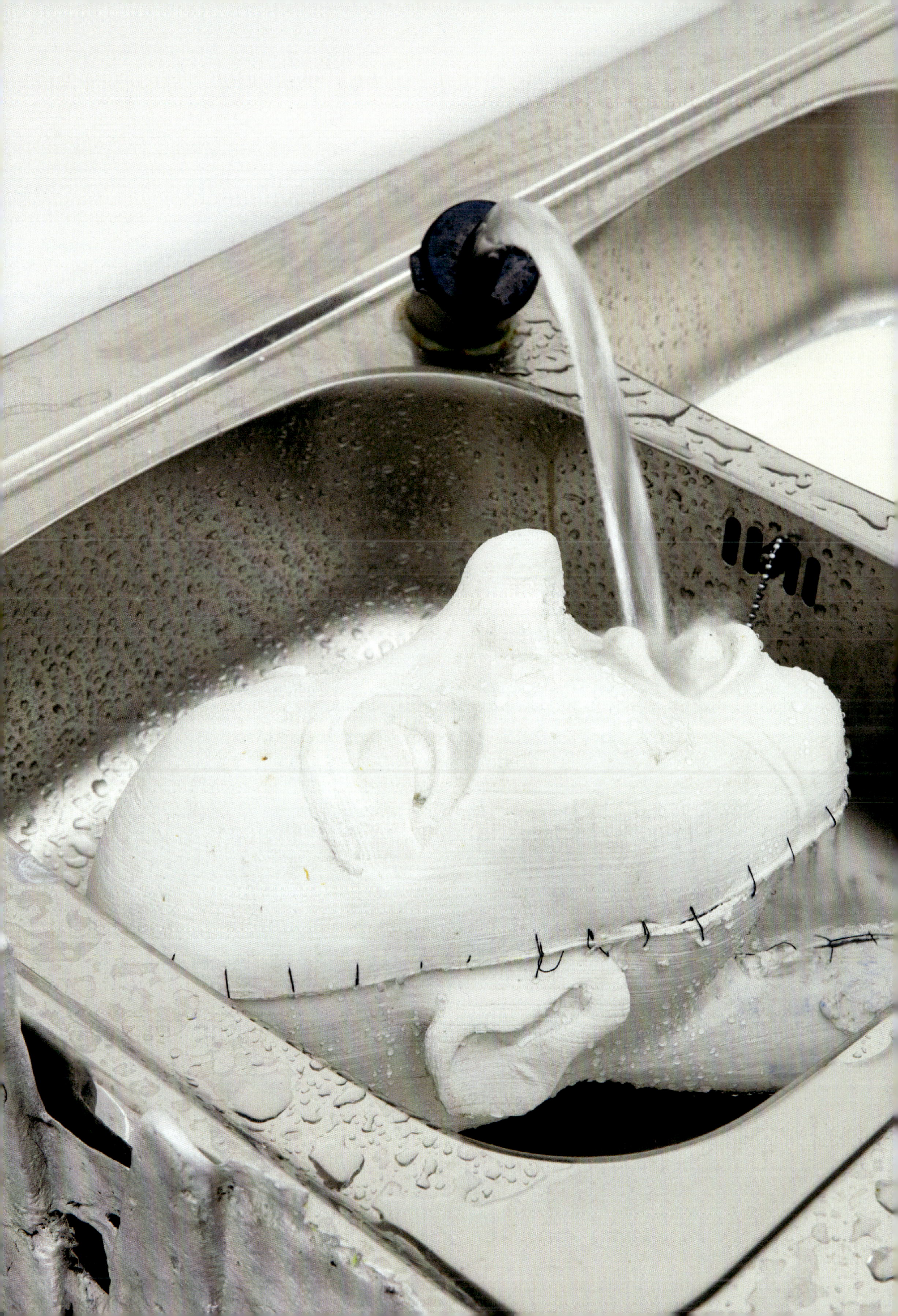

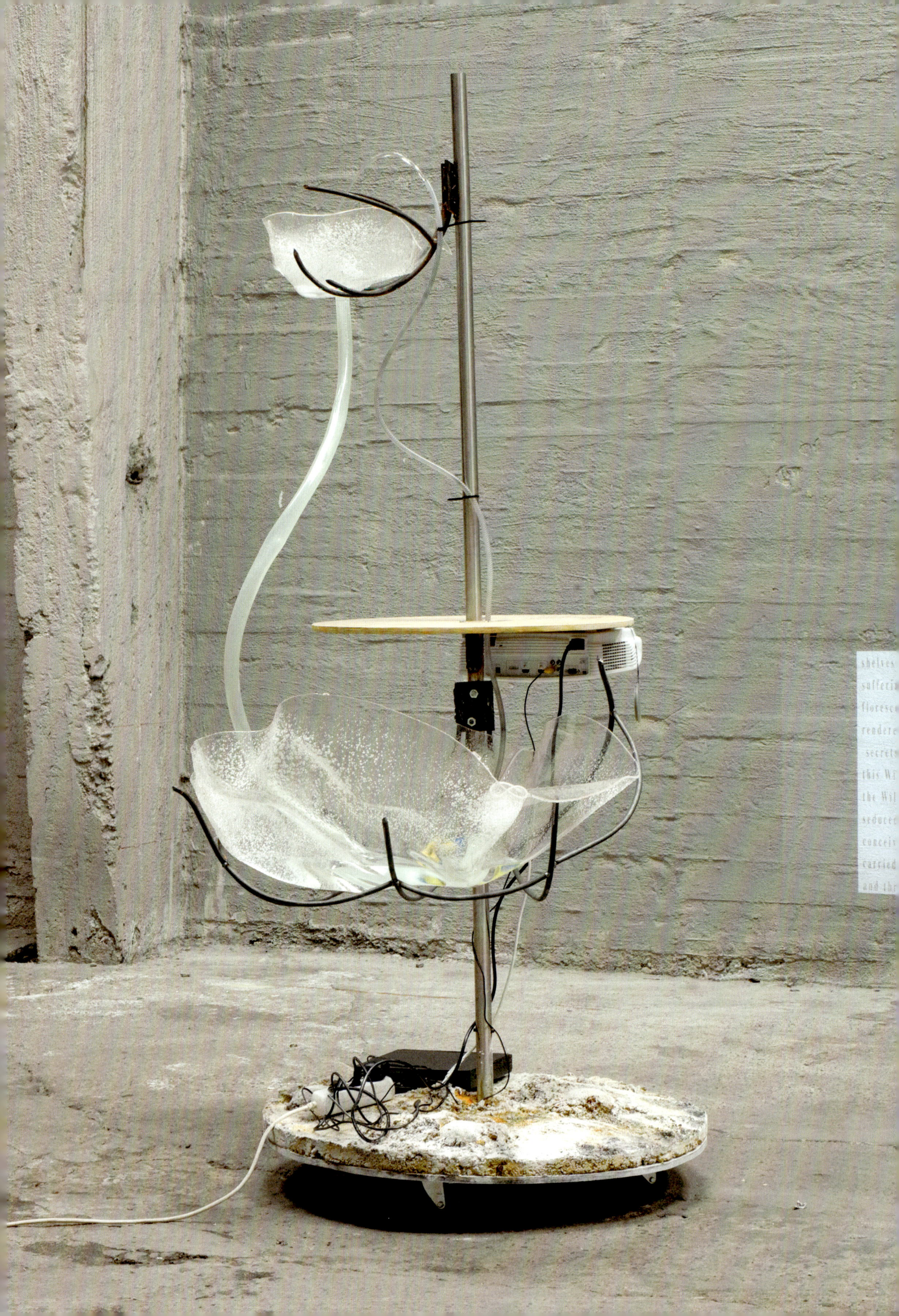

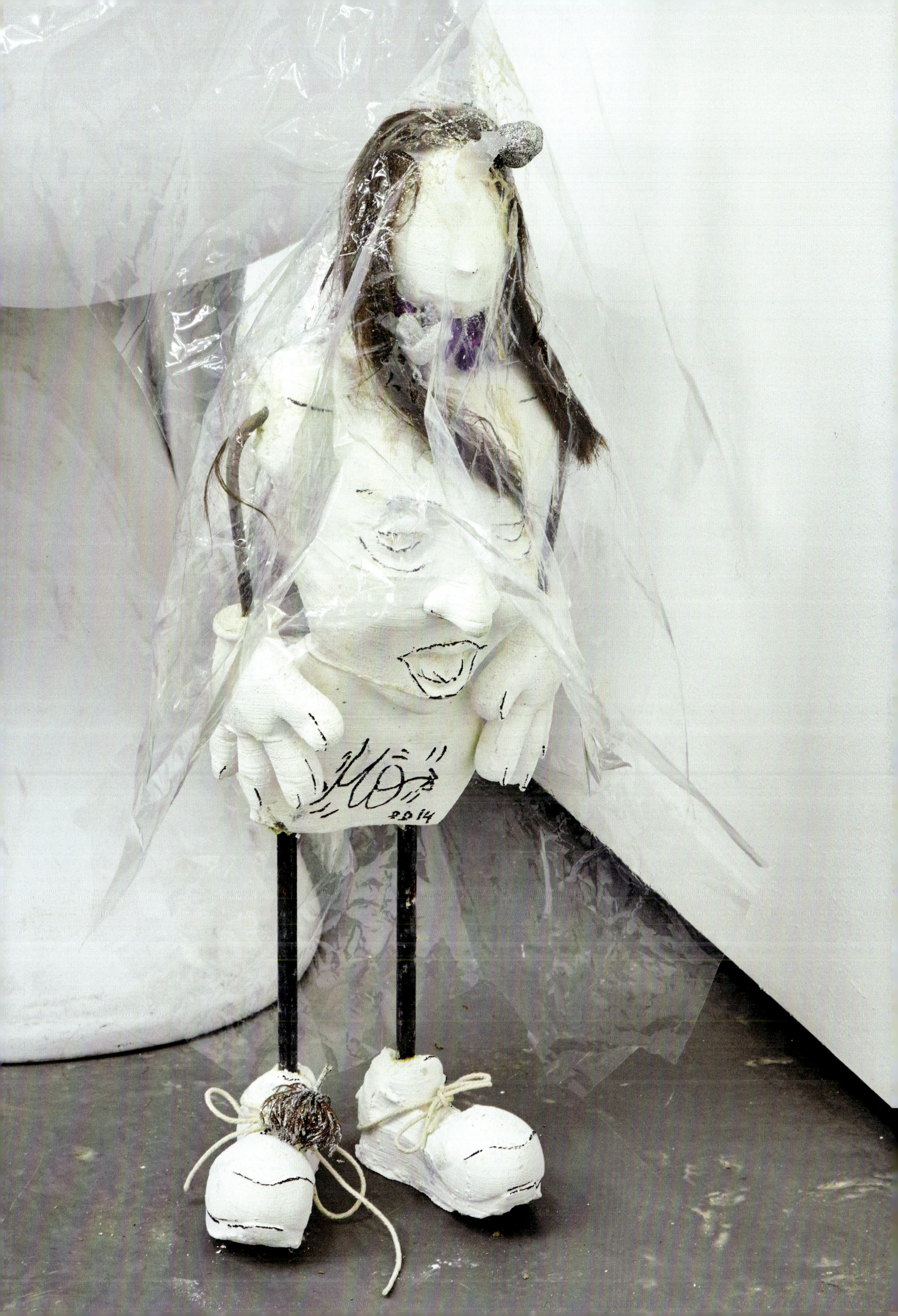
2014

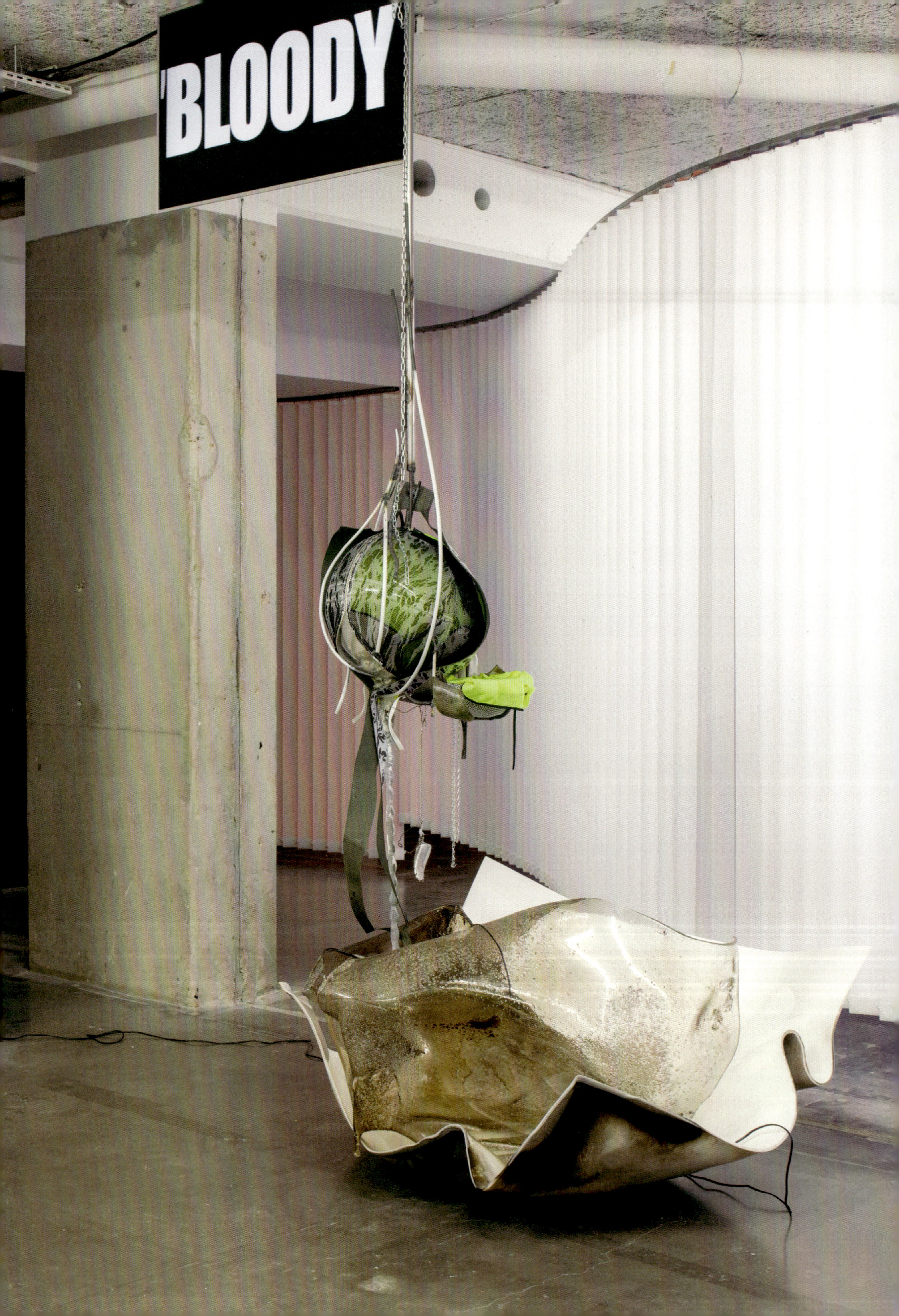
'BLOODY

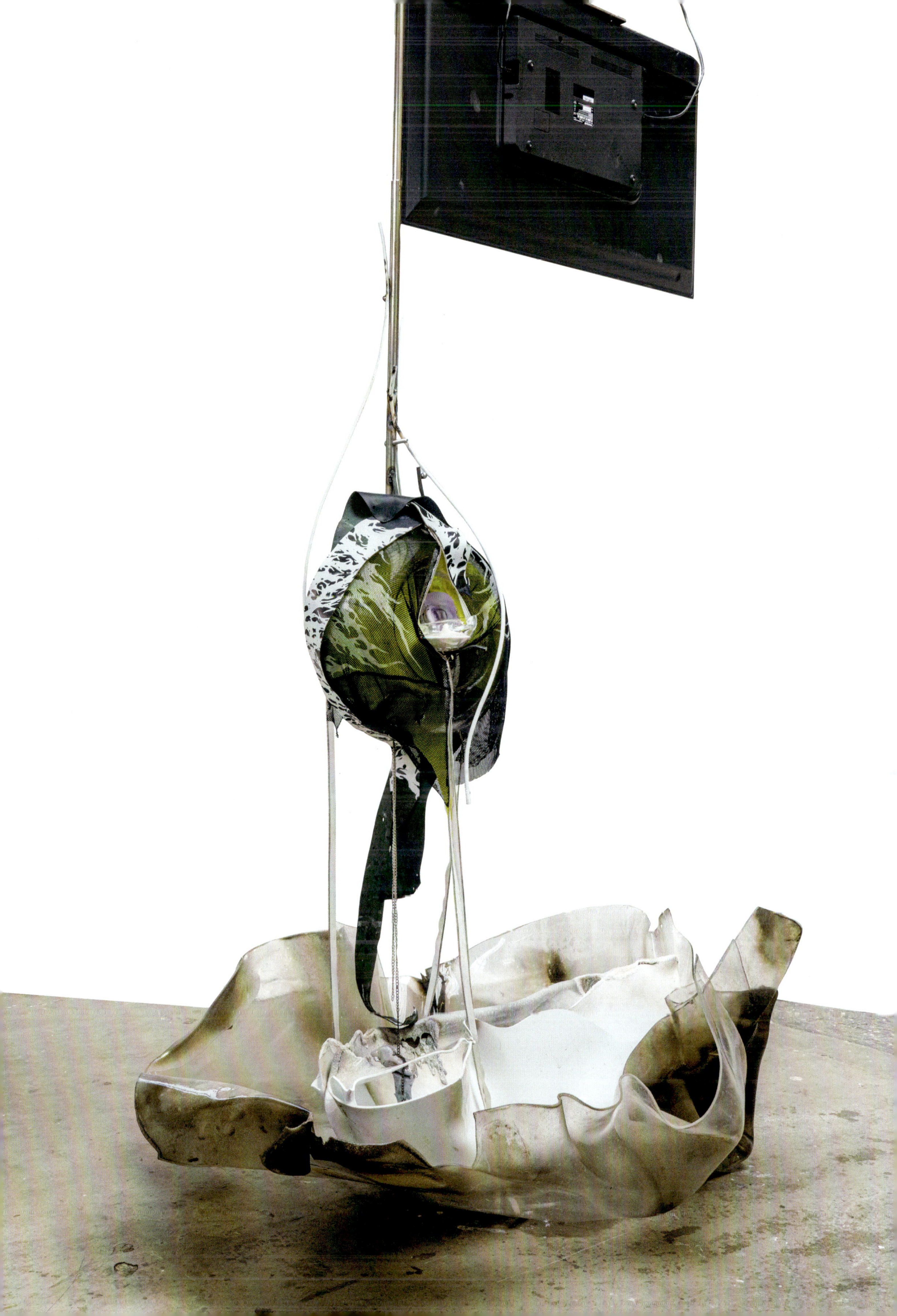

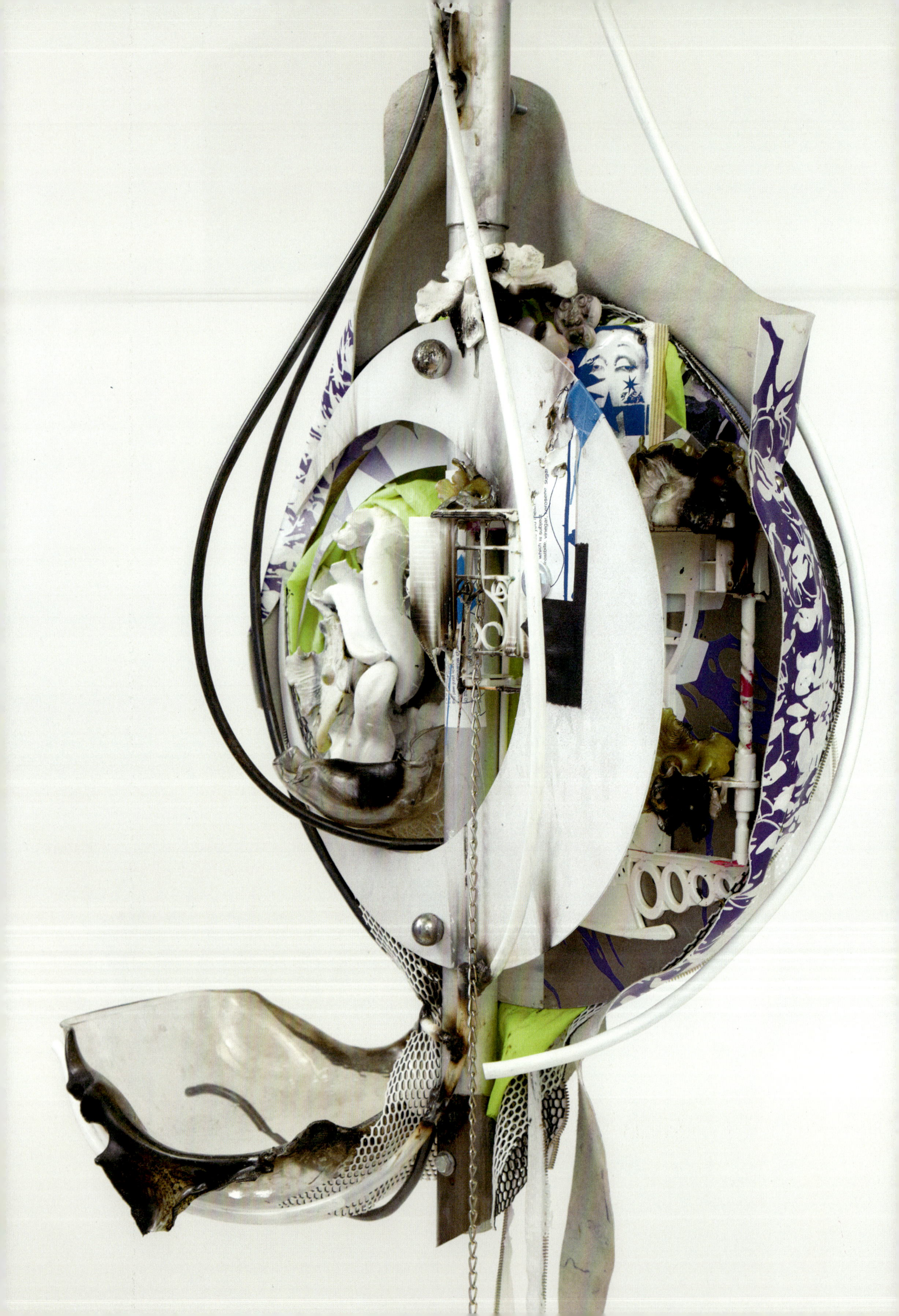

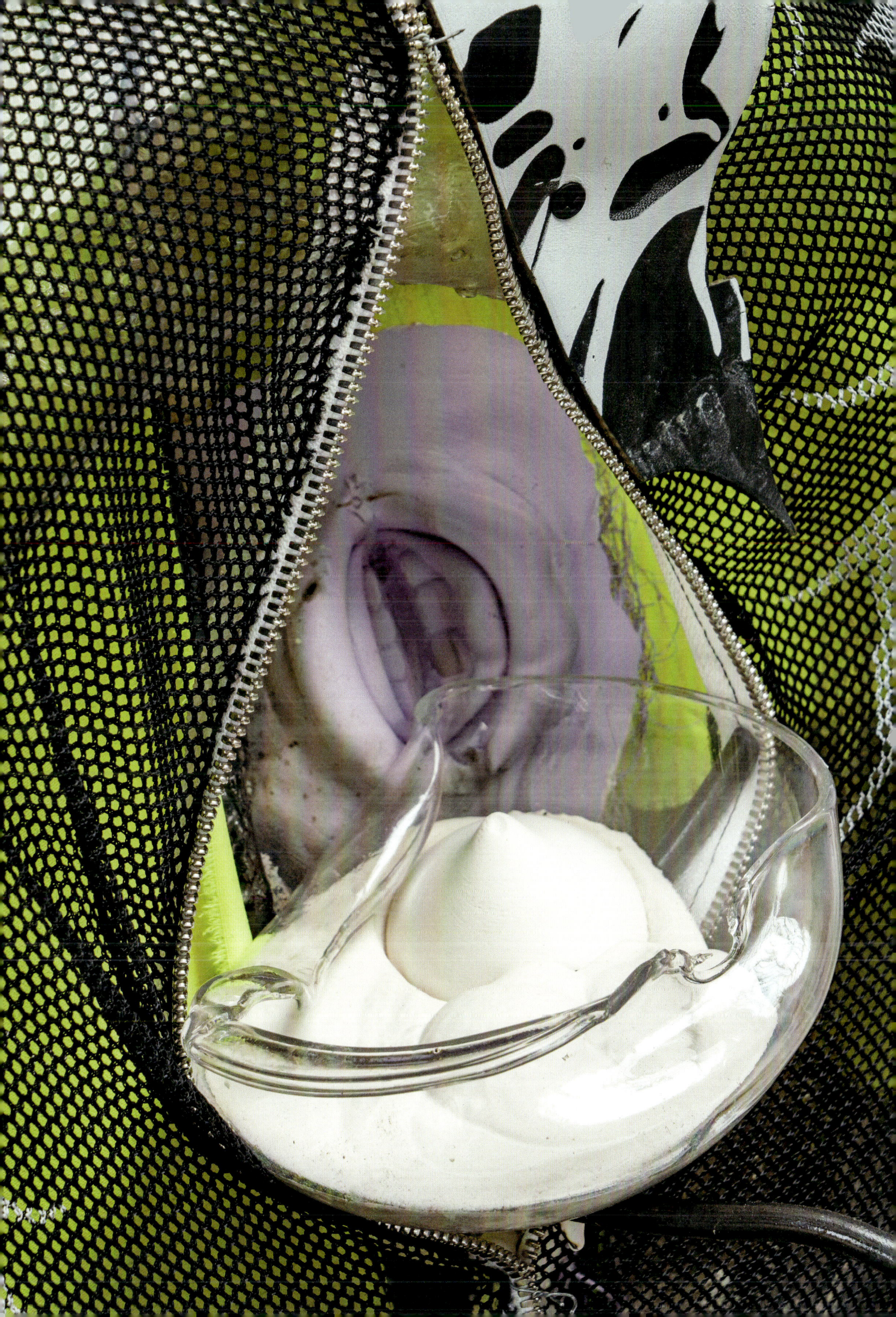

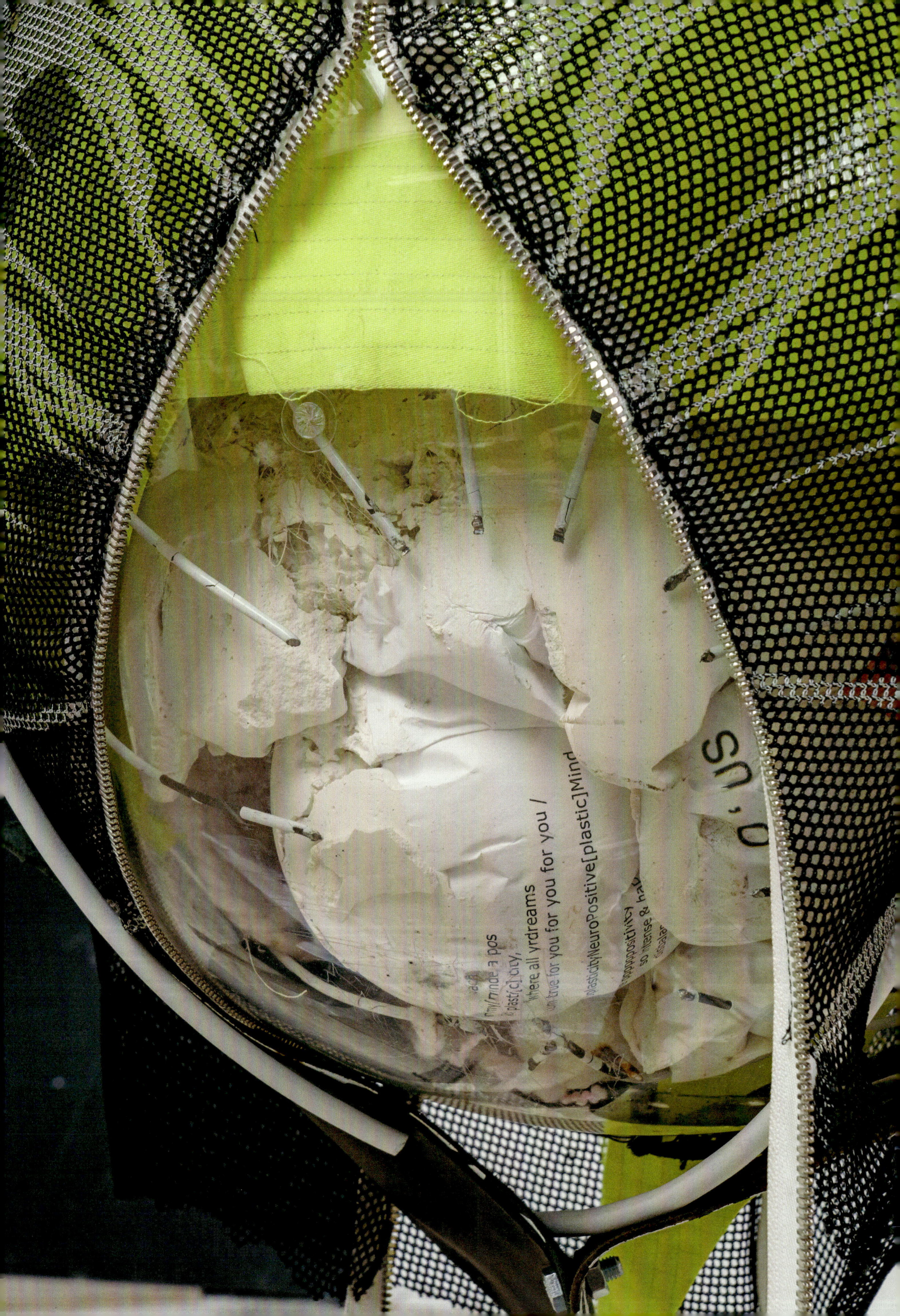
where all yrdreams
for you for you for you /
NeuroPositive[plastic]Mind

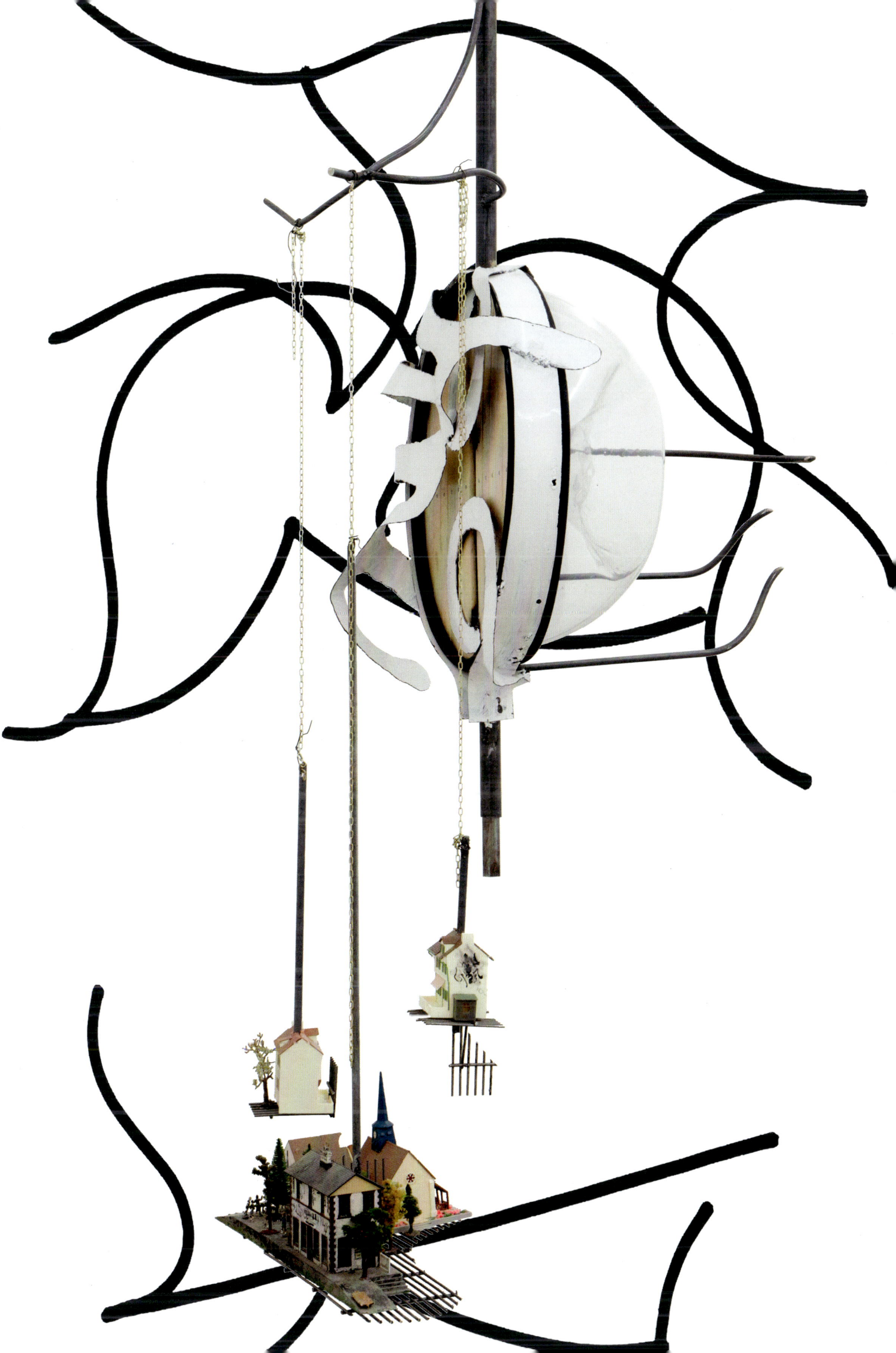

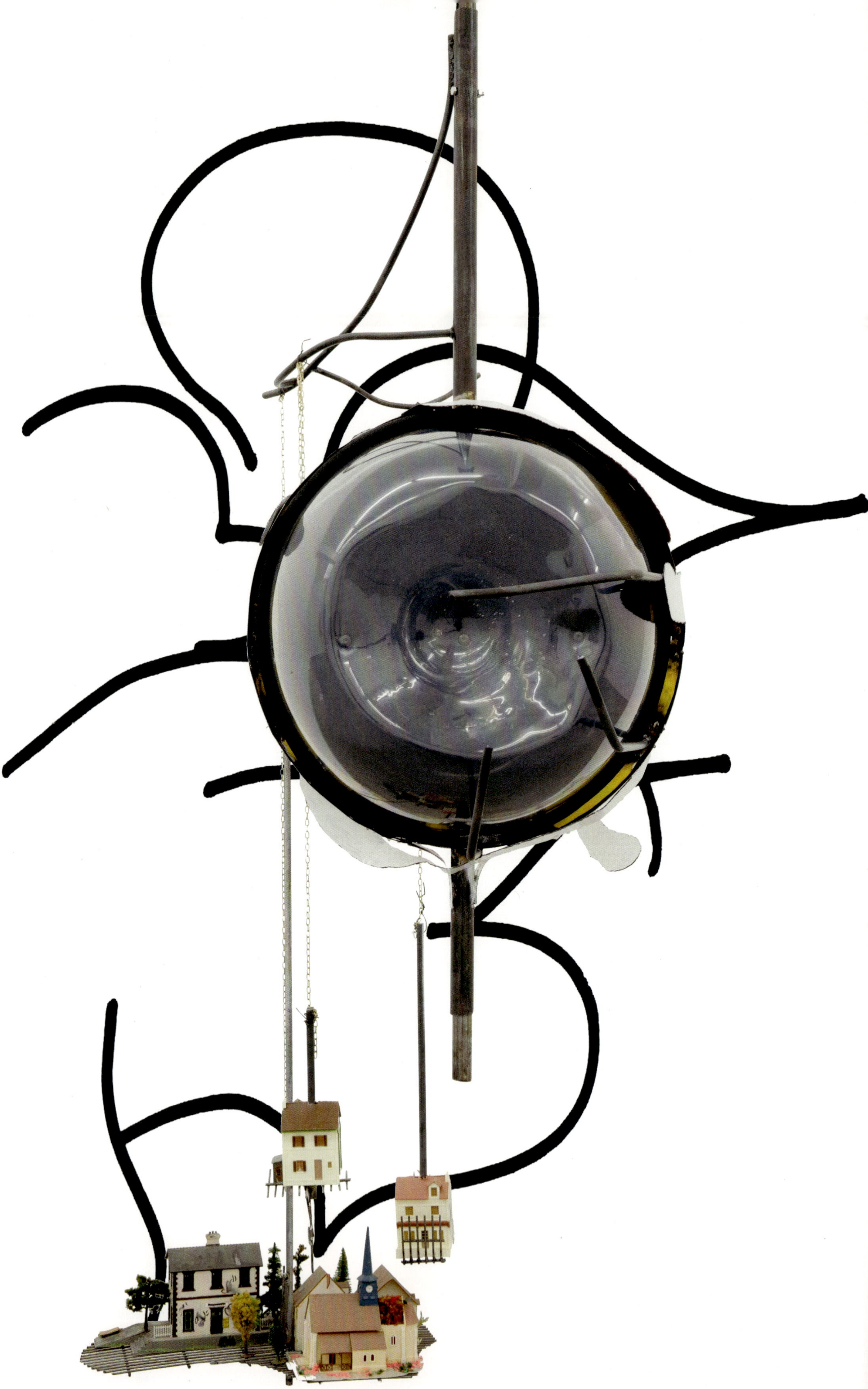

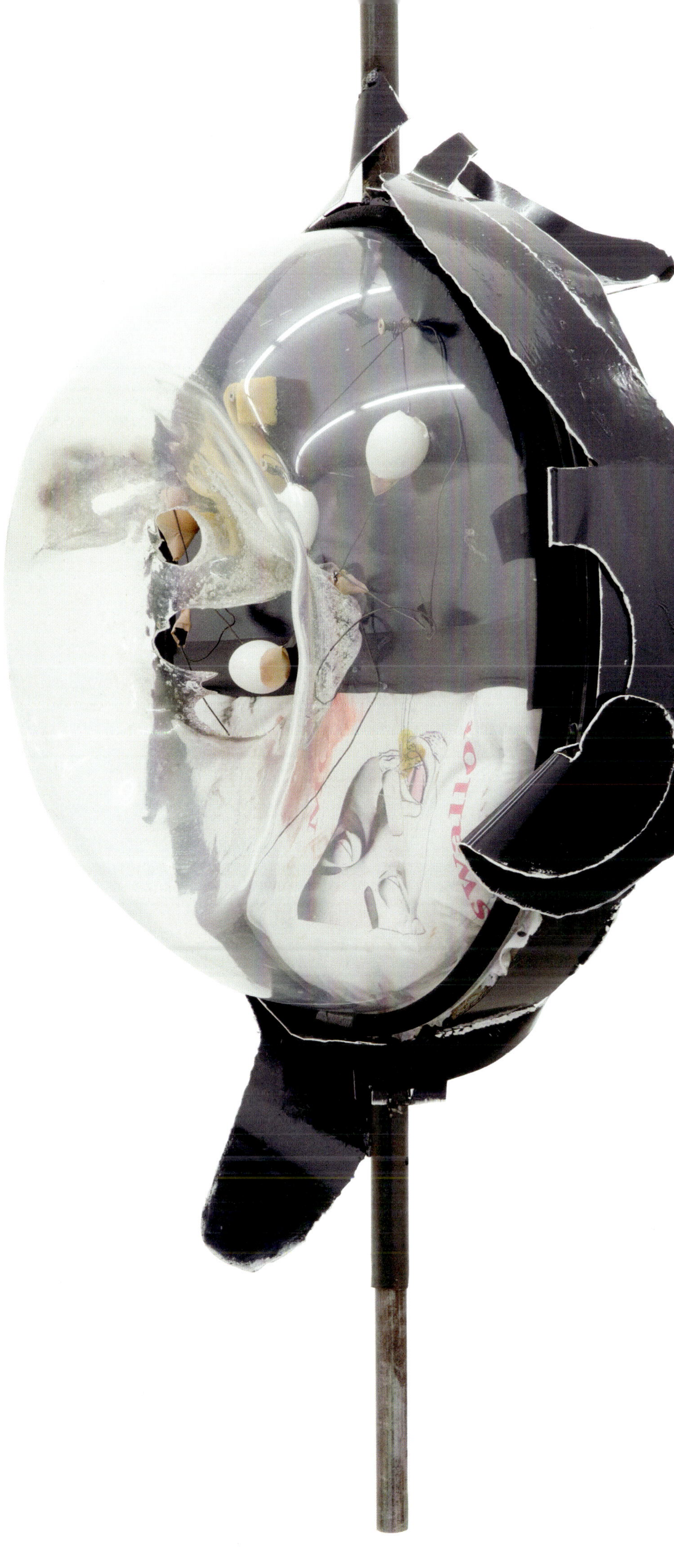

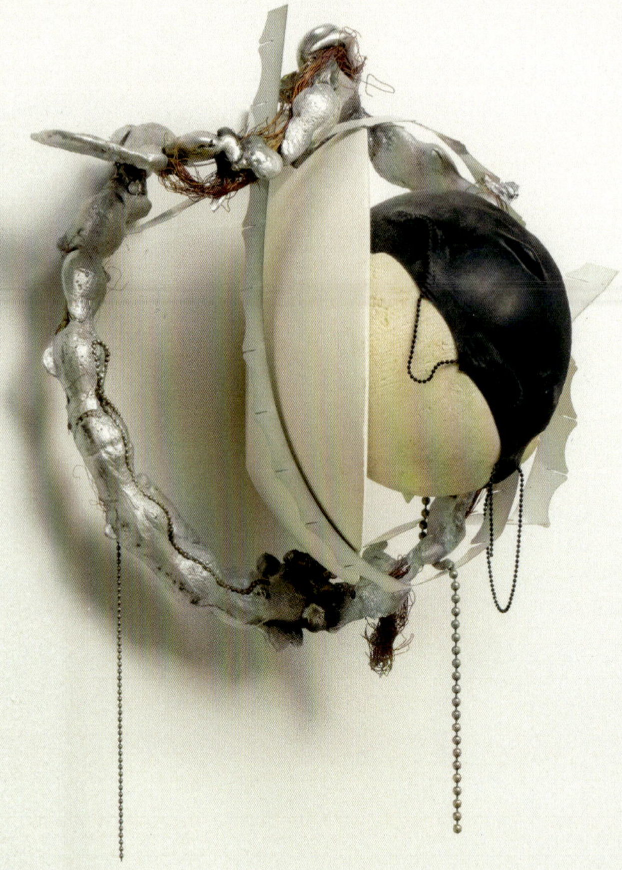

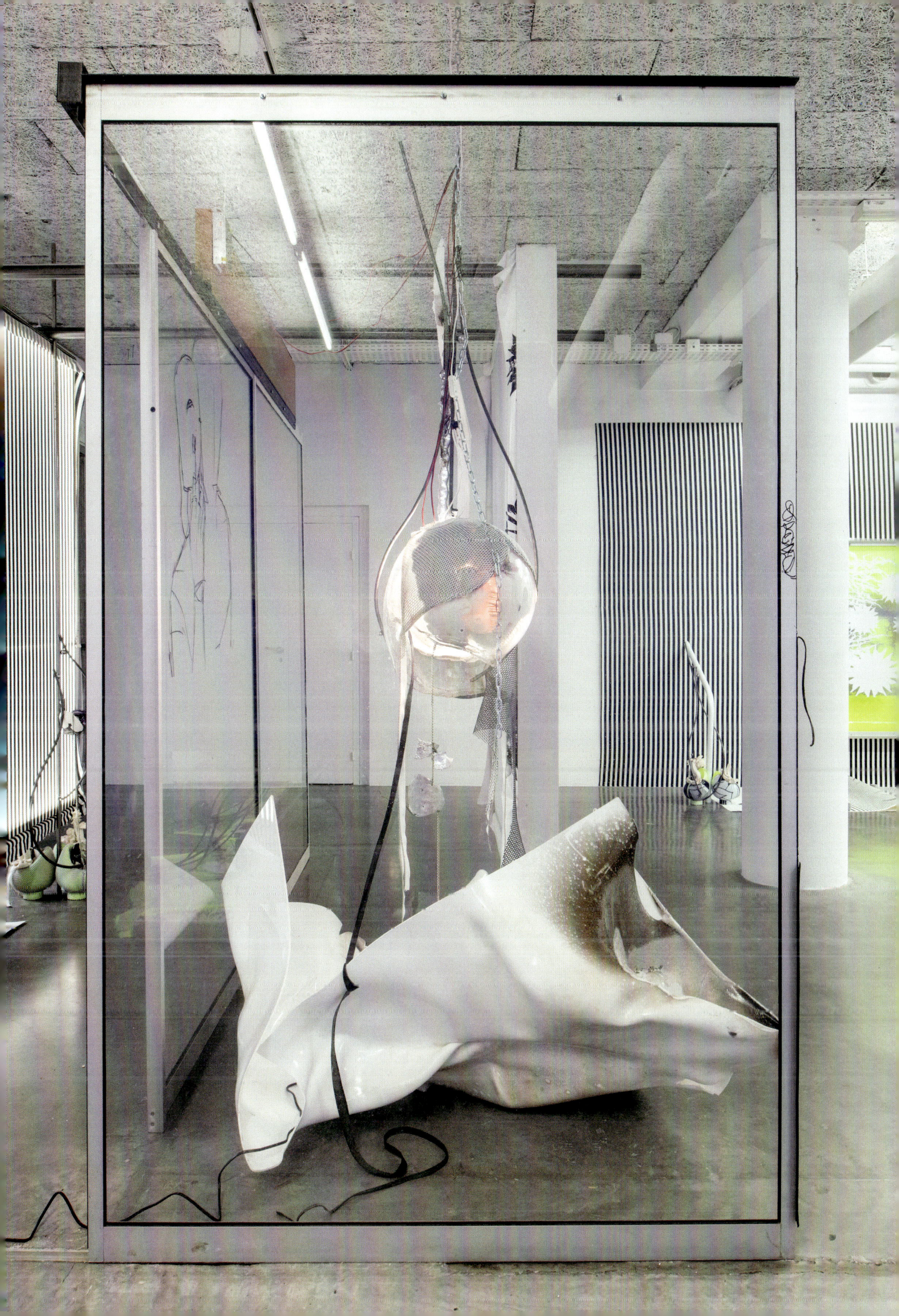

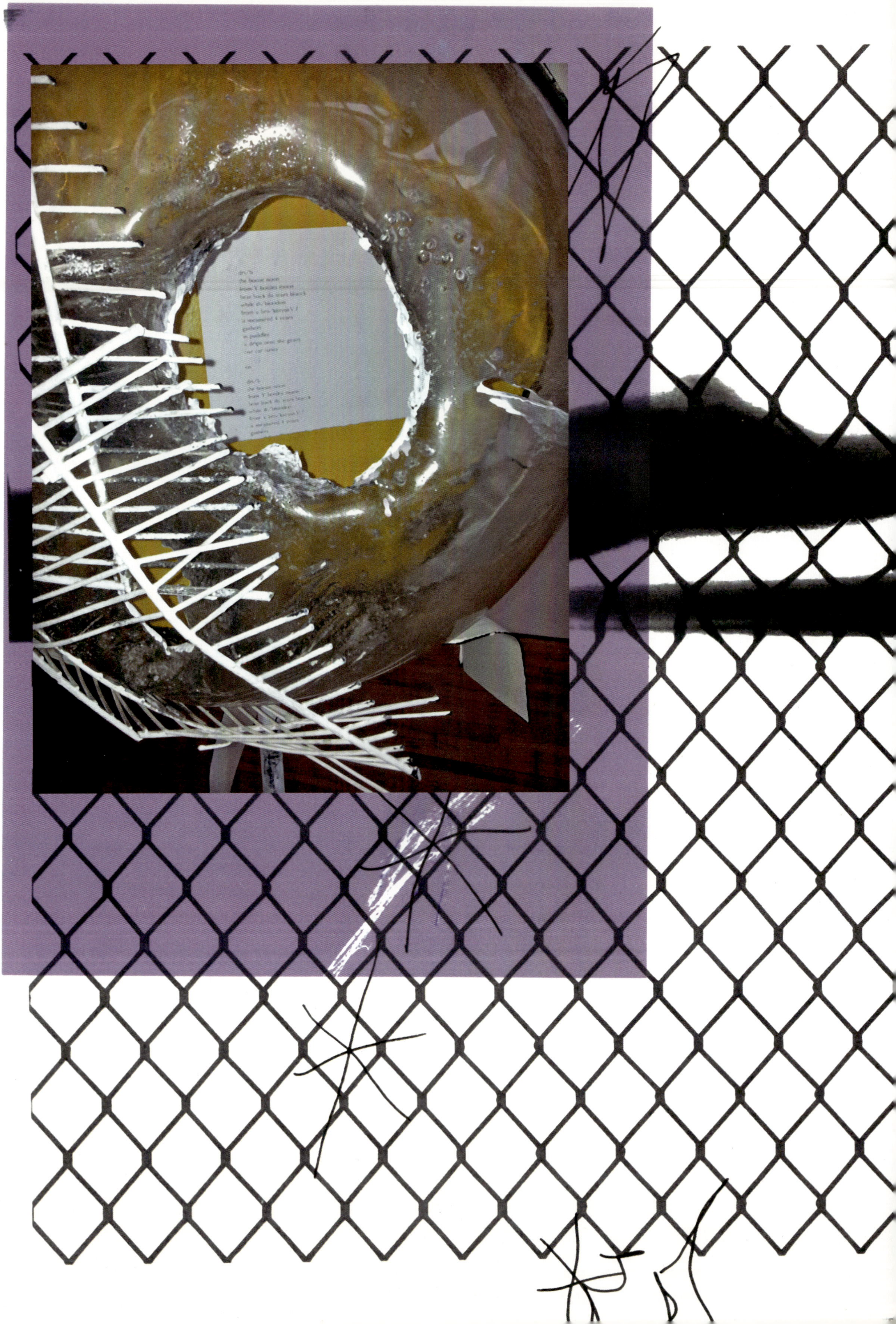

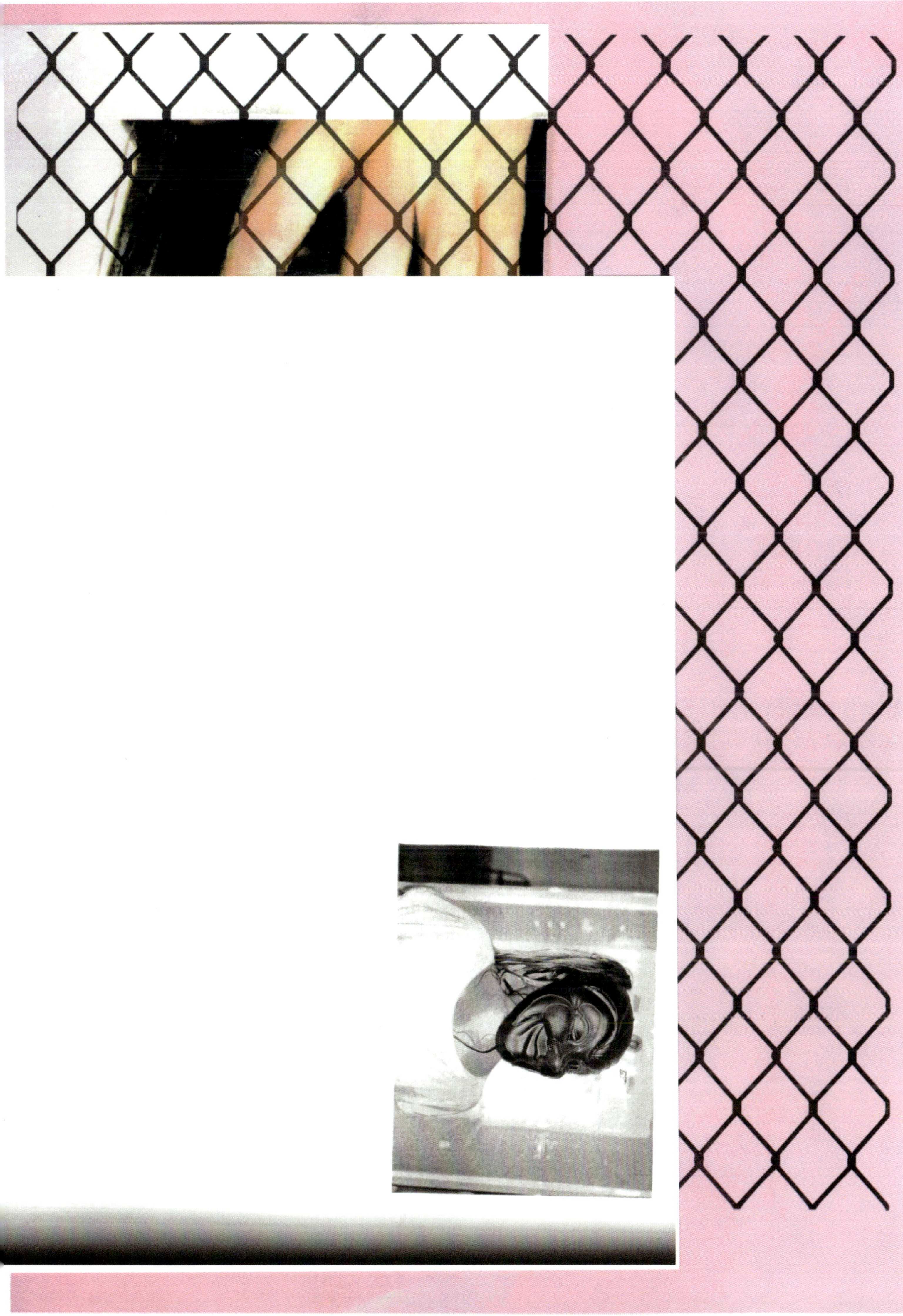

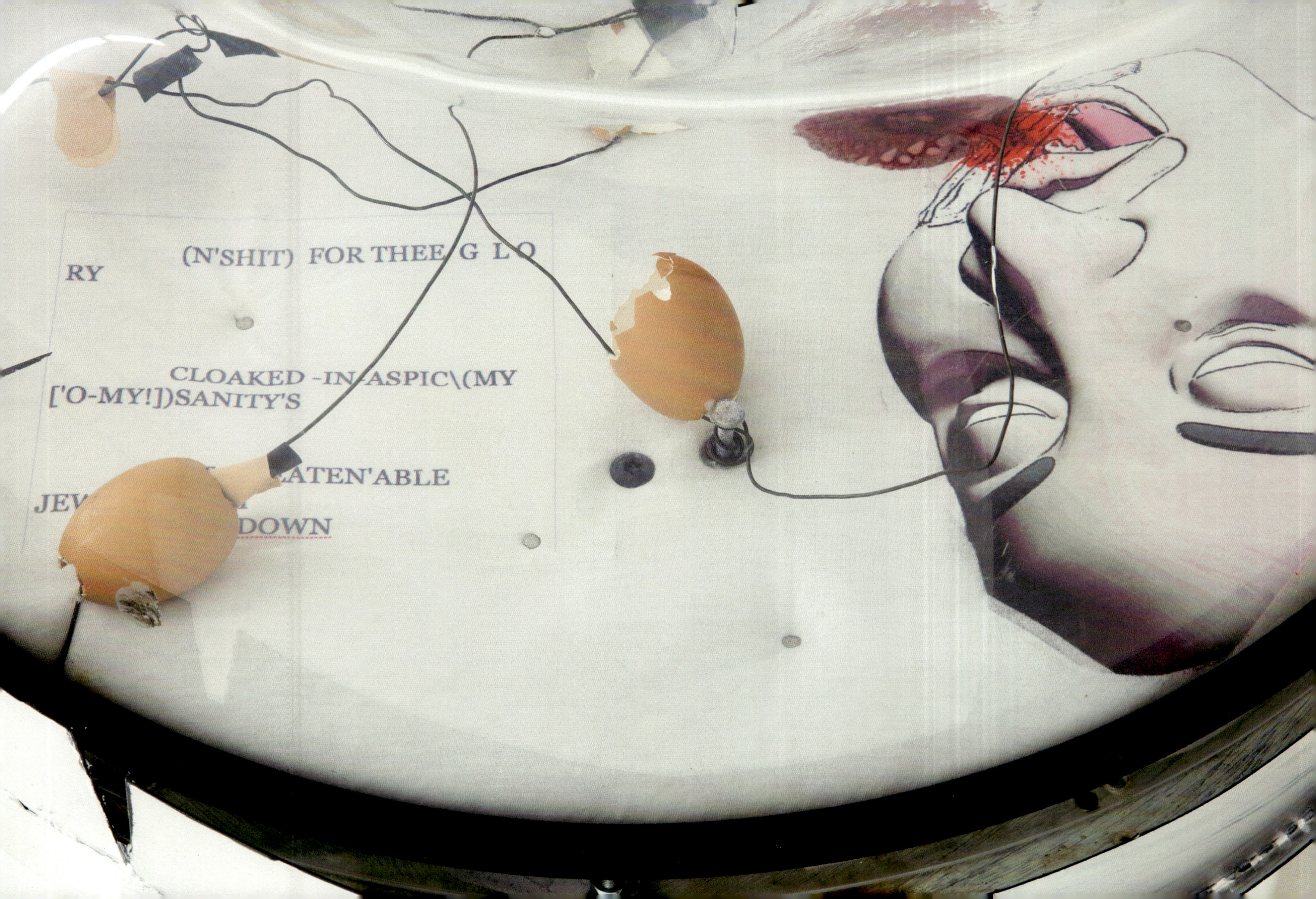
(N'SHIT) FOR THEE G LO
RY
CLOAKED -IN-ASPIC\(MY
['O-MY!])SANITY'S
EATEN'ABLE
DOWN

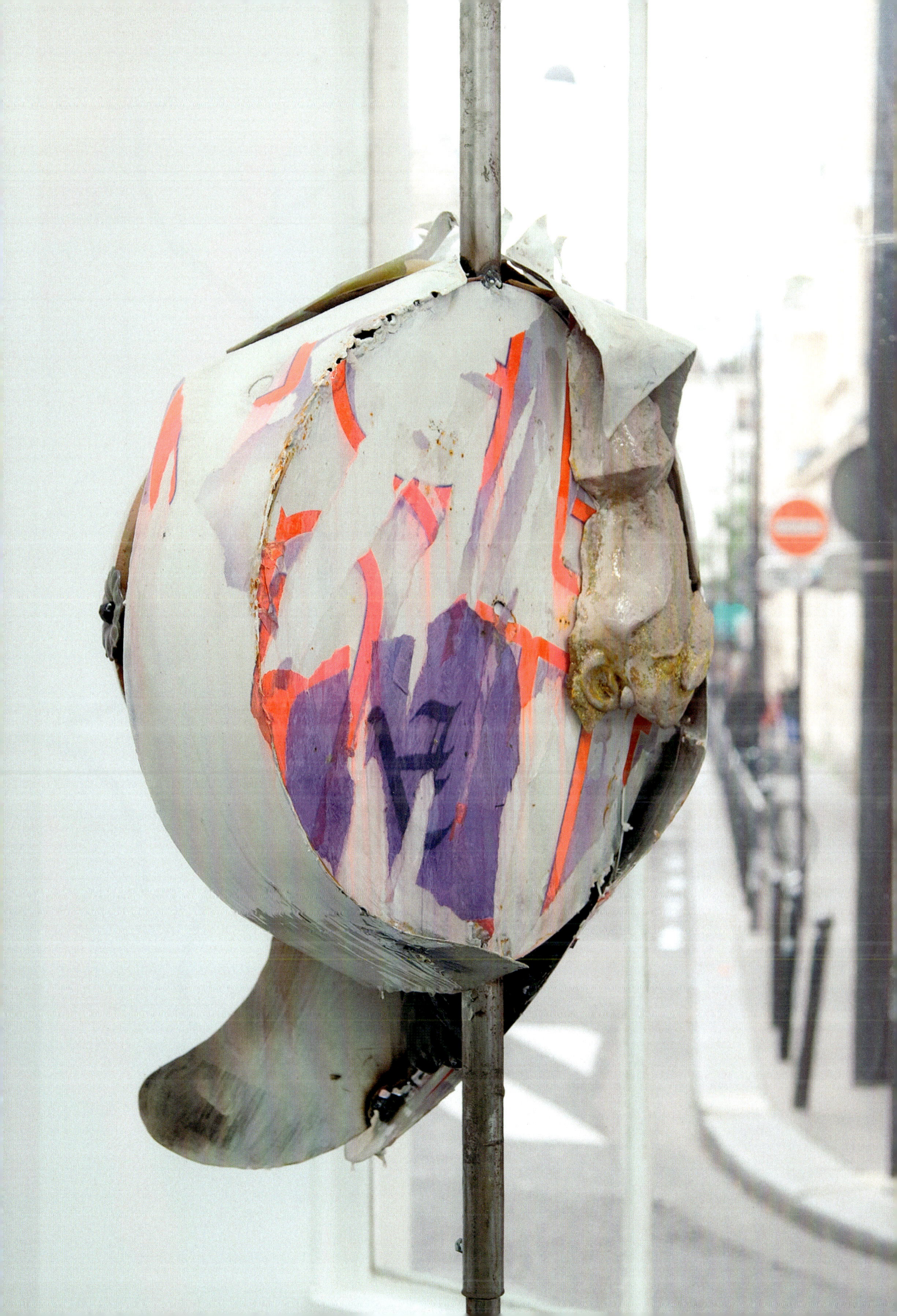

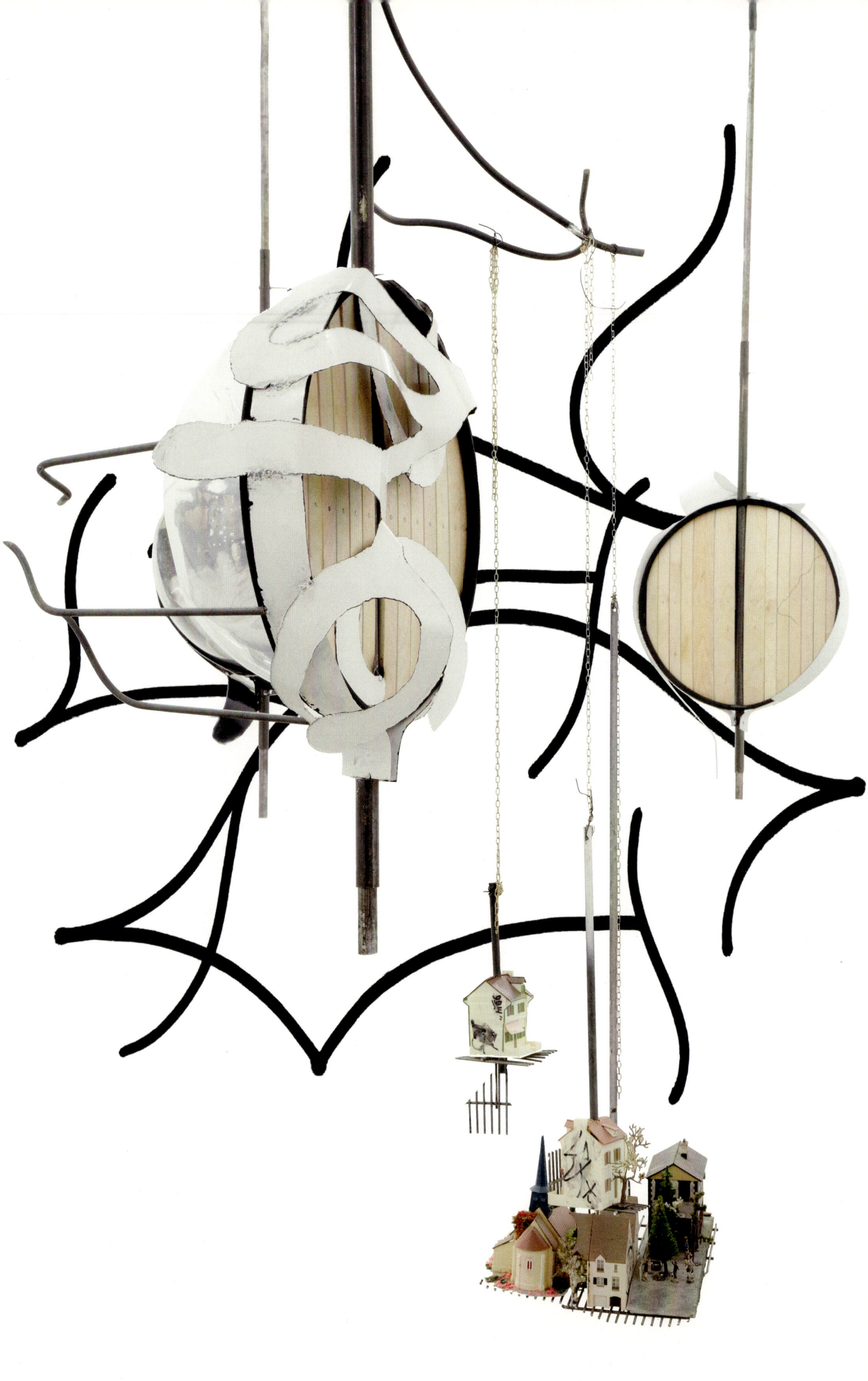

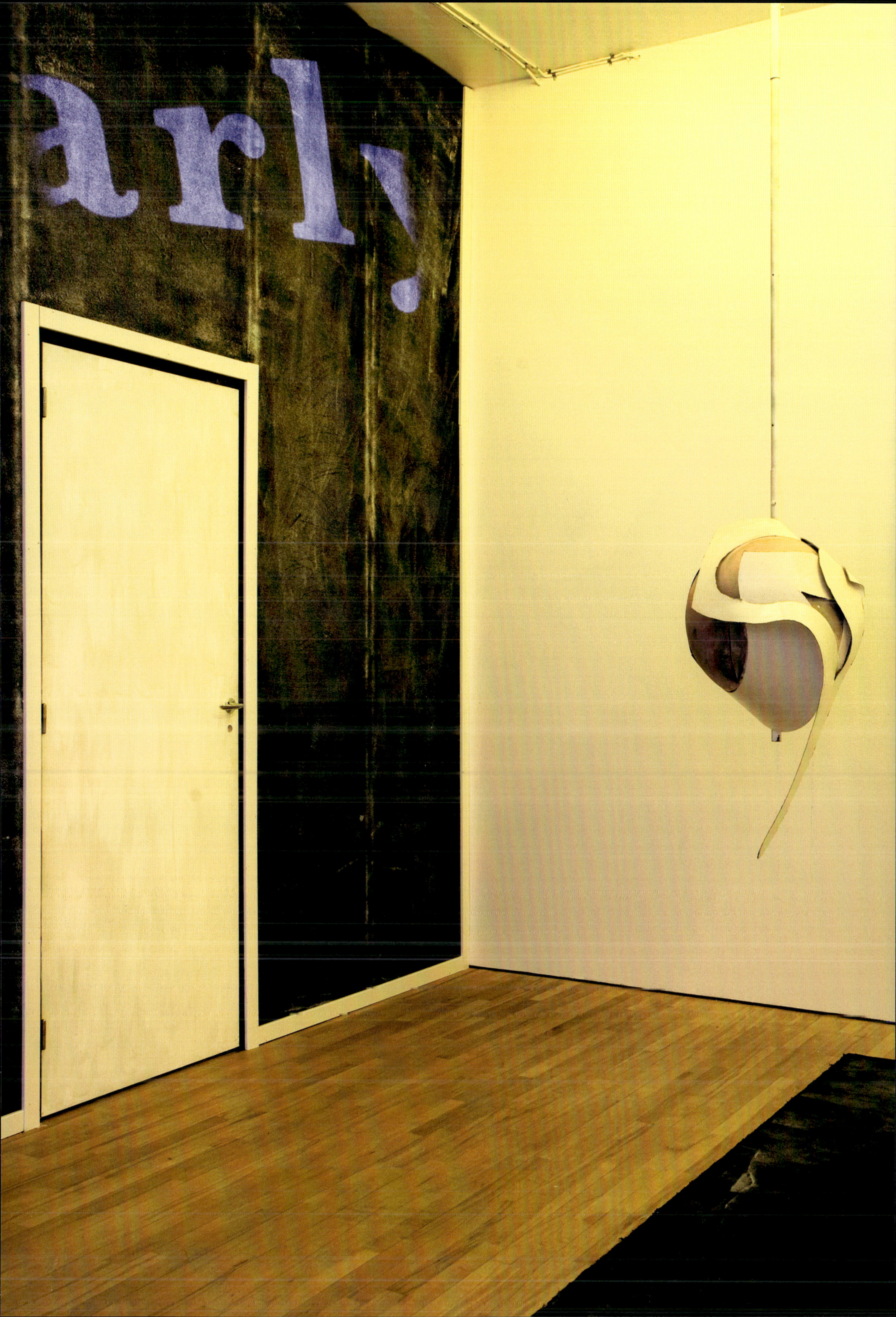

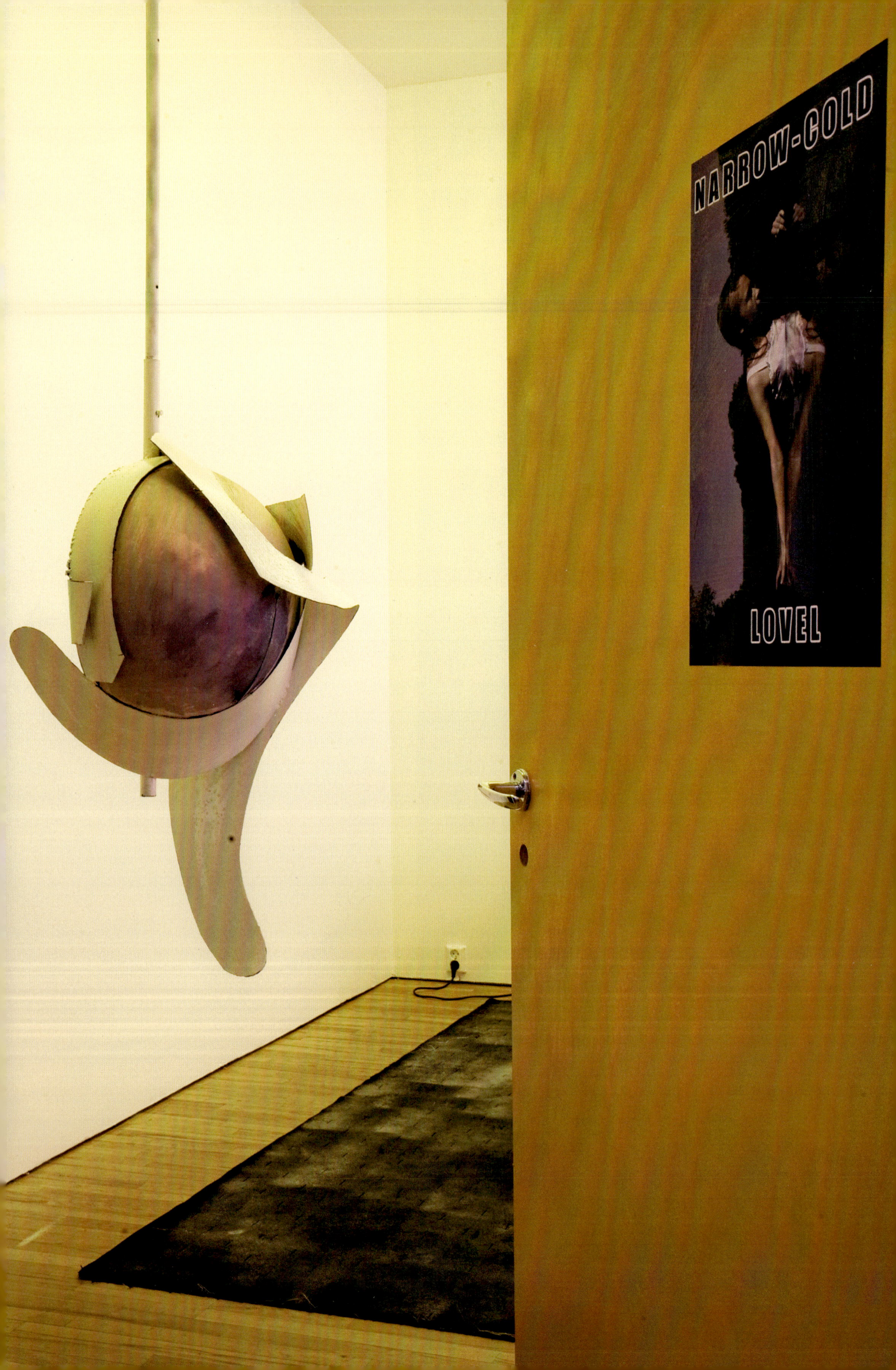
NARROW-COLD
LOVEL

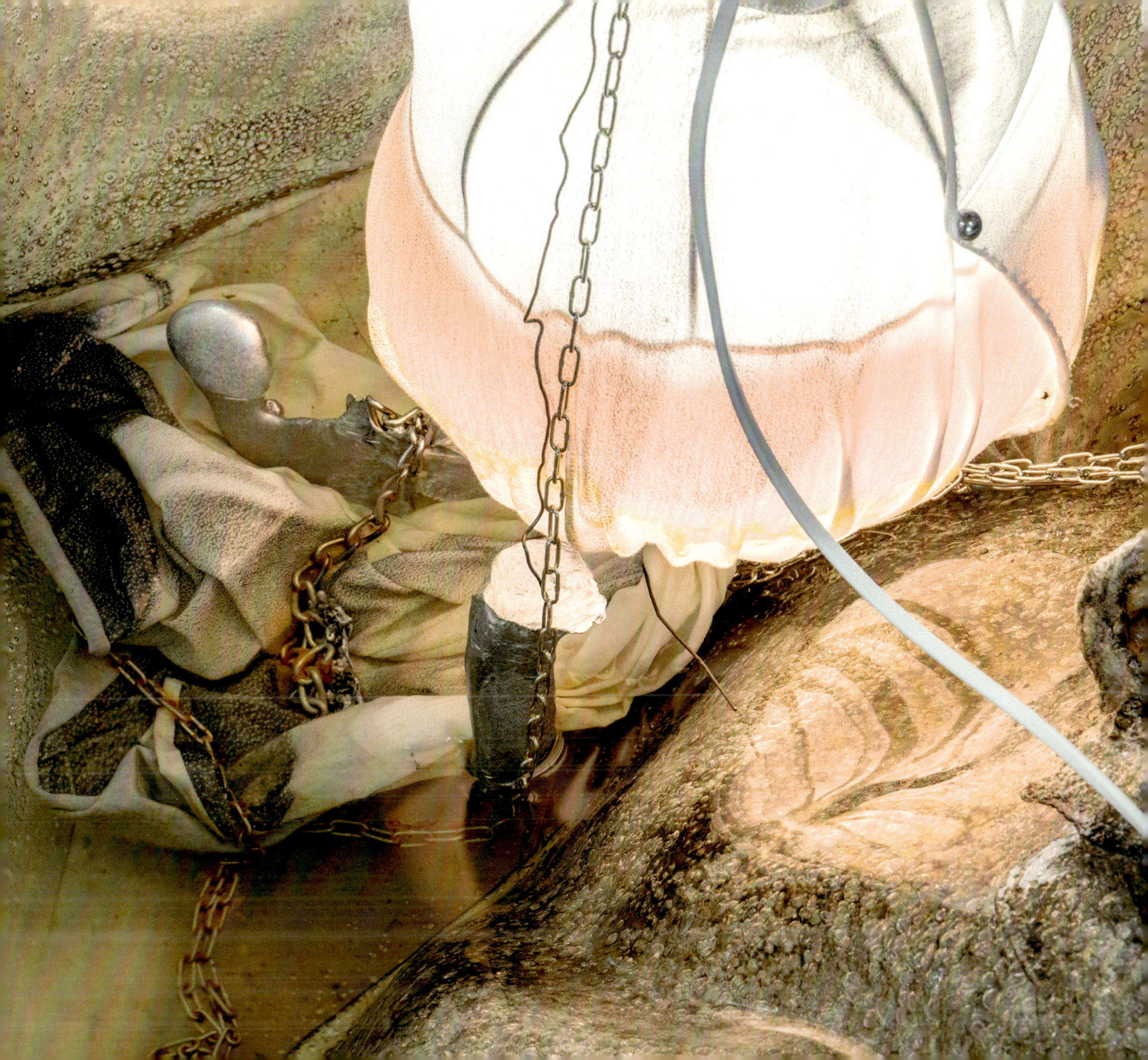

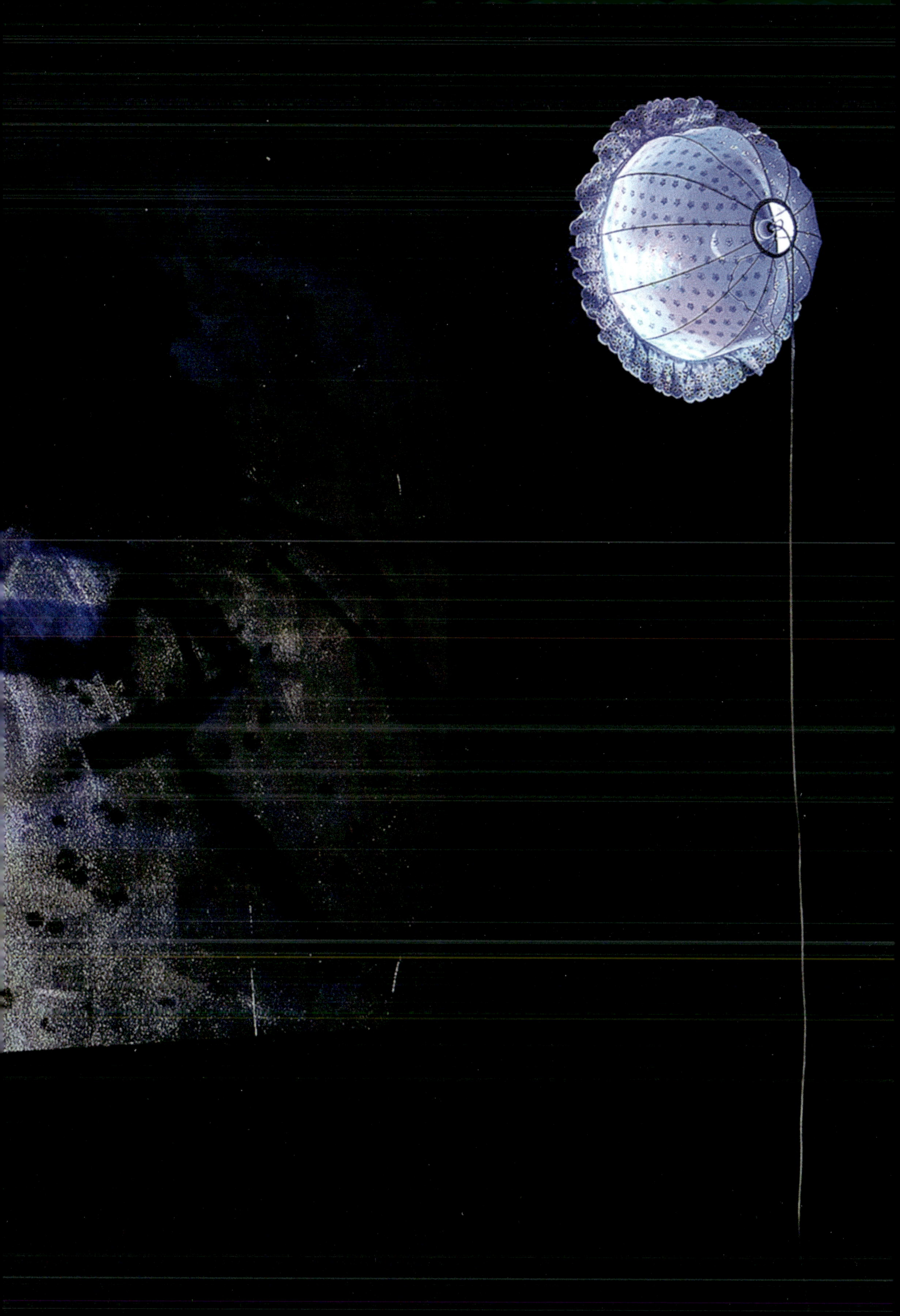

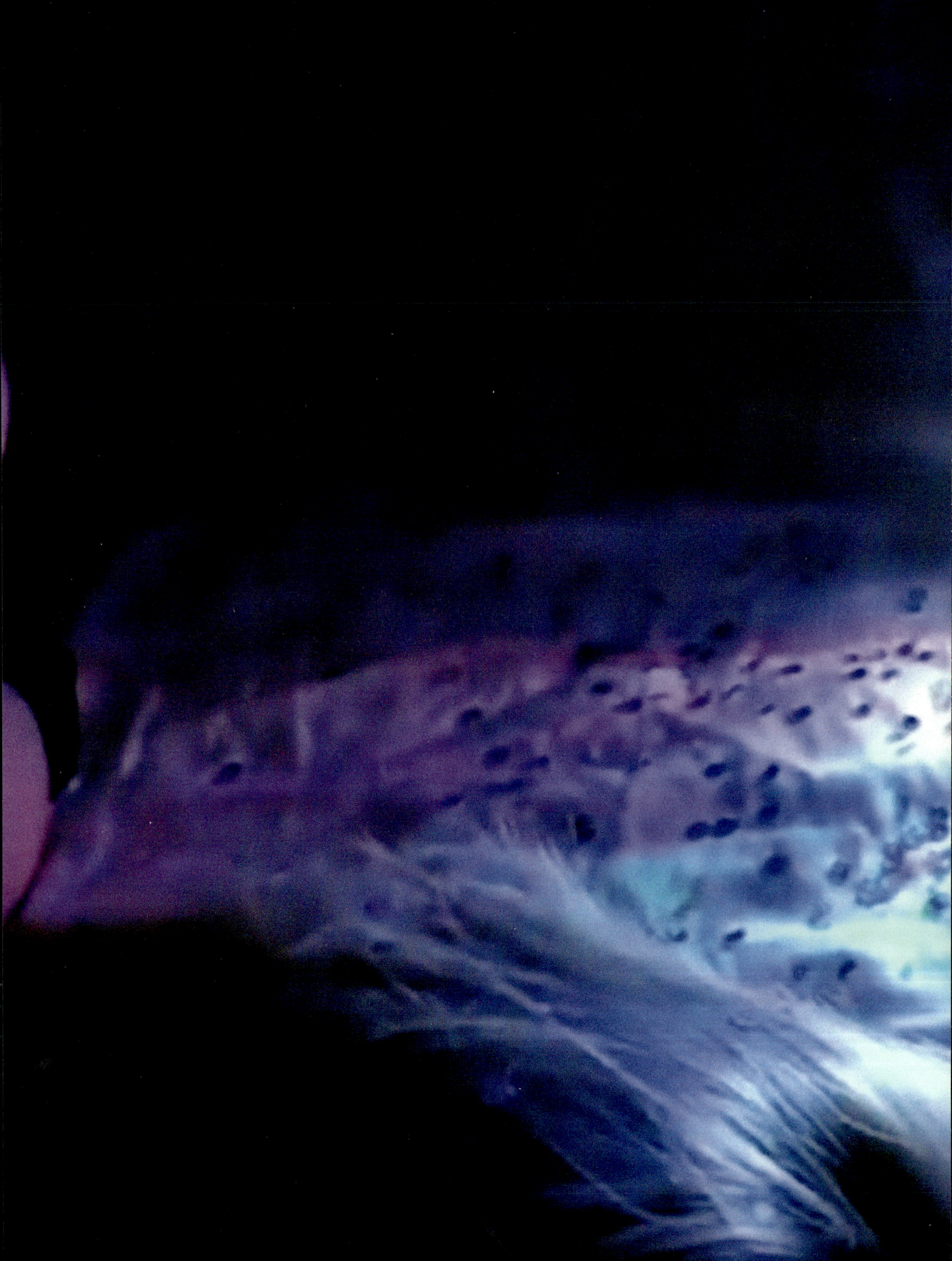

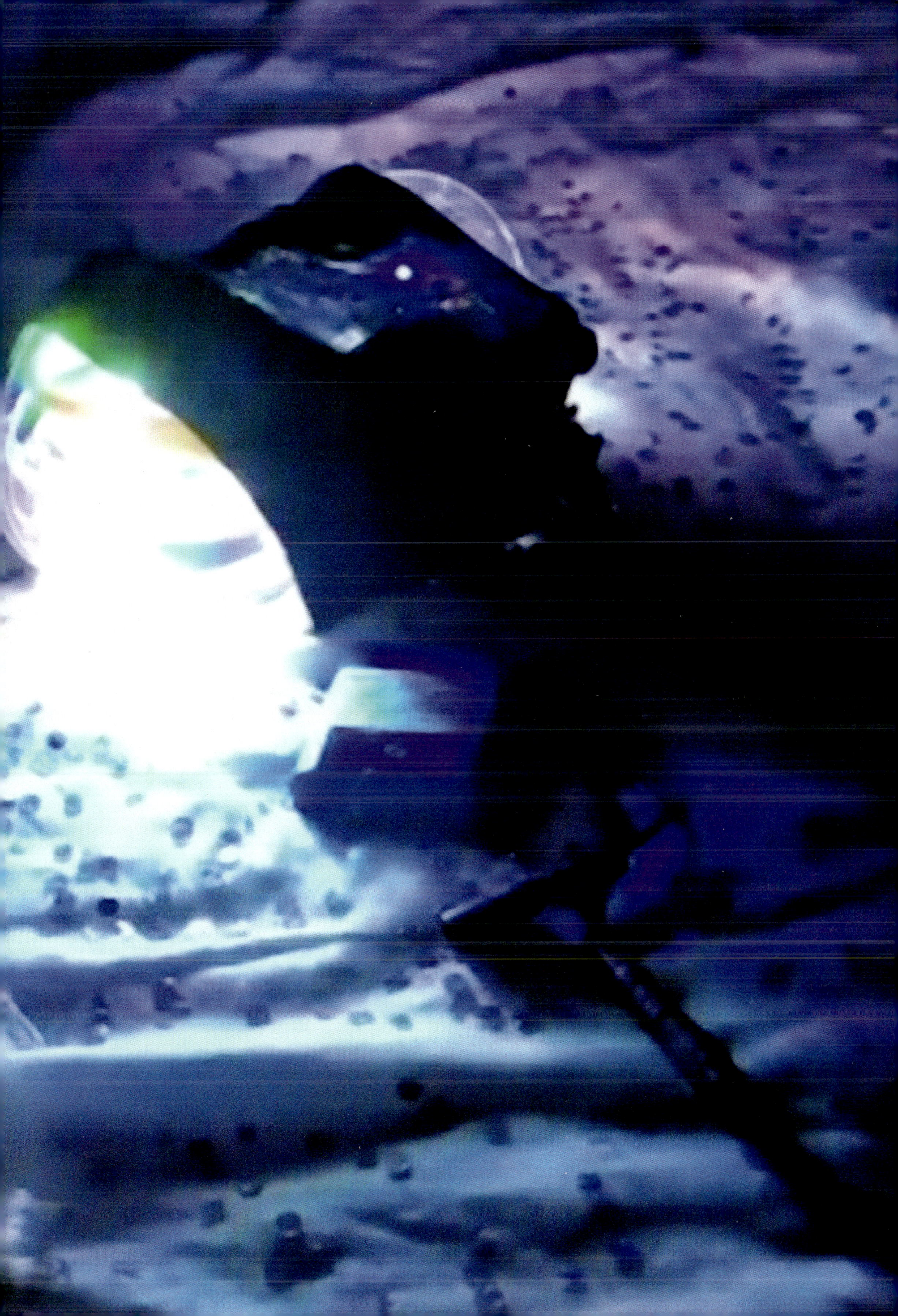

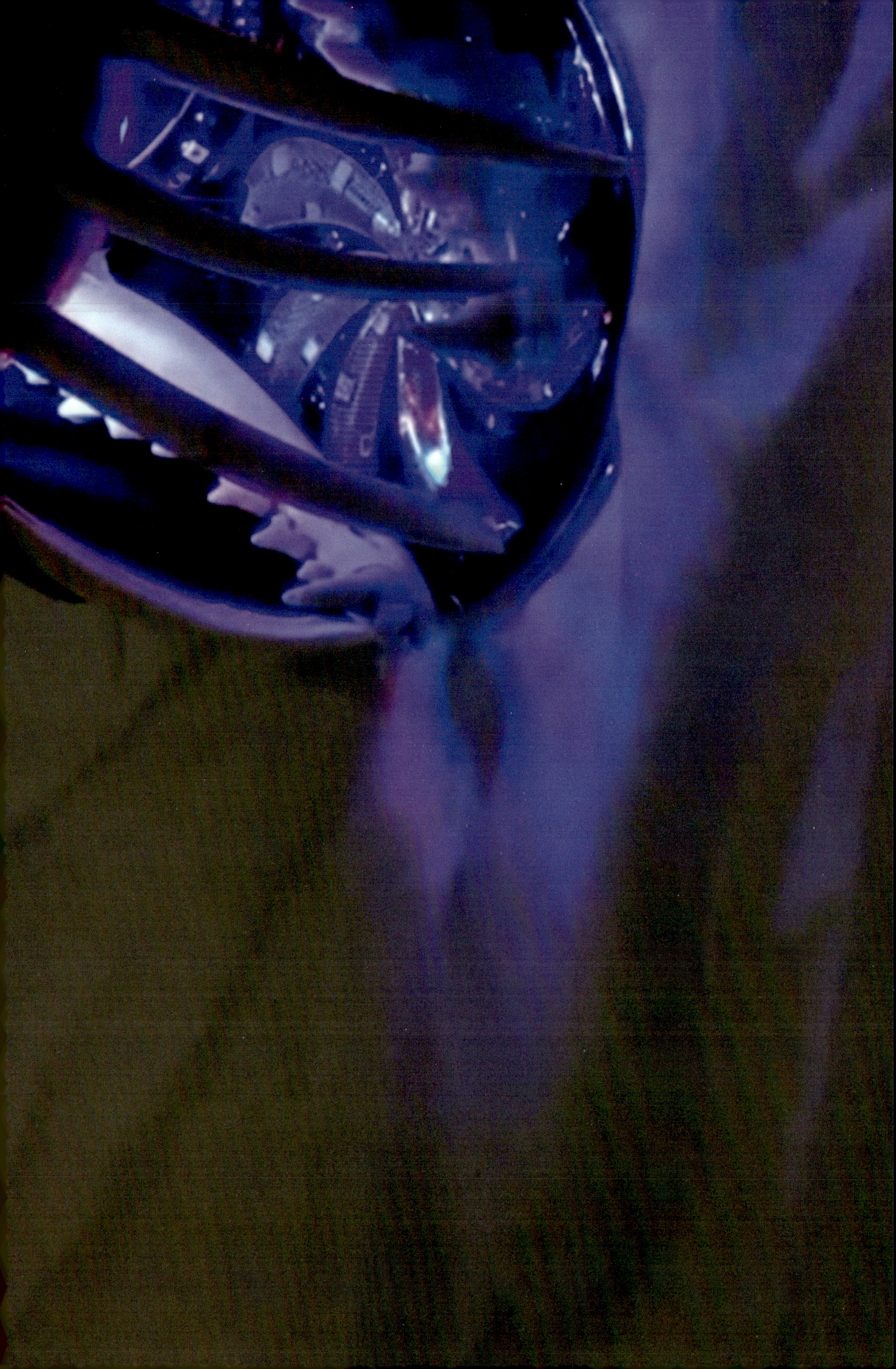

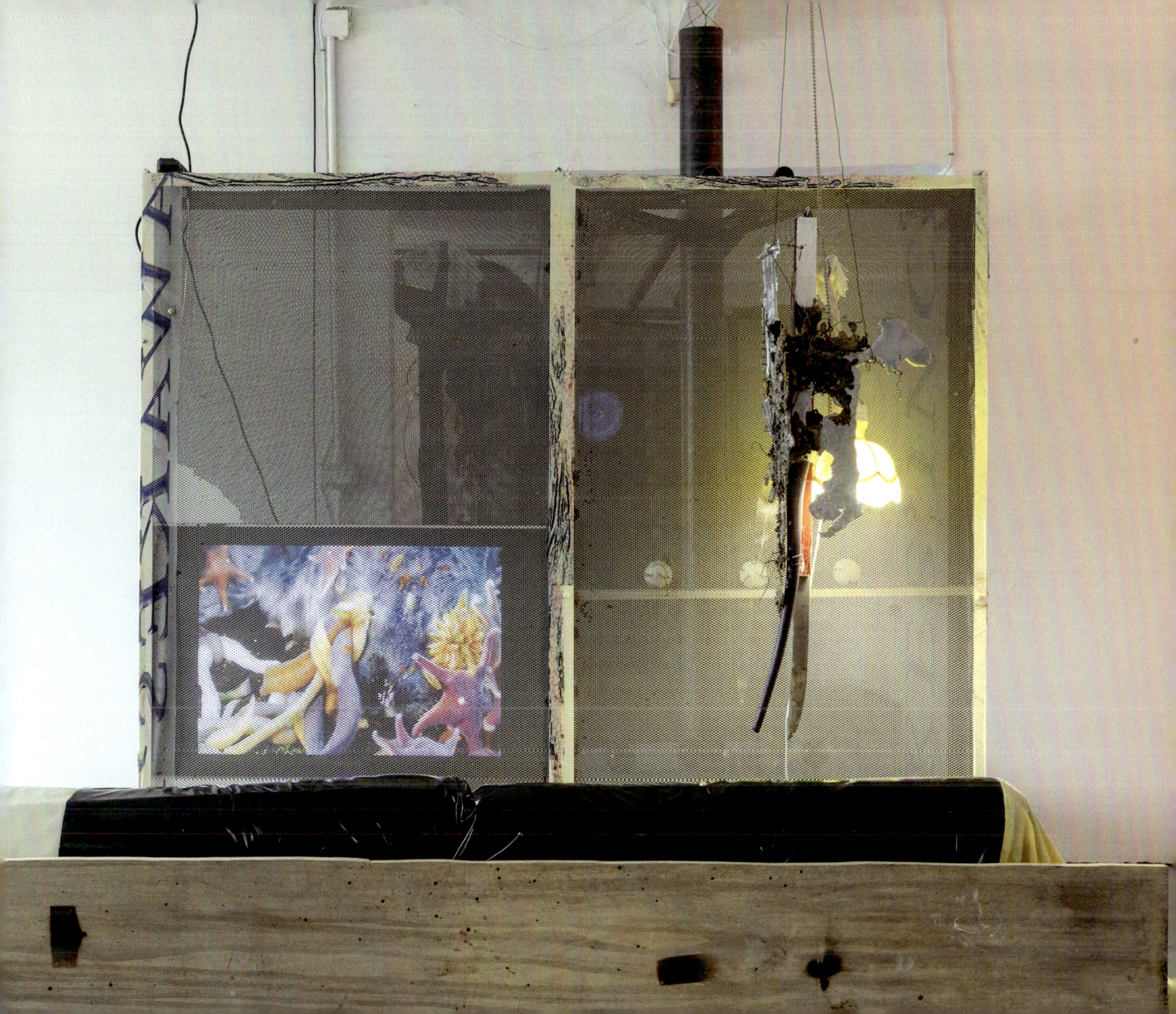

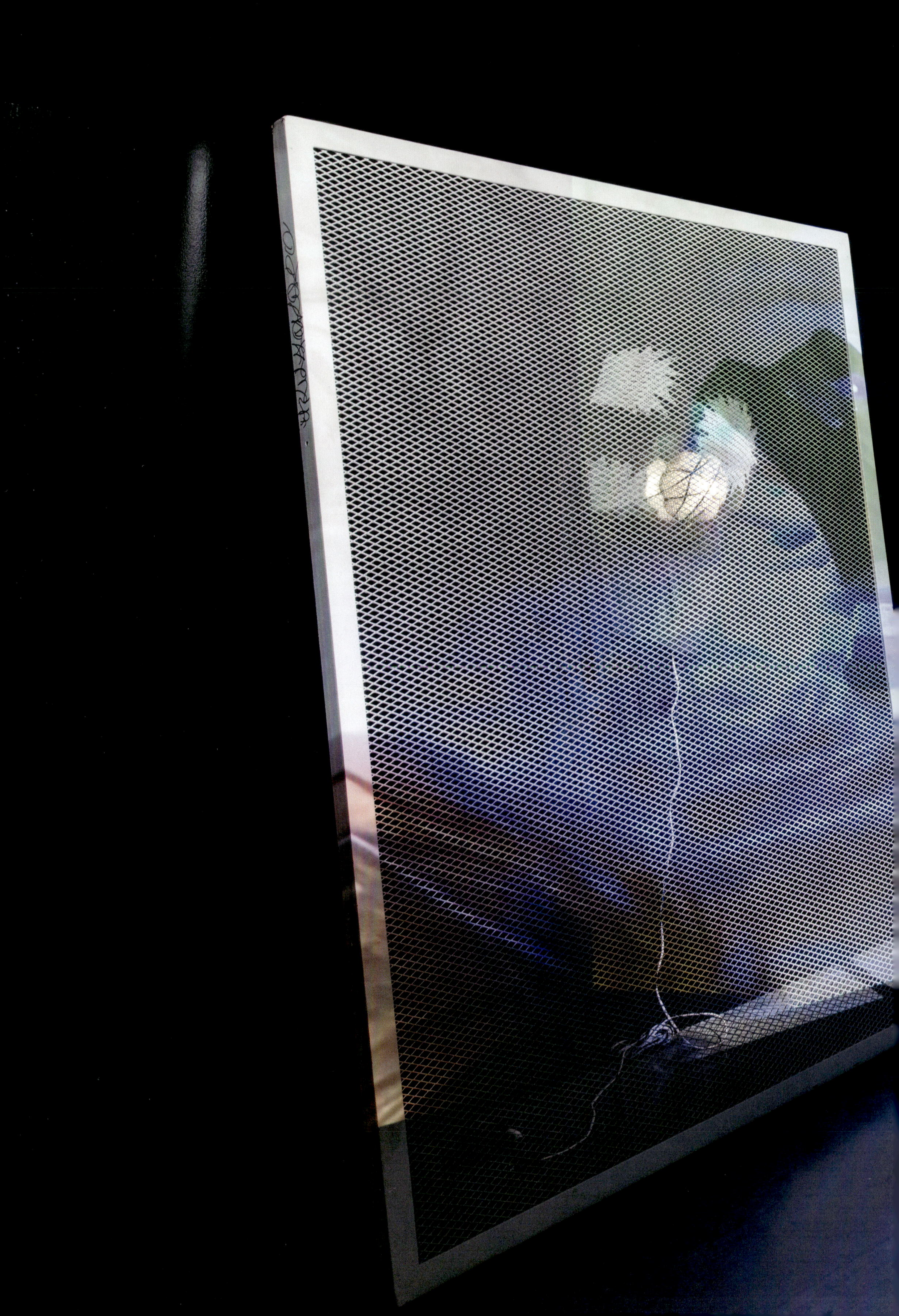

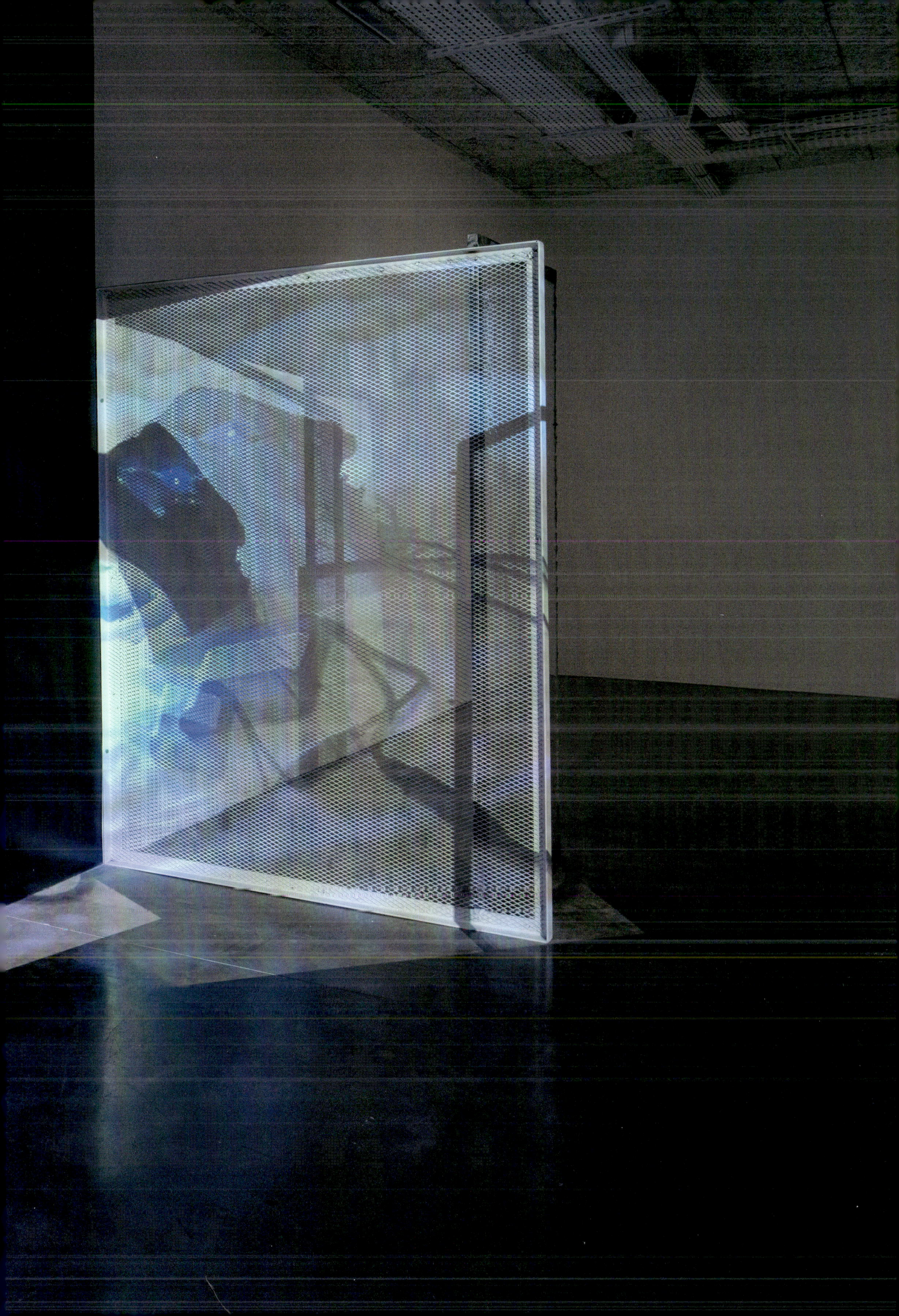

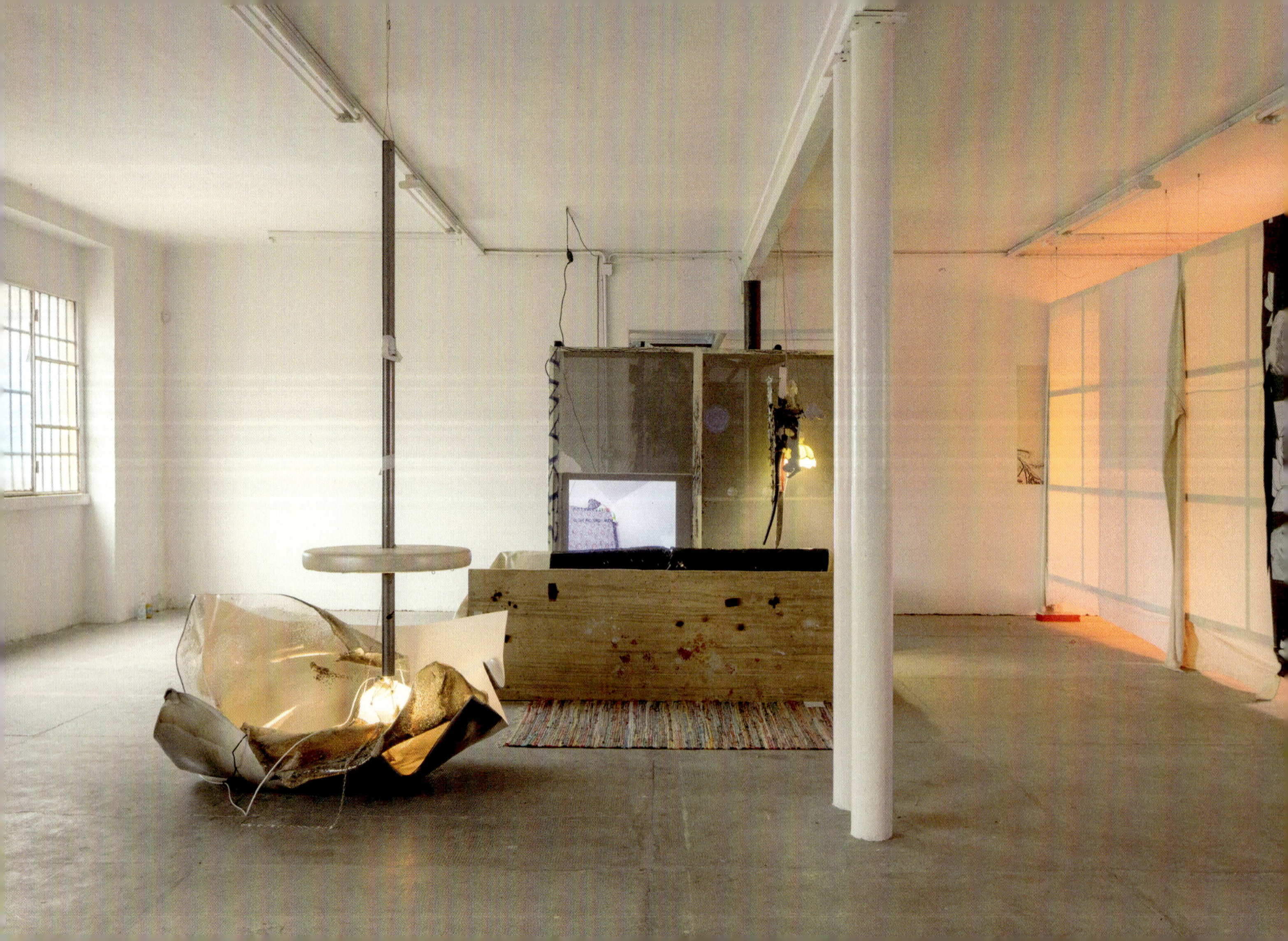

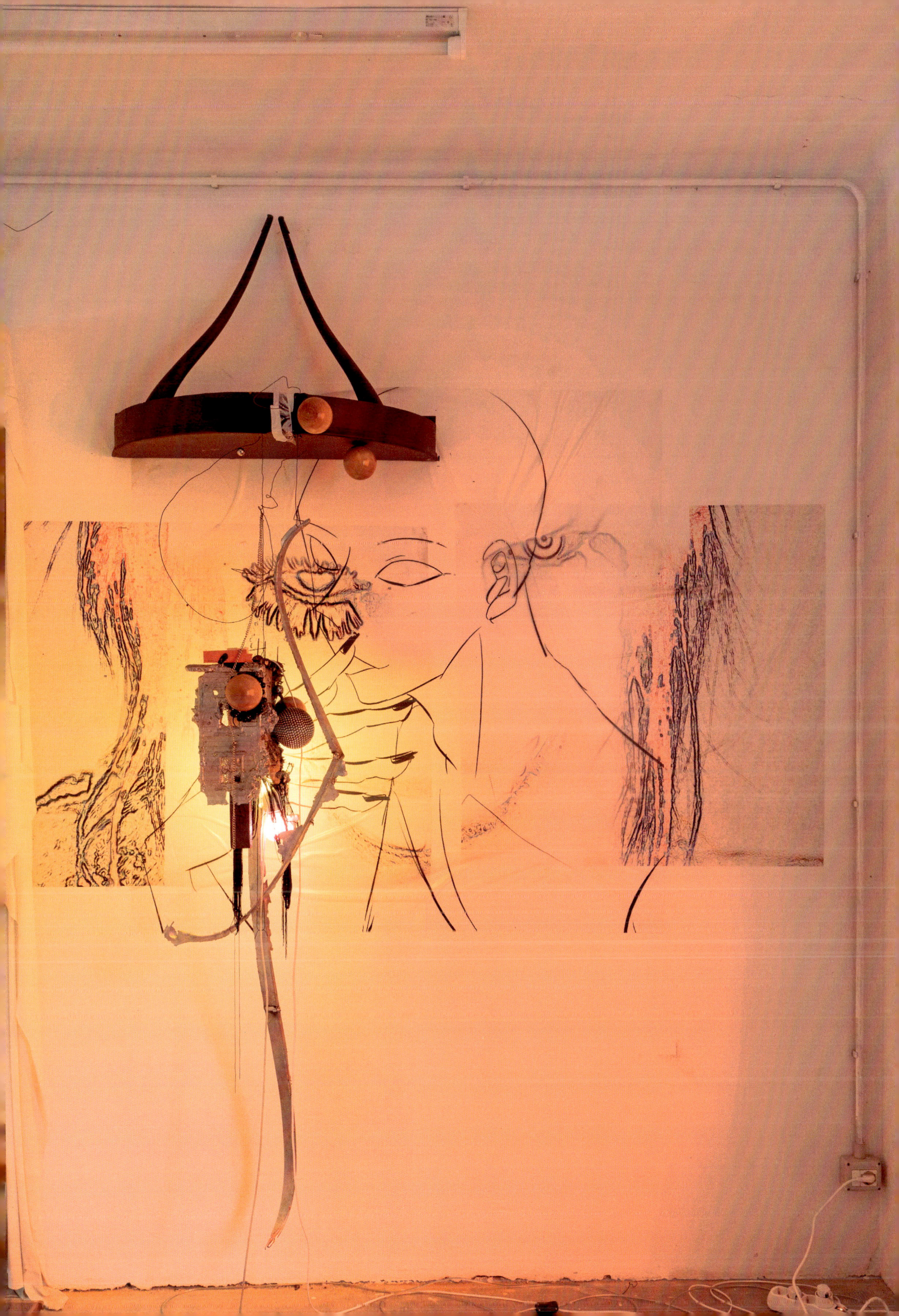

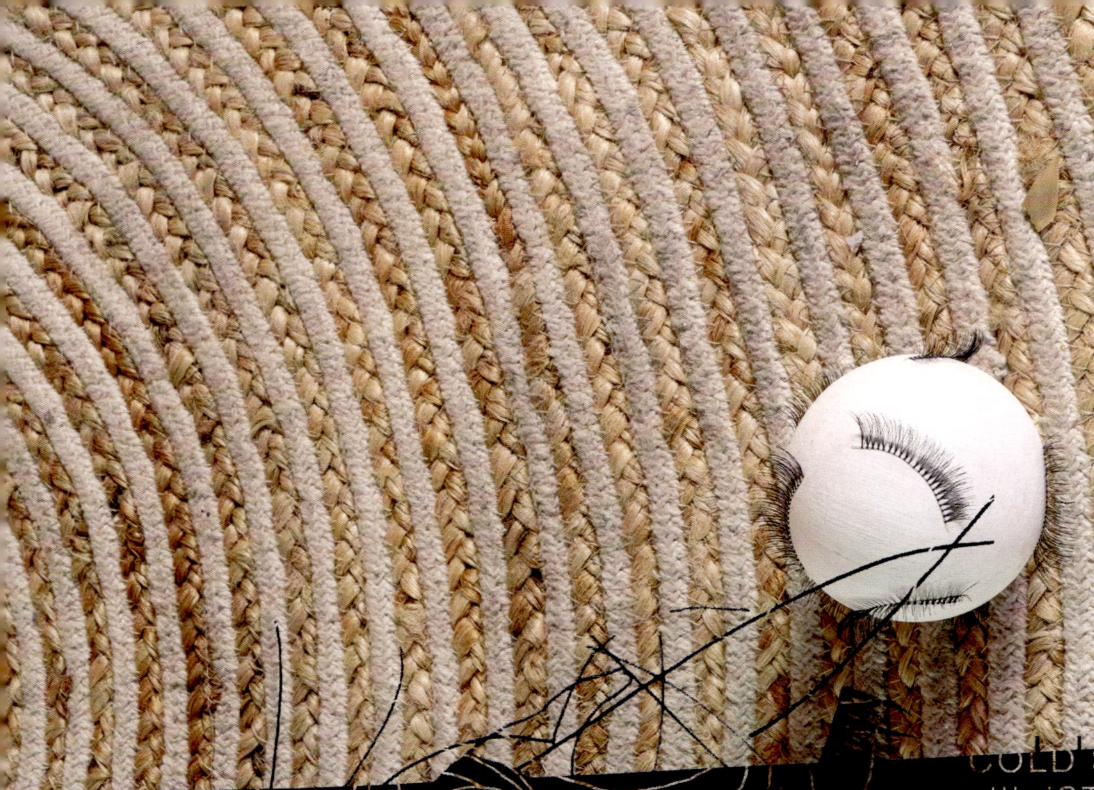

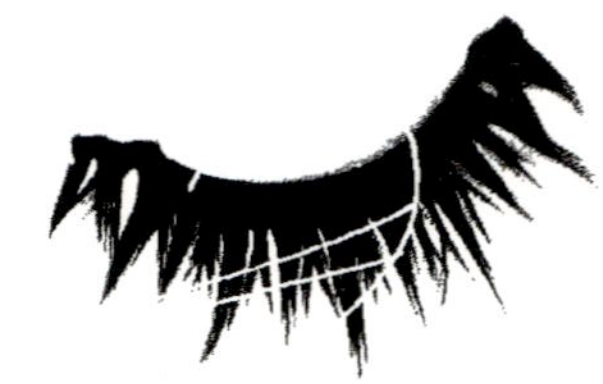

COLD S'TREETS'siATURDAY WAweLKED S'TREET PTY
s'liciSTREET po-dep
dreamed-thanging concreteagles
s'ickkspoke blacbronze fout
vibration o money-strength
narrow-cold lovel

vibration o money-strength
narrow
vibrations-of-money

tell us insane

tell it to the children a

$$

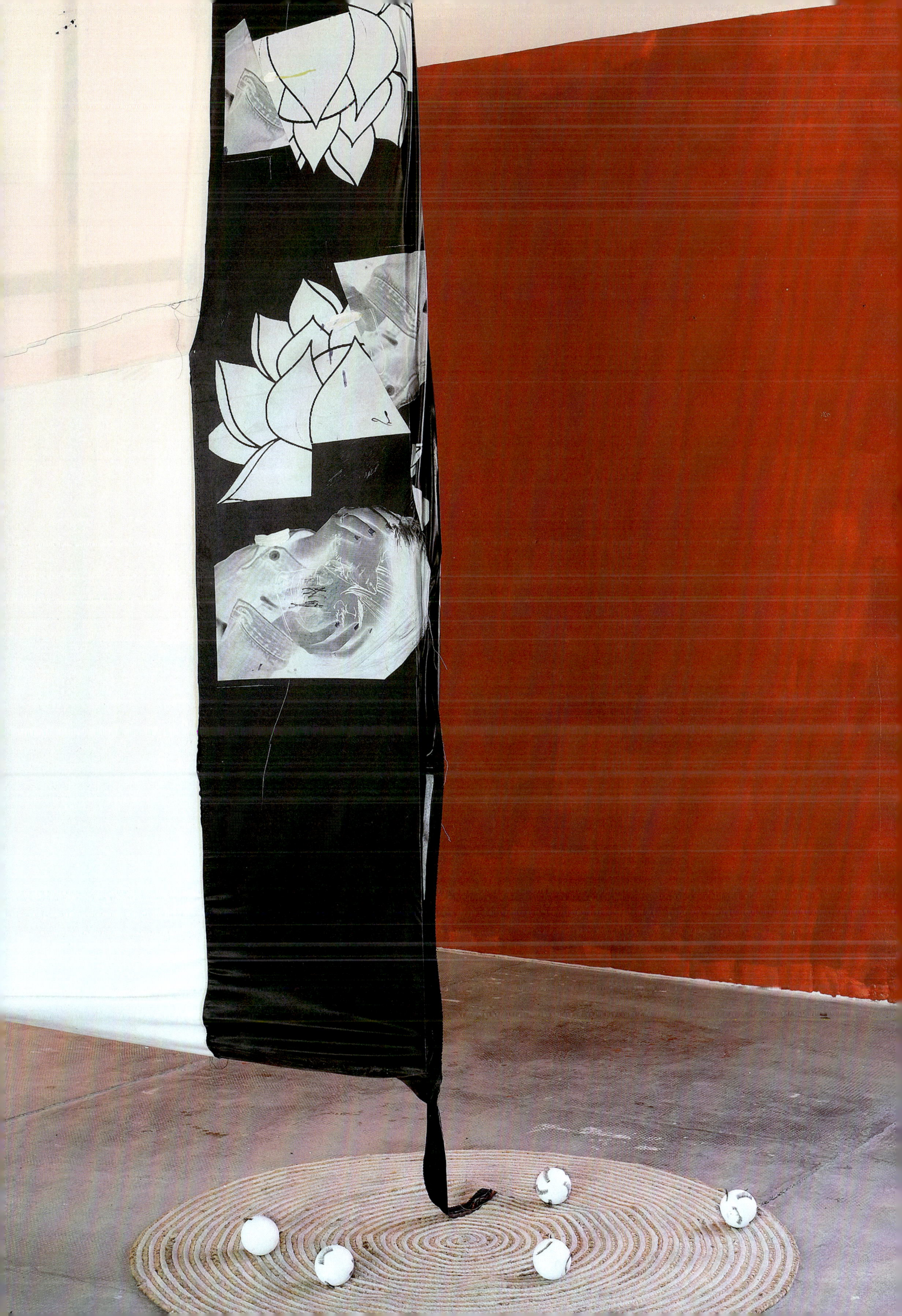

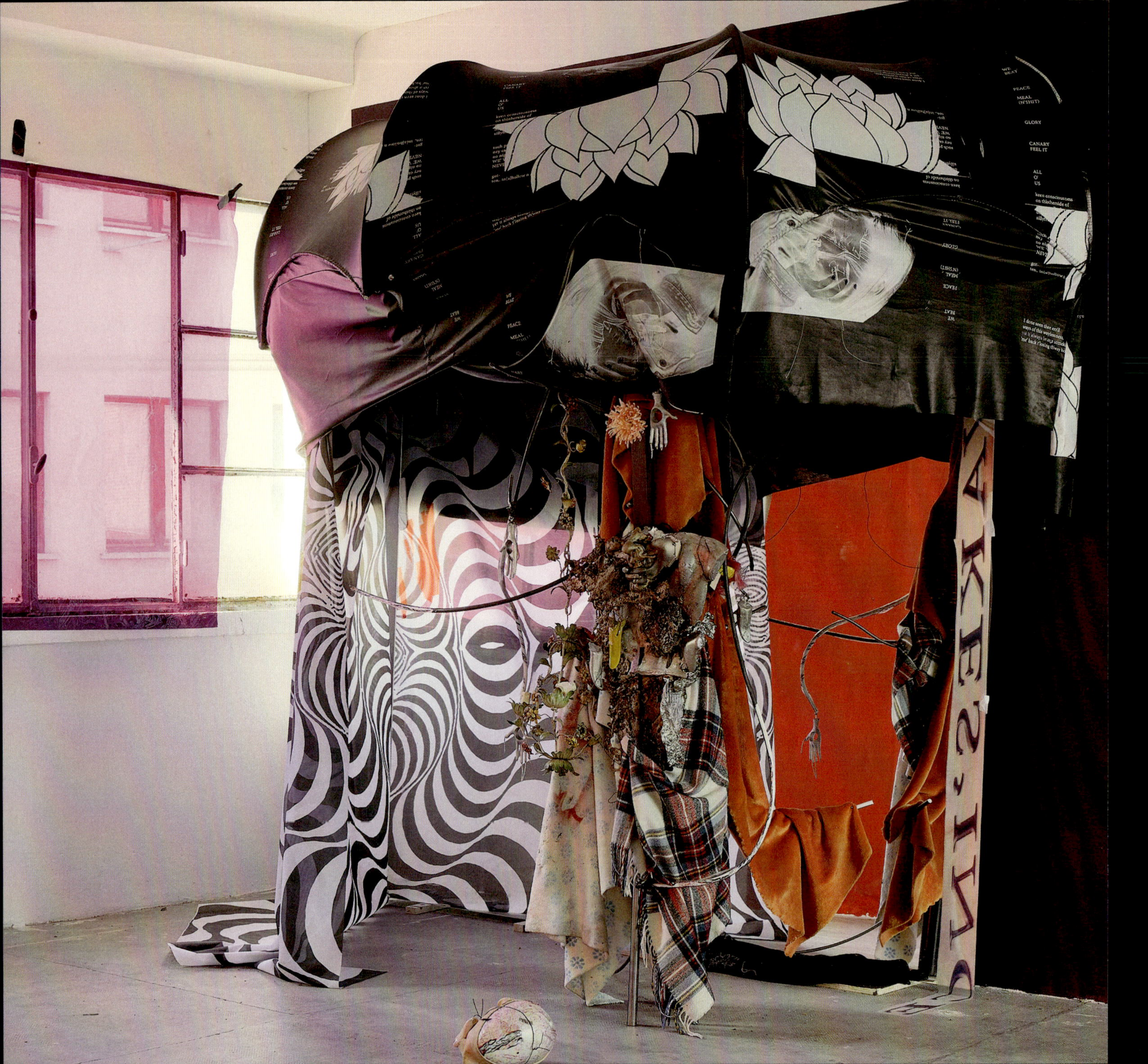
WE BEAT
PEACE
MEAL (N'SHUT)
GLORY
CANARY FEEL IT
ALL O' US
keen consciousness on thisherside of

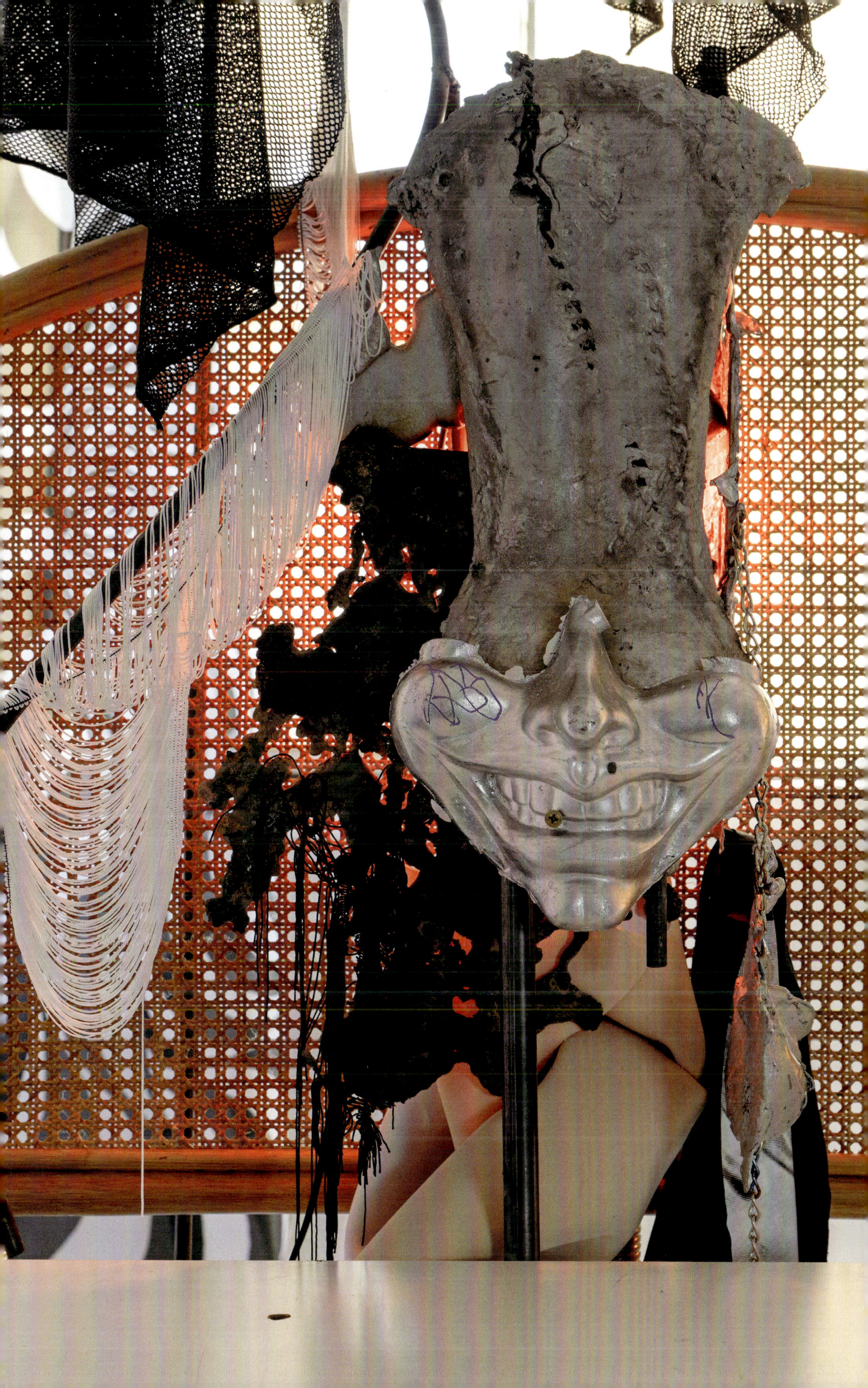

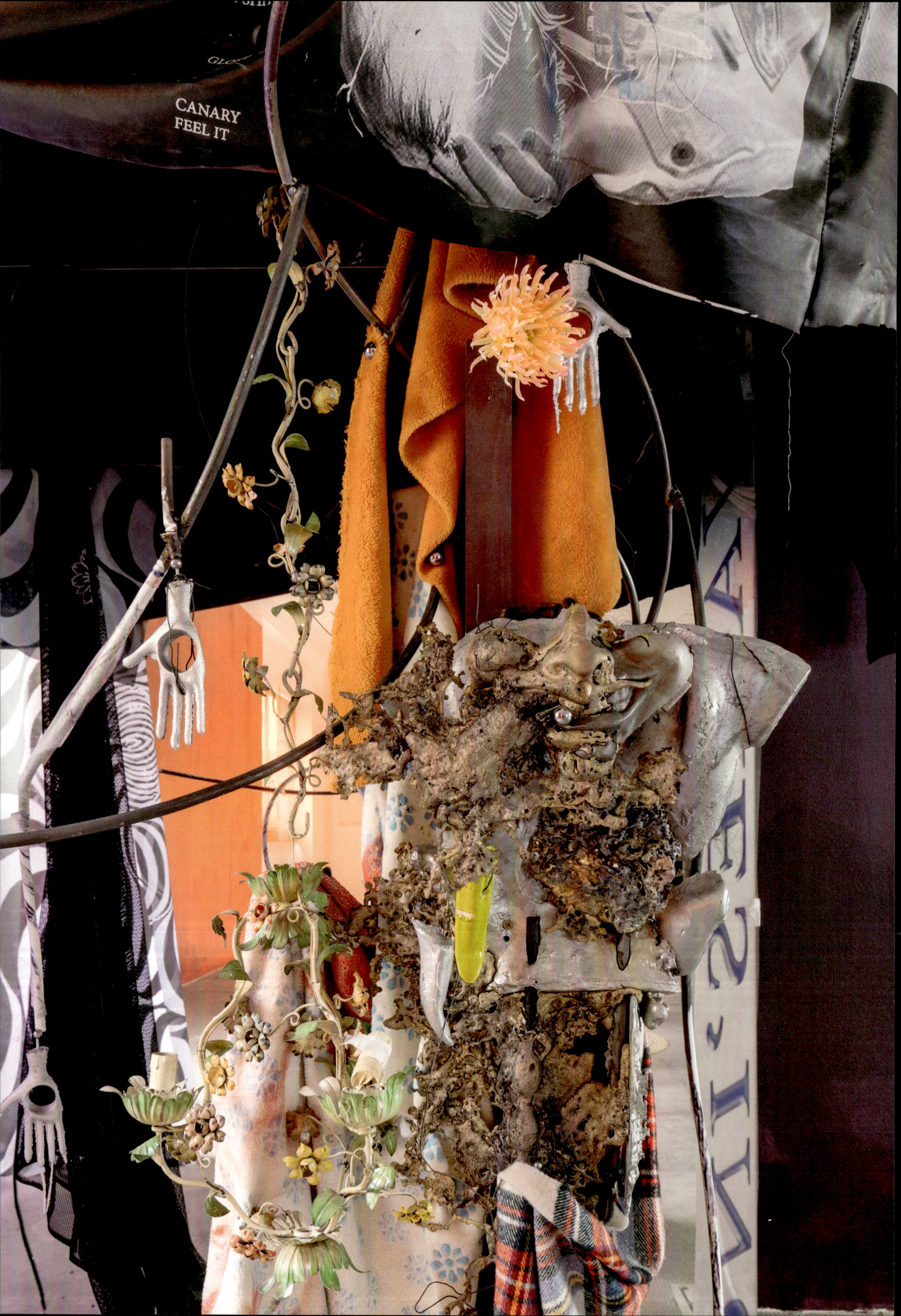
CANARY
FEEL IT

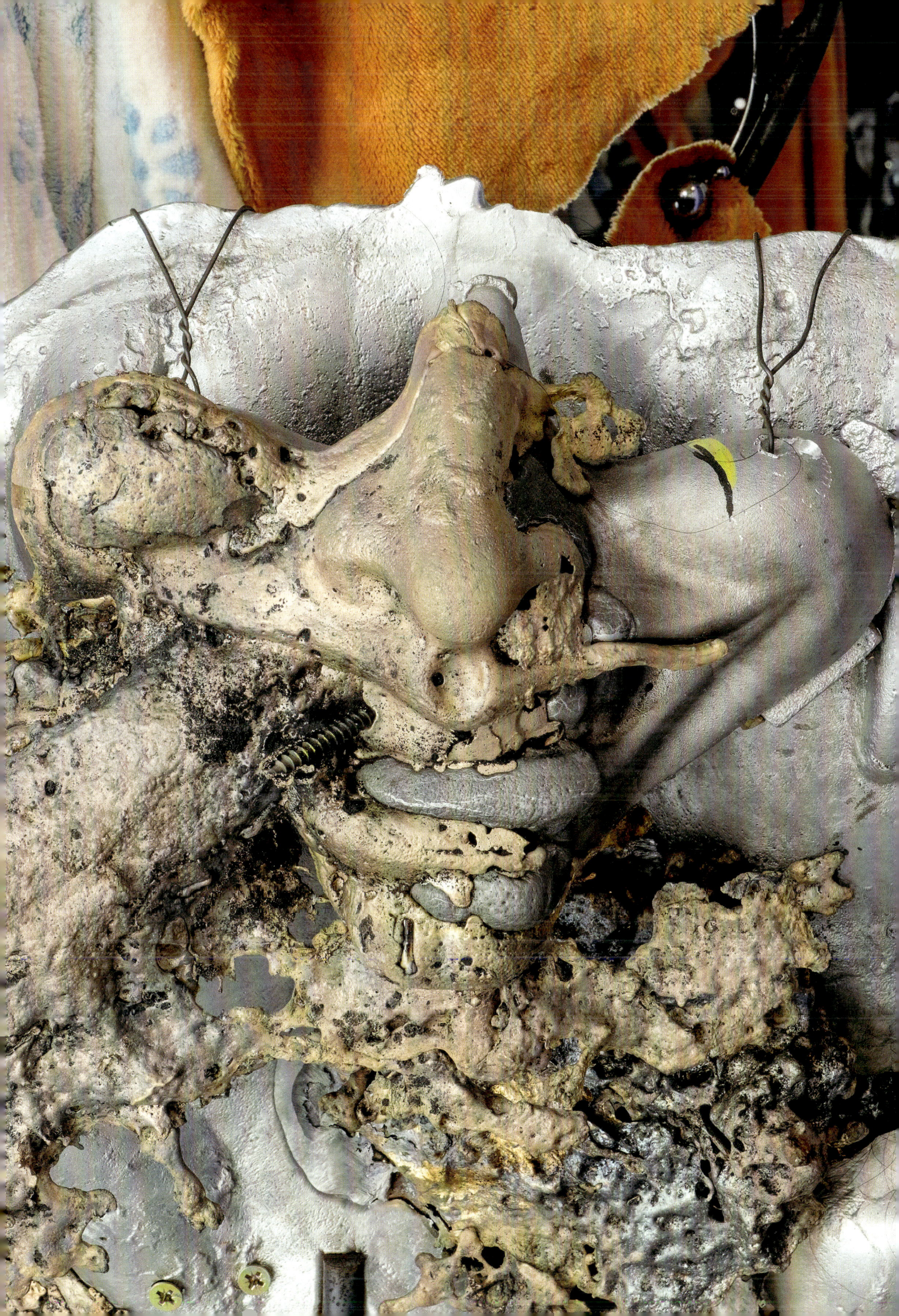

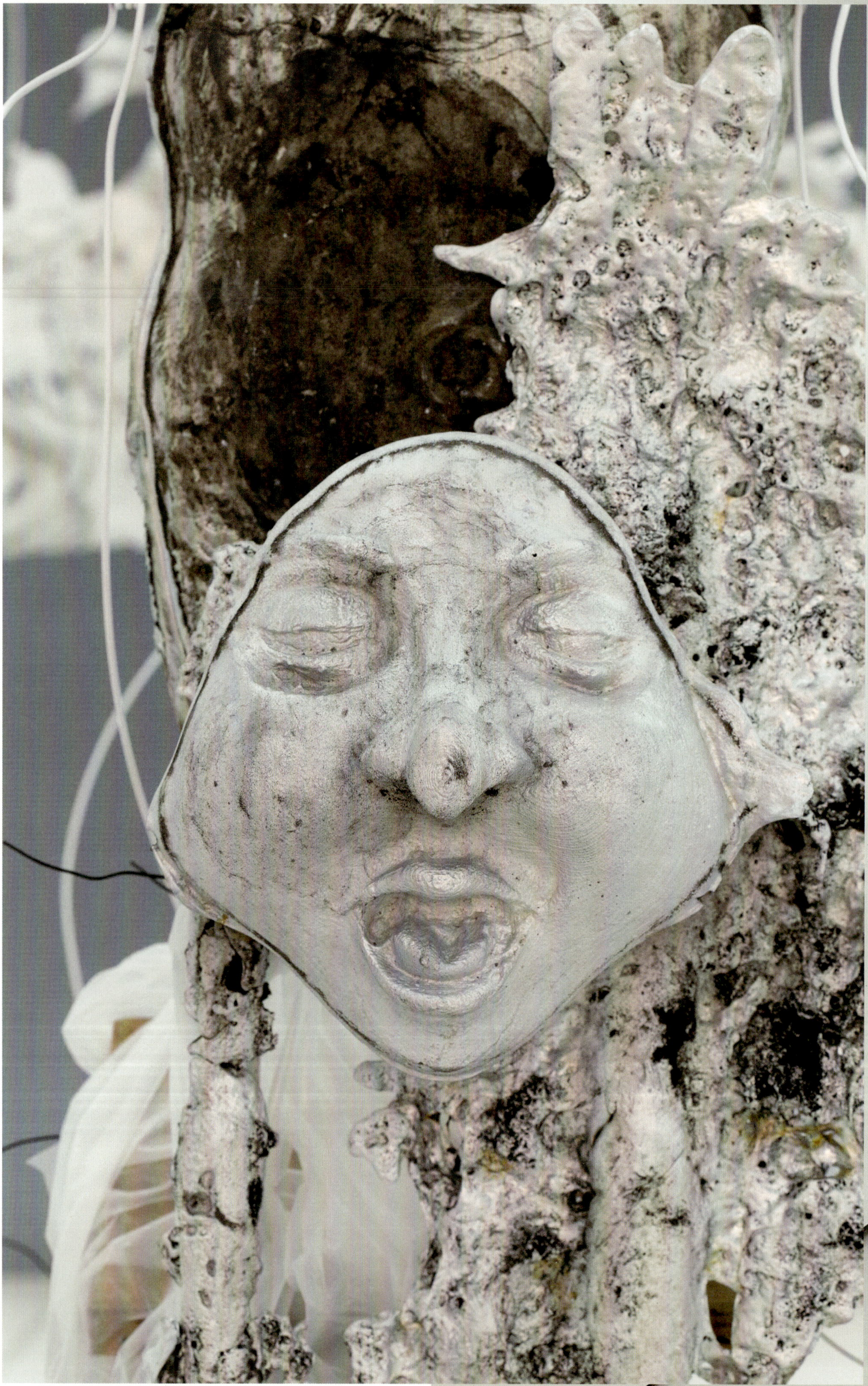

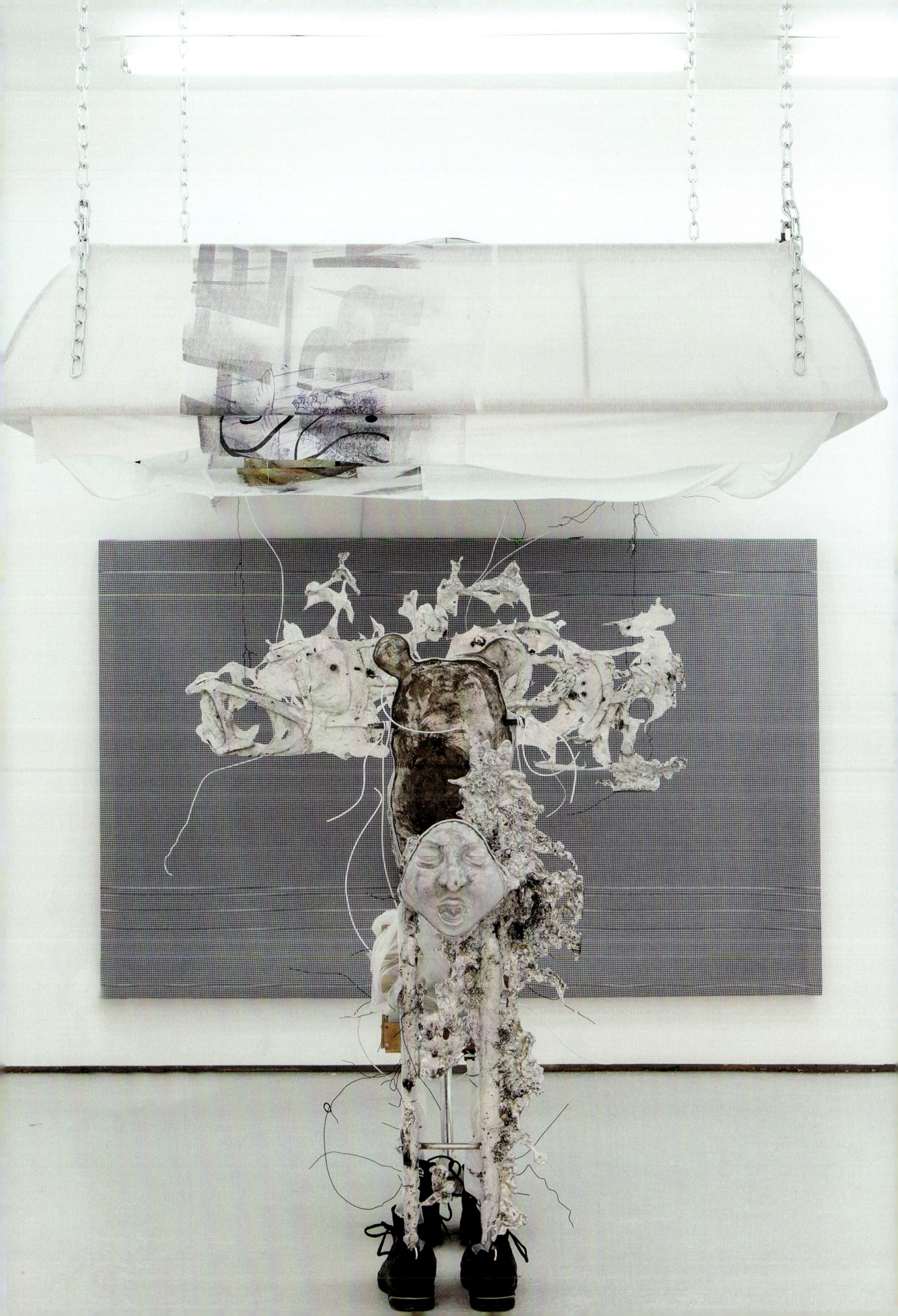

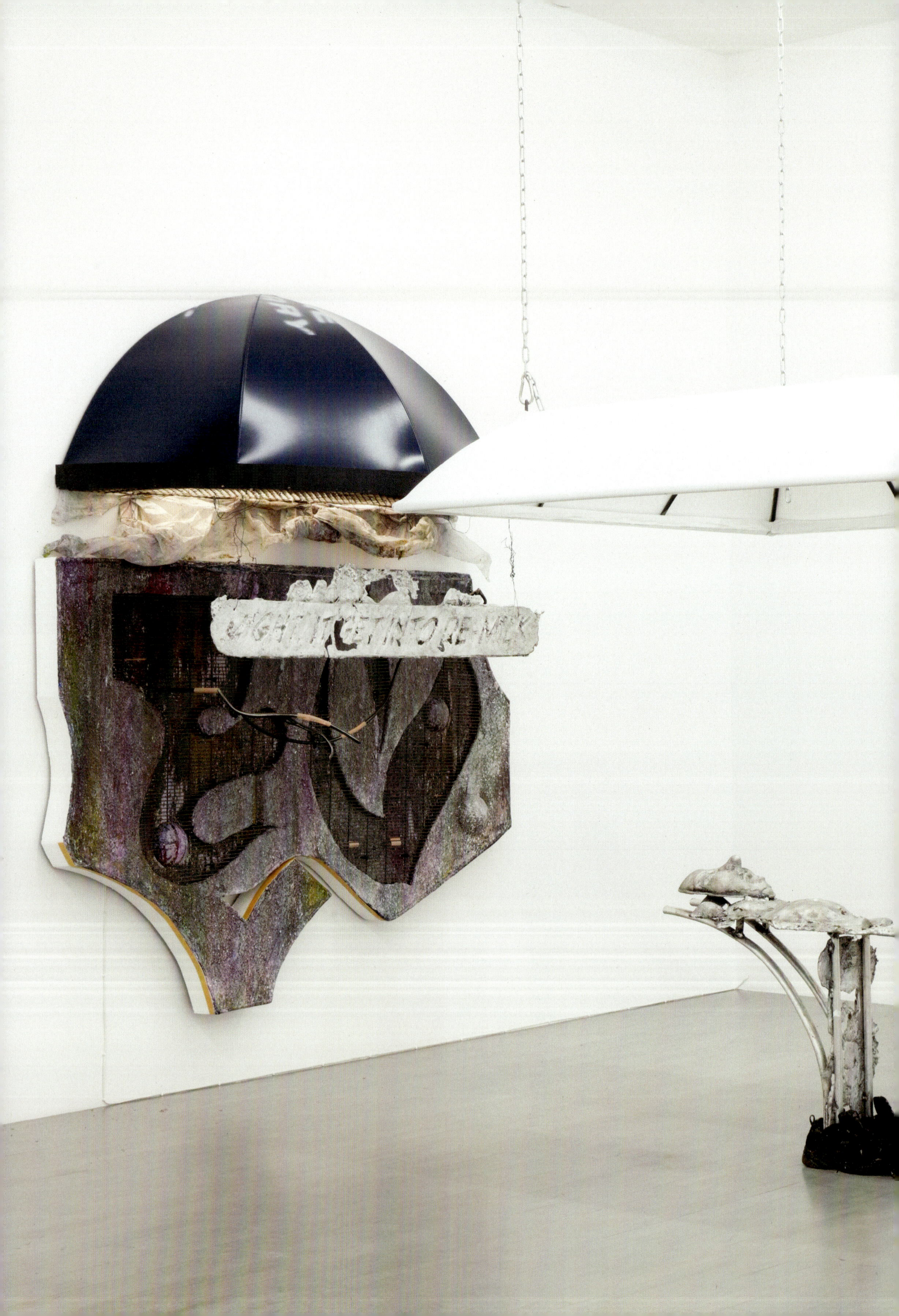

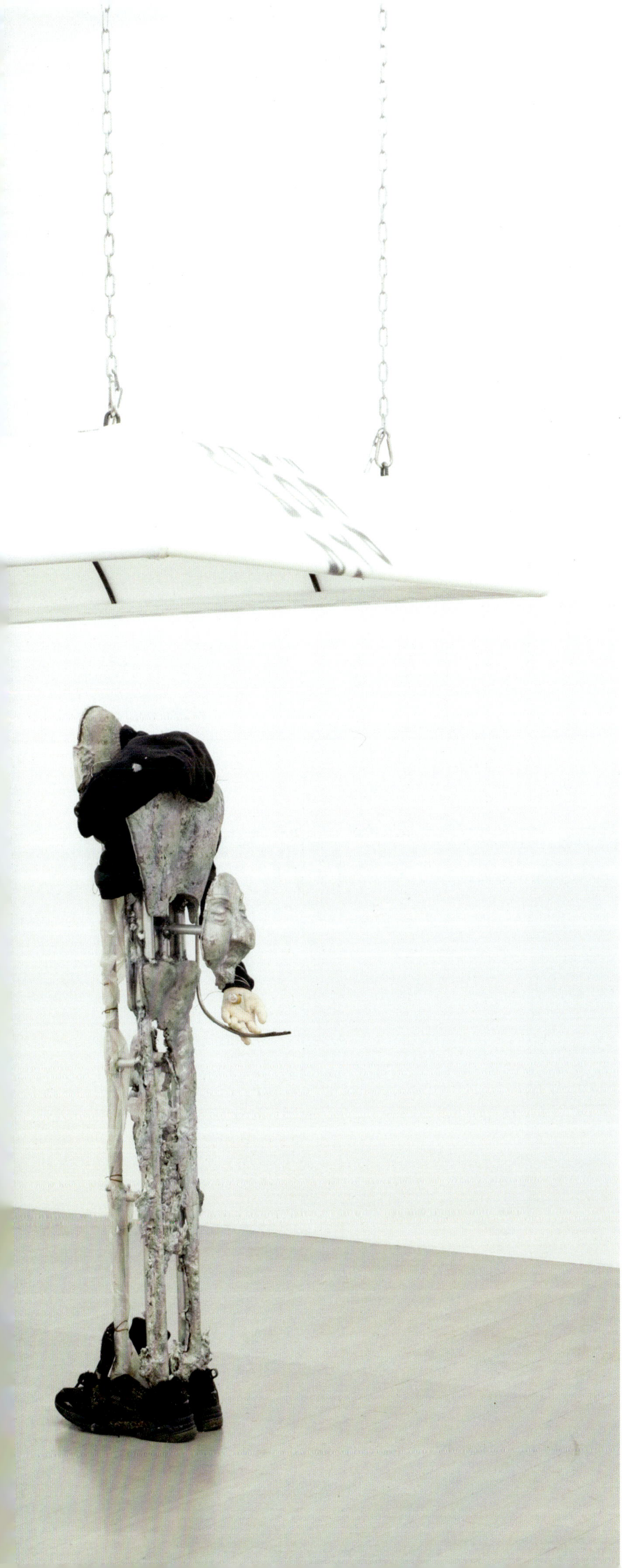

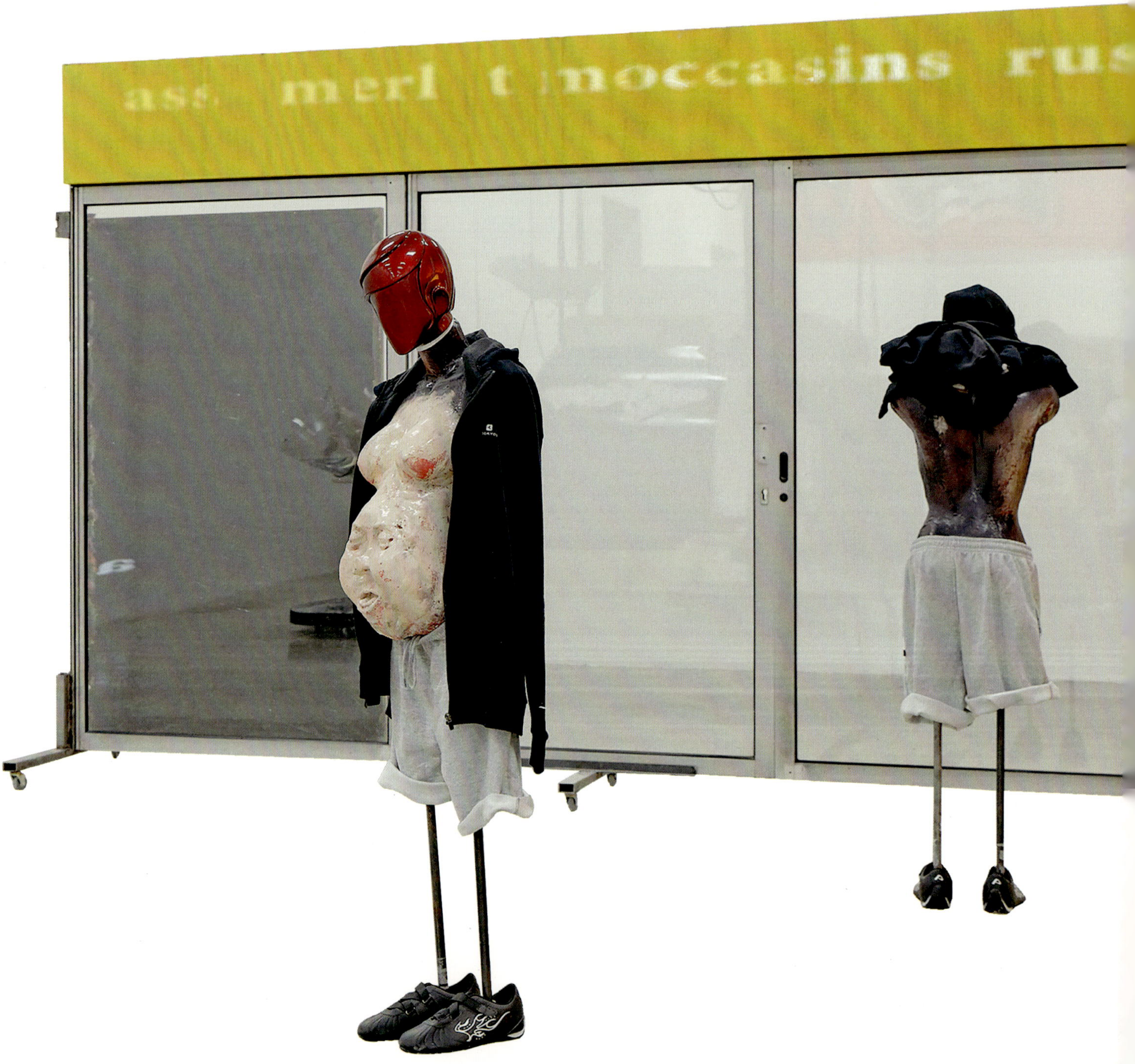
ass merl t moccasins rus

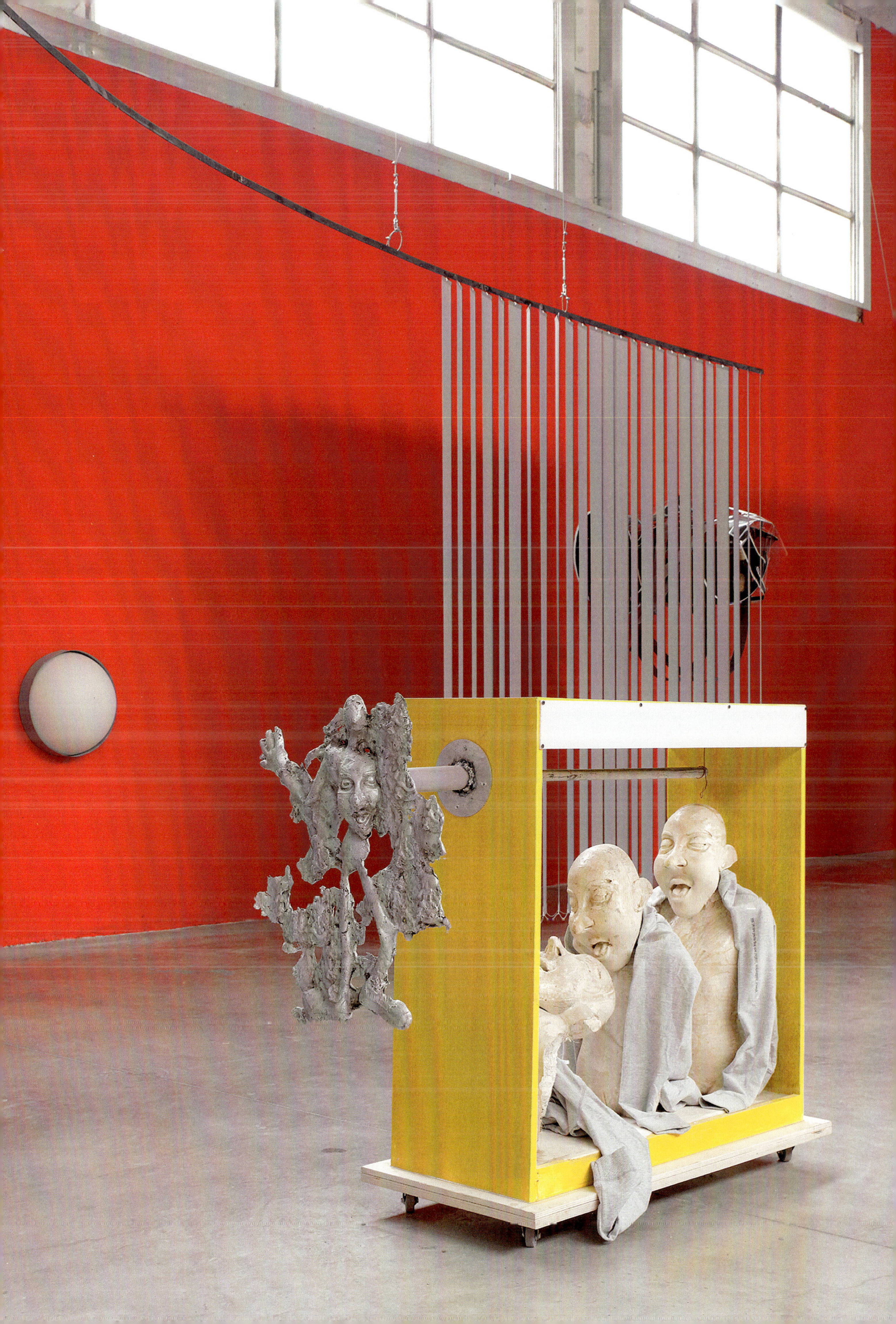

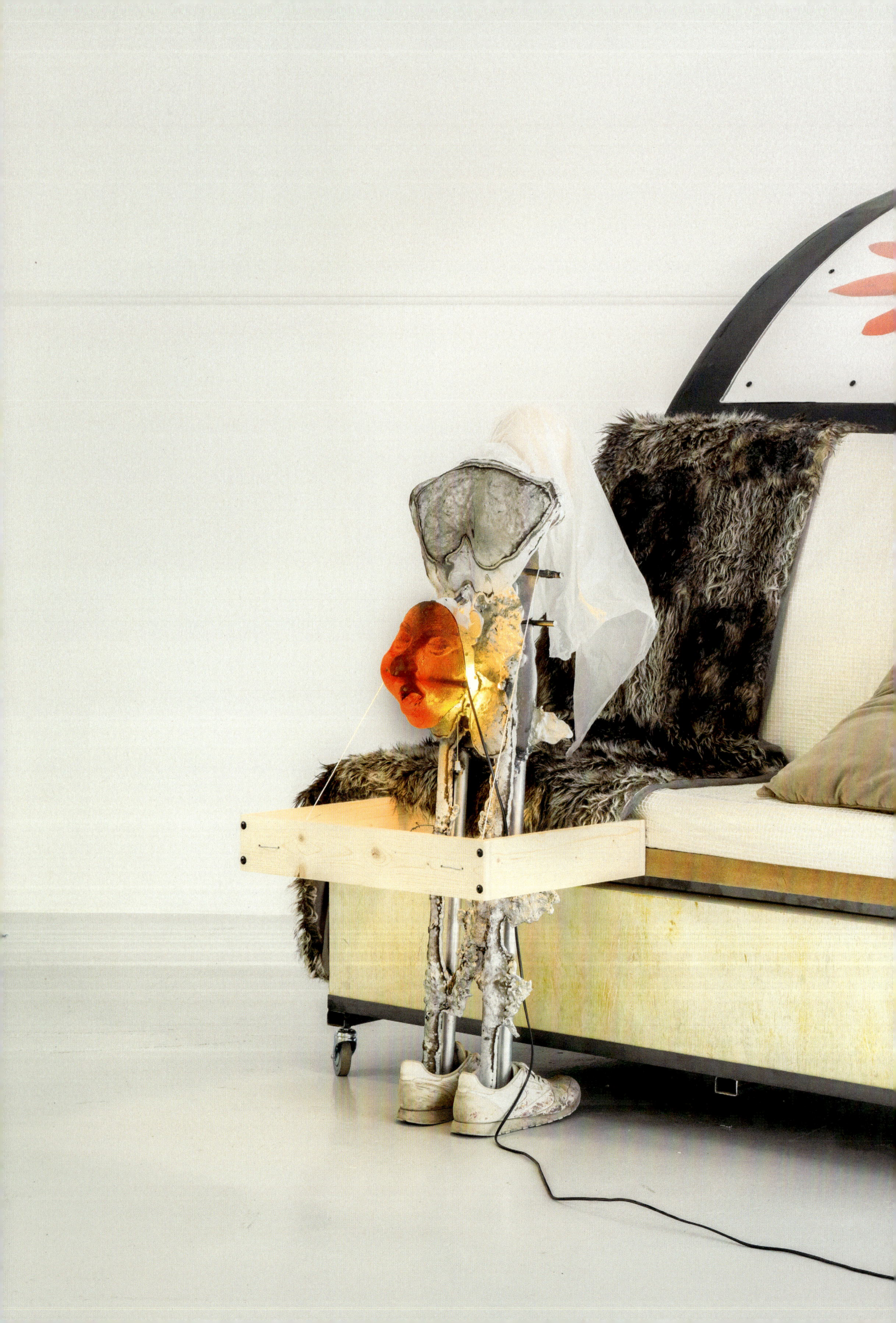

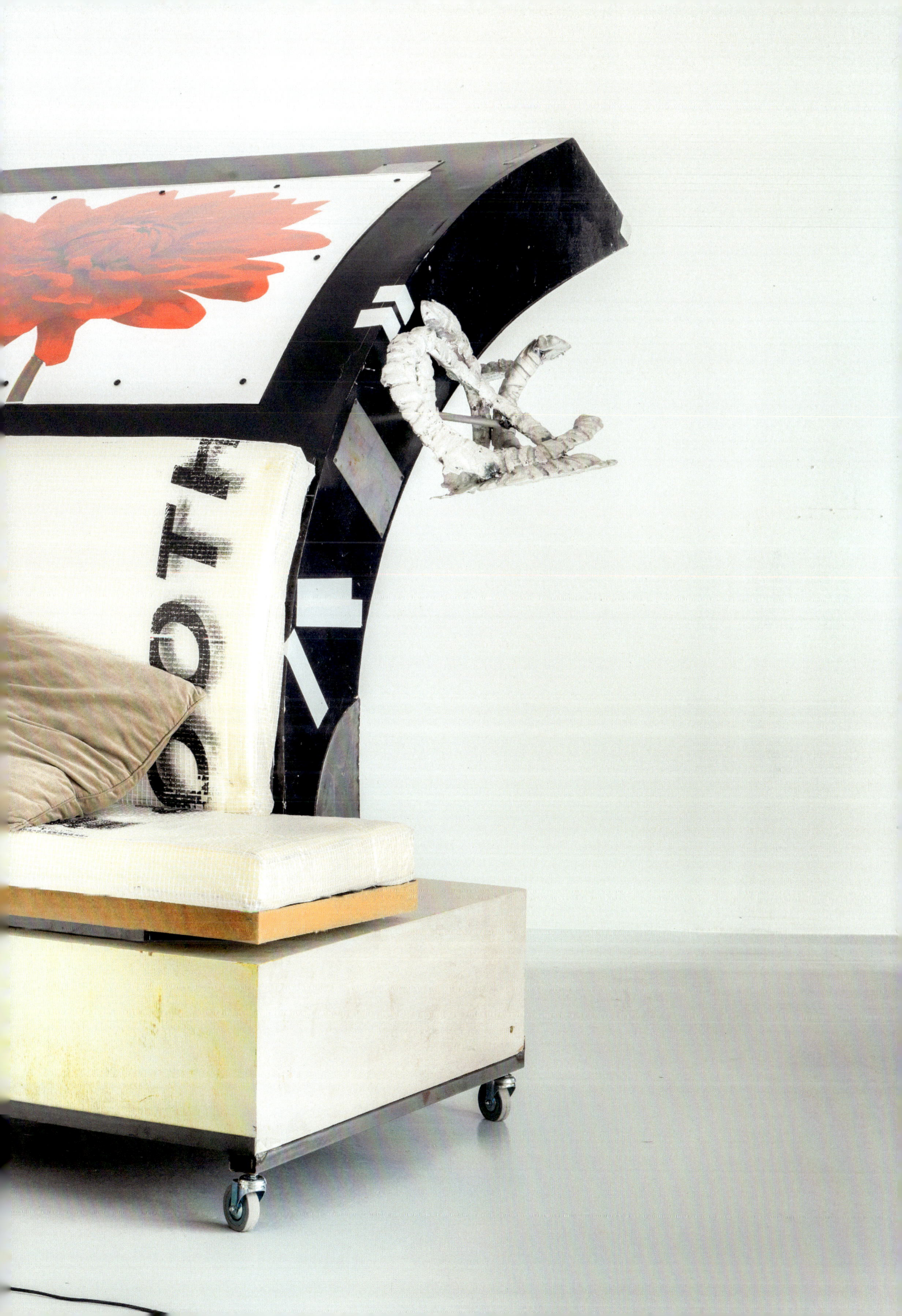

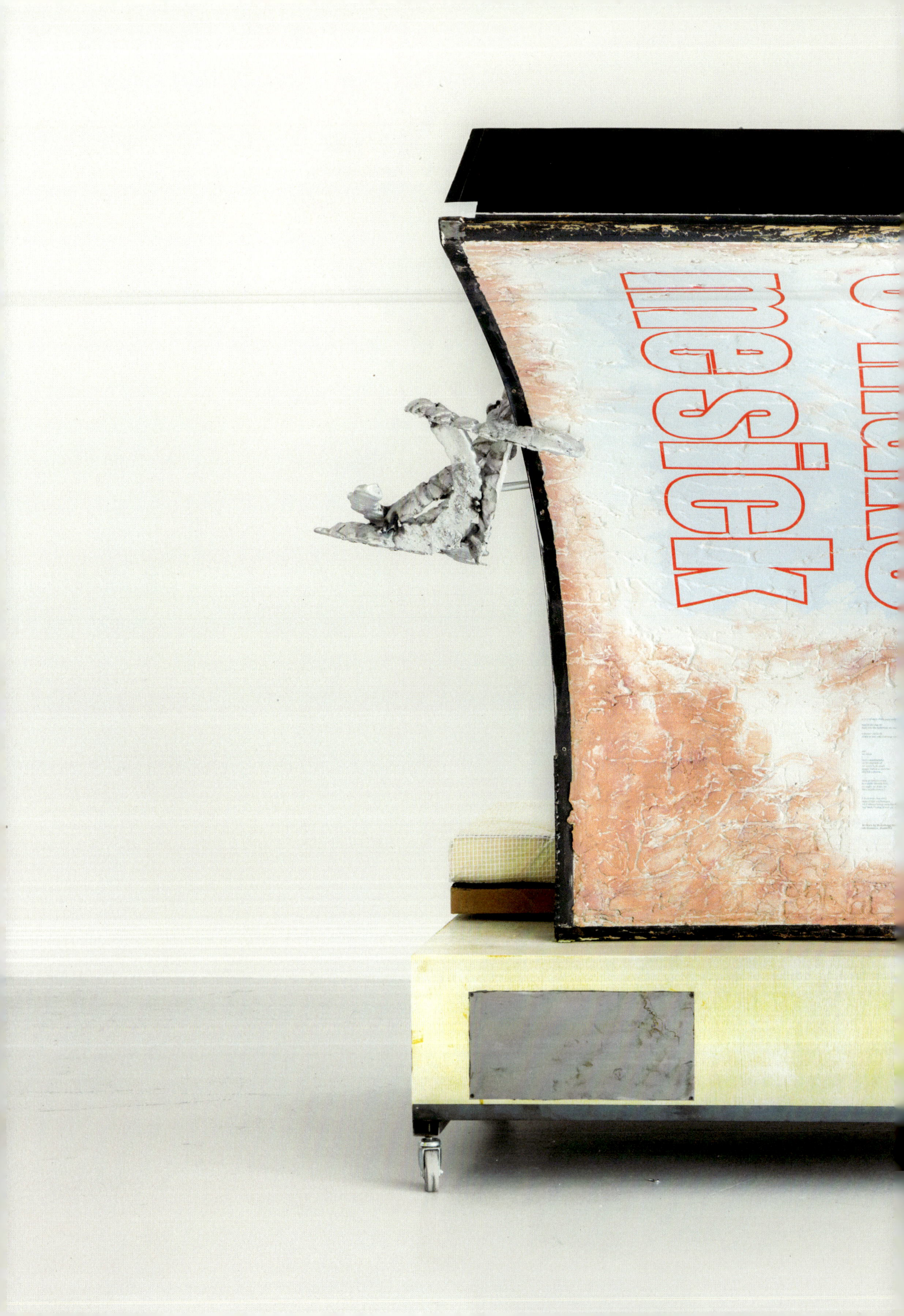
me sick

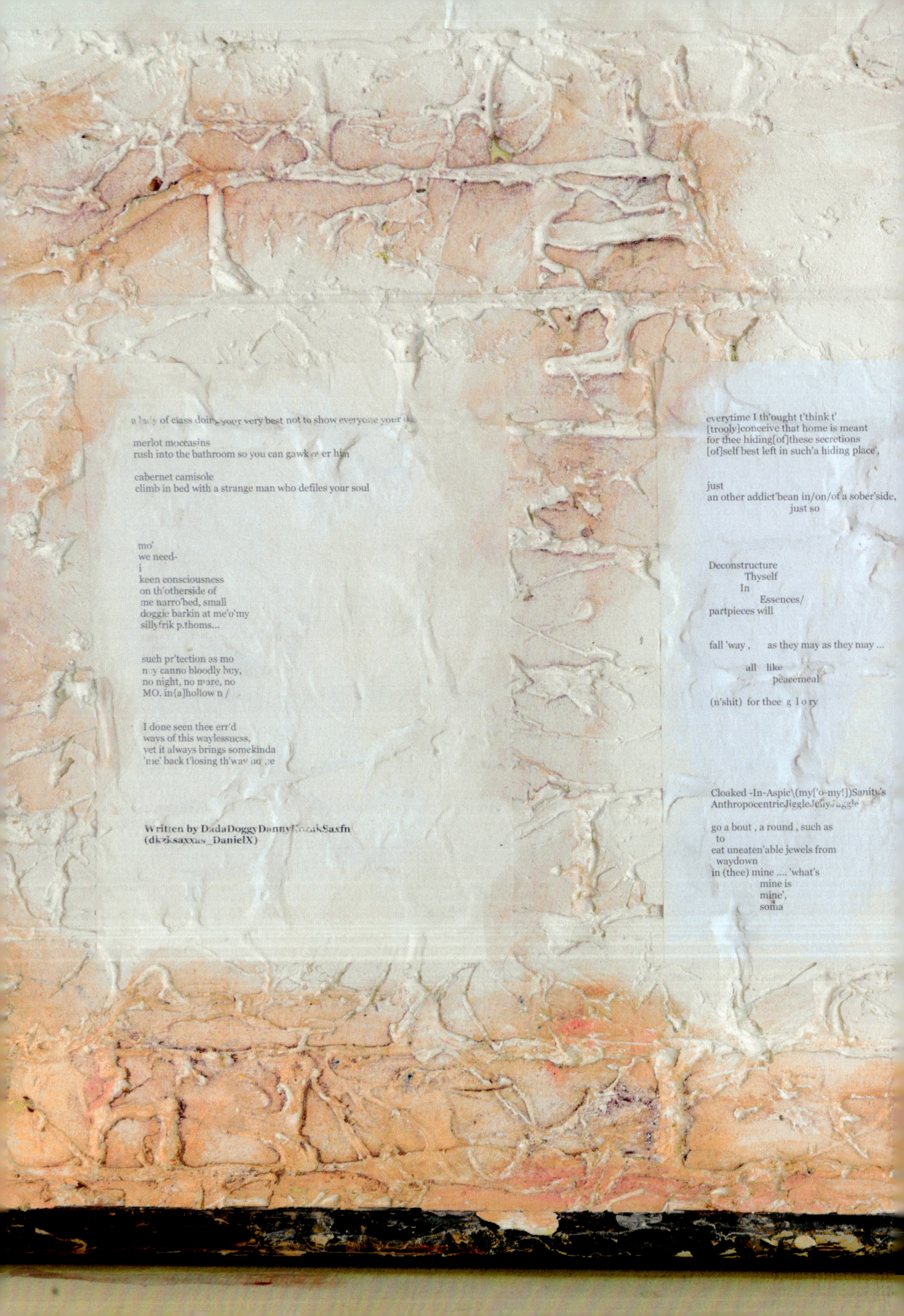

a lady of class doing your very best not to show everyone your

merlot moccasins
rush into the bathroom so you can gawk over him

cabernet camisole
climb in bed with a strange man who defiles your soul

mo'
we need-
i
keen consciousness
on th'otherside of
me narro'bed, small
doggie barkin at me'o'my
sillyfrik p.thoms...

such pr'tection as mo
ney canno bloodly buy,
no night, no mare, no
MO. in{a]hollow n /

I done seen thee err'd
ways of this waylessness,
yet it always brings somekinda
'me' back t'losing th'way

Written by DadaDoggyDanny KozakSaxfn
(dkzksaxxas_DanielX)

everytime I th'ought t'think t'
[trooly]conceive that home is meant
for thee hiding[of]these secretions
[of]self best left in such'a hiding place',

just
an other addict'bean in/on/of a sober'side,
just so

Deconstructure
Thyself
In
Essences/
partpieces will

fall 'way , as they may as they may ...

all like
peacemeal

(n'shit) for thee g l o ry

Cloaked -In-Aspic\(my['o-my!])Sanity's
AnthropocentricJiggleJellyJuggle

go a bout , a round , such as
to
eat uneaten'able jewels from
waydown
in (thee) mine .... 'what's
mine is
mine',
soma

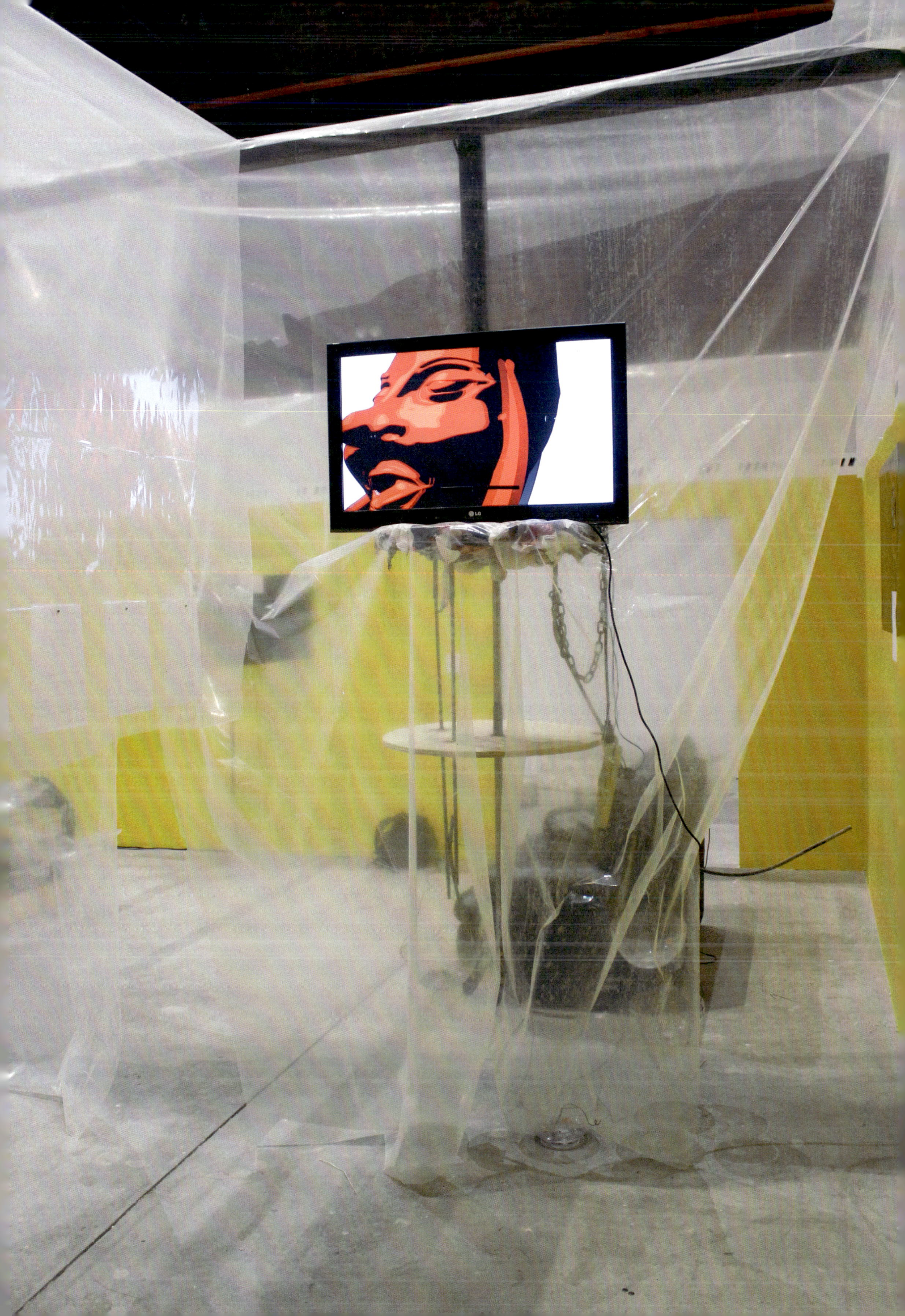

LUNGS GOT ME TALK

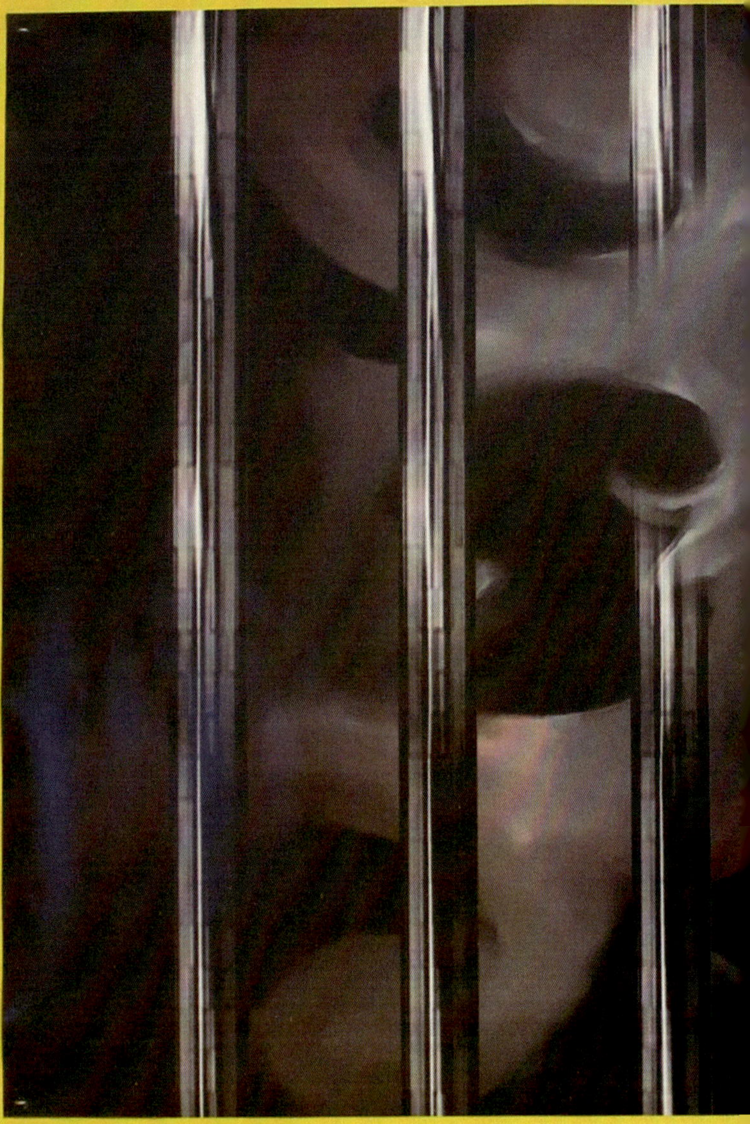

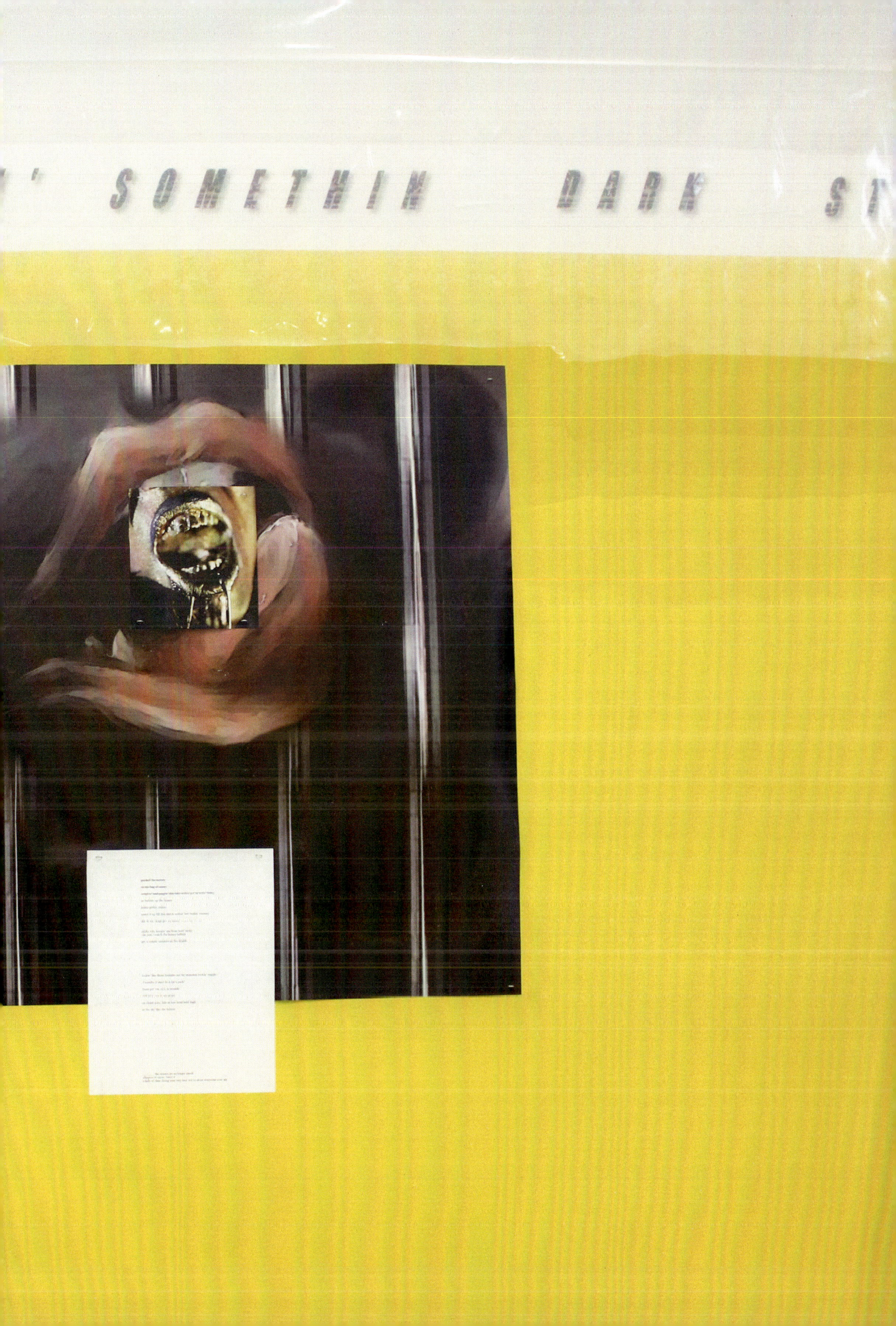
SOMETHIN DARK

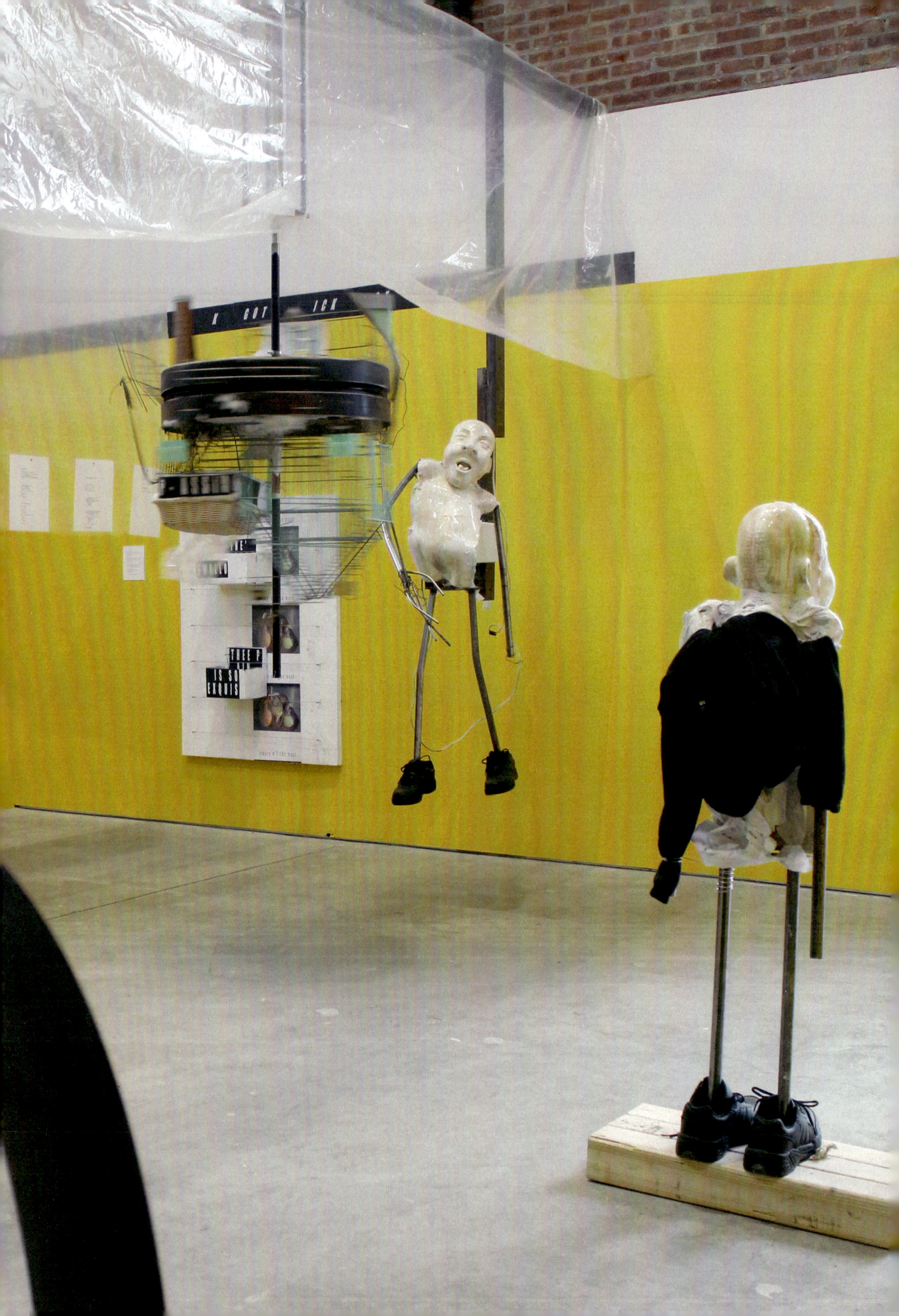

K GOT ICK
THEE P
IS SO
EXQUIS

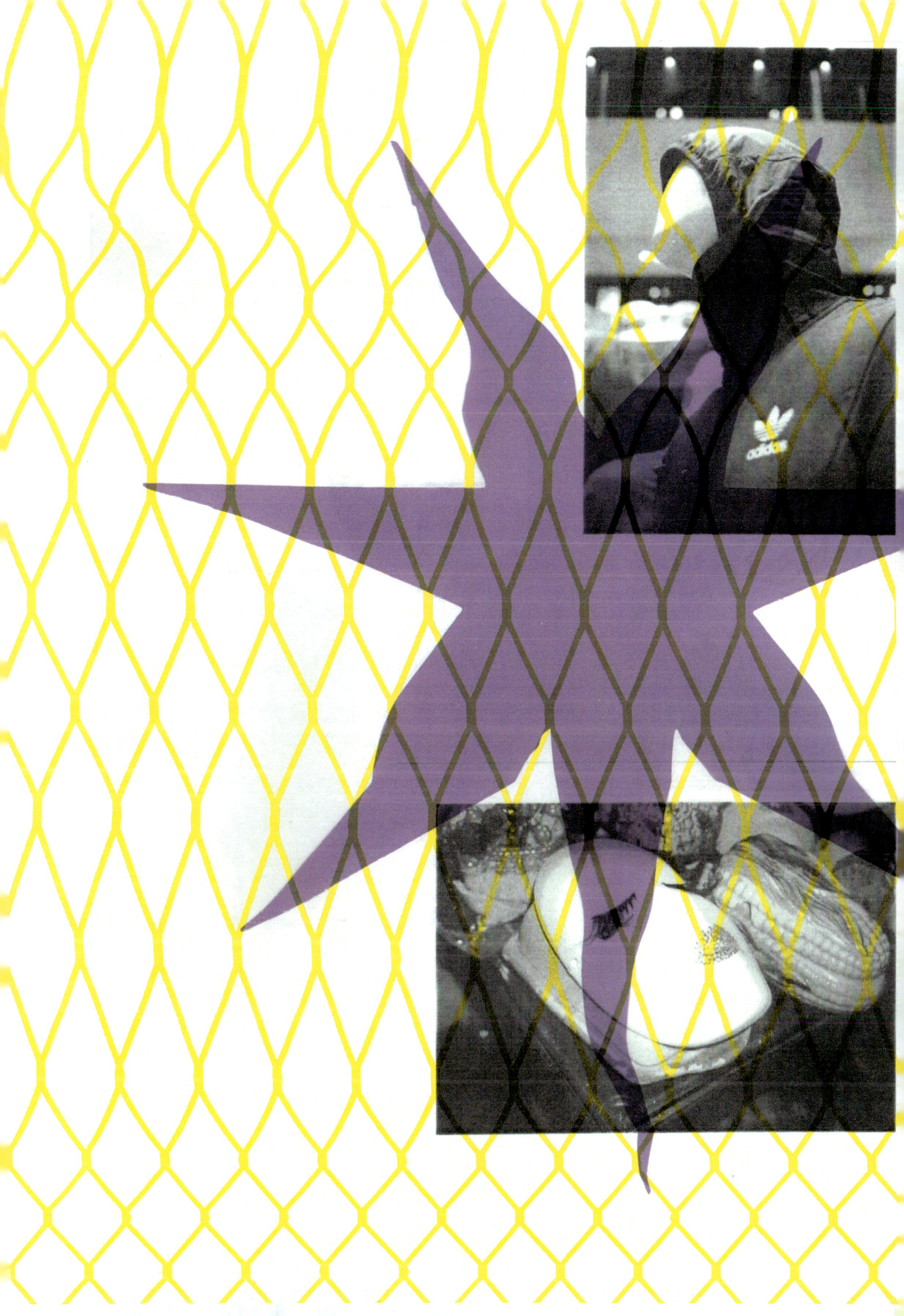
adidas

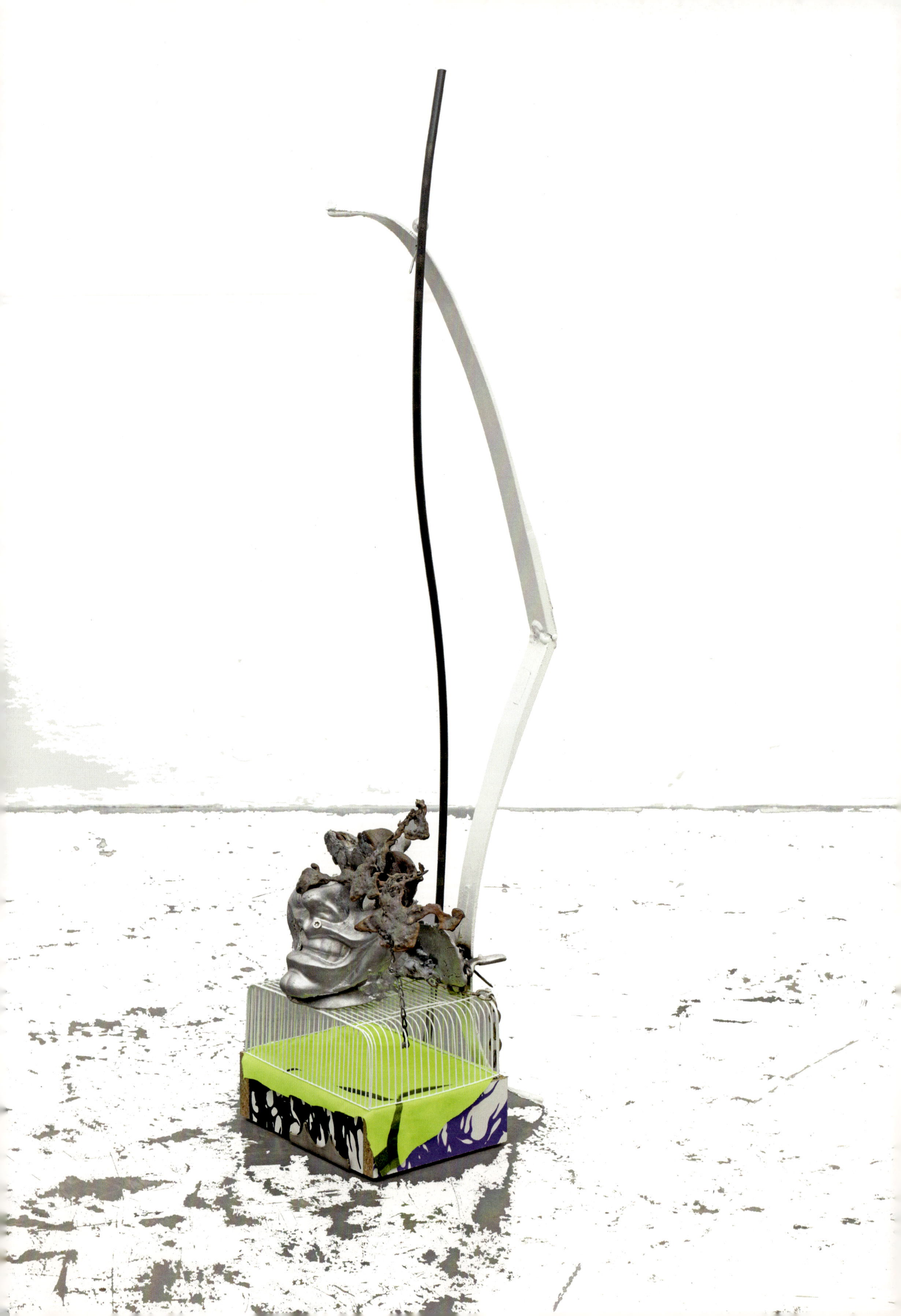

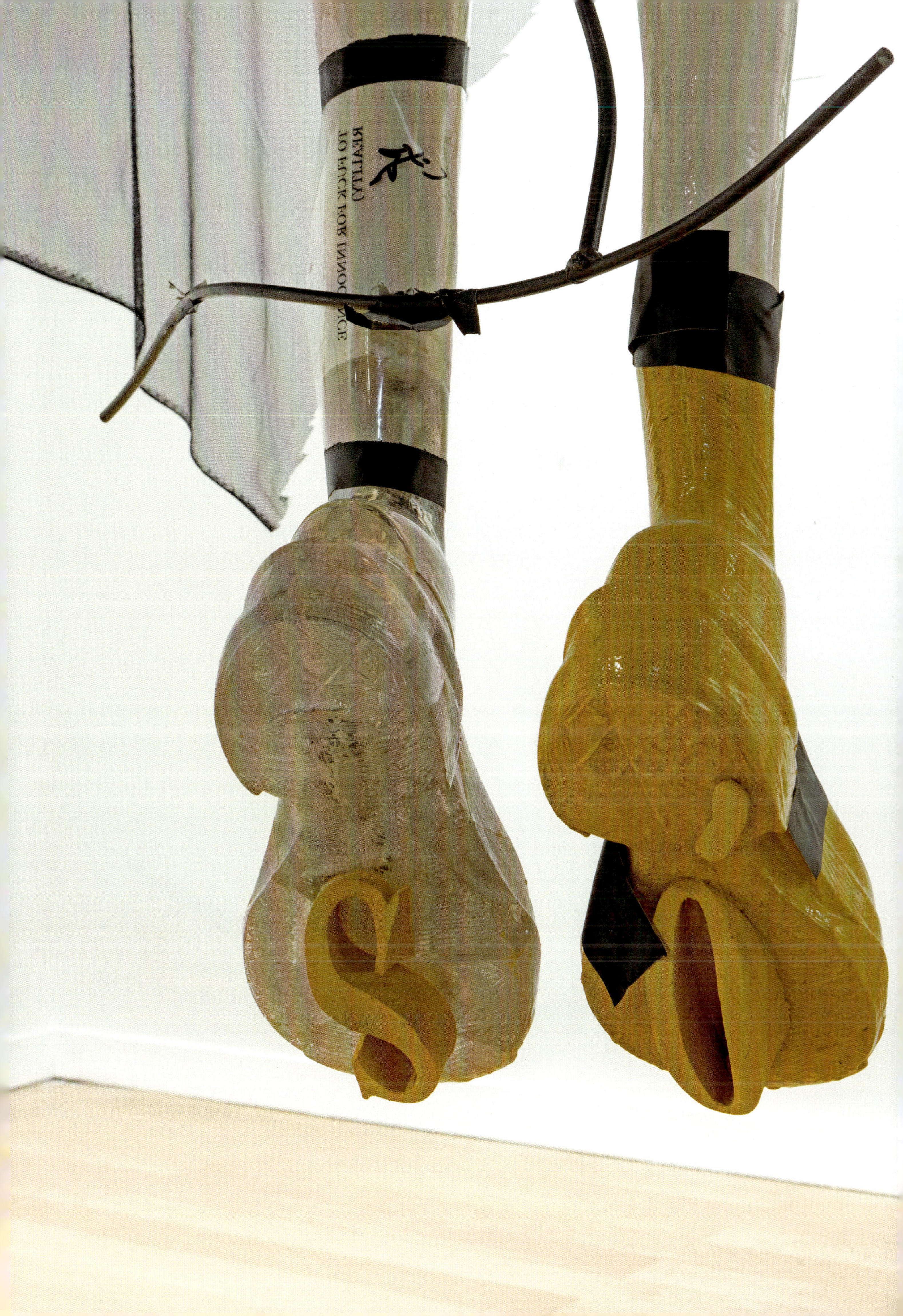
REALITY)
TO FUCK FOR INNOC
NCE

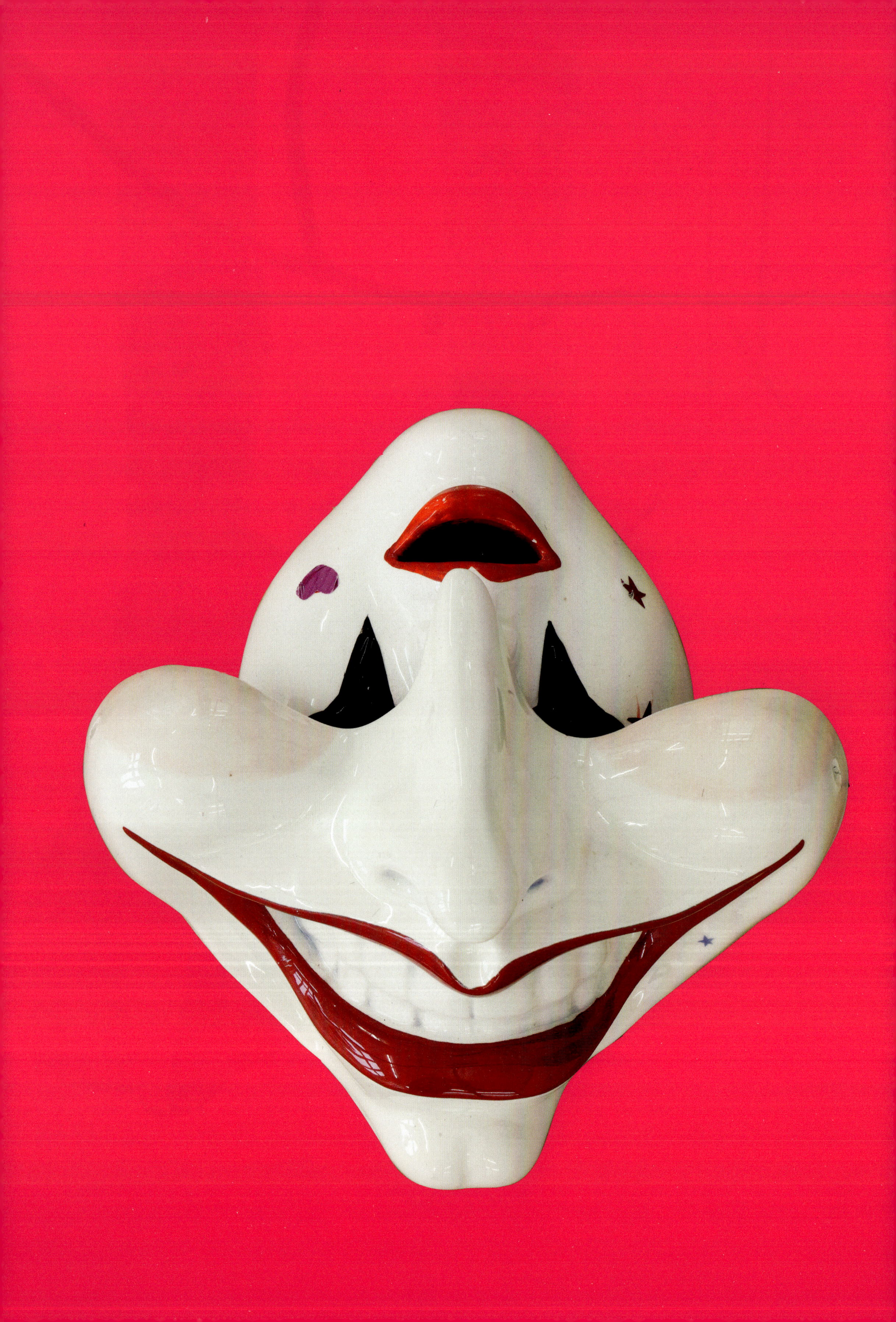

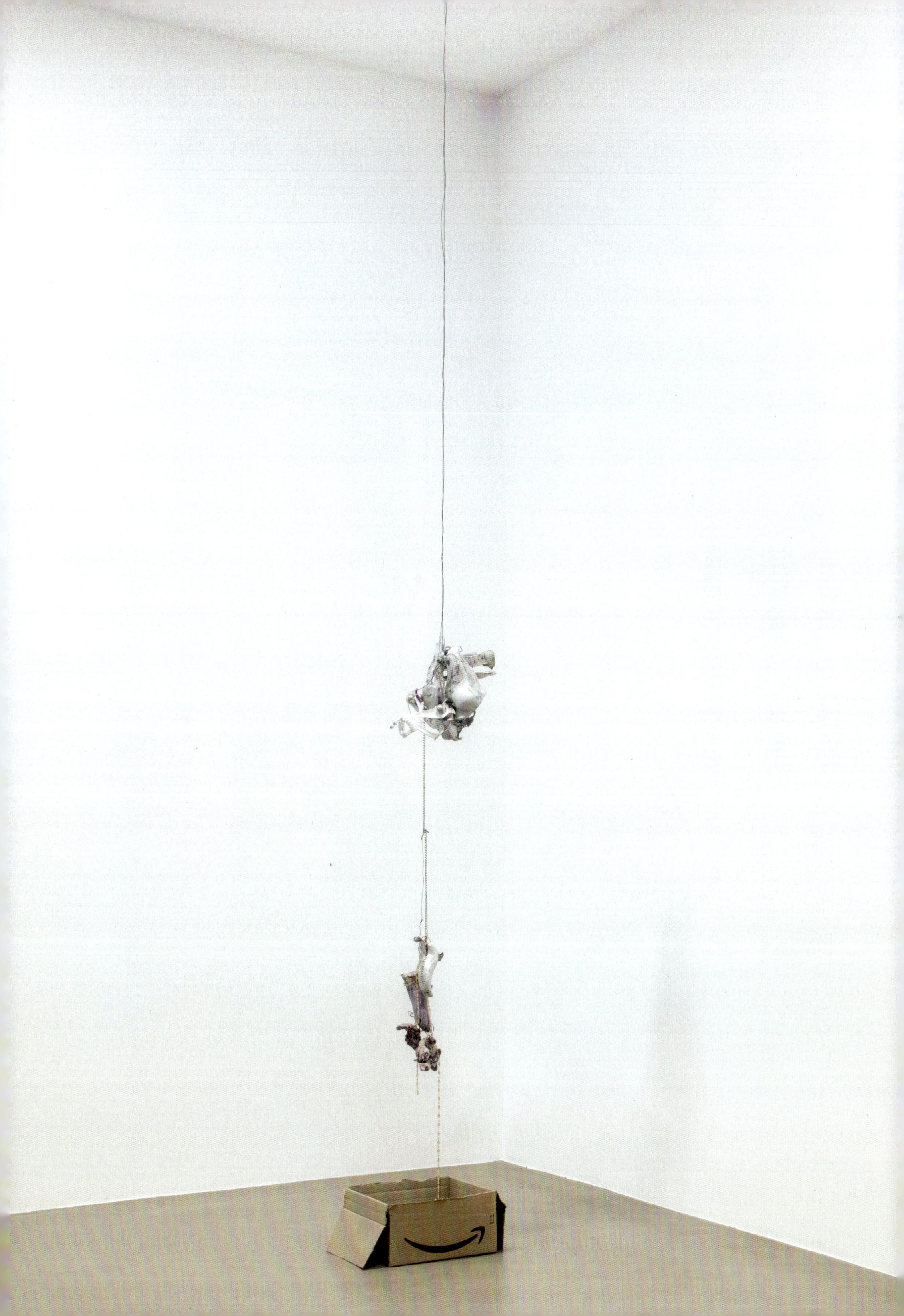

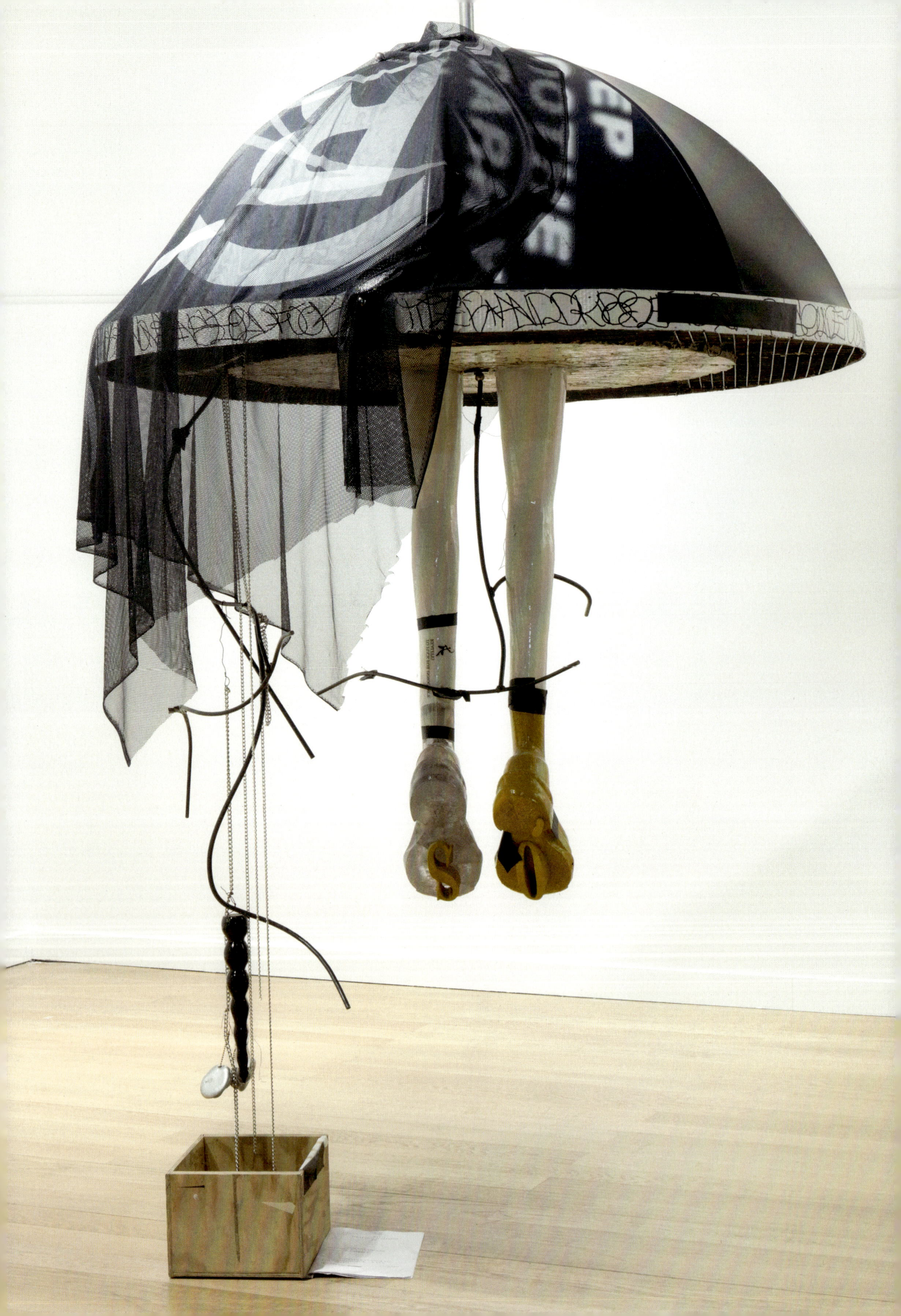

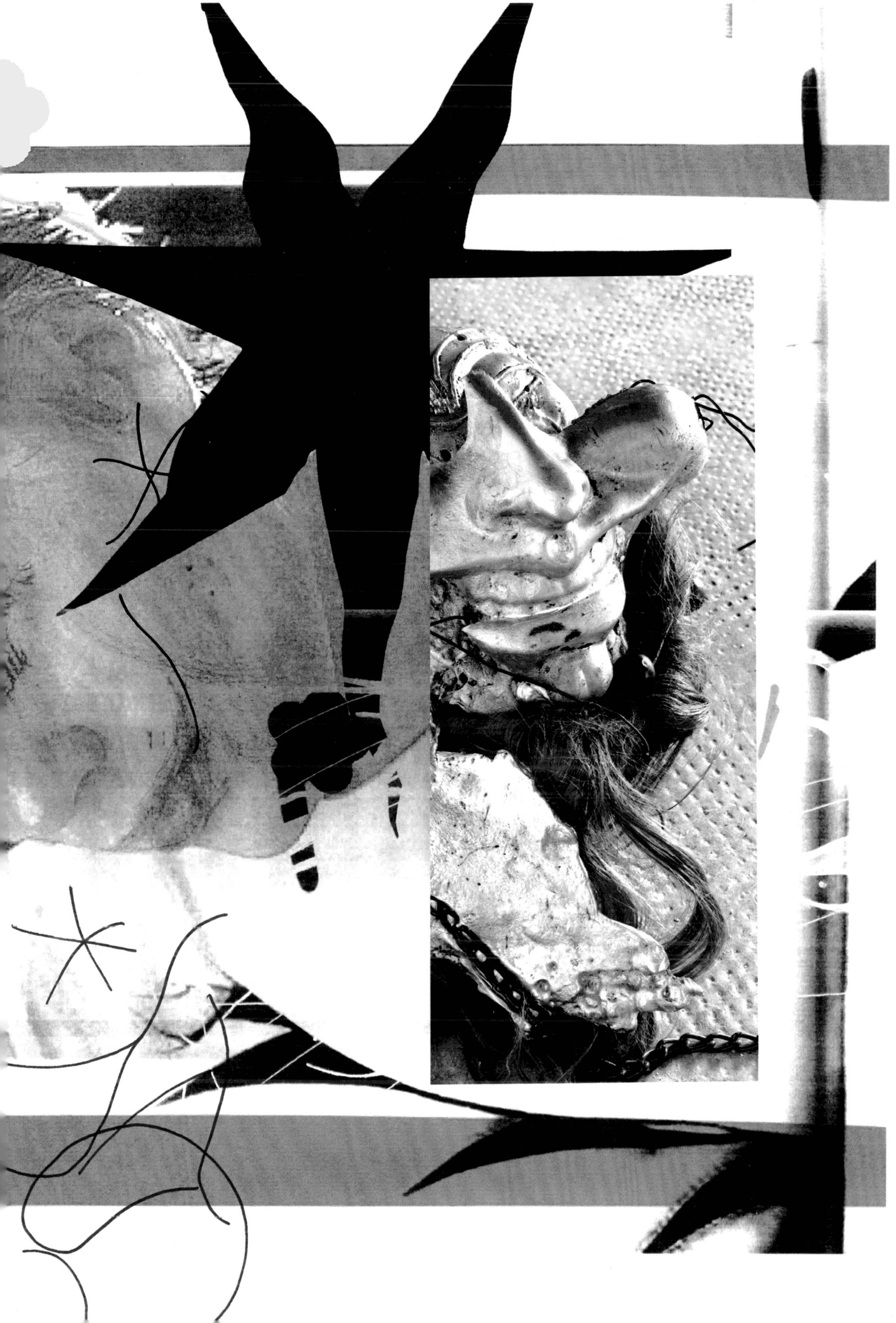

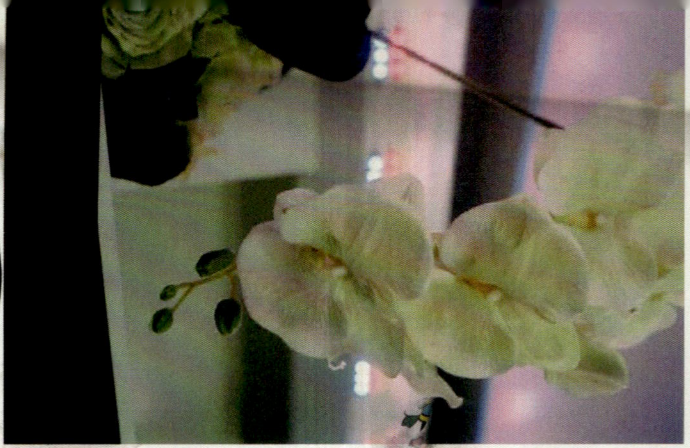

this,theeWorld, is [I-Me-M
ine'o']My
O
stir,dammit,stir that
stew
til it hot'n'bloody
be

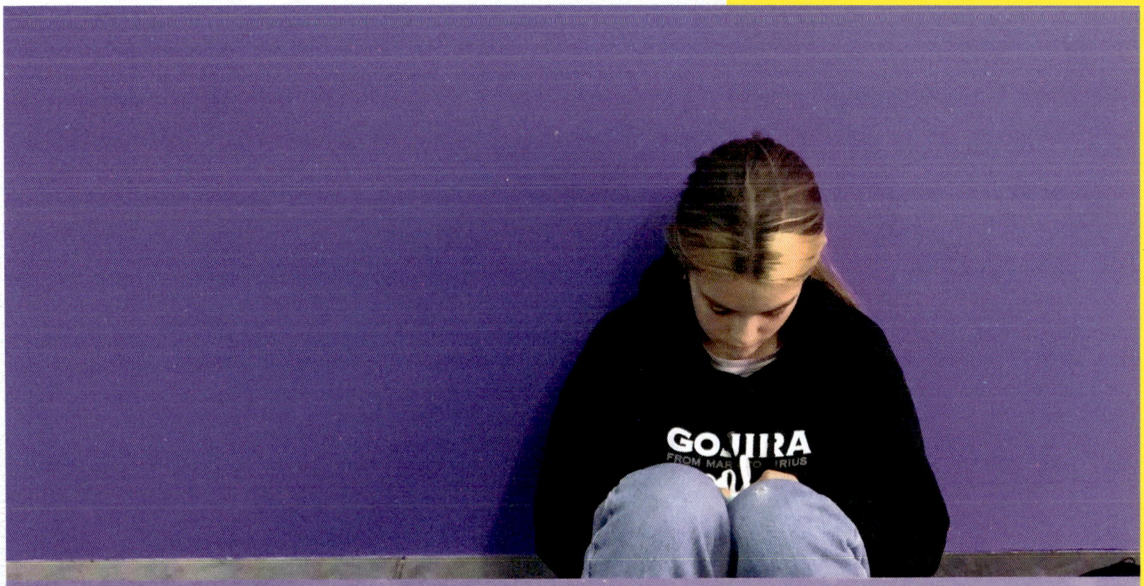
GOJIRA

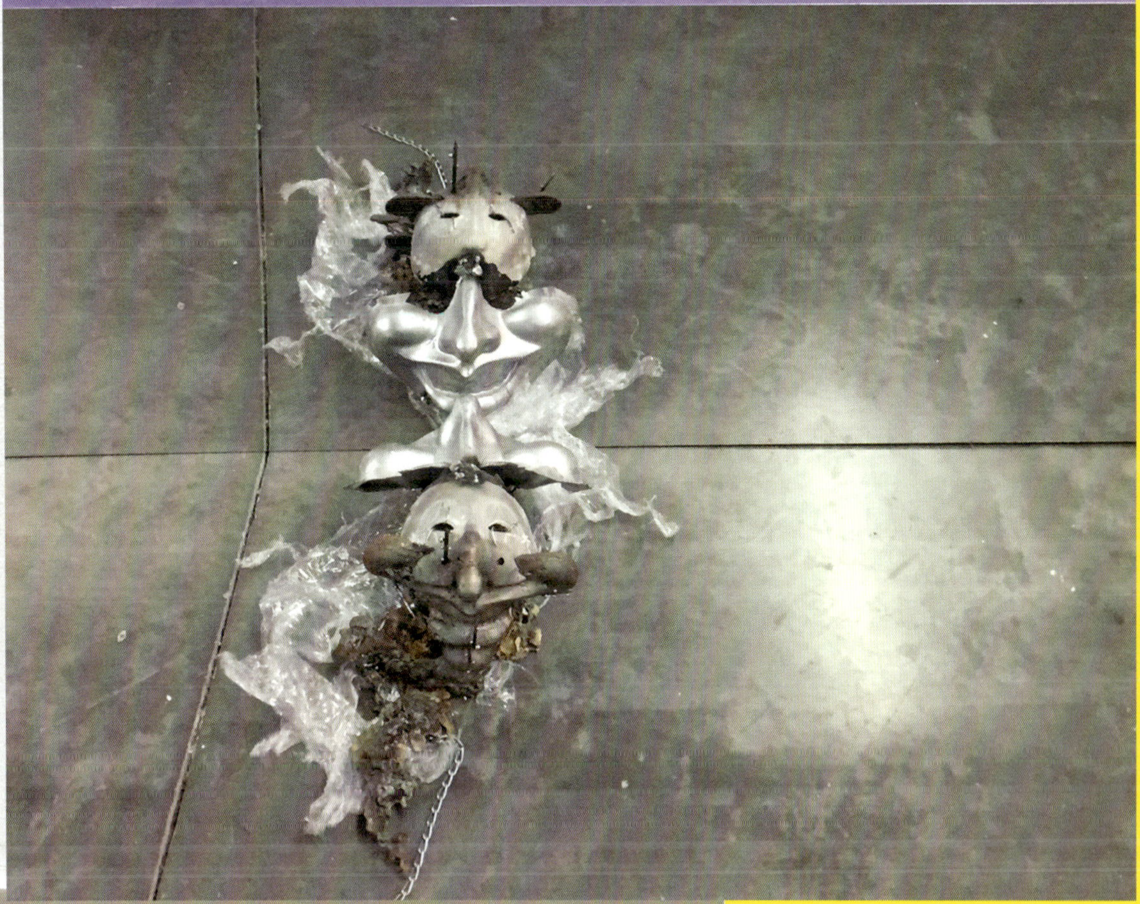

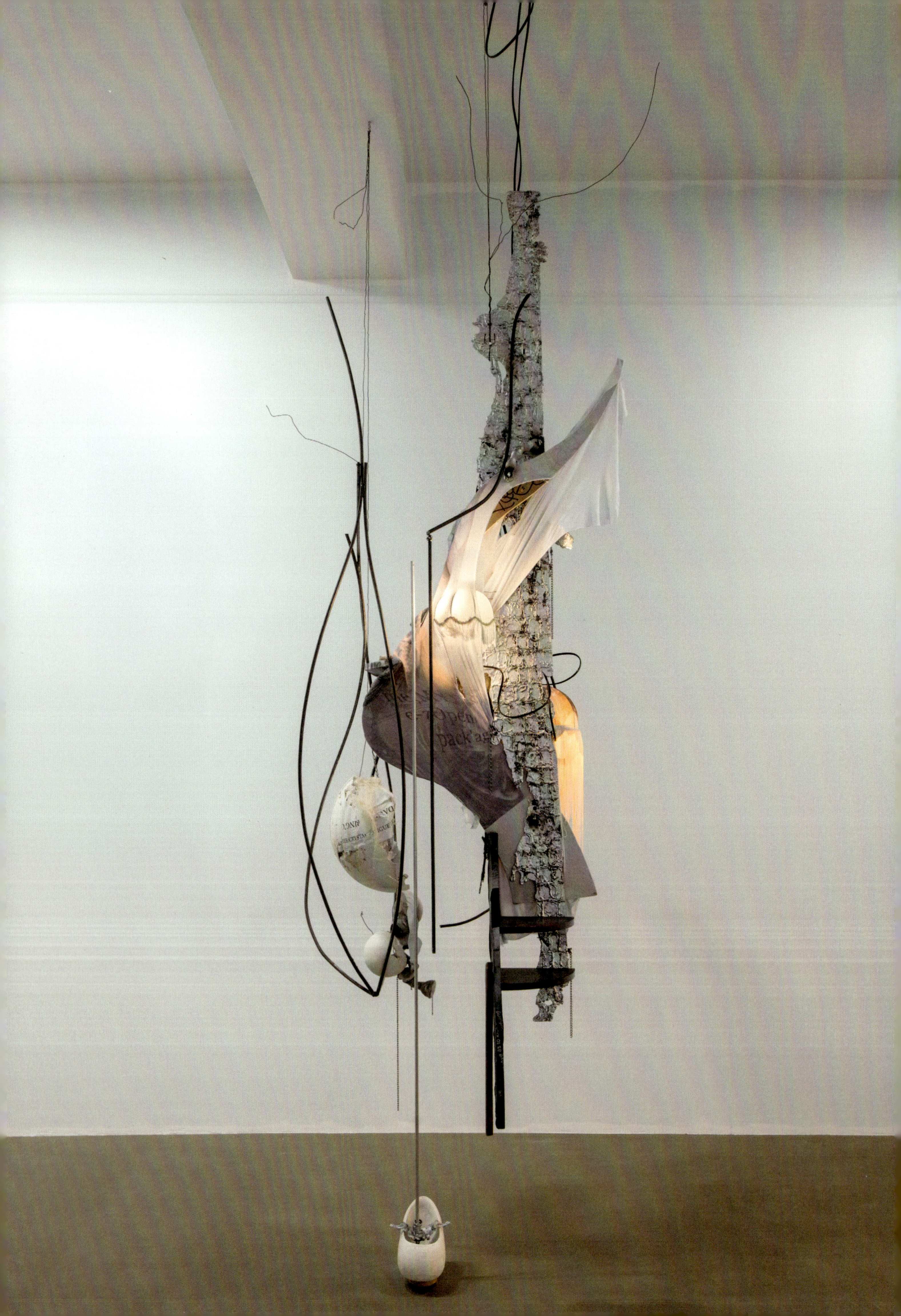

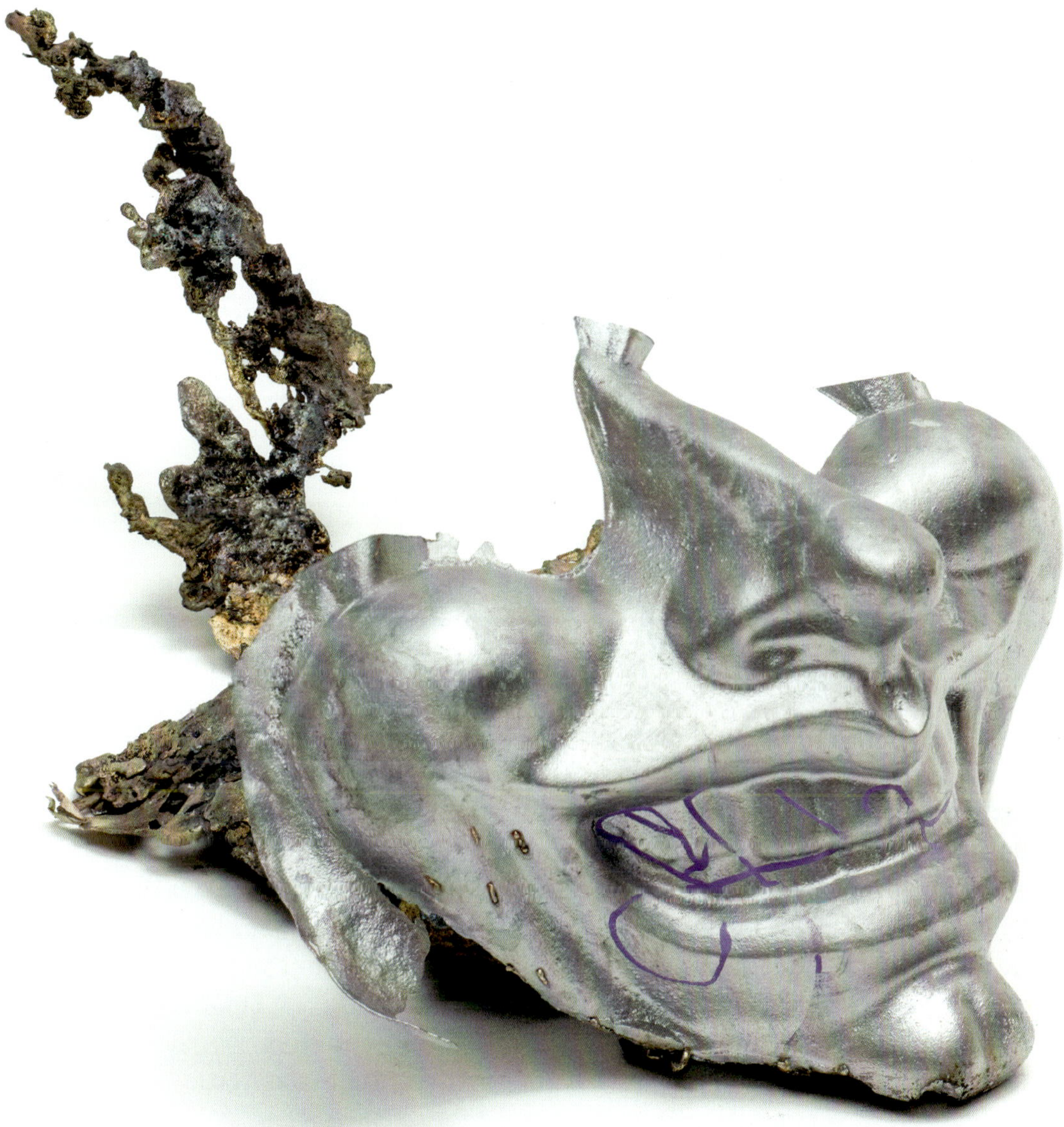

Rebecca Lamarche-Vadel

Corruption

L'œuvre de David Douard se déplie par rebonds et imite les dynamiques de la prolifération et du virus, observant les « maladies du réel » – c'est ainsi qu'il appelle les mécanismes de contamination visibles et invisibles qui font le monde – contre, envers et à travers les structures rigides et parfois violentes qui régissent les existences, notamment dans l'espace urbain. En 2013, lorsque je le rencontre, son œuvre puise dans les références *a priori* les plus contradictoires : poésie, histoire des sciences, technologie, animisme, contre-culture, et s'exprime par des travaux qui combinent vidéos, sculptures, collages, sons, dessins – intégrant parfois les œuvres d'autrui – pour construire des récits allégoriques.

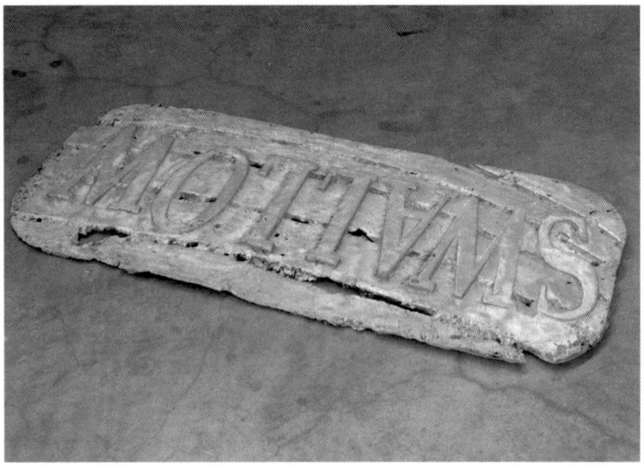

Vue de l'exposition / exhibition view, **Mo'Swallow**, Palais de Tokyo, Paris (2014).

Très vite, lorsque nos conversations débutent pour penser l'exposition *Mo'Swallow* (déformation de *more swallow*, avaler plus) au Palais de Tokyo, le motif qui inspire Douard est celui de la rumeur. Il est fasciné par ce pouvoir qui infecte les esprits comme une maladie, et se répand pour produire collectivement une distorsion du réel. Le projet qui se développe pour *Mo'Swallow* est celui d'une exposition en forme de fable, pensée donc selon le principe de la rumeur, comme une mystérieuse contagion mentale aux allures de spasme irrationnel. Une rumeur alimentée par du texte émanant de « l'appartement », salle que l'on découvre à la fin de l'exposition, mais dont le volume bombé – comme un espace de gestation – influe sur le mouvement des corps des visiteur·ses dès l'entrée. Dans ce laboratoire de traduction poétique dont l'ensemble de l'exposition procède, mots, images, sons et salive sont produits et s'insinuent dans les mécanismes de la matière. Phrases, émotions, sentiments, poésies anonymes sont autant de subjectivités transformées en codes qui génèrent l'exposition, texte-matrice, script mutant vecteur de mouvement et d'énergie.

Conçue comme une vaste hallucination peuplée par des œuvres animées, en éveil, l'exposition est irriguée par des flux et fluides matriciels, « métaphysiques », dont seules les enveloppes sont visibles : corps humains, câblages électriques et équipements numériques, lumières, eau. Toute forme de vie est nourrie dans cet espace par cette énergie qui transmet et ordonne le mouvement et la forme. Beaucoup d'œuvres de Douard se raccordent à cet imaginaire de la circulation des fluides : des fontaines, éléments décoratifs familiers, rappellent le fonctionnement des organismes qui sécrètent de la salive pour parler et donner forme à la pensée. Ces fontaines figurent des activités psychiques, le fonctionnement de la pensée qui se projette comme de l'eau dans le monde physique. On pense également au motif de la bouche, qui peut se retrouver dans ses sculptures, ses sérigraphies, et ses fontaines également, bouches grandes ouvertes d'où sortent des robinets qui ne cessent de couler. Dans *Mo'Swallow* était aussi exposé, sous des lampes à sodium typiques de l'éclairage public, le moulage d'un buste de femme atteinte d'une pathologie de la peau, emprunté au Musée des moulages de l'Hôpital Saint-Louis à Paris : une poitrine incarnant tout autant la force nourricière que la maladie, évoquant un lait dont une goutte pourrait corrompre tout un système mais peut-être en générer un autre.

Par effet de balancier, aux images de flux et de contamination active répond dans le travail de Douard le motif de l'état végétatif, de l'arrêt ou de la pause – le corps qui décide de faire une trêve dans l'injonction généralisée à l'action du monde contemporain. Souvent, ses expositions intègrent des canapés, des lits, des sièges qui suggèrent le repos. Cependant, dans l'esprit de l'artiste, le corps inactif « se recharge » ; il est moins passif et avachi qu'on ne le croit. « Pluggé » à l'écran qui se reflète sur son visage, le corps est conscient, et se projette dans l'invention d'autres programmes, la perception d'autres réalités. Dans *Mo'Swallow*, dans un espace où se trouvaient des sièges évoquant une salle d'attente, on pouvait lire en en guise de cartel un poème de Henri Michaux :

> Avaleur avide dès sa naissance l'enfant devient enfant-bouche.
> Cela au moins ne le fait pas souffrir, ne le bouscule pas,
> ne le blesse pas, arrête ses pleurs.
> Téter, embrasser le monde et puis dormir.
> Tenant le sein, retenant le sein, sans même savoir ce qu'est le
> sein, sein donné, excellence sans comparaison.
> En ces premières années, vivre, c'est *être ouvert*... aux sons,
> aux couleurs, aux odeurs, aux mouvements, aux gestes ;
> tout à prendre, à apprendre.
> Faisant ce qu'il voit faire, le refaisant, copiant, apprenant en
> imitant, ramassant tout ce qu'il peut[1].

À la fin du parcours au Palais de Tokyo, on se retrouvait dans « l'appartement » pour y découvrir le dispositif d'alimentation de toute l'exposition. Dans cet espace, David Douard avait installé une œuvre d'un autre artiste, le japonais Tetsumi Kudo, *Portrait of artist in crisis*, où on pouvait reconnaître Eugène Ionesco, père de l'absurde, réduit à une tête et à une paire de mains, enfermé dans une cage. Image effroyable de la métamorphose mais aussi de la possible survie de l'humain à l'âge atomique, la sculpture de Kudo évoque – pour citer le cartel de l'œuvre rédigée par Clara Guislain – « l'image spectrale d'un homme condamné à se refaire une langue. Cette langue cruelle et dérisoire se nourrit des émanations d'une conscience irradiée et d'une nature polluée, d'une fissure irrévocable dans le système de la communication. »

1 Henri Michaux, « Essais d'enfants, dessins d'enfants », in *Déplacements, dégagements* (Gallimard, Paris, 1985), p. 75.

Comme souvent chez Douard est figurée une ambiguïté autour de la relation entre l'être humain, la machine et la technologie, jusqu'à s'interroger sur l'autorité de la programmation. Il s'agit ici pour l'être qui écrit de se libérer de sa condition d'appareil – de modifier les règles du jeu et encoder sa propre réalité pour qu'elle agisse sur le monde. Jouer avec le programme au lieu de laisser celui-ci jouer avec nos existences. Il s'agit aussi de créer une nouvelle connaissance, ainsi qu'une nouvelle forme de transmission du savoir. Au fil des œuvres de l'artiste, des images naissent, se développent, se transmettent, prolifèrent, disparaissent, se transforment et rejaillissent, s'enrichissant des prouesses du langage et du terreau fertile des mythologies contemporaines. Signe du mouvement des imaginaires, son travail est proche d'une pensée instinctive; œuvre collective, elle agit ainsi comme un relais des inconscients, une contamination progressive des psychés. Envoûtement du monde et ventriloquie du collectif, cette contagion mentale est autant une réponse magique qu'un remède nécessaire pour maîtriser l'inconnu. David Douard puise ses formes dans cette jubilation de l'absurde souvent proche du rêve éveillé, recréant par mutations un scénario où l'humain, la poésie, le langage et la machine deviennent les révélateurs des activités du monde.

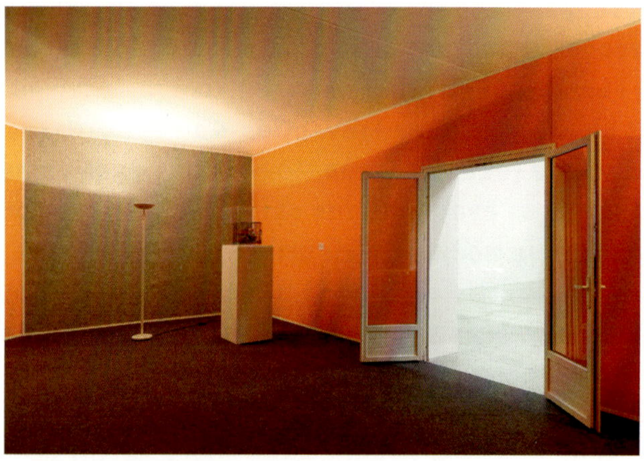

Vue de l'exposition / exhibition view, **Mo'Swallow**, Palais de Tokyo, Paris (2014).

Corruption

David Douard's work unfolds through ricochets and viral dynamics of proliferation, registering the "sicknesses of the real," as he calls the visible and invisible mechanisms of contamination that make the world what it is, and operating against, towards or through the rigid and sometimes violent structures that govern existence, particularly in public space. When I met him in 2013, he was drawing on references that seemed highly contradictory—poetry, the history of science, technology, animism, counterculture—in pieces that combined video, sculpture, collage, sound and drawing, as well as integrating works by other artists, in order to construct allegorical stories.

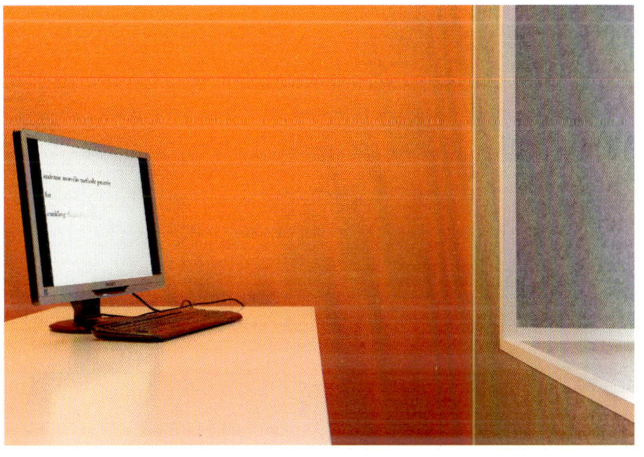

Vue de l'exposition / exhibition view, **Mo'Swallow**, Palais de Tokyo, Paris (2014).

The conversations that we had in order to discuss the exhibition **Mo'Swallow** (from "more swallow") at the Palais de Tokyo quickly turned to a motif that is a particular source of inspiration to Douard: the rumor. He is fascinated by this power that infects minds like an illness and which spreads to produce collective distortions of the real. The project that eventually developed for **Mo'Swallow** approached the exhibition as a fable—a rumor, a mysterious mental contagion, an irrational spasm. This rumor was fed by text emanating from "the apartment," a space which, although placed at the end of the exhibition, influenced the movement of the public's bodies throughout their visit due to its convex volume that suggested a space of gestation. The exhibition as a whole flowed outward from this laboratory of poetic translation where words, images, sounds and saliva were produced and infiltrated matter and its mechanisms. The various subjectivities contained in phrases, emotions, feelings, and anonymous poetry were here transformed into codes that generated the exhibition, into textual matrices or scripts that became vectors of movement and energy.

Devised as a vast hallucination populated by animated, awakened works, the exhibition was irrigated by a matrix of "metaphysical" flows and fluids, visible only through the envelopes that contained them: human bodies, electrical cables, digital equipment, lights, water. All the forms of life in this space were fed by this energy that transmits and orders movement and form. Many of Douard's works are indeed linked to this imaginary of fluid circulation: fountains, those familiar decorative elements, recall the functioning of organisms which secrete saliva as they speak and give form to their thoughts. Douard's fountains also figure psychic activities of the mind, of thought projecting itself into the physical world like water. We could also think here of the motif of the mouth that recurs across Douard's sculptures, screen-prints, and fountains—large, gaping mouths from which taps protrude, letting endless streams pour forth. **Mo'Swallow** also featured a bust, lit from above by a streetlight-style sodium lamp, modelled on a woman suffering from a skin disease. This bust, borrowed from the collection of anatomical casts at the museum of the Hôpital Saint-Louis in Paris, embodied at once the power of nursing and of illness, suggesting a toxic mother's milk of which a single drop could corrupt an entire system and generate another in its place.

In a back-and-forth movement, in contrast to these images of flows and of active contamination we also find in Douard's work motifs of vegetative states, arrest or pause—bodies that have decided to stop in order to contest the generalized imperative towards action in the contemporary world. Often, his exhibitions feature sofas, beds, and seats suggestive of rest. However, he also considers that the inactive body is "recharging" and is therefore less slumped, less passive than it might seem at first sight. "Plugged" into the screen that reflects its face, the body is conscious and projects itself into the invention of other programs, the perception of other realities. In **Mo'Swallow**, in a space furnished with seats reminiscent of a waiting room, in place of a wall text visitors found a poem by Henri Michaux:

> From the day he arrives a child is a greedy swallower.
> He becomes all mouth. There at least he is not made to suffer, he is not jostled or hurt and his tears are stilled.
> To suck, to kiss the world and then to sleep.
> Holding the breast, holding on to the breast, without even knowing what it is, the given breast, there is nothing comparable.
> In his first years to be alive is **to be open**... to sounds, colors, smells, movements, gestures; all things are there for the taking, for the taking in.
> Doing what he sees done, doing it again, copying it, learning by imitating, gathering all he can.[1]

At the end of the exhibition at the Palais de Tokyo, visitors entered "the apartment" where they could discover the system that was powering the entire exhibition. Within this space, Douard had installed a work by another artist, Tetsumi Kudo. **Portrait of an Artist in Crisis** shows writer Eugène Ionesco, the father of the absurd, reduced to a head and a pair of hands and locked inside a cage. A nightmarish image of metamorphosis but also of the possibility of human survival in the atomic age, as an accompanying text written by Clara Guislain for the exhibition put it, Kudo's sculpture evokes "the spectral image of a man condemned to

1 Henri Michaux, trans. David and Helen Constantine, **Spaced, Displaced / Déplacements, Dégagements** (Newcastle upon Tyne: Bloodawe Books, 1992), 121.

remake a language. This cruel, risible language feeds on the emanations of an irradiated consciousness and a polluted nature, and on an irreparable fissure in the system of communication."

As is often the case with Douard's work, what is figured here is an ambiguous relationship between humans, machines and technology, which extends to a questioning of the authority wielded by programming in all its forms. It explores how the writing individual might free themselves from the rules of the game and encode their own reality so that it can act upon the world in turn—how we might play with the program rather than allowing it to play with or play out our own existences. From one work to the next, images are born, develop, are transmitted and proliferate, disappear, transform and surge forth once more, enriching themselves with the prowess of language and the fertile ground of contemporary mythologies. Marked by the shifting nature of imaginaries, his work is close to an instinctive strain of thought. A collective oeuvre, it functions as a relay for unconscious structures in a progressive contamination of psyches. An enchantment of the world and a ventriloquizing of the collective, this mental contagion is at once a magical response and a necessary remedy for mastering the unknown. David Douard finds his forms in this jubilation of the absurd that often resembles a waking dream, recreating through successive mutations a scenario where humans, poetry, language and machines can reveal the activities of the world.

Vue de l'exposition / exhibition view, **Mo'Swallow**, Palais de Tokyo, Paris (2014).

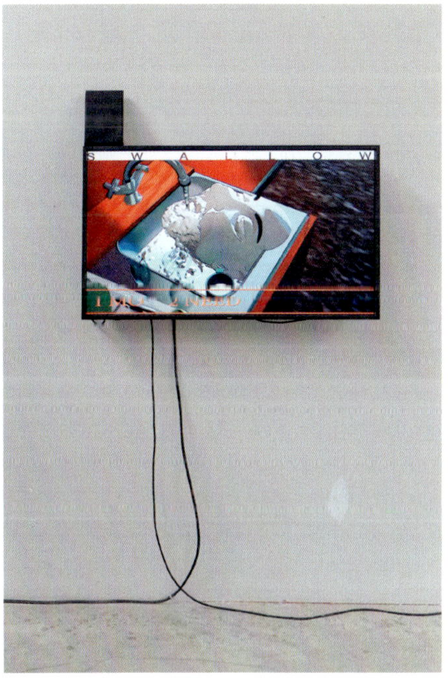

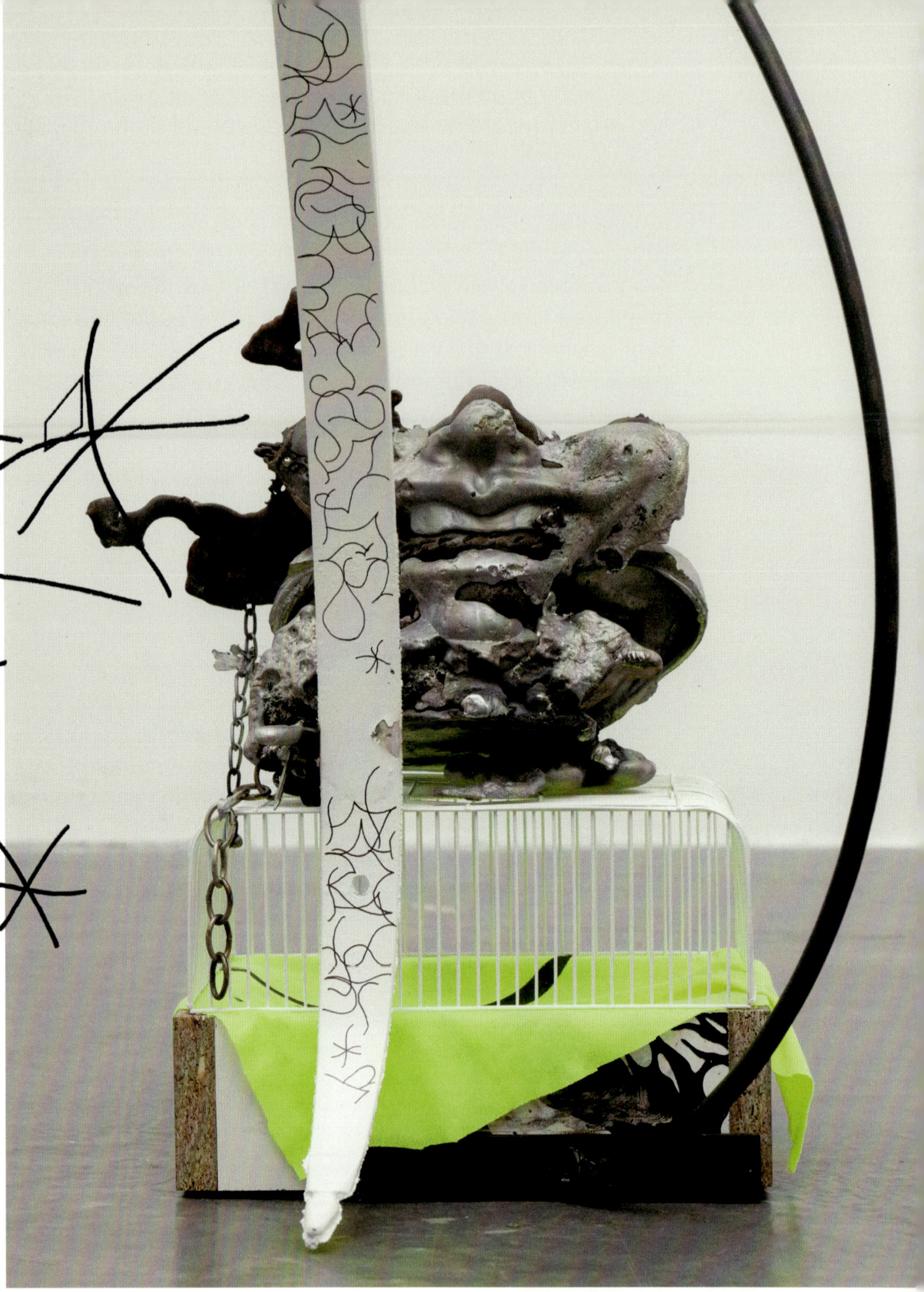

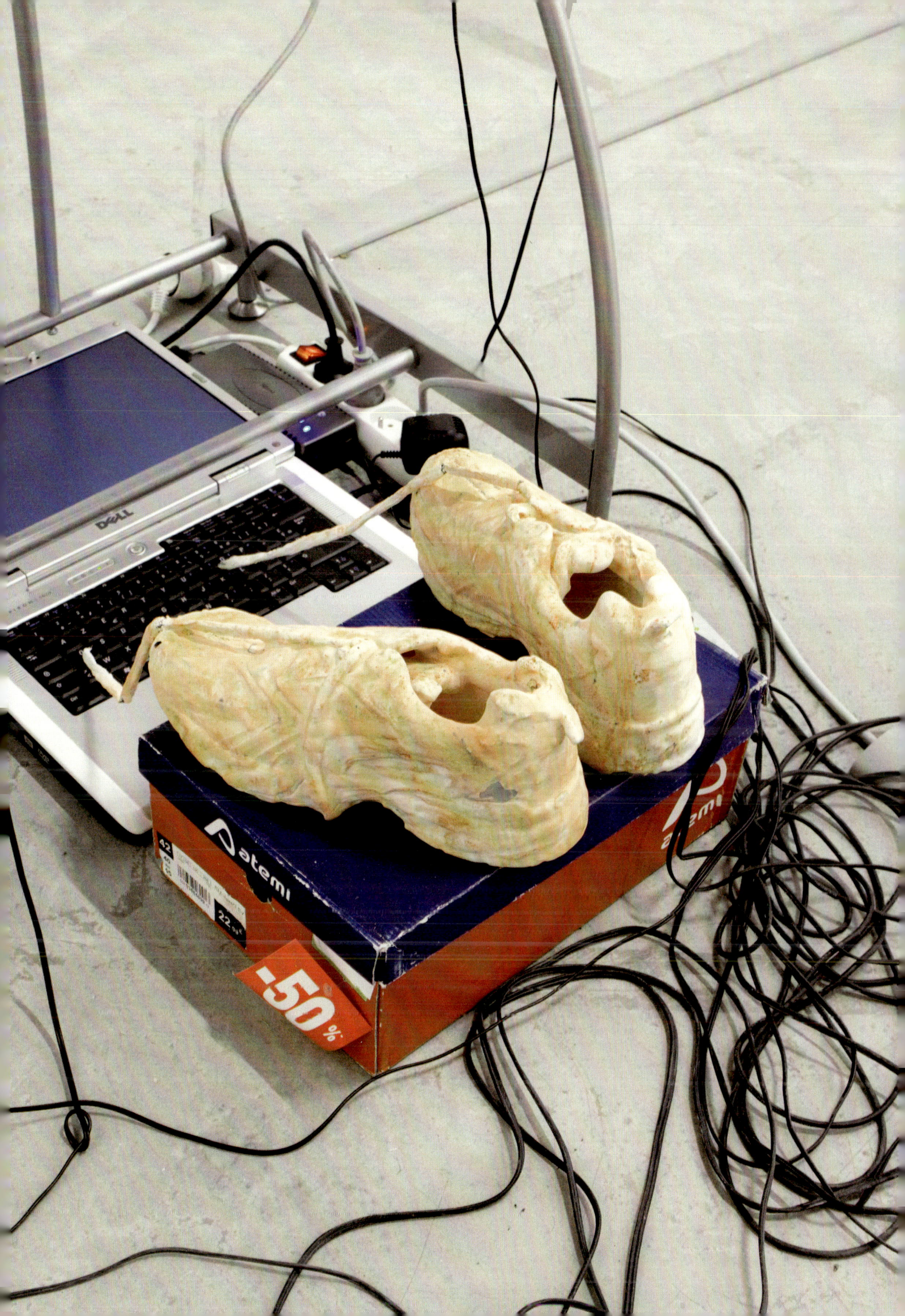
atemi
atemi
-50%

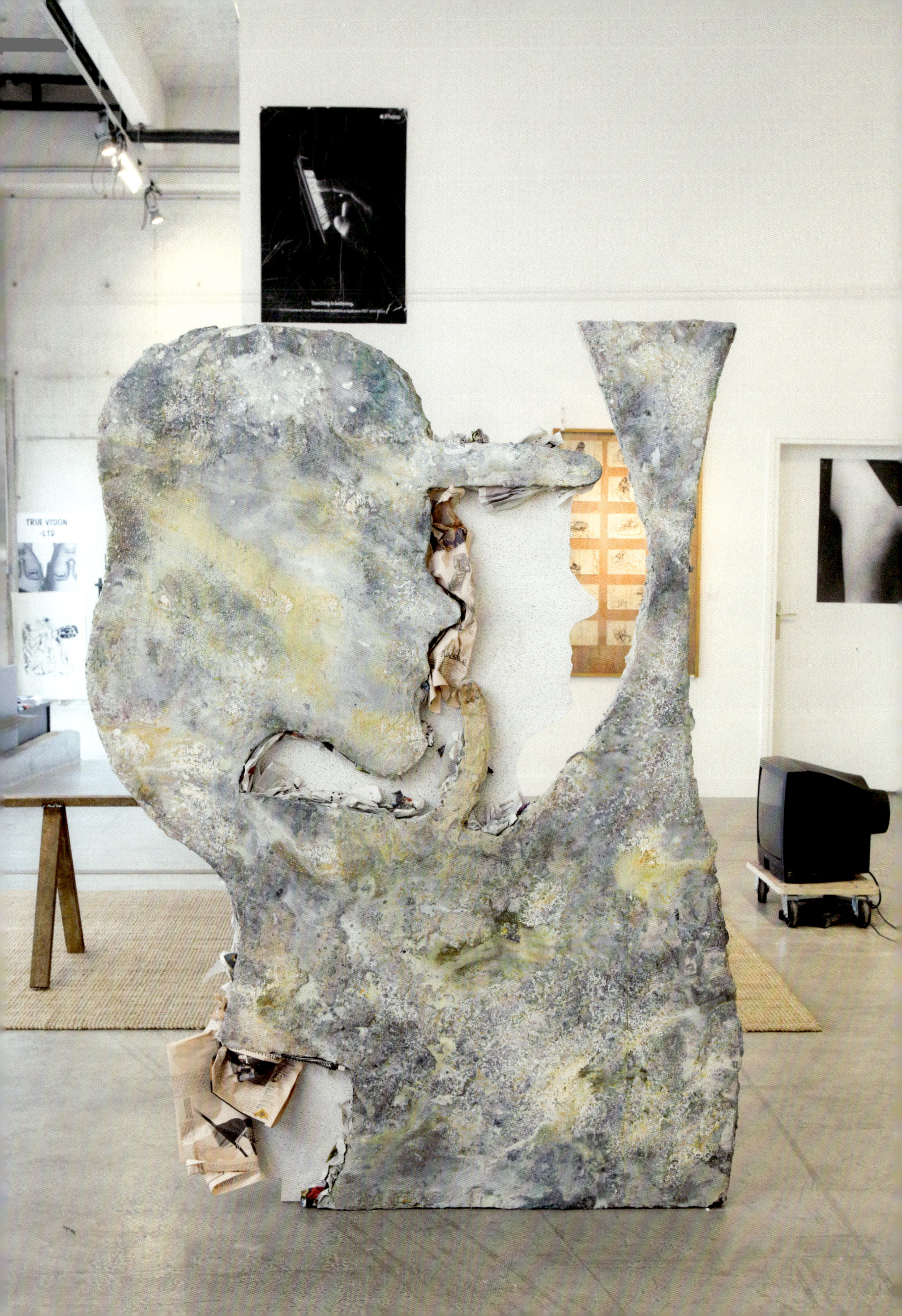
TRUE VISION
-LTD

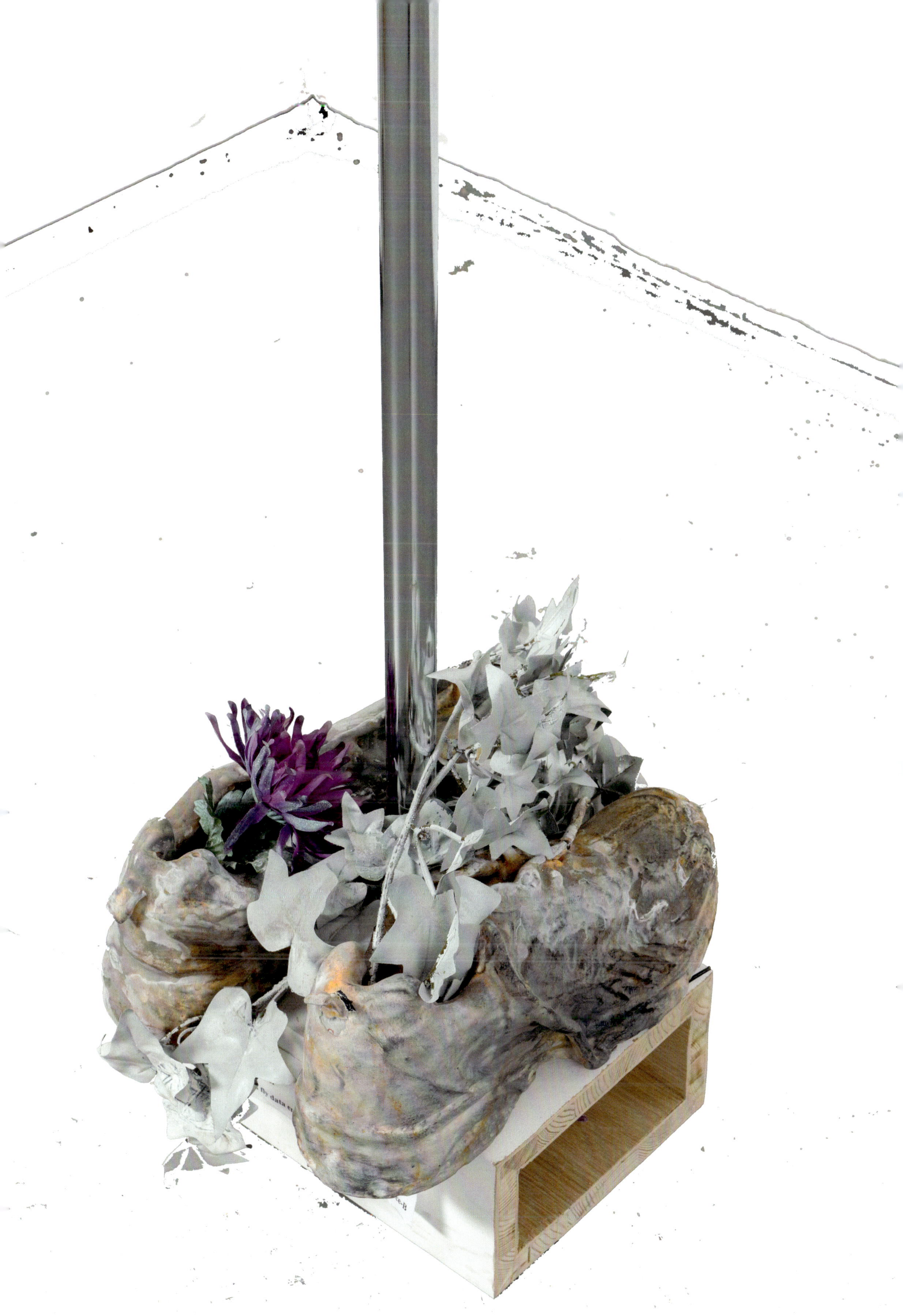

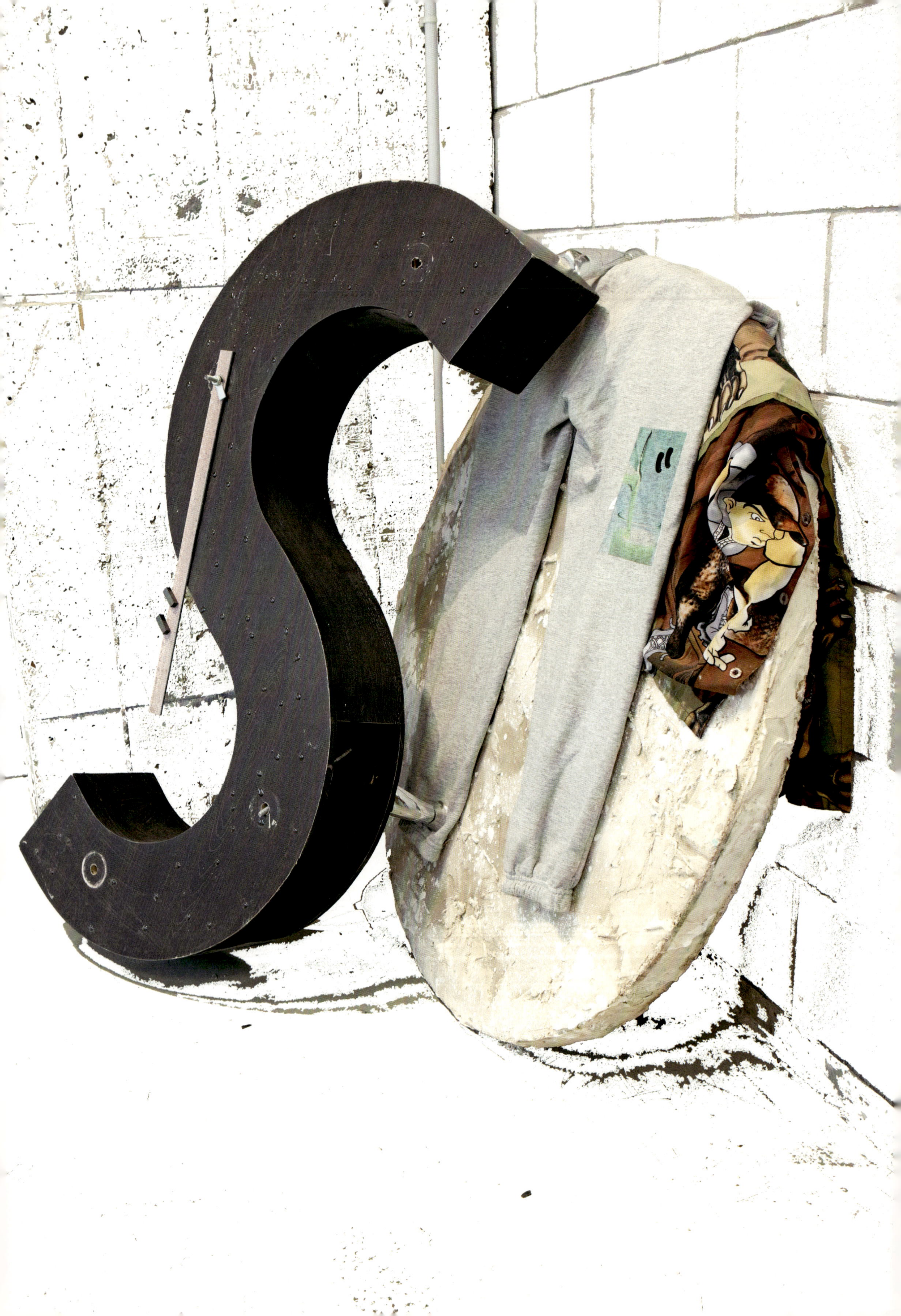

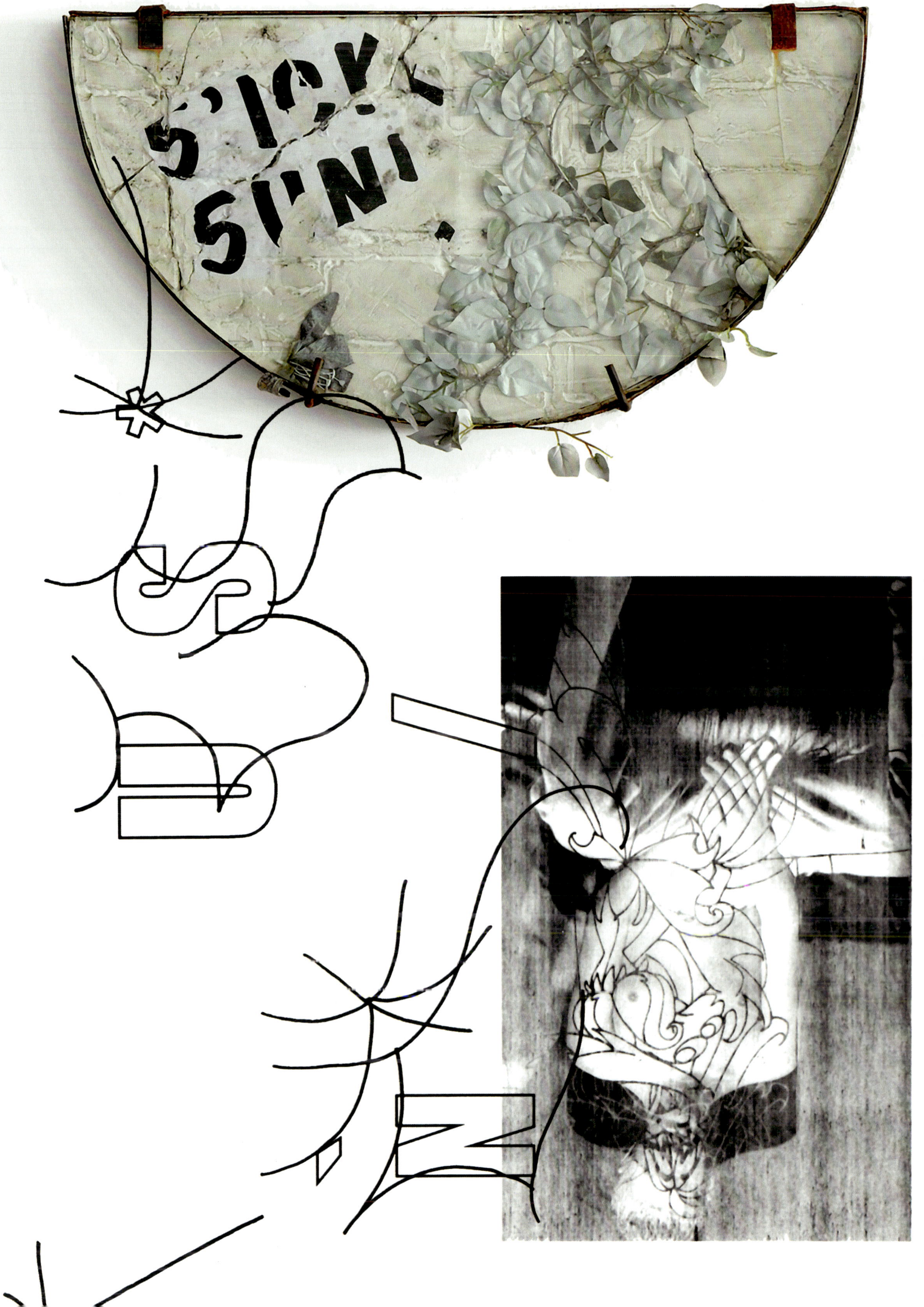

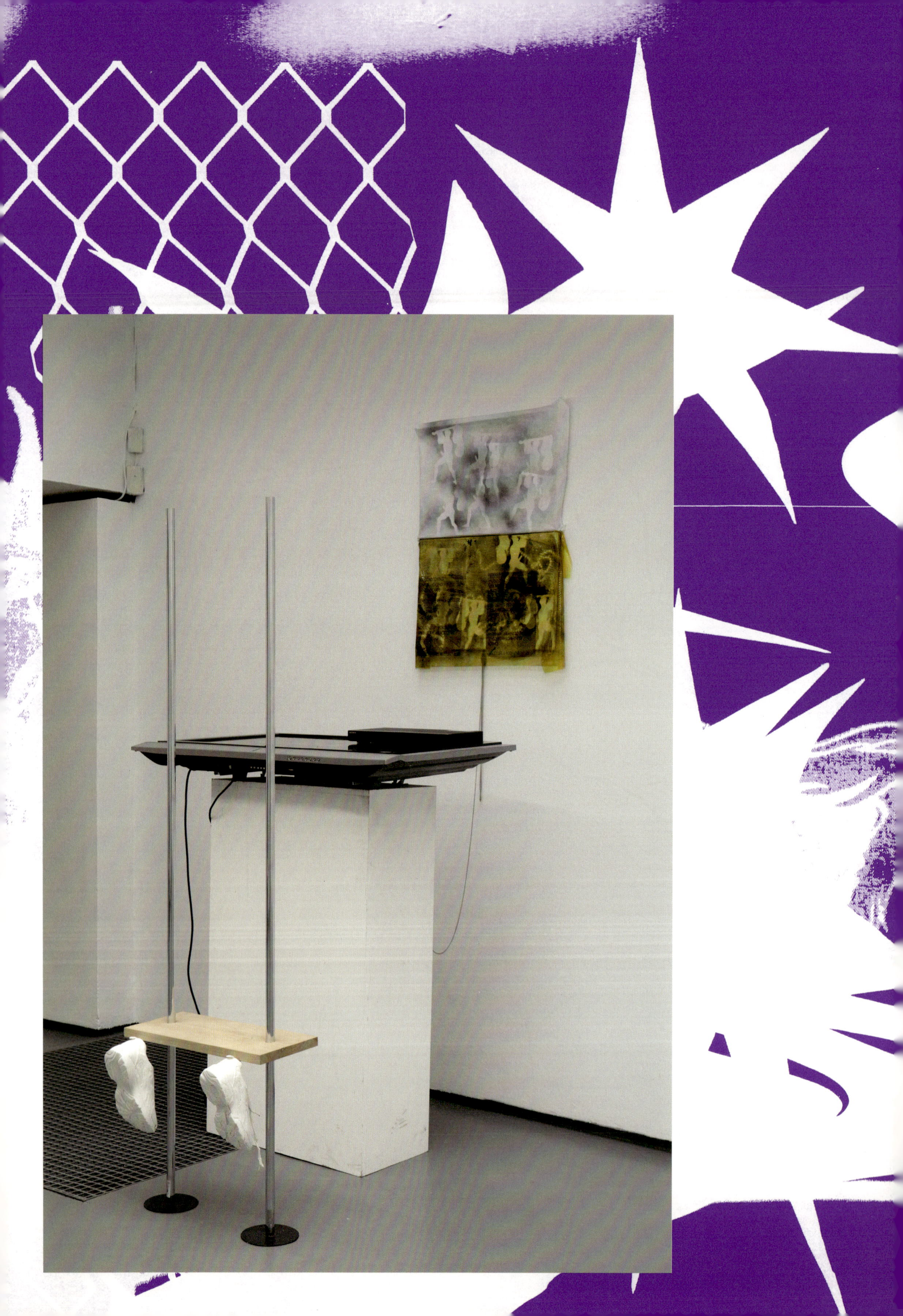

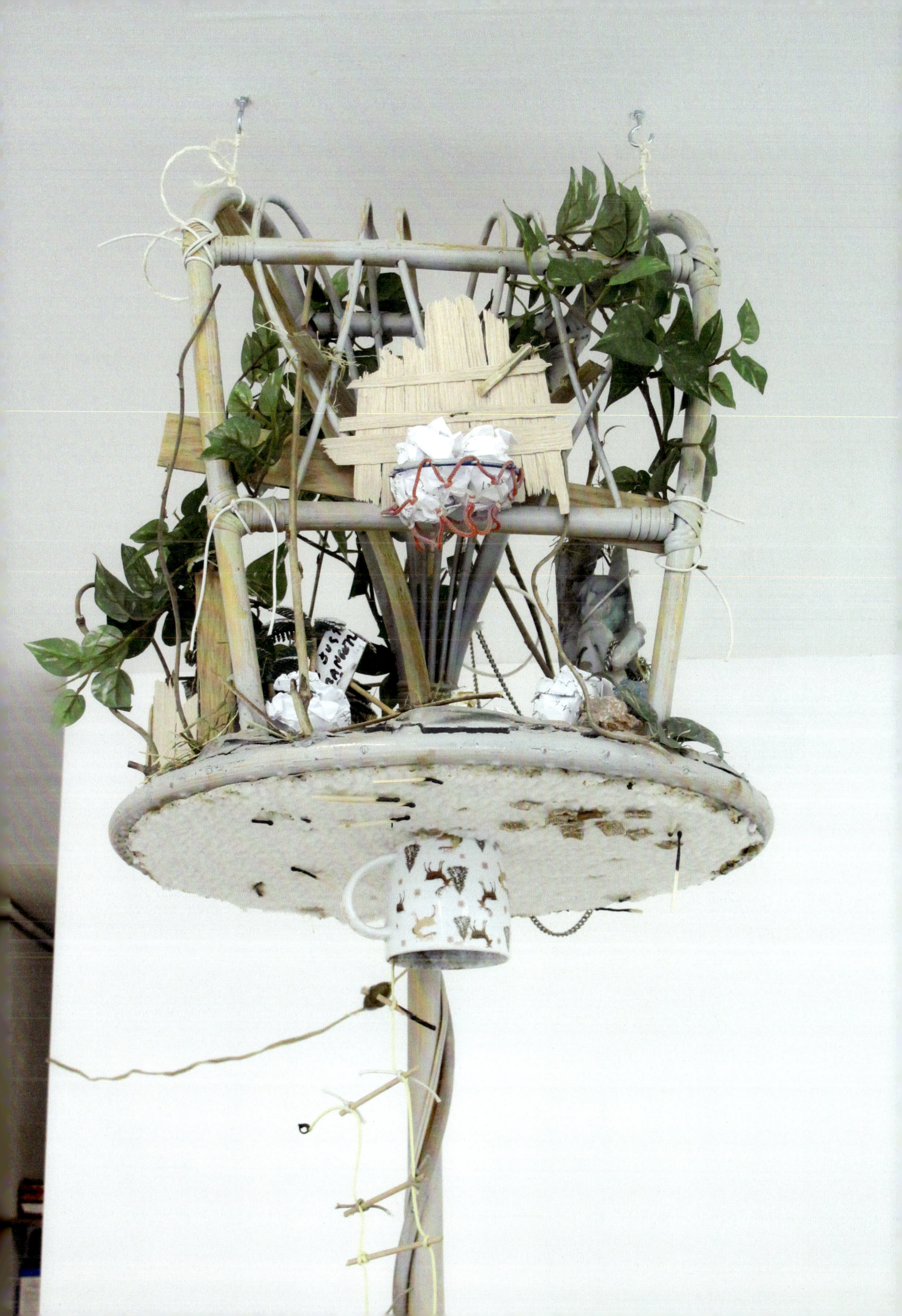

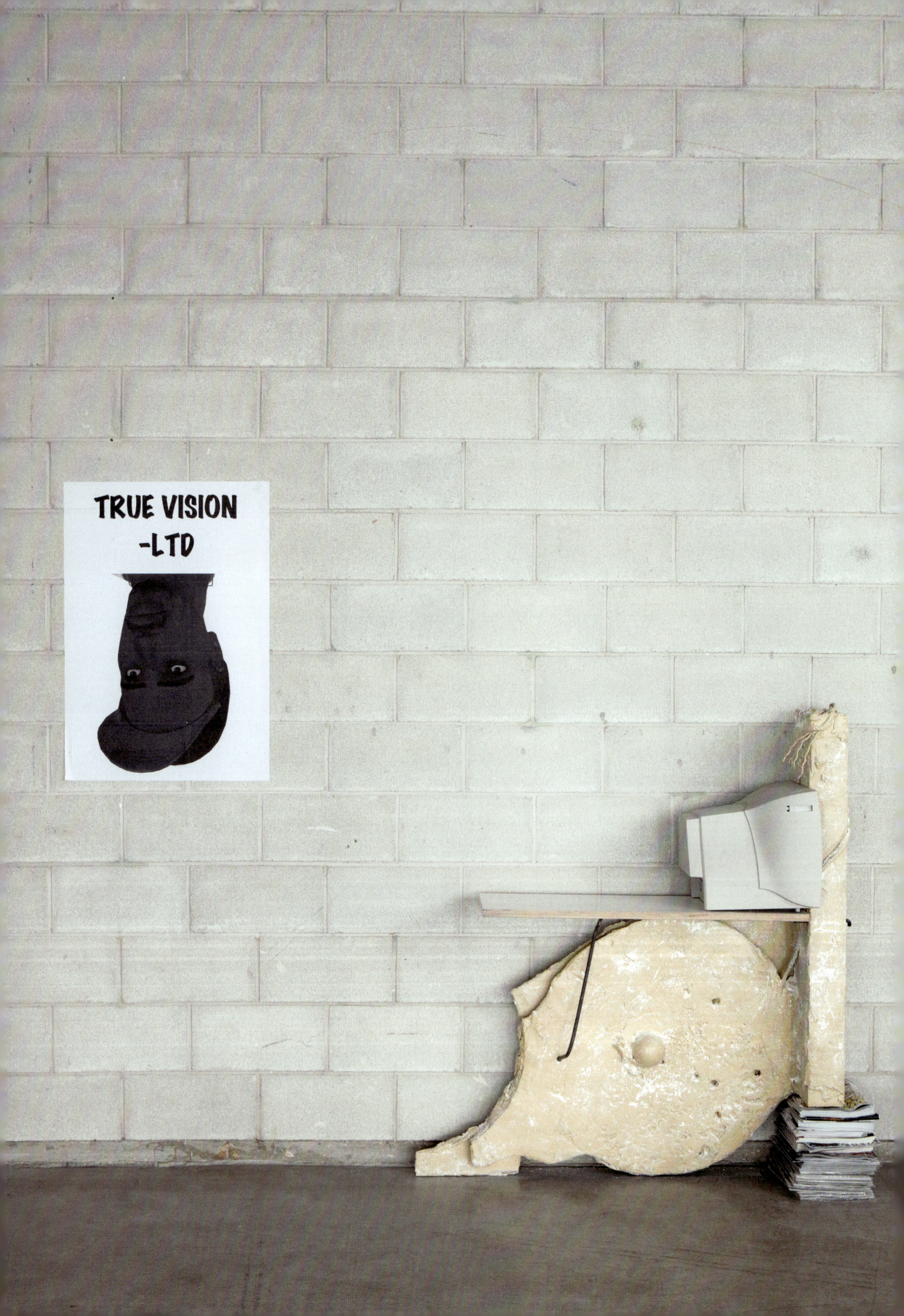
TRUE VISION
-LTD

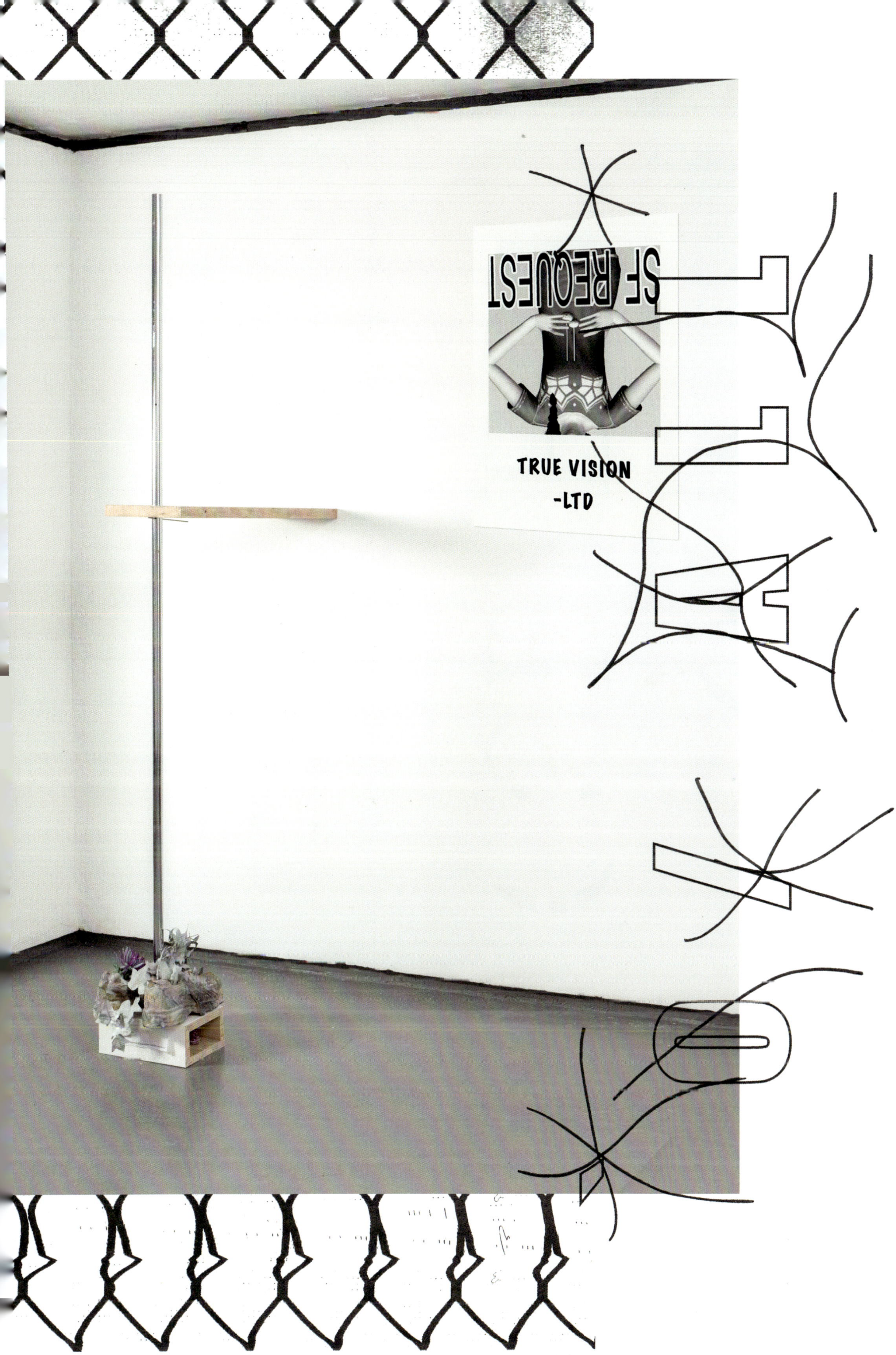
TRUE VISION
-LTD

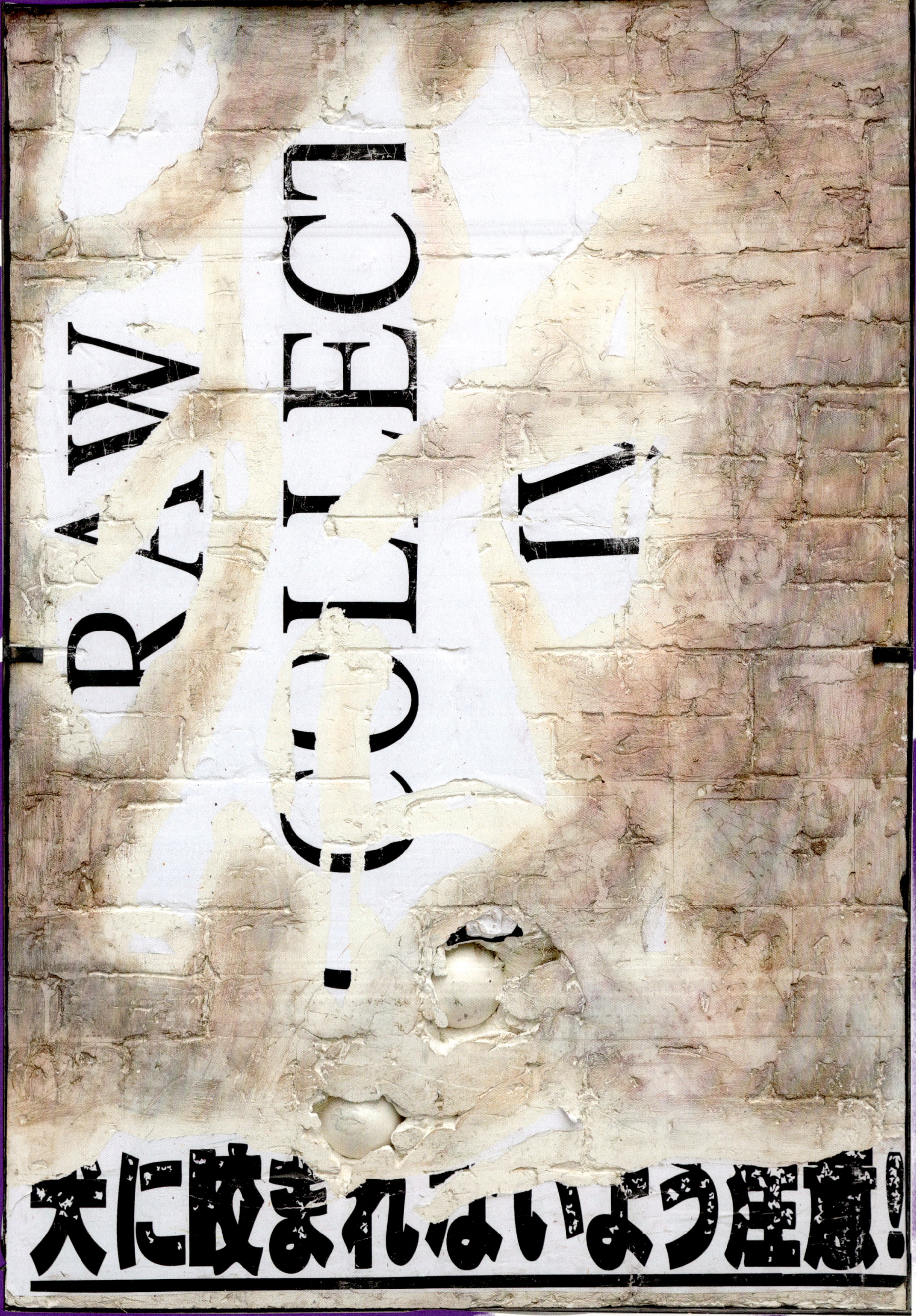
犬に咬まれないよう注意!

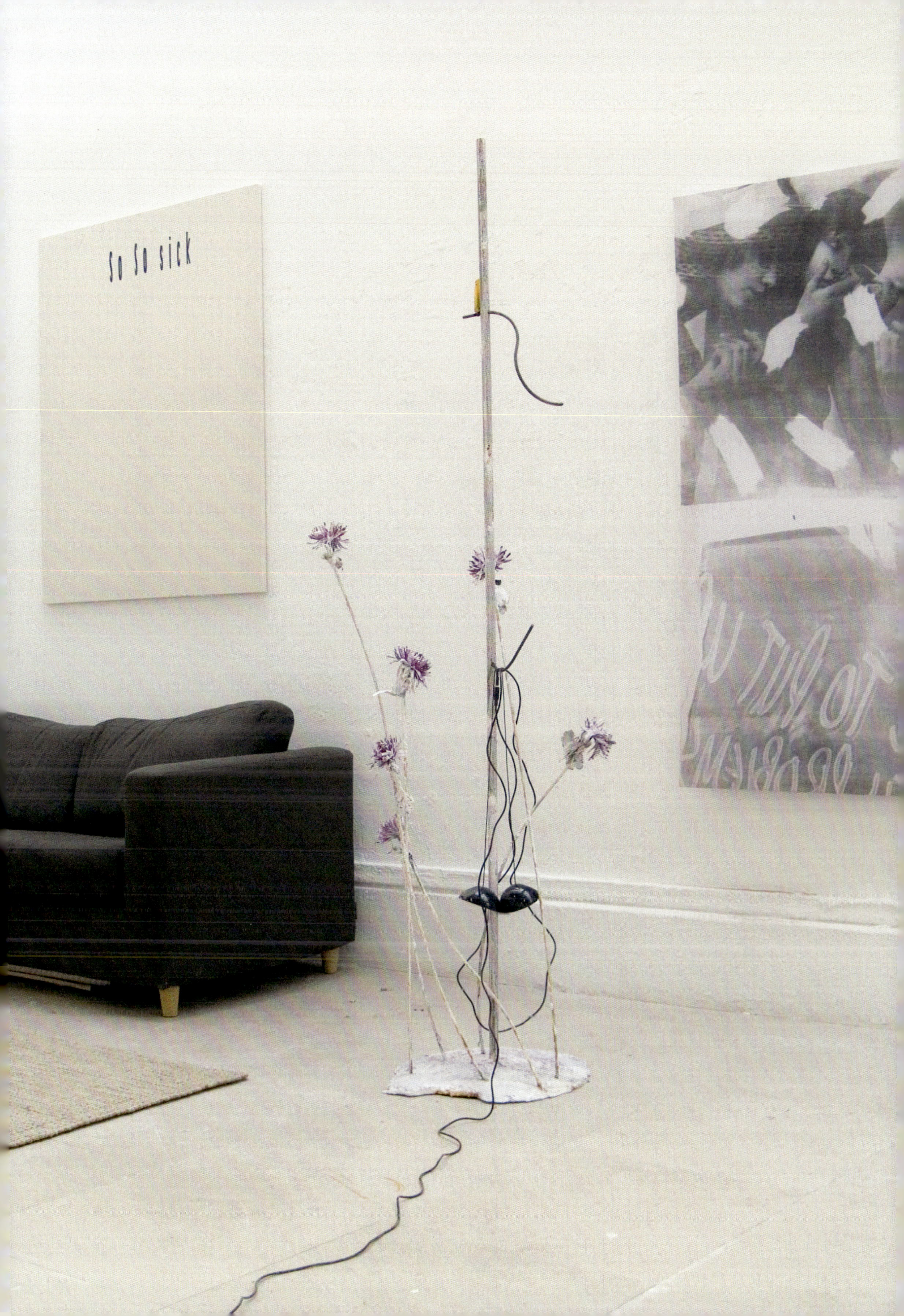
So So sick

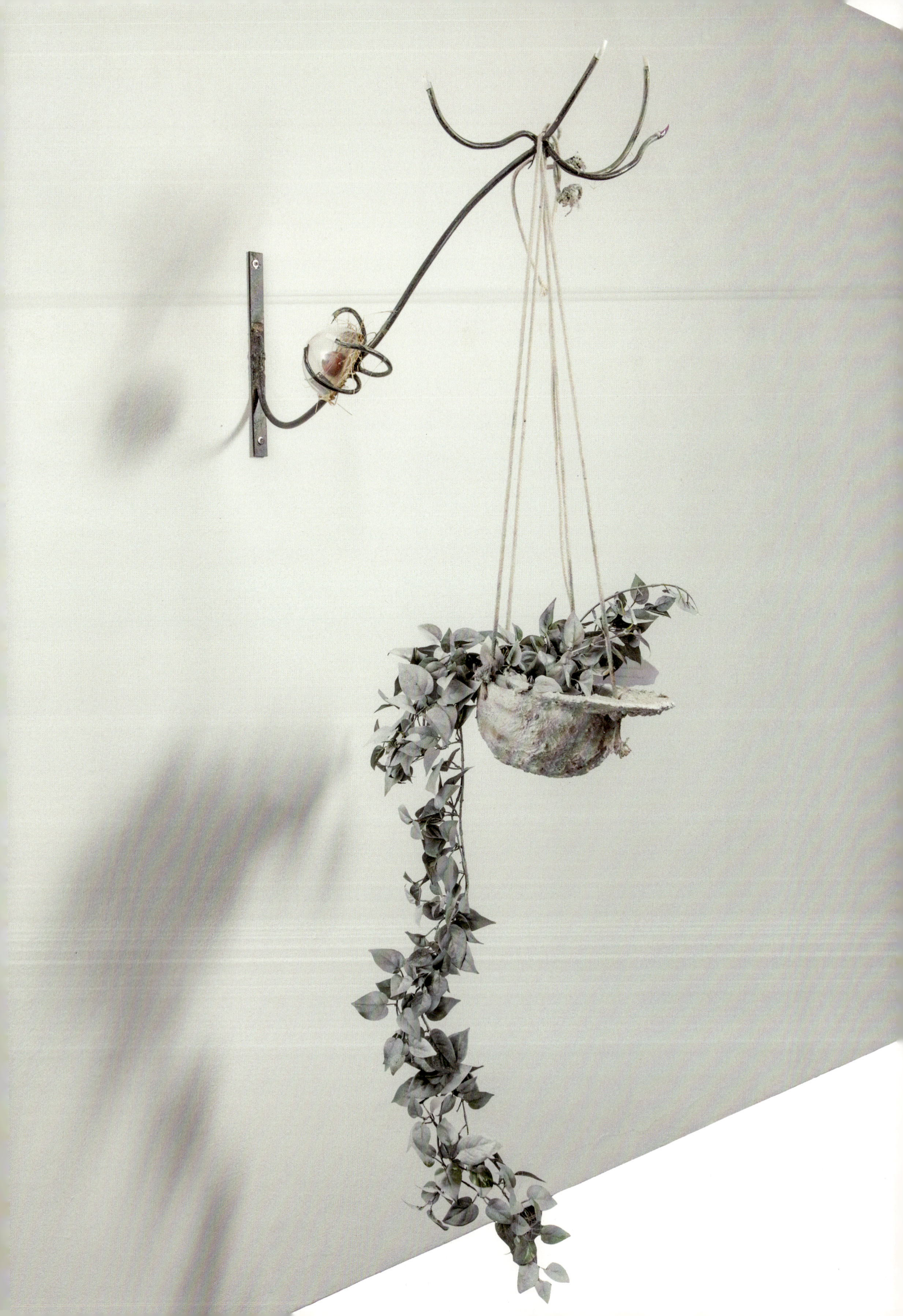

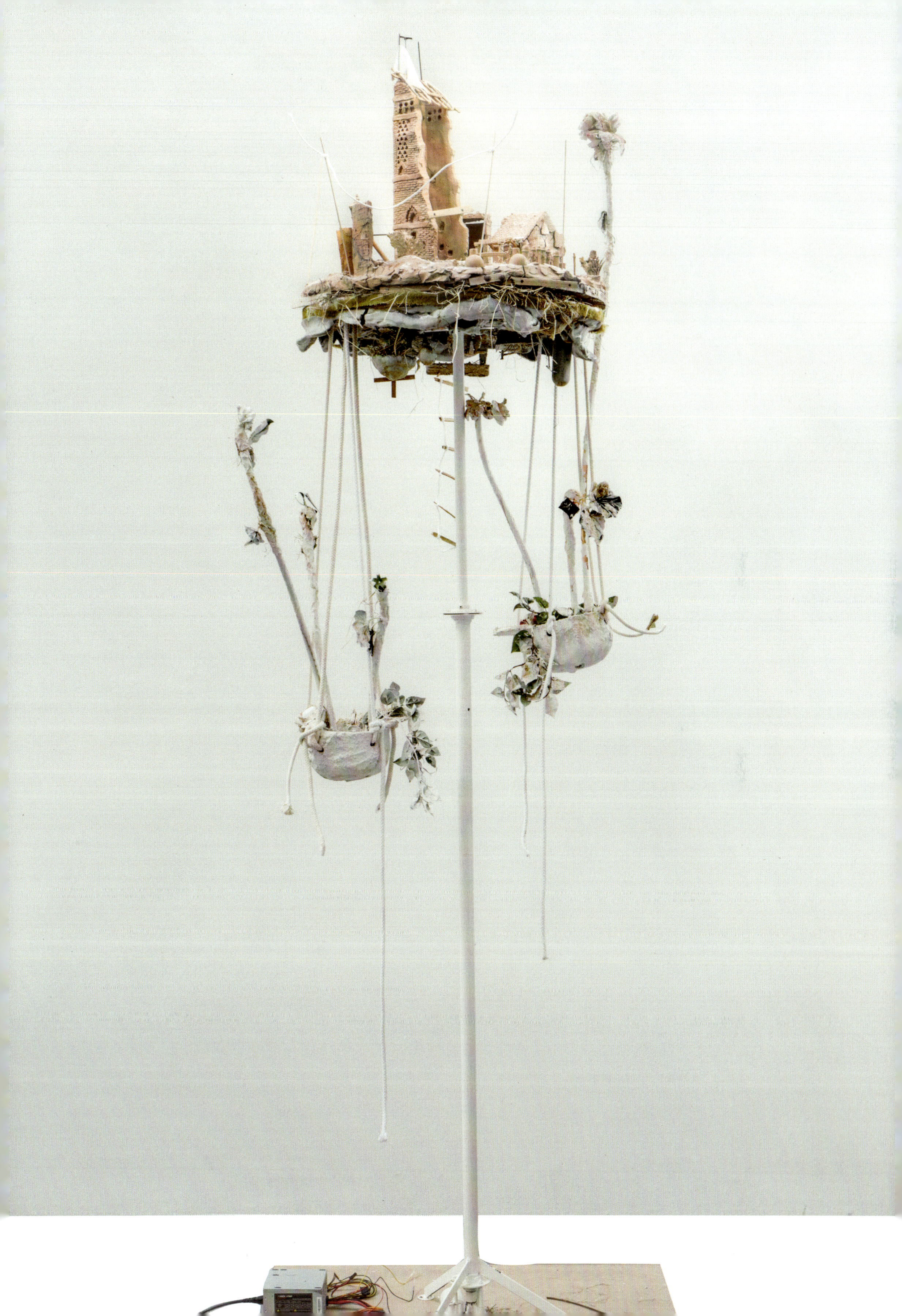

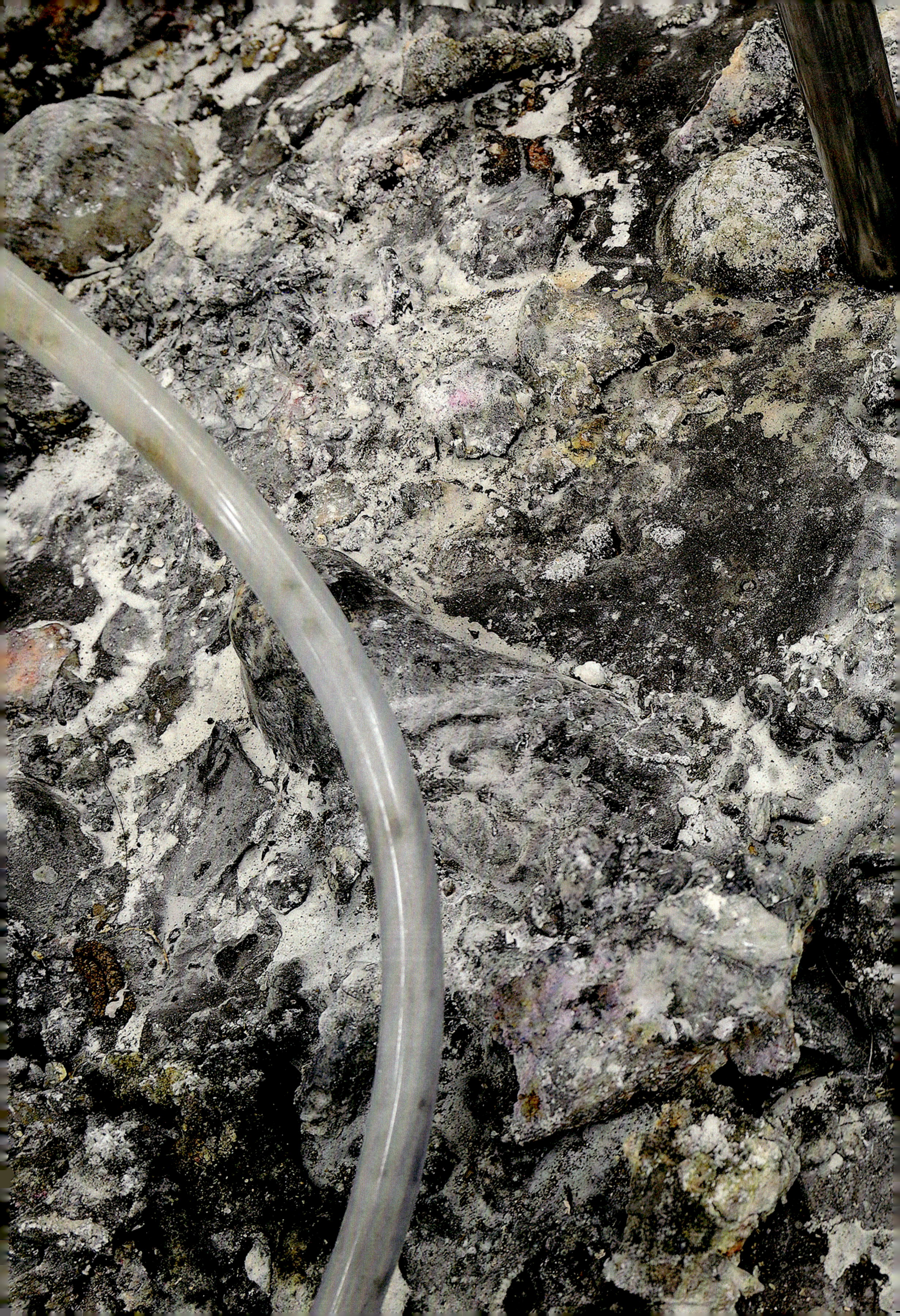

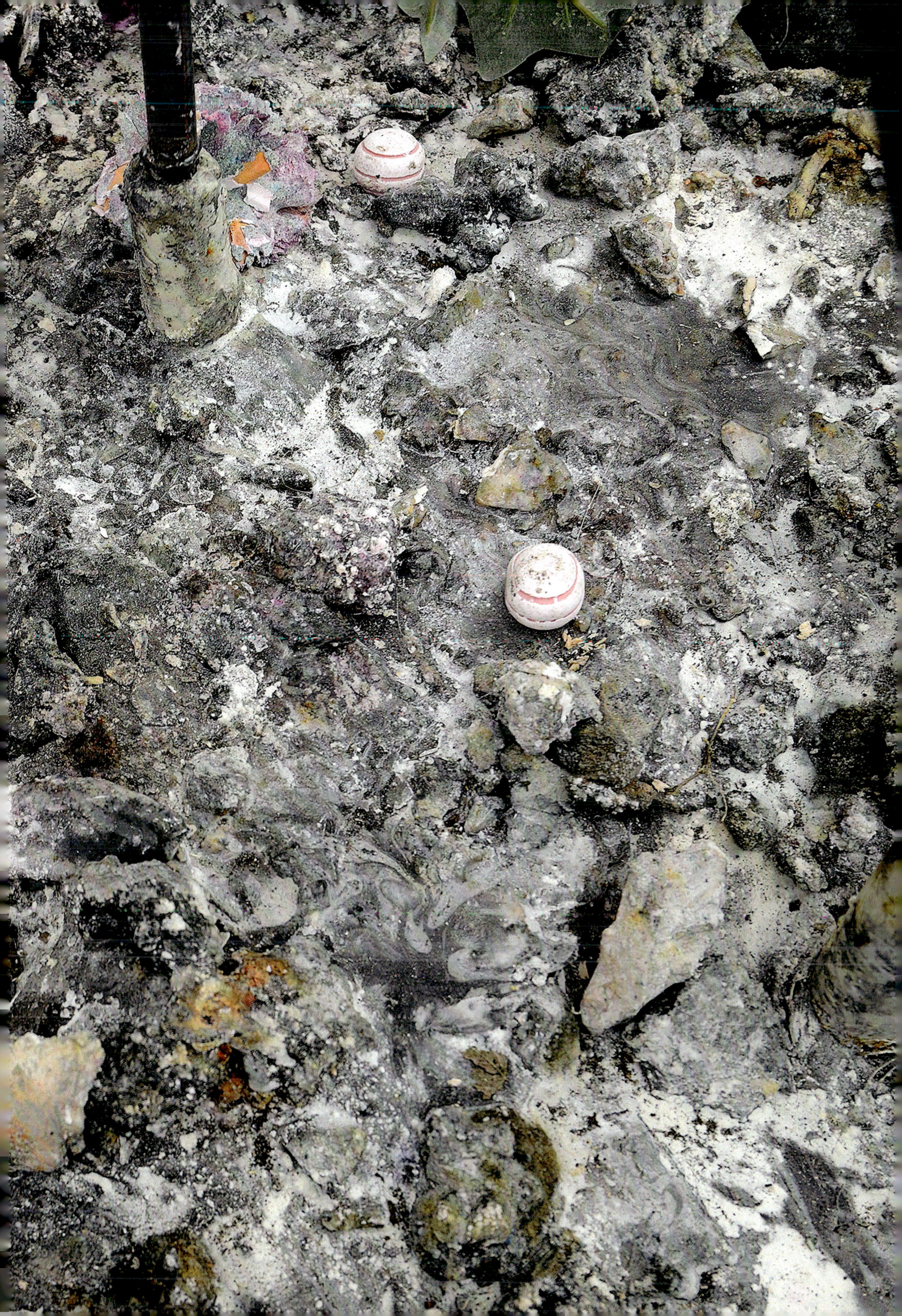

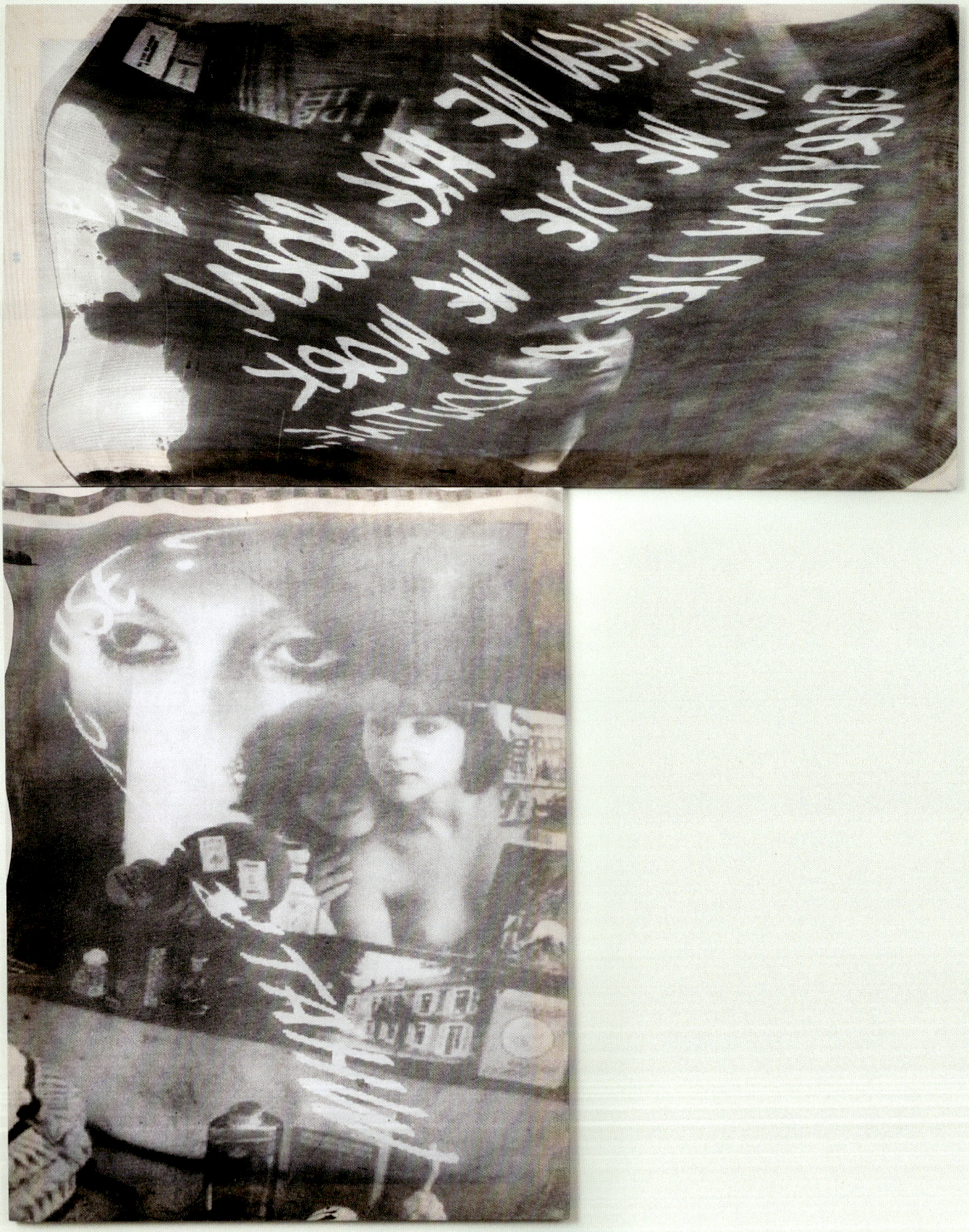

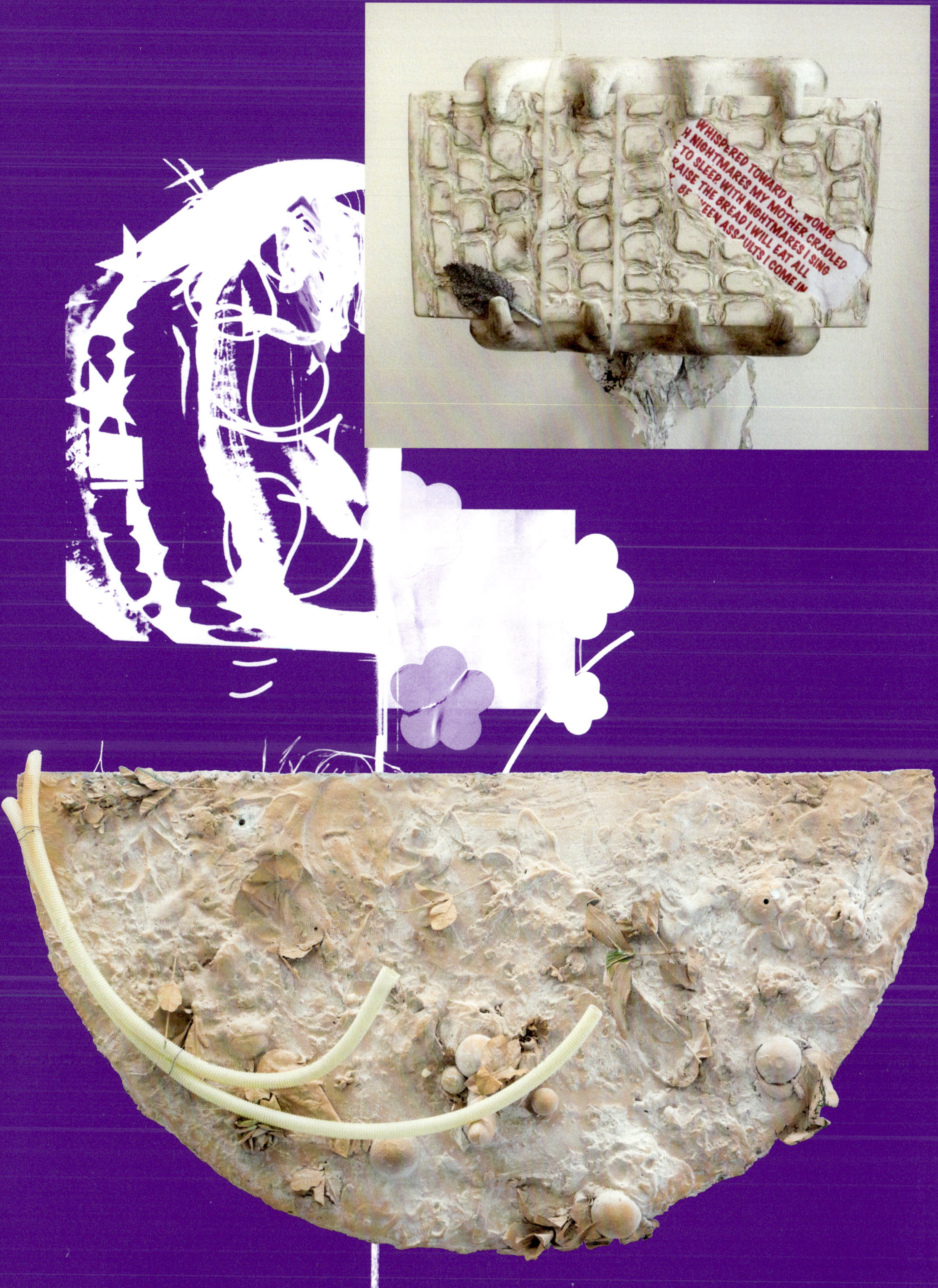
WHISPERED TOWARD
WOMB.
NIGHTMARES MY MOTHER CRADLED
TO SLEEP. WITH NIGHTMARES I SING
RAISE THE BREAD I WILL EAT ALL
ASSAULTS I COME IN

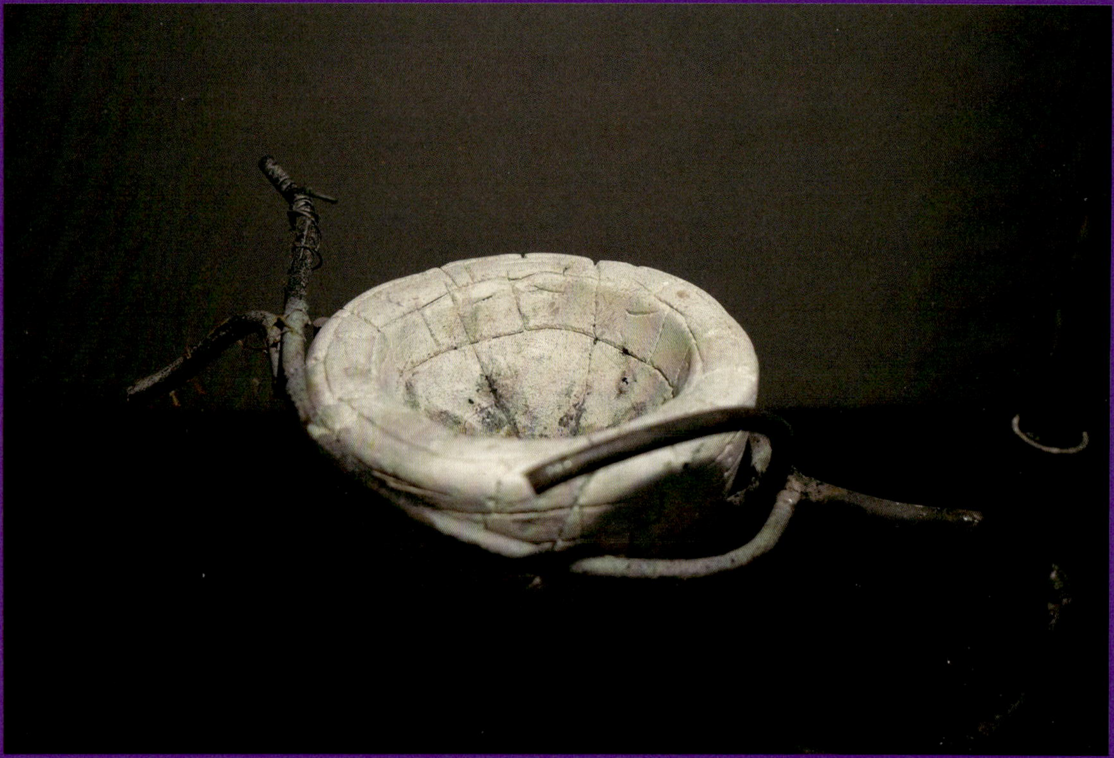

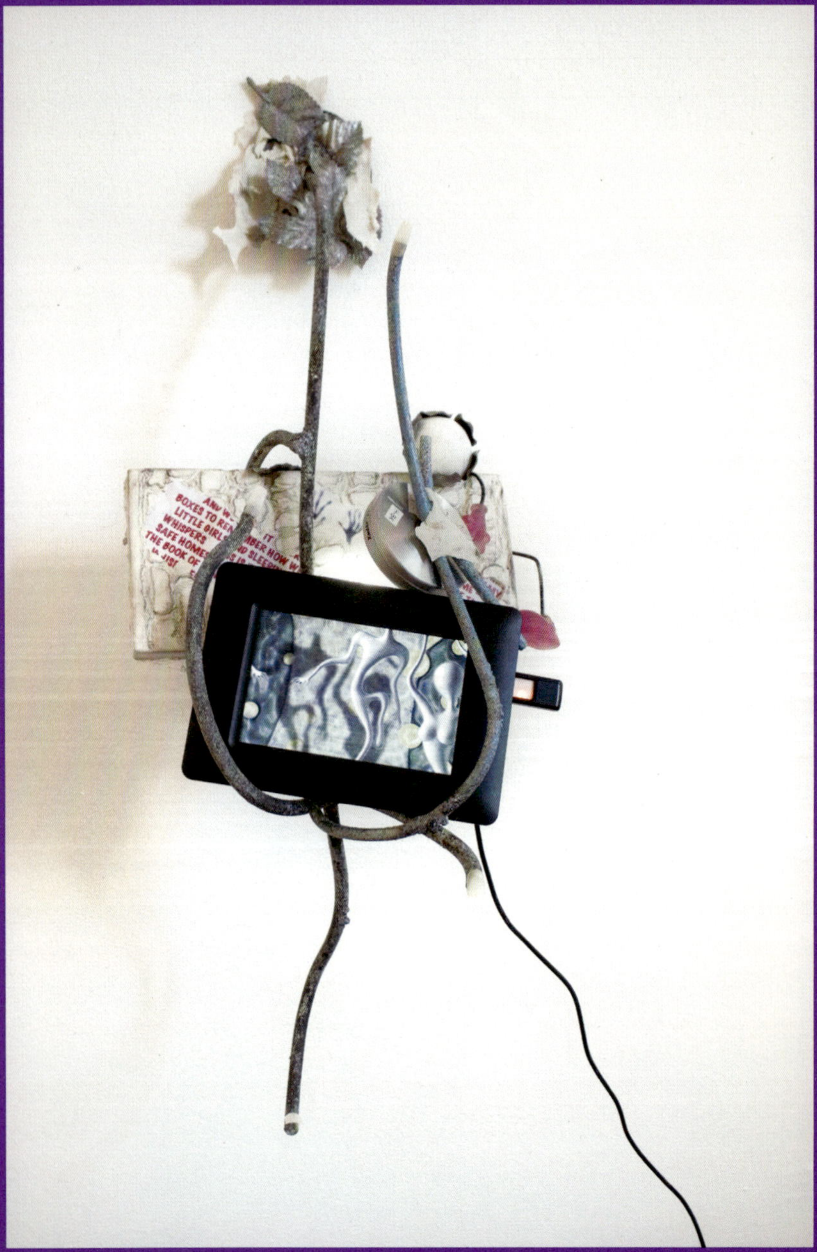

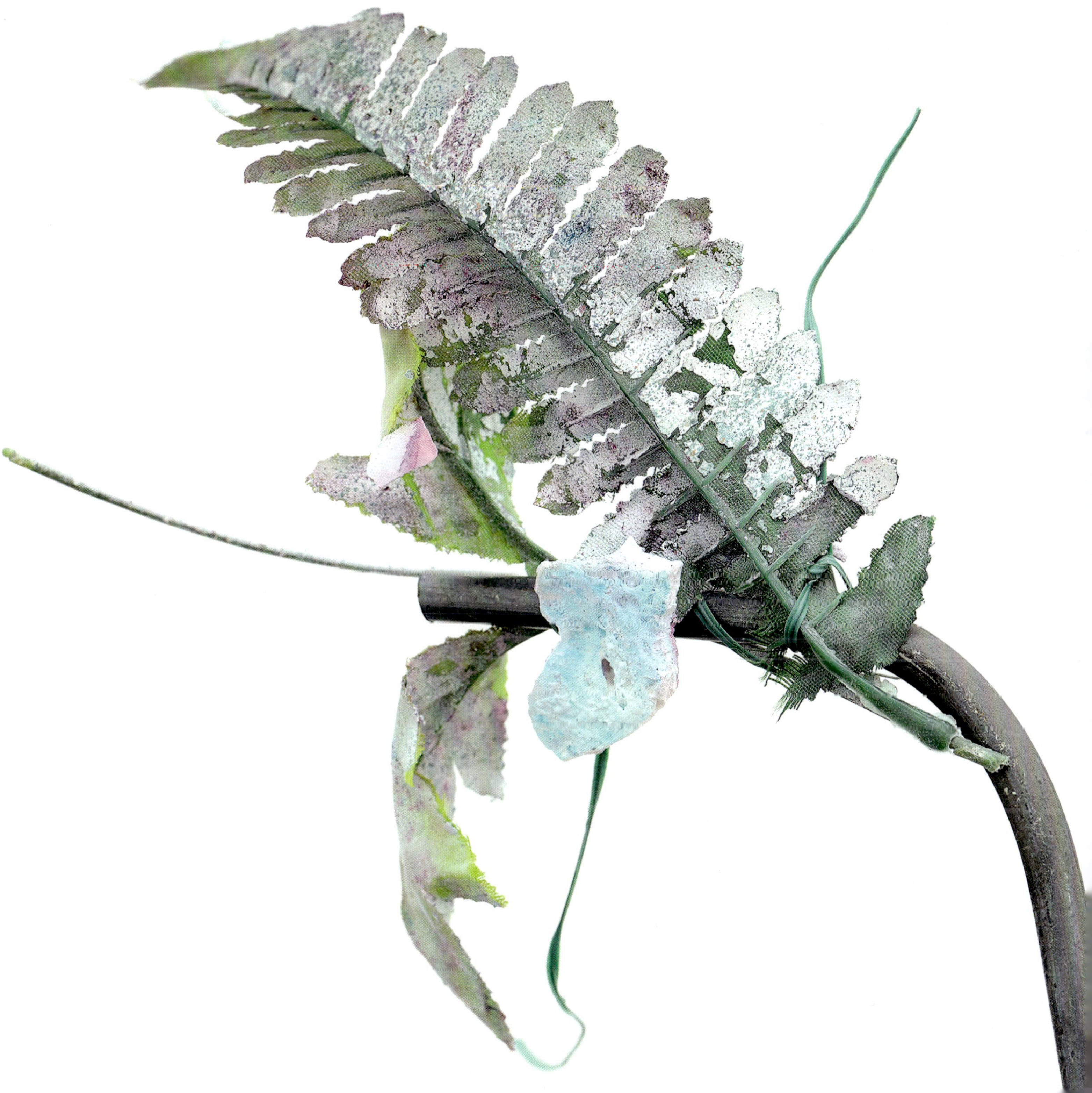

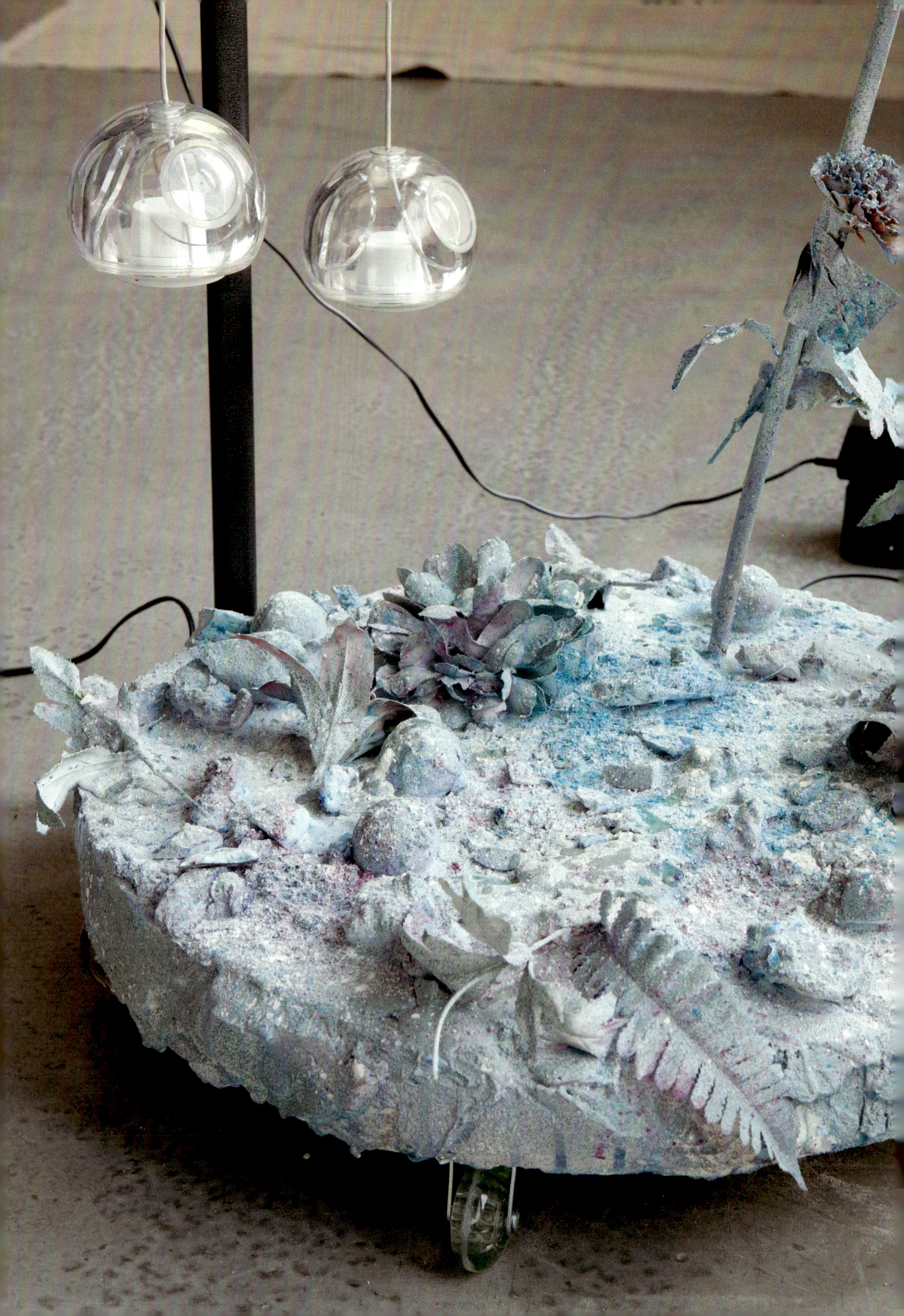

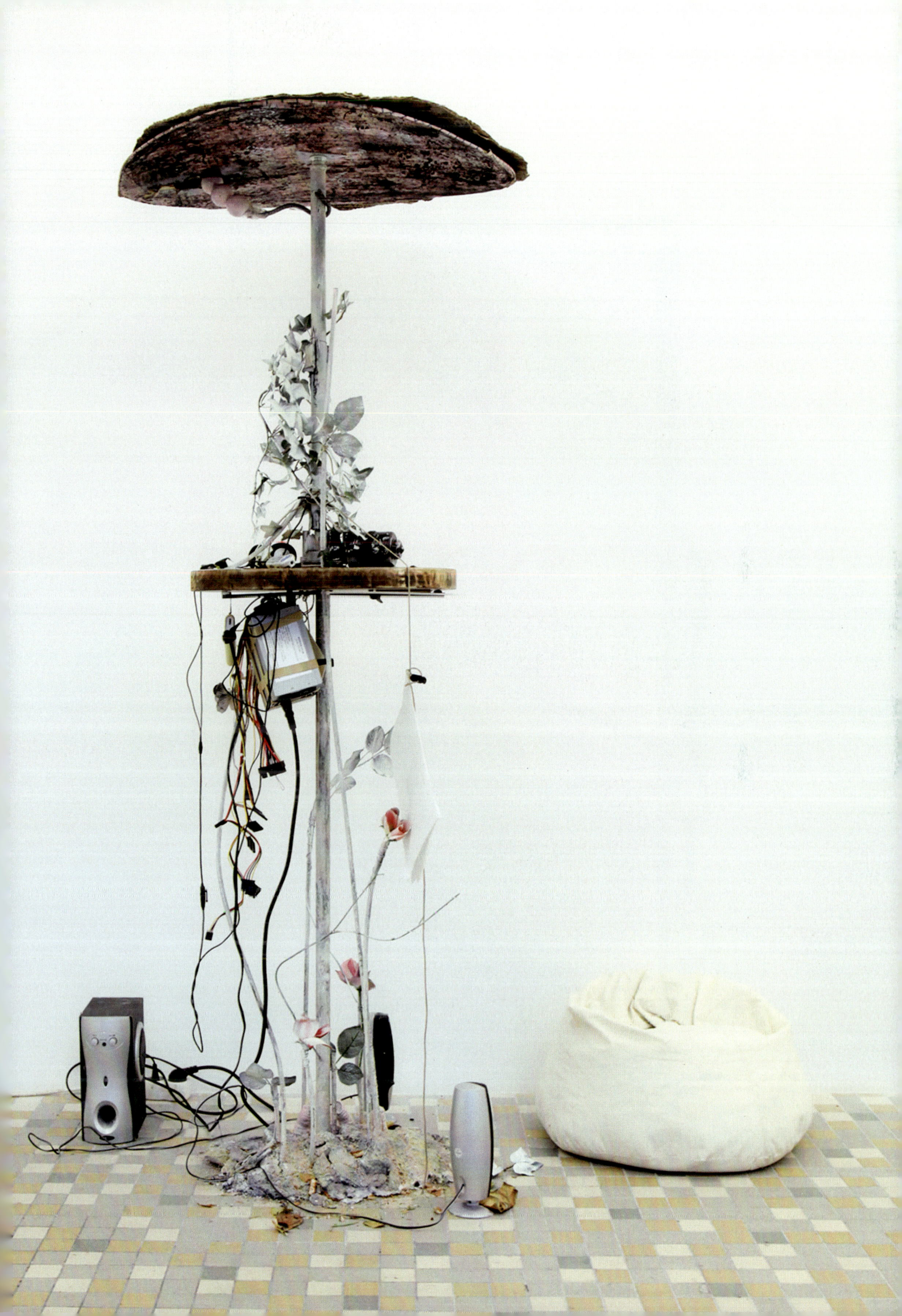

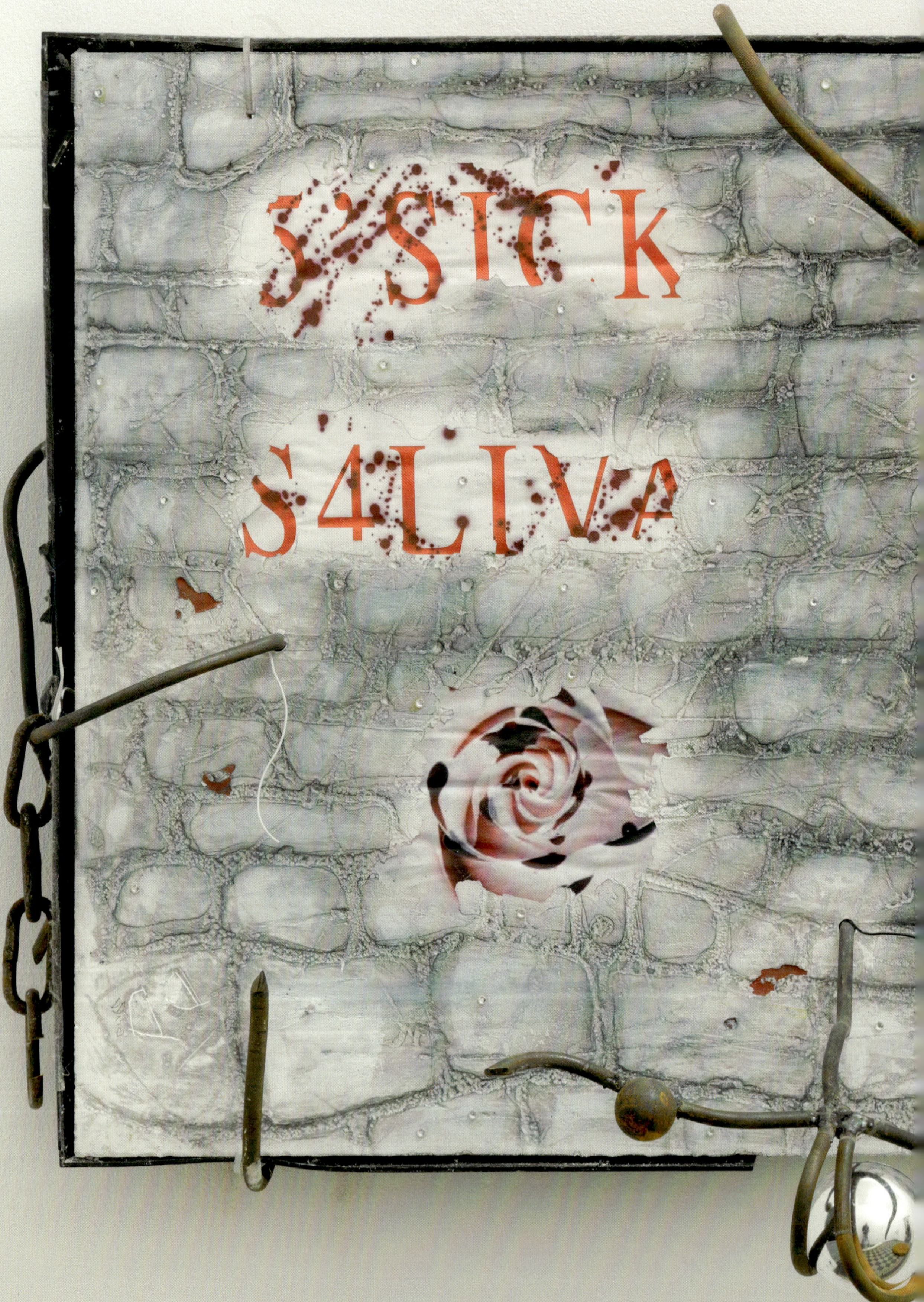
S'SICK
S4LIVA

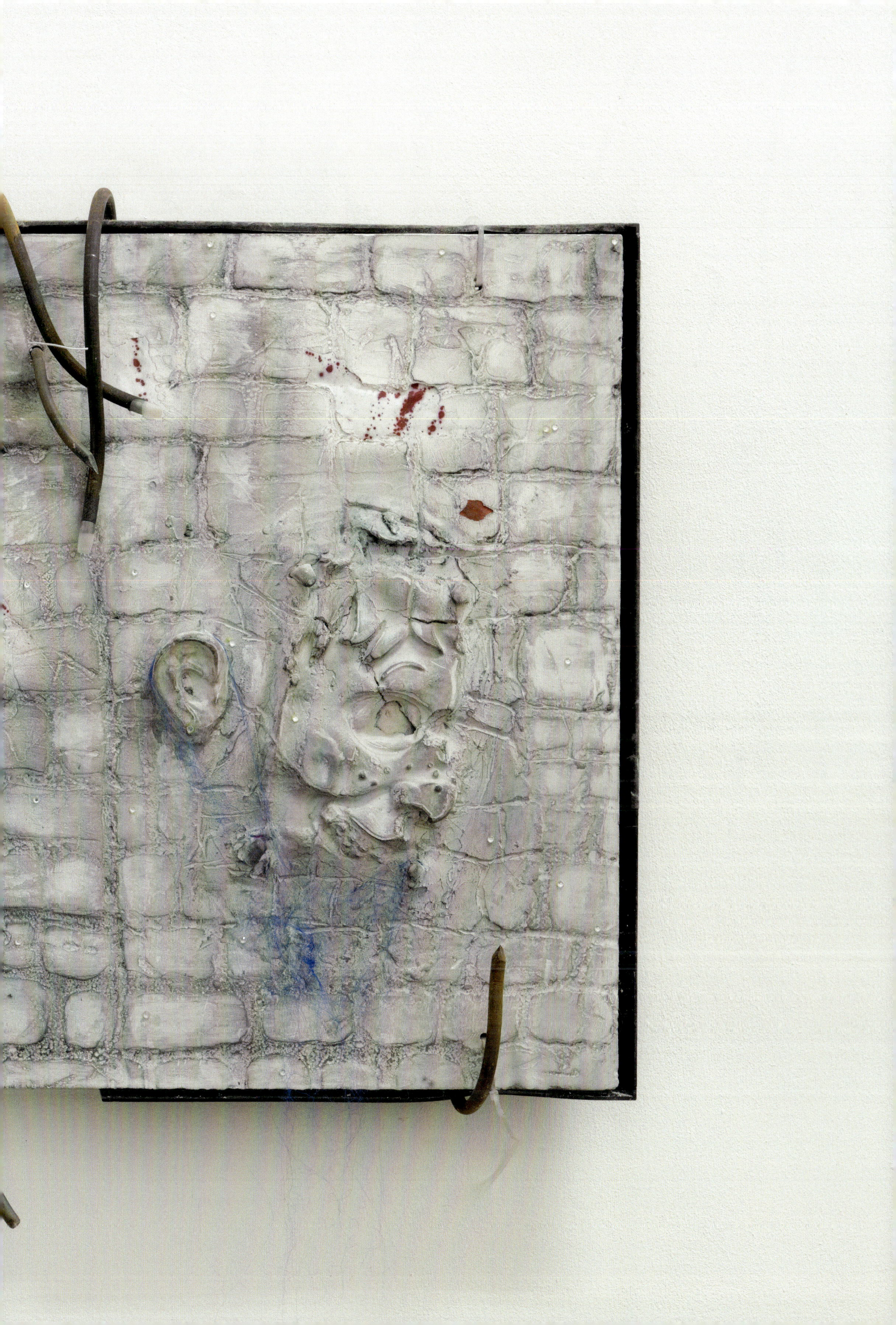

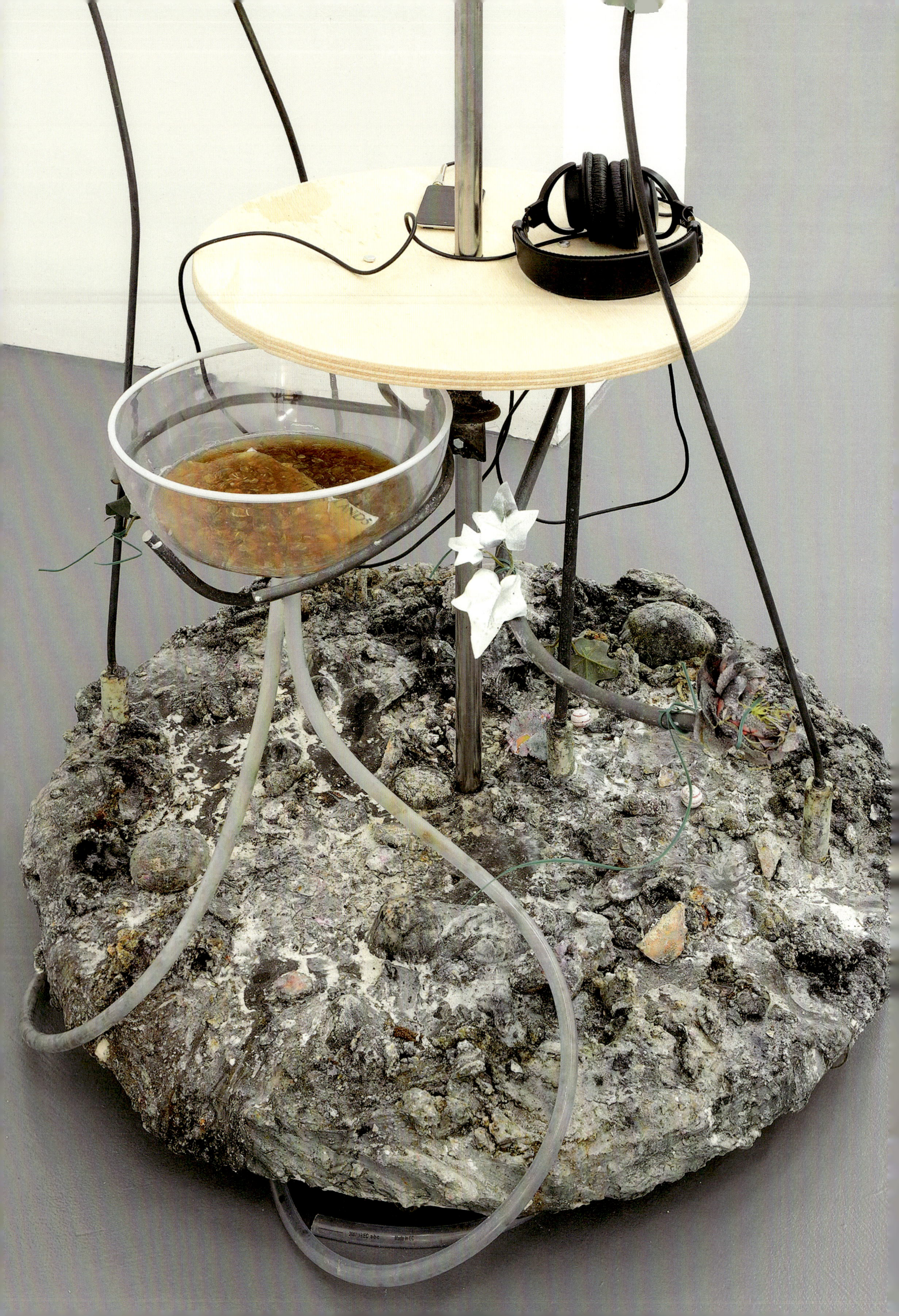

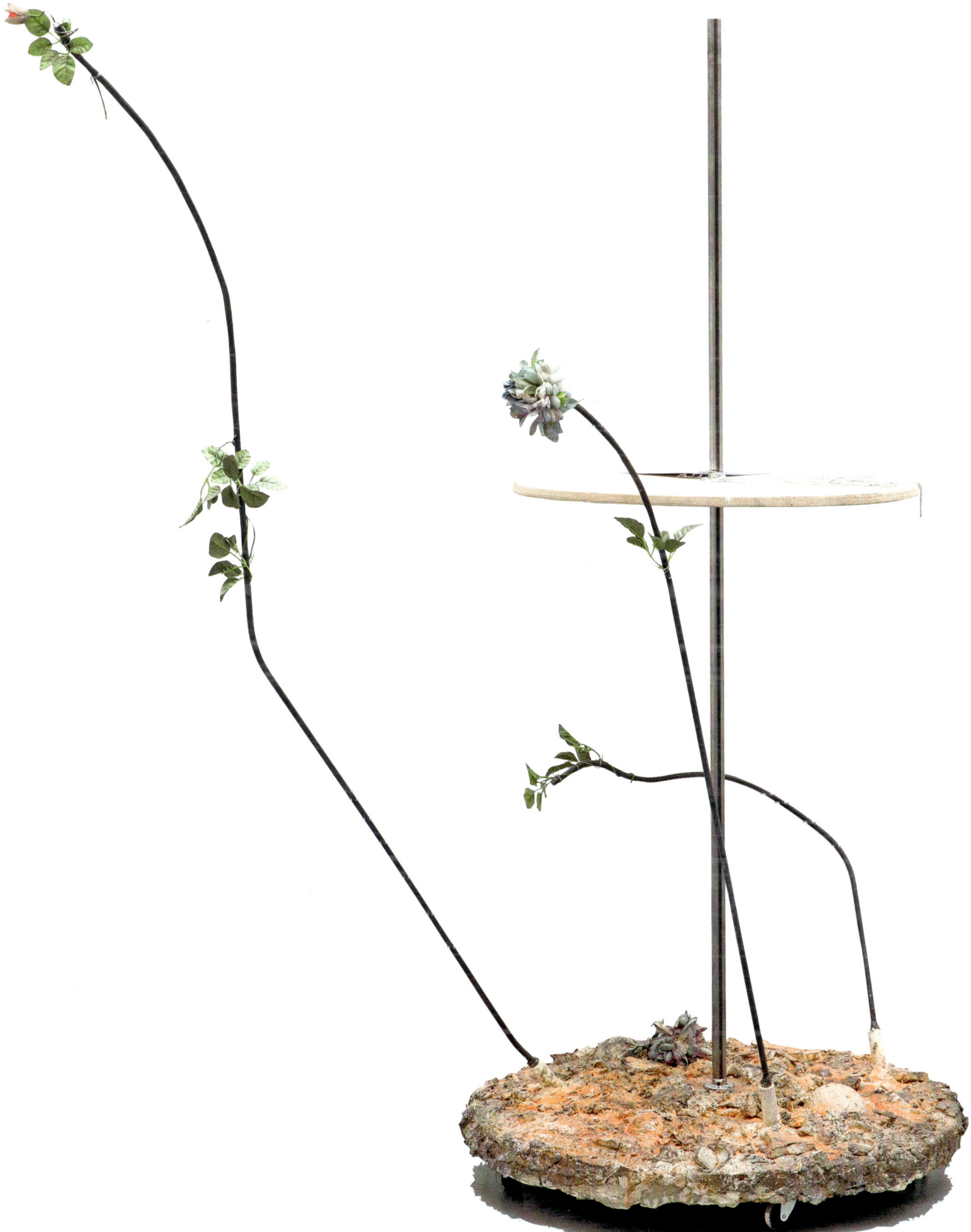

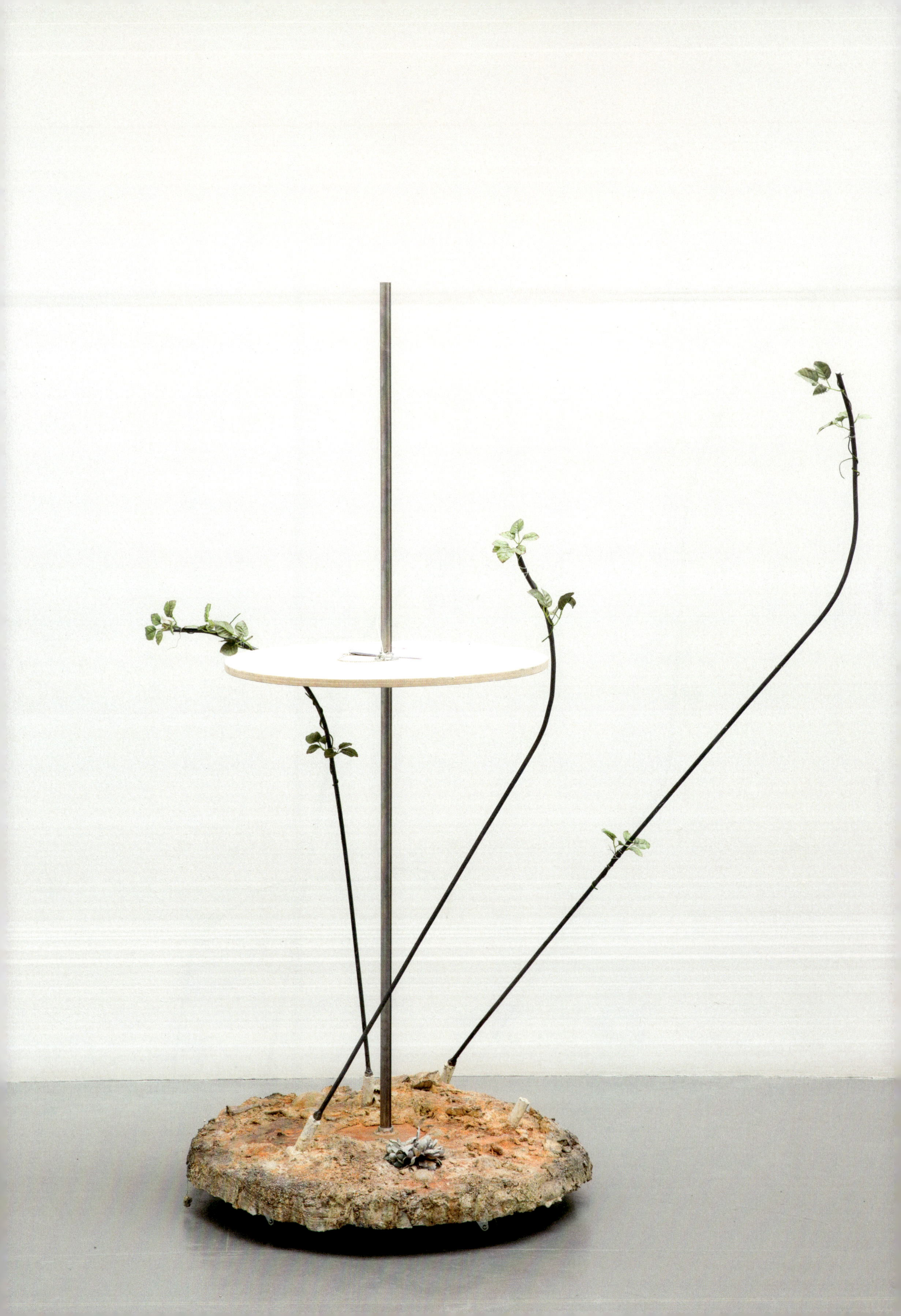

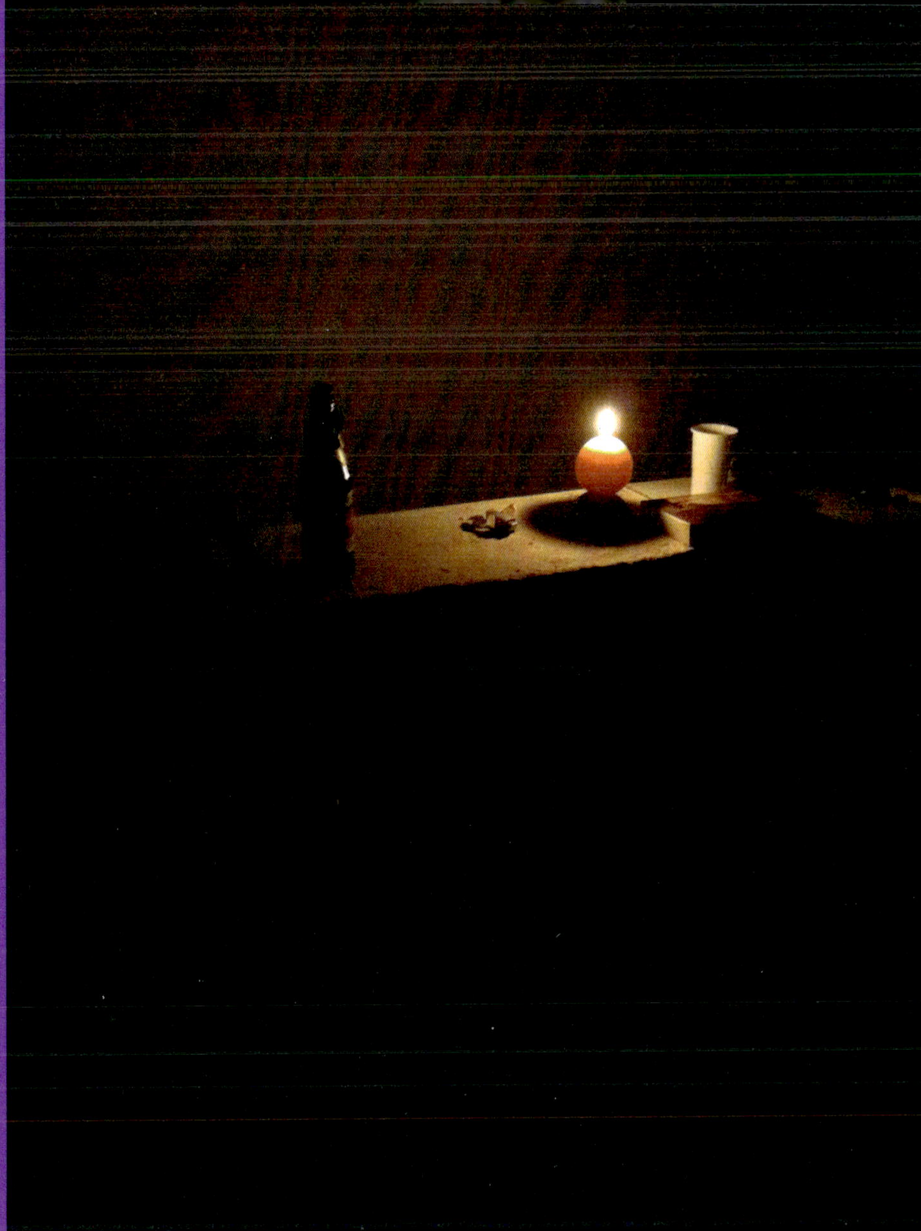

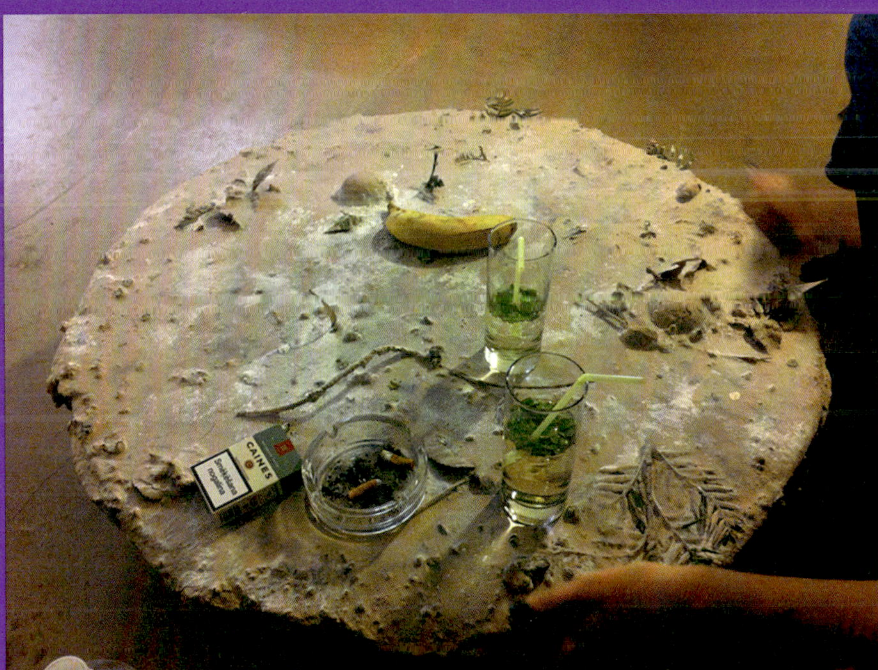

Arnisa Zeqo

Métaphysique de la jeunesse

J'ai rencontré David il y a onze ans, en 2012 : Antonia Carrara l'avait invité à Amsterdam pour que nous organisions avec lui une exposition dans l'espace indépendant que nous avions fondé ensemble, rongwrong : a space for art and theory. Nous étions alors en train de travailler avec un petit groupe d'ami•es sur un programme intitulé « Métaphysique de la jeunesse[1] », titre emprunté à un texte de jeunesse de Walter Benjamin qui en constituait en quelque sorte le point de départ. Cette idée d'une métaphysique de la jeunesse avait une connotation autobiographique : j'étais moi-même au seuil de l'âge adulte, et je venais de lancer avec plusieurs ami•es ce projet d'espace d'exposition dans le rez-de-chaussée même de la maison où j'habitais. Je me plaisais à raconter que cette maison, construite en 1850, était hantée, d'autant qu'elle avait auparavant été habitée par plusieurs artistes.

Le projet proposé par David rassemblait plusieurs pièces qu'il venait de réaliser[2], et portait un titre mystérieux, Lord Anthony. Le communiqué de presse fonctionnait comme une pièce à part entière – un collage de portraits d'adolescents et de quelques lignes de poésie en anglais, en lettres capitales, que l'on pouvait lire comme s'il s'agissait des propres mots de Lord Anthony :

Je chante avec les cauchemars
Je lève le pain que je mangerai toute
la semaine. Je rentre entre les assauts,
ma maison vide s'empare de moi, me débarrasse
de mes fardeaux, me libère de mes chaînes. La maison
murmure Calme-toi mange ton pain
prends ta dose d'air doux de cauchemar[3].

Lord Anthony apparaissait comme une présence spectrale – un adolescent timide, androgyne, aux cheveux longs et aux yeux perçants – occupant la maison-espace d'exposition. Ce nom me rappelait à la fois une chanson du groupe indie Belle and Sebastian et un des surnoms dont j'avais affublé Antonia. Quelque part entre des plaisirs mélancoliques et l'esthétique des années 1980-90, l'enchantement de Lord Anthony s'accompagnait de notes mystiques et de pensées visionnaires.

1 Ce programme s'est développé sur une période d'environ deux ans, avec des expositions d'artistes tels que Igshaan Adams, Ken Okiishi, Moyra Davey, Morag Keil, Evelyn Taocheng Wang, Adrian Piper, organisées par l'équipe de rongwrong (Antonia Carrara, Laurie Cluitmans, Vincent Verhoef et moi-même) et des commissaires extérieurs comme Övül Durmuşoğlu, Hendrik Folkerts, ou Annie Godfrey Larmon.

2 David Douard avait terminé ses études à l'École Nationale Supérieure des Beaux-Arts de Paris l'année précédente.

3 Notre traduction.

Au moment où il commence à écrire « Métaphysique de la jeunesse[4] », en 1913, Benjamin n'a que vingt-et-un ans. Étudiant, Benjamin participe activement au Mouvement de jeunesse en plein essor en Allemagne, à l'aube de la Première Guerre mondiale. Il écrit alors sous le pseudonyme d'Ardor ; tout comme Lord Anthony, Ardor est un être mystérieux et semi-androgyne qui capture avec passion les mots, les atmosphères. De telles figures incarnent une jeunesse hantée, un état particulier qui est à comprendre moins comme une étape entre l'enfance et l'âge adulte que comme une temporalité spécifique, non-linéaire. Pour Benjamin, si la jeunesse est un passage, c'est sa forme spatiale qui importe : il évoque ainsi dans « Métaphysique de la jeunesse » un « paysage » où les images sont perçues comme dans un rêve silencieux. La temporalité dont il est question ici s'oppose au temps du calendrier ; elle repose sur un élément de fiction et tourne le dos au fil de l'histoire. Le temps et la conscience sont entremêlés à un niveau plus complexe, tout en s'inscrivant dans le cours de la vie ordinaire. Tout au long du texte de Benjamin, la jeunesse n'est pas considérée comme une période de la vie, mais plutôt comme un espace qui abrite une conscience autre. Benjamin fait la distinction entre le « temps du développement » – le temps du calendrier, des montres, des échanges économiques – et le « temps de la jeunesse » qu'il considère comme « immortel. » Ce « temps pur » coule de manière intermittente dans le quotidien tout en lui échappant[5].

Les installations de David Douard créent un sens distinct de l'espace et du temps, par l'intermédiaire d'affiches, d'écrans, de bandes-son, de sculptures qui fonctionnent comme des architectures ou qui évoquent souvent des corps. Dans l'entrée de rongwrong, un poster représentant un visage d'enfant luisant dans l'obscurité accueillait les visiteur•ses. Entrait-on dans une autre temporalité ? Dans le paysage d'une adolescence passée – ou future ? Les œuvres de Douard incorporent souvent des objets du quotidien et des objets trouvés : chaussures, vêtements, jouets, mais aussi des morceaux de métal, des tubes, des chaînes, des crochets ; des moulages de parties du corps, de visages, de langues ou d'yeux, abondent. L'aluminium, le plâtre, les touches de couleur se combinent en des formes qui évoquent à la fois une machine, une griffe, une branche ; une rose sculptée pousse, et ses épines pourraient transpercer notre peau. L'atmosphère est froide, à la fois enjouée et sinistre. Dans l'exposition *Lord Anthony*, sur une toile accrochée au mur, on pouvait voir l'image d'une main ouverte, avec dans sa paume un objet métallique, accompagnée de quelques mots en anglais :

Pas les lumières de la ville. Nous voulons
– la lune –
La Lune
qui n'est pas de notre fait[6] !

Matières glacées, chair fragile – la jeunesse vient nous hanter. Dans le sous-sol de rongwrong, Douard avait installé une vidéo intitulée *Cursed Sleep* : de manière similaire à d'autres films qu'il a pu

4 Le texte, resté inachevé, se compose de trois parties dont seule la première a fait l'objet d'une traduction en français. Pour l'édition intégrale en allemand, voir Walter Benjamin, *Gesammelte Schriften*, II, 1, Rolf Tiedermann et Hermann Schweppenhäuser, dir. (Suhrkampf, Francfort, 1977), pp. 91-104. [NdT]
5 Voir *Gesammelte Schriften*, *op. cit.*, pp. 96-98.
6 Notre traduction.

réaliser par la suite, il s'agissait d'un mélange d'images trouvées sur YouTube et d'extraits de longs métrages ou de documentaires auquel il avait adjoint une nouvelle bande-son. Les vidéos de David ont une qualité extatique – on glisse dans une rêverie, une euphorie musicale légèrement enivrante. Nous voilà pris•es entre des sentiments d'angoisse et de mélancolie, de plaisir et de douleur, des invocations à la lune, des métaux froids et des chaussures en béton. Y a-t-il une échappatoire ?

« Chaque jour, à l'instar de ceux qui dorment, nous employons des forces démesurées[7] », écrit Benjamin au début de la première partie de « Métaphysique de la jeunesse » intitulée « Le Dialogue ». Comme dans un rêve, notre démarche est pesante; après quelques pas, nous sommes soudain pétrifié•es, incapables de parler. « Le Dialogue » est un titre quelque peu trompeur, car ce à quoi s'attache Benjamin est le silence : le silence, les fantômes des générations passées se révèlent en effet cruciales pour qu'advienne une véritable conversation. Dans le langage et dans le réel, c'est le silence et l'absence qui conditionnent la possibilité du sens. « Tout contenu de dialogue est connaissance du passé, en tant que notre jeunesse, et horreur devant la masse des décombres spirituels[8] », écrit Benjamin.

Ce n'est qu'avec un sentiment de puissante terreur qu'on peut se confronter à l'énergie de la jeunesse. Dans le travail de David Douard, la douleur est contaminée par le plaisir lui-même – les blessures s'ouvrent, anticipant une conversation avec l'avenir. Il s'agit d'un espace où le silence et les mots composent une matérialité nouvelle. C'est aussi un espace où des éléments physiques et abstraits, comme le plastique, le béton, les mots et le numérique se rencontrent. La deuxième section du texte de Walter Benjamin, qui s'intitule « Le Journal intime », commence ainsi : « Nous voulons porter notre attention vers les sources du désespoir indicible qui coule dans toutes les âmes[9]. » Les sources du désespoir exigent toute notre attention : les sculptures et les films de David Douard s'approchent de ces rivages, en dirigeant notre regard vers des vérités innommables, faites de débris difficiles à identifier.

Dans un texte sur le travail de l'artiste, le curateur Panos Fourtoulakis a pu évoquer ce qu'il percevait comme « une fossilisation du flux numérique [...] et une tension continue dans les objets où les éléments hybrides s'accrochent les uns aux autres [...] [Douard] cherche à rendre physique une présence numérique[10]. » Fourtoulakis parle également de « la corruption des surfaces lisses, présentes à la fois dans les mondes numérique et physique », qui est caractéristique du travail récent de l'artiste. Pour autant, je dirais que cet aspect est aussi présent dans ses premières œuvres, où les fantômes, le langage et la figure de l'adolescent asexué ont aussi à voir avec la réalité du digital. En effet, nous – moi comme David Douard – faisons partie d'une génération qui a fait l'expérience de l'intrusion du numérique dans la vie quotidienne, remettant en question notre sens de l'intimité, du moi et de la représentation.

7 Walter Benjamin, tr. Philippe Lacoue-Labarthe et Jean-Luc Nancy, « Métaphysique de la jeunesse. Le Dialogue », *Aléa* no. 6, 1985, p. 13.
8 *Id.*
9 *Gesammelte Schriften*, *op. cit.*, p. 96. Notre traduction.
10 Panos Fourtoulakis, communiqué de presse pour l'exposition de David Douard *O' thee lil'*, Rodeo Gallery, Le Pirée, 2021, en ligne sur https://rodeo-gallery.com/exhibitions/o-thee-lil_piraeus/ (dernier accès le 12 mars 2023). Notre traduction.

L'approche de Douard me rappelle les chansons de Dean Blunt, un musicien dont la carrière solo a débuté en 2012[11]. Ses chansons aux paroles fragmentées et abstraites se distinguent par leur qualité onirique autant que par le caractère hypnotique de leurs mélodies. Les textes et les univers se brouillent; le désespoir d'un chagrin d'amour se raccorde au sentiment de solitude créé par la vitesse de consommation des médias, la fugacité du réconfort qu'elle procure. Onglets ouverts en cascade, vidéos en lecture simultanée, soudain le clignement d'un message sur un écran. La vaisselle n'est pas faite, mais on a des anxiolytiques dans la poche. On passe sans cesse d'un extrême à l'autre. *Baby, don't let me down. It's gonna be alright* («chérie, ne me laisse pas tomber / tout va bien se passer») chante Dean Blunt[12].

Pour le dire avec les mots de David, nous ne renonçons pas à «vouloir la lune». Il y a encore un «Moi sans la mort[13]» qui persiste dans le désastre qui nous entoure. La dernière section de «Métaphysique de la jeunesse» a pour titre «Le Bal»: Walter Benjamin y décrit un lieu où l'on rencontre sa propre solitude au contact des autres. «Nous sommes vraiment dans une maison sans fenêtre, une salle sans monde», écrit-il; «ici, le temps est captif[14].» Dans cette pièce sans fenêtre, différents personnages vont et viennent, imprimant leurs marques sur les murs, les tables, les mains. Tout est froid, désolé, et pourtant plein d'espoir. La jeunesse efface le temps des échanges économiques en créant une salle pour danser à l'écart du monde; pendant un court instant, c'est cet espace que les œuvres de David ont matérialisé à Amsterdam.

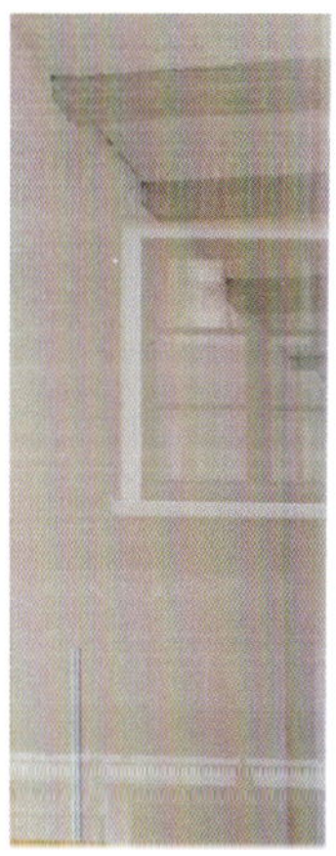

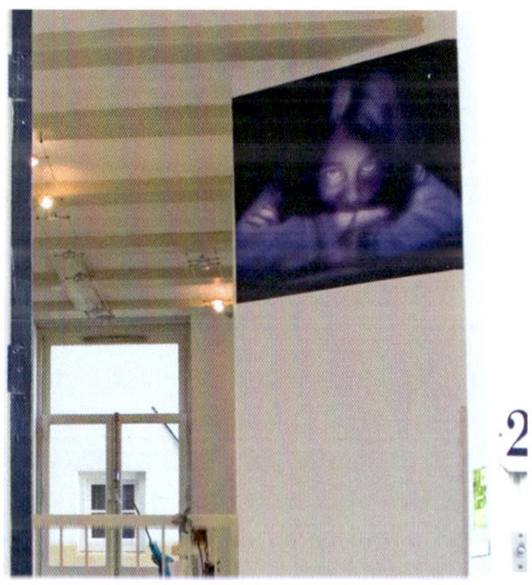

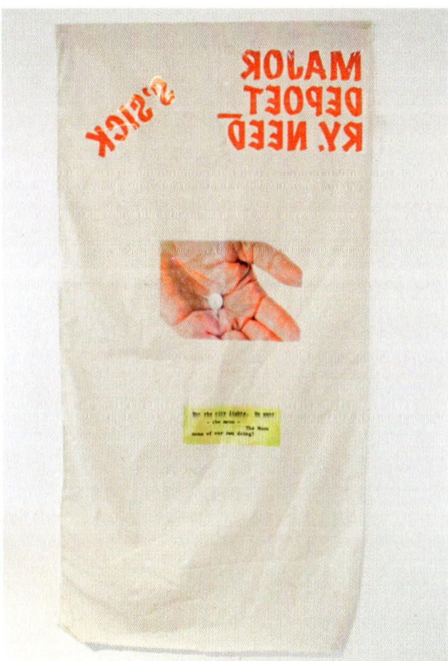

Vues de l'exposition / exhibition views, **Lord Anthony**, rongwrong, Amsterdam (2012).

11 Dean Blunt a sorti ses premiers albums *The Narcissist II* en 2012 et *The Redeemer* en 2013. Entre 2007 et 2012, il s'est produit avec Inga Copeland sous le nom de Hype Williams.
12 Dean Blunt, «DASH SNOW», extrait de *BLACK METAL 2* (Rough Trade, 2021).
13 Benjamin, *Gesammelte Schriften*, *op. cit.*, p. 97. Notre traduction.
14 *Ibid.*, p. 104. Notre traduction.

Arnisa Zeqo

The Metaphysics of Youth

I first encountered David Douard eleven years ago, in 2012, when he came to Amsterdam on Antonia Carrara's invitation for a solo exhibition at rongwrong: a space for art and theory. At the time, together with a small team of peers, we were working on a program titled **Metaphysics of Youth**, based on a text written by a young Walter Benjamin.[1] This idea of a "metaphysics of youth" felt autobiographical to me, as I was emerging into adulthood and establishing an art space with friends on the ground floor of the house where I was living. I would often talk about how the house, built in 1850, was somewhat haunted, and how other artists had previously lived there.

David proposed an exhibition with the mysterious title **Lord Anthony**, a collection of works he was developing that year.[2] The press release worked as an art object of its own, featuring portraits of teenagers and lines of poetry typed in capital letters. The text read as Lord Anthony's own words:

With nightmares I sing
I raise the bread I will eat all
week. Between assaults I come in,
my empty home lays hold of me, shrugs
my bags off, unchains my feet. The house
whispers calm yourself eat your bread
take your dose of nightmare sweet air.

Lord Anthony was introduced as an androgynous and shy adolescent, with long hair and piercing eyes, a spectral presence inhabiting the house / art space. The name reminded me of a song by the indie band Belle and Sebastian, as well as one of Antonia's nicknames. Somewhere between melancholic pleasures and eighties and nineties aesthetics, Lord Anthony's spell summoned mystical notes and visionary thoughts.

Walter Benjamin was just twenty-one years old in 1913 when he began to write "Metaphysics of Youth." As a student, Benjamin was an active participant in the youth movements that were blooming in Germany at the brink of World War I. He was then writing under the pseudonym Ardor; just like Lord Anthony, Ardor was a mysterious, semiandrogynous being who captured words and atmospheres with

1 The program developed over roughly a two-year period, with exhibitions by artists such as Igshaan Adams, Ken Okiishi, Moyra Davey, Morag Keil, Evelyn Taocheng Wang, and Adrian Piper, brought together by the rongwrong team (Antonia Carrara, Laurie Cluitmans, Vincent Verhoef, and myself), and external curators such as Övül Durmuşoğlu, Hendrik Folkerts, and Annie Godfrey Larmon.

2 The artist had graduated from the Paris art school (ENSBA) the year before.

intense passion. Such figures embody a haunted youth, a state of being that, rather than marking the passing stage between childhood and adulthood, seems to inhabit a nonlinear temporality. For Benjamin, the vessel of youth plays out in spatial forms: he writes about a "landscape" where images are perceived as in a silent dream.[3] This temporality that arises opposes calendar time and relies on elements of fiction, thus turning its back on history. Time and consciousness are interwoven on a complex level, but also present in ordinary life. Throughout Benjamin's text, youth is not considered as a linear period of one's life, but rather as a landscape where an othering consciousness is housed. Benjamin distinguishes between "developmental time"—the time of the calendar, clock, and stock exchange—and "youthful time," which he thinks of as "immortal time." This "pure time" flows intermittently within the everyday, yet also escapes it.[4]

David Douard's installations impart a distinct sense of space and time through posters, screens, soundtracks, and sculptures that act as architecture or may evoke bodies. In the entry hall at rongwrong, a poster of a child's face glowing in the dark welcomed visitors. Were they entering a different temporality? The landscape of a teenager from the past and from the future? Douard's pieces often integrate everyday, found objects: shoes, pieces of clothing, and toys, but also metal bits, tubes, chains, hooks; castings of body parts such as faces, tongues, and eyes abound. Works might combine aluminum, plaster, and color in a way that evokes a machine, a claw, and a branch all at once—a sculpted rose whose thorns might pierce through the skin. The atmosphere is cold, playful, and sinister. Another piece in **Lord Anthony**—a hanging canvas displaying a picture of an open hand holding a metal object—bore some more verse:

Not the city lights. We want
– the moon –
The Moon
none of our own doing!

Cold metal, delicate flesh—the youth is haunting. In the basement of rongwrong, Douard installed a video piece titled **Cursed Sleep**. Similar to other videos he made later on, it is a mix of found footage culled from YouTube, feature films, and documentaries, to which he adds a soundtrack. Douard's videos have an ecstatic quality—they impart a dreamy state of play, a musical, slightly intoxicating euphoria. All these anxieties, melancholic lines invoking the moon, great pleasures and pain, cold metal and concrete shoes. Where can we escape?

"Daily we use unmeasured energies as if in our sleep," writes Benjamin in the beginning of "The Conversation," the first section of "The Metaphysics of Youth."[5] Like in a dream, steps can feel heavy; as we walk, our legs can suddenly petrify as we try to speak. The heading "The Conversation" is somewhat misleading, as Benjamin discusses how silence and the ghosts of the past

3 See Walter Benjamin, "The Metaphysics of Youth" (1913–1914), trans. Rodney Livingstone, **Selected Writings. Vol. 1, 1913–1926**, eds. Marcus Bullock and Michael W. Jennings (Cambridge: The Belknap Press of Harvard University Press, 1996), 12–14.

4 Benjamin, 10–12.

5 Benjamin, 6.

generations are a crucial element for real conversation. In language and in reality, we are conditioned by silence and absence in order to articulate meaning. "Every conversation deals with knowledge of the past as that of our youth, and with horror at the sight of the spiritual masses of the rubble fields," he writes.[6]

Youthful energies are encountered with a sense of powerful terror. In Douard's work, pain is contaminated by its own pleasure—wounds open, anticipate a conversation with the future. In this space, silence and words become new materiality. This is also a space where material and abstract elements like plastic, concrete, words, and digital spaces converge. The second section of "The Metaphysics of Youth," titled "The Diary," starts with: "We wish to pay heed to the sources of the unnamable despair that flows in every soul." These sources of despair demand attention. The sculptural and film works of Douard touch upon these realms, directing our awareness towards unnamable truths composed of hard-to-identify bits and pieces.

Curator Panos Fourtoulakis described Douard's work in 2021 as "a fossilization of digital flux . . . and a continuous tension in objects where hybrid elements hold on to each other. . . . [Douard] seeks to make a digital presence physical."[7] Fourtoulakis writes about "the corruption of sleek surfaces, present both in the digital and physical worlds," that is characteristic of the artist's recent works; yet I would say that this aspect is also present in his early works, where ghosts, language, and the figure of the genderless teenager mirror back another reality. Indeed, we—myself, as well as David—are part of a generation that experienced the intrusion of the digital into daily life, a disruption to our sense of the self, intimacy, and representation.

To this extent Douard's approach reminds me of the songs of Dean Blunt, a musician whose solo career began in 2012.[8] With a dreamlike quality and hypnotic synthetic melodies, Blunt sings fragmented and abstract lyrics. Lines and universes blur; despair and heartbreak give way to the lonely state of ephemeral media consumption, as well as the comfort it offers. Layers of open tabs; videos playing simultaneously; suddenly, the blink of a message on a screen. The dishes aren't done, anxiety killers sit in a pocket. High on the low, low on the high. "Baby, don't let me down. It's gonna be alright," sings Dean Blunt.[9]

To say it with David's words: we are not giving up on "wanting the moon." There is, as Benjamin writes, "an I without death,"[10] lingering among the disaster surrounding you. In the last section of "The Metaphysics of Youth," Benjamin describes "The Ball," a place where we can meet our own loneliness with the touch of another: "We are truly in a house without windows, a ballroom without world.

6 Benjamin.

7 Panos Fourtoulakis, press release for David Douard's exhibition **O' thee lil'** at Rodeo, Piraeus, 2021, accessed March 12, 2023, https://rodeo-gallery.com/exhibitions/o-thee-lil_piraeus/.

8 Dean Blunt released the albums **The Narcissist II** in 2012 and **The Redeemer** in 2013. Between 2007 and 2012, he performed with Inga Copeland under the moniker Hype Williams.

9 Dean Blunt, "DASH SNOW," track 3 on **BLACK METAL 2**, Rough Trade, 2021.

10 Benjamin, 11.

. . . Here time is captured."[11] In this windowless room, different characters come and go, imprinting the walls, the tables, the hands. It is cold, desolate, and yet hopeful. Youth is a vessel that obliterates stock exchange time by creating a ballroom without world; for a moment, David's works materialized such a space in Amsterdam.

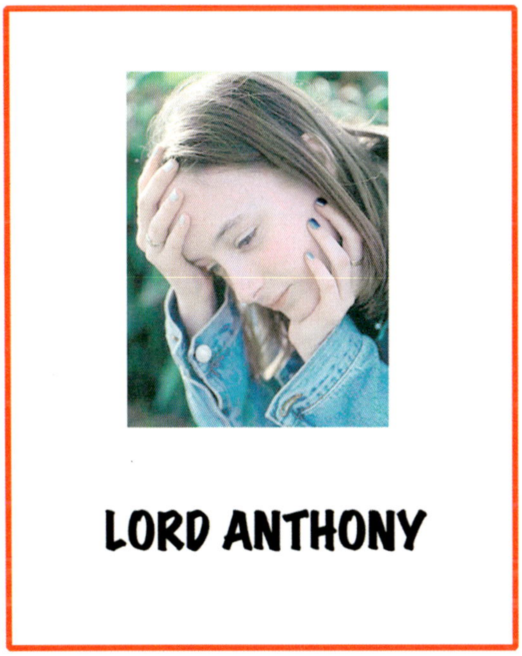

Flyer pour l'exposition / press release for the exhibition, **Lord Anthony**, rongwrong, Amsterdam (2012).

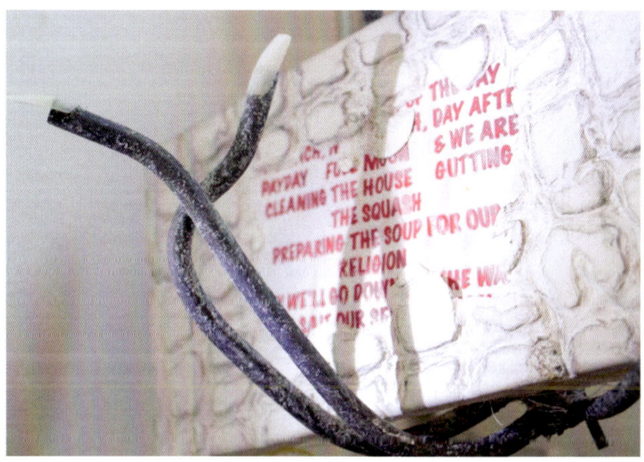

Vue de l'exposition / exhibition view, **Lord Anthony**, rongwrong, Amsterdam (2012).

11 Benjamin, 16–17.

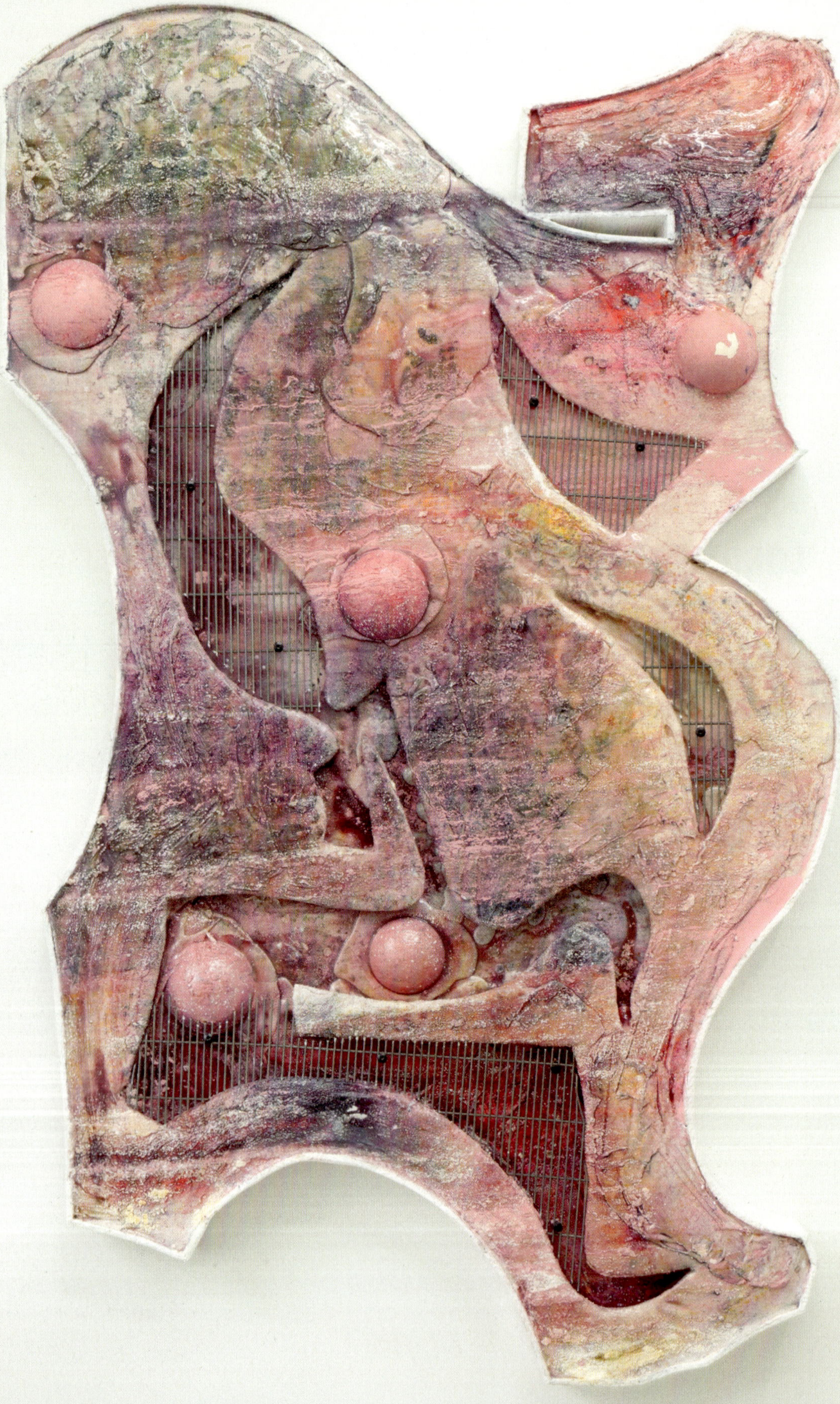

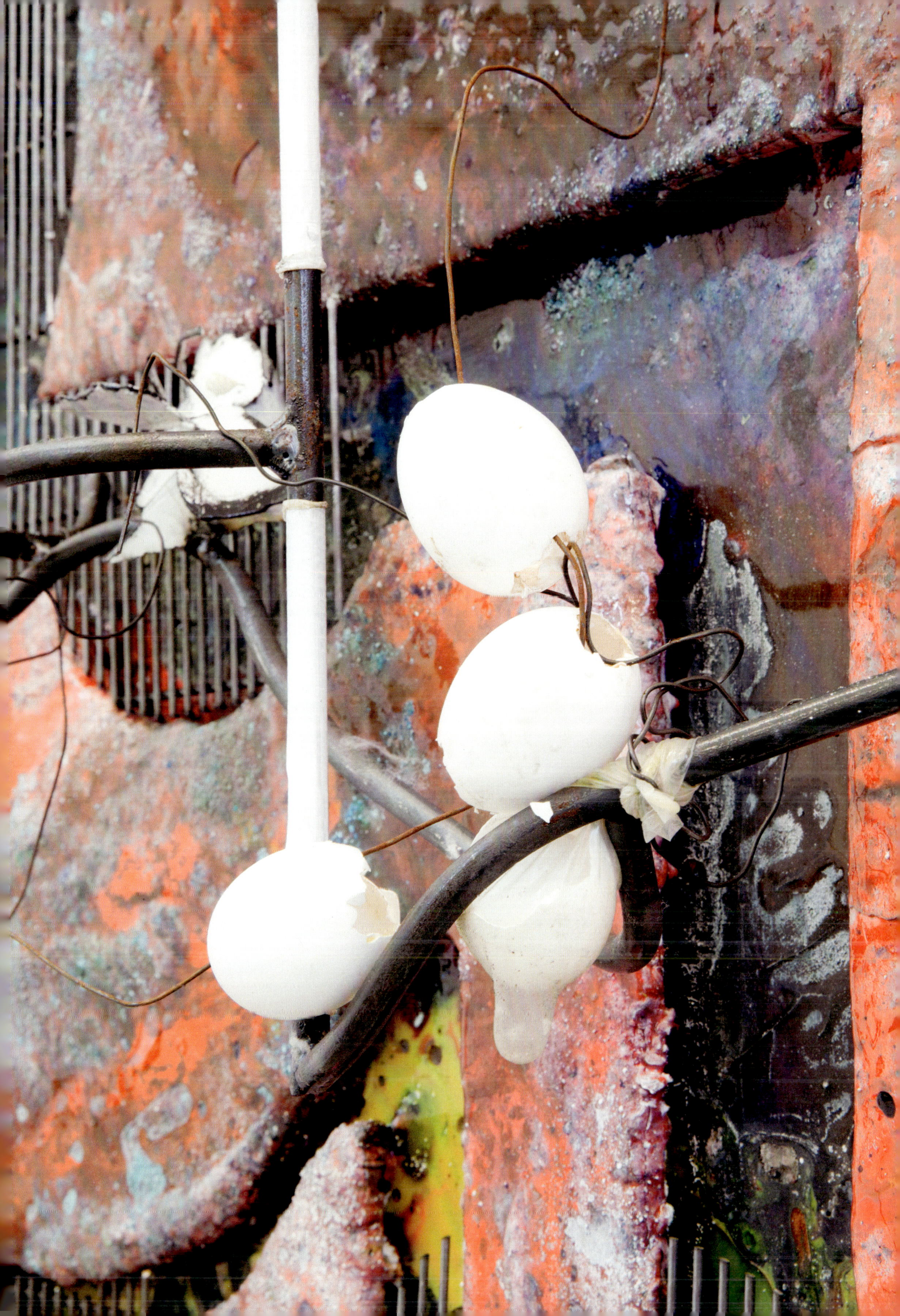

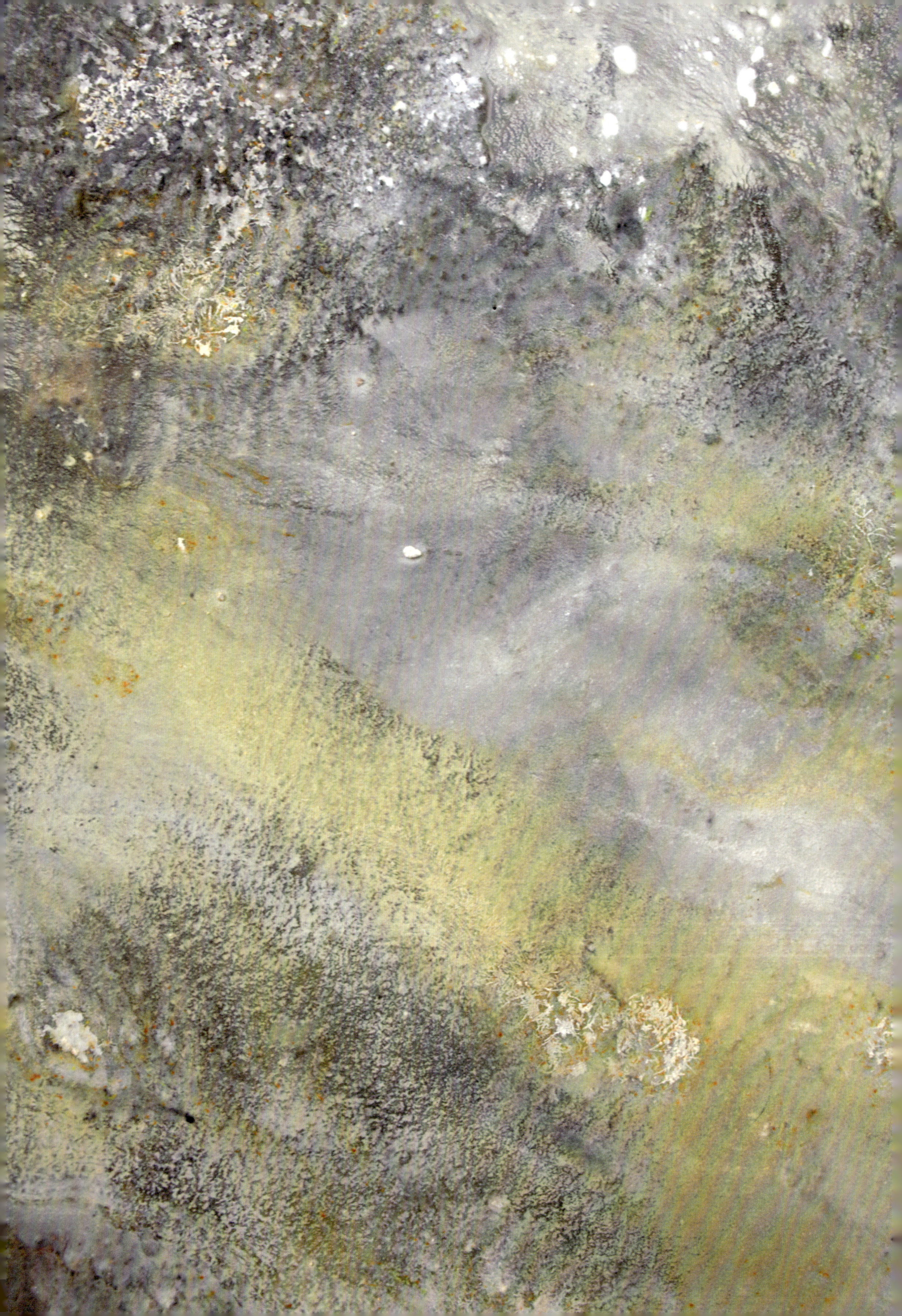

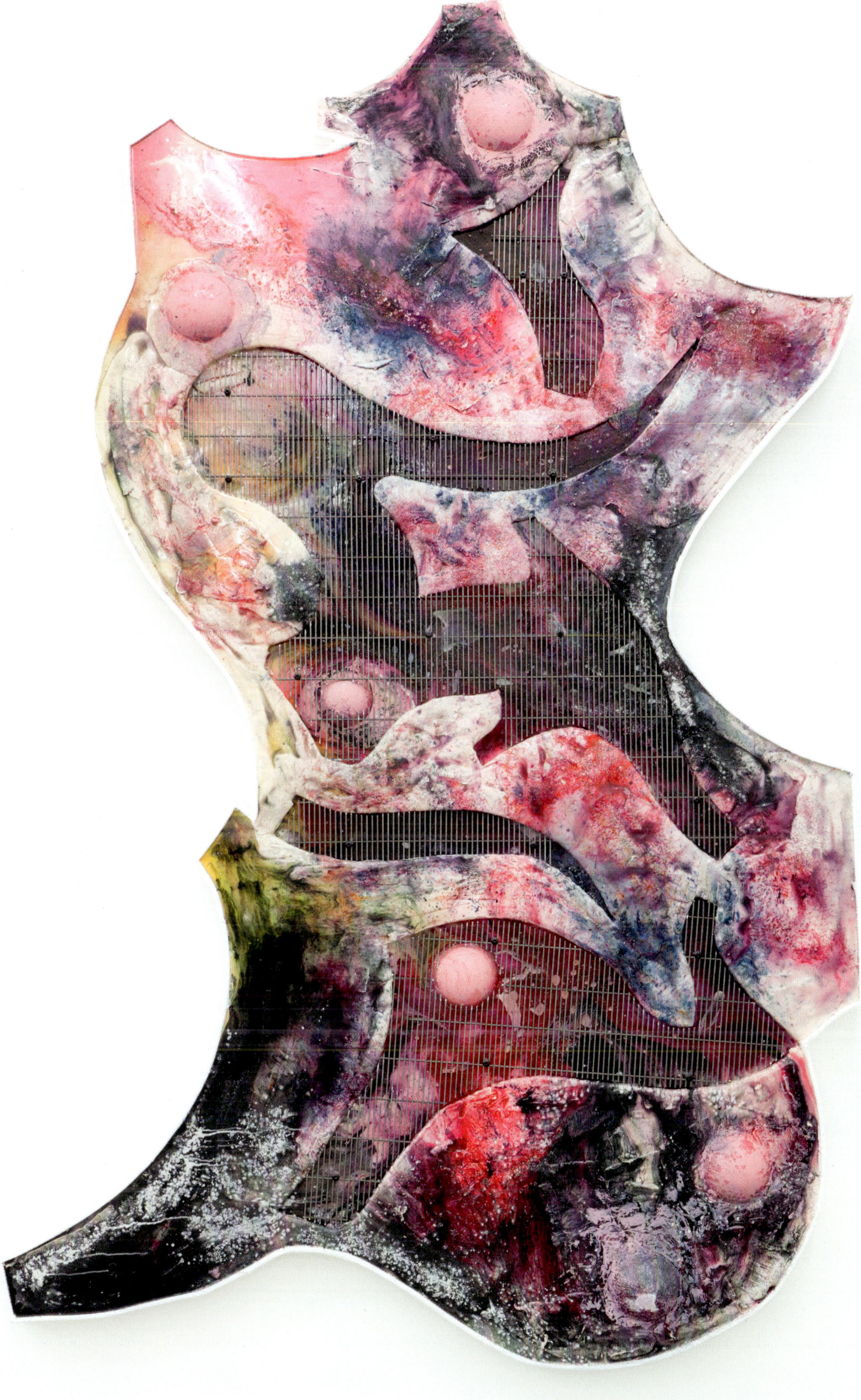

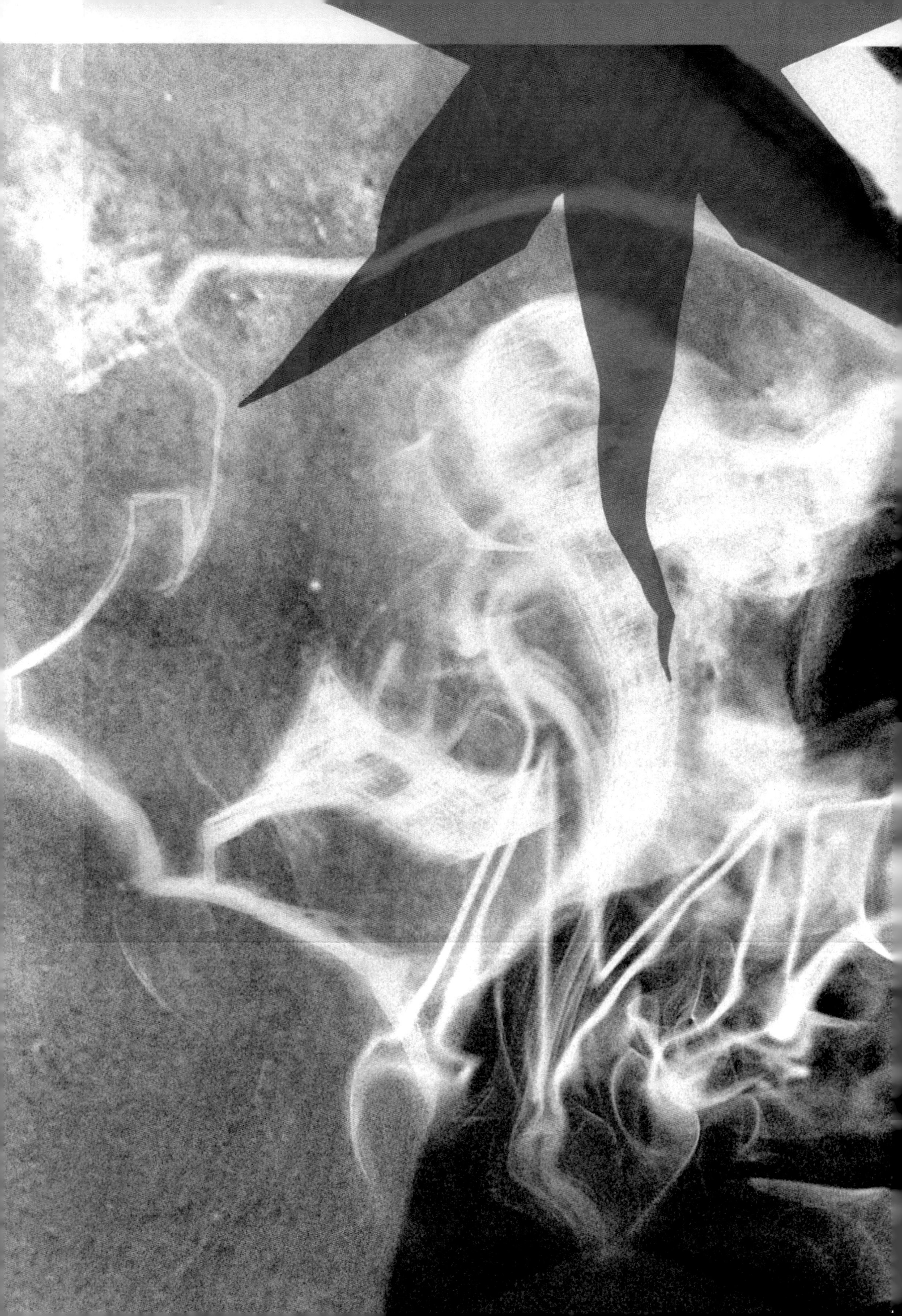

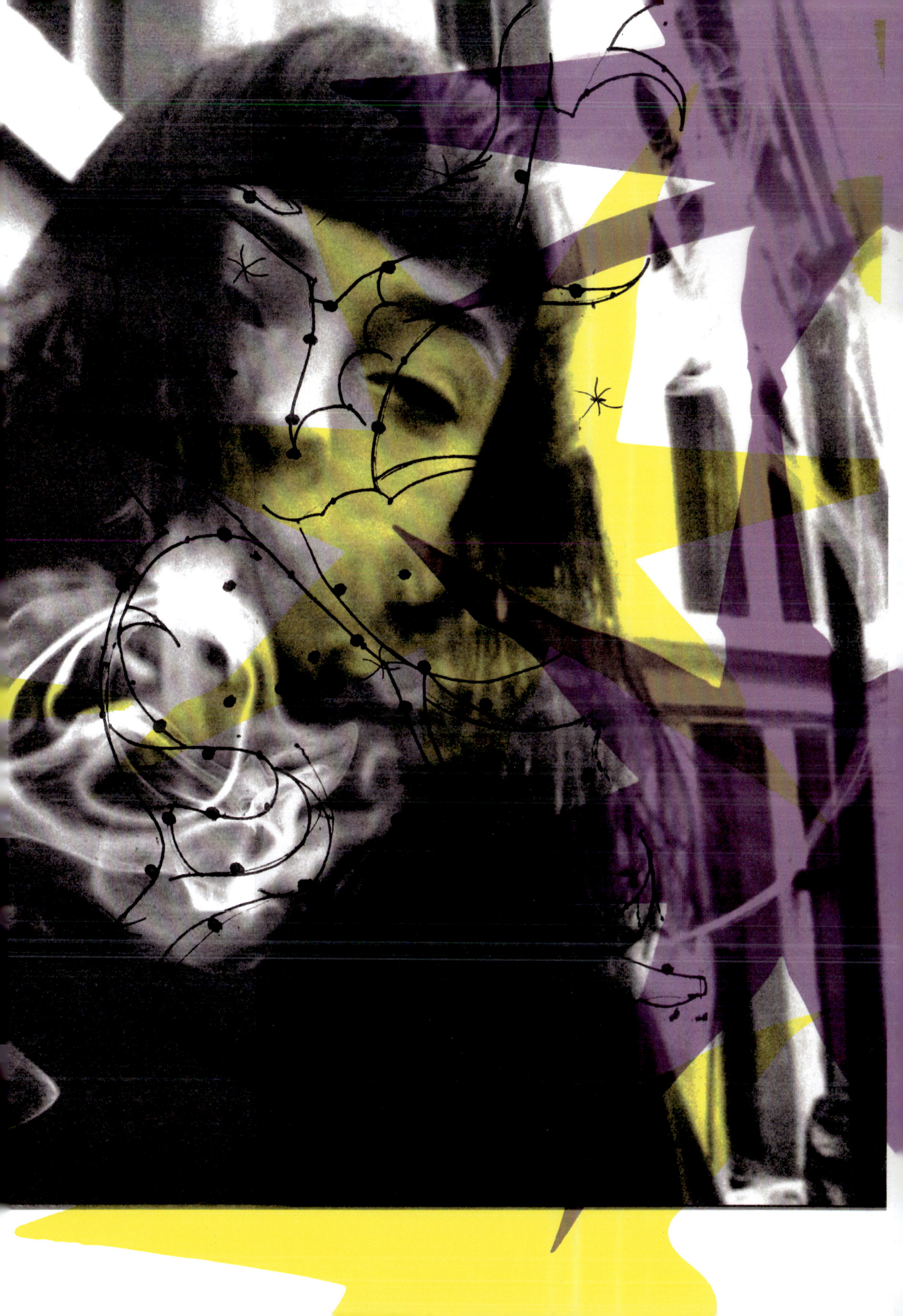

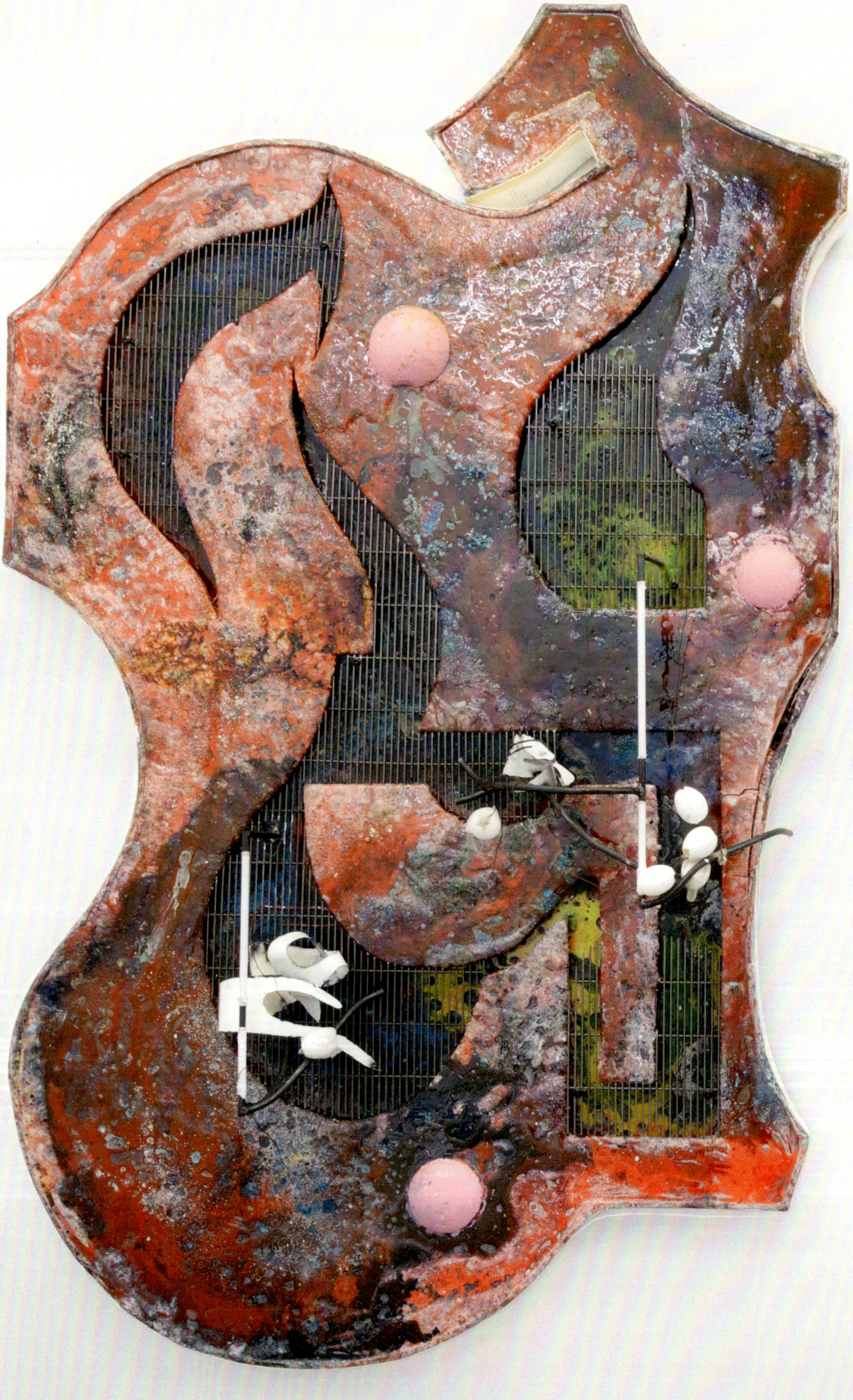

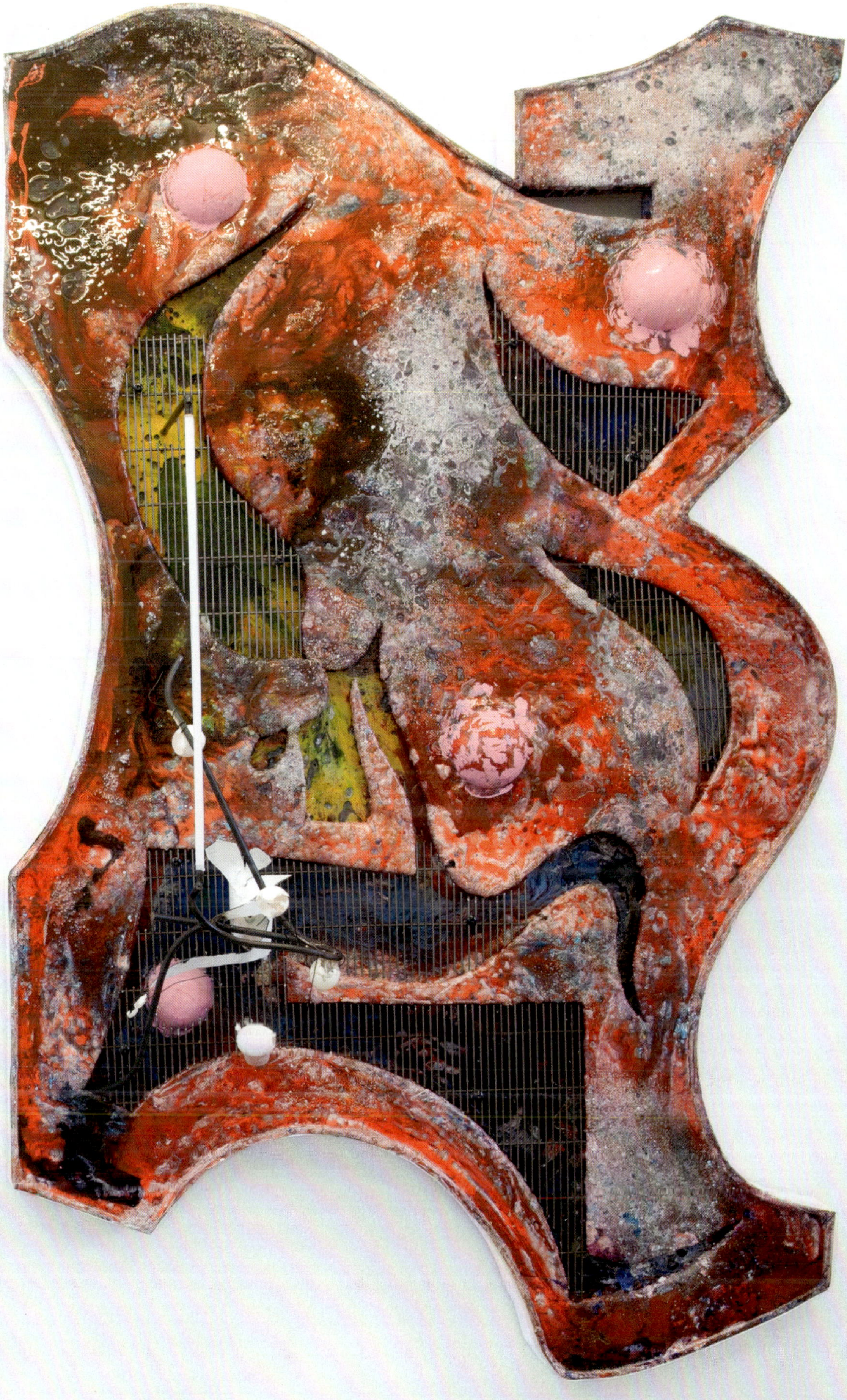

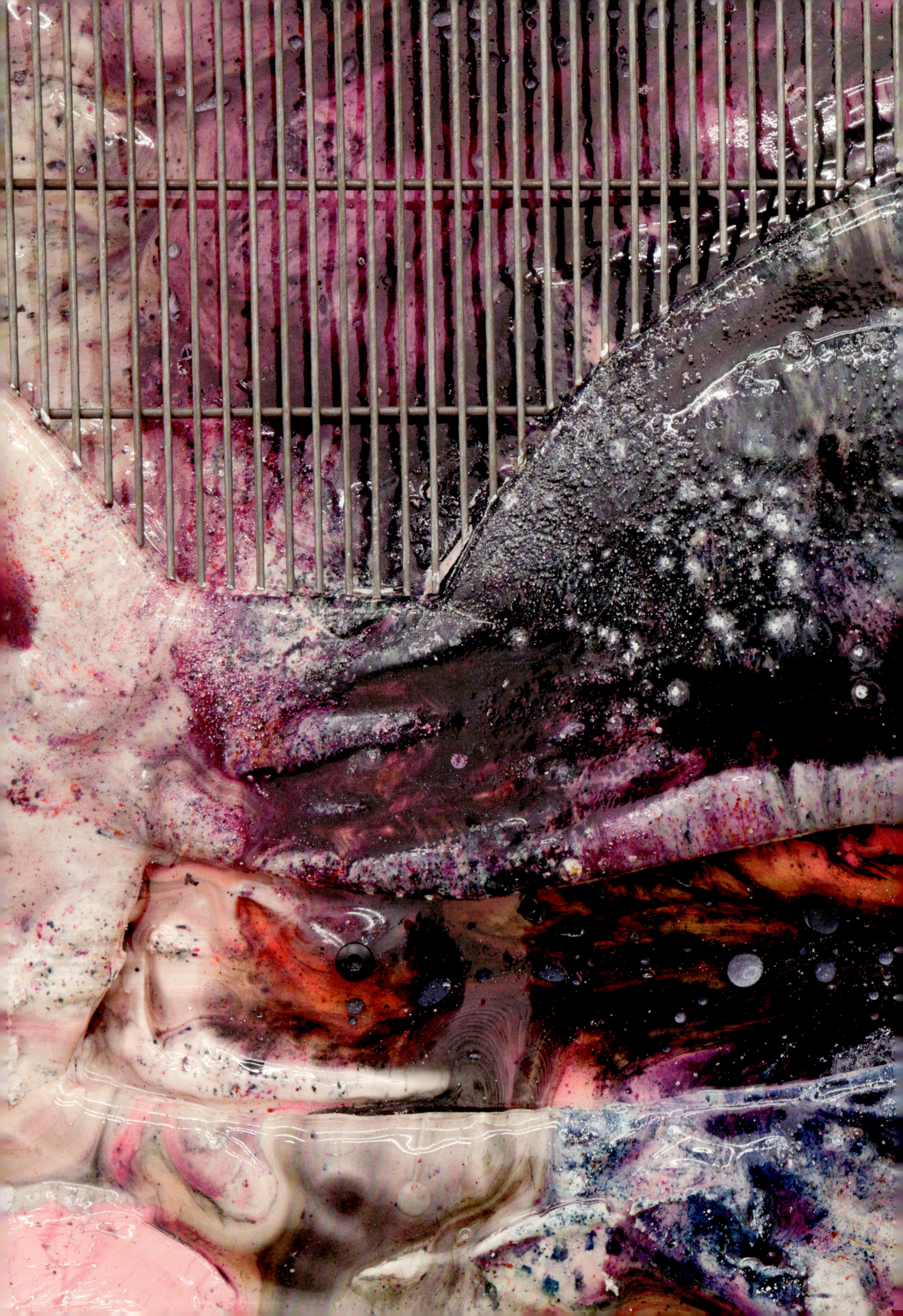

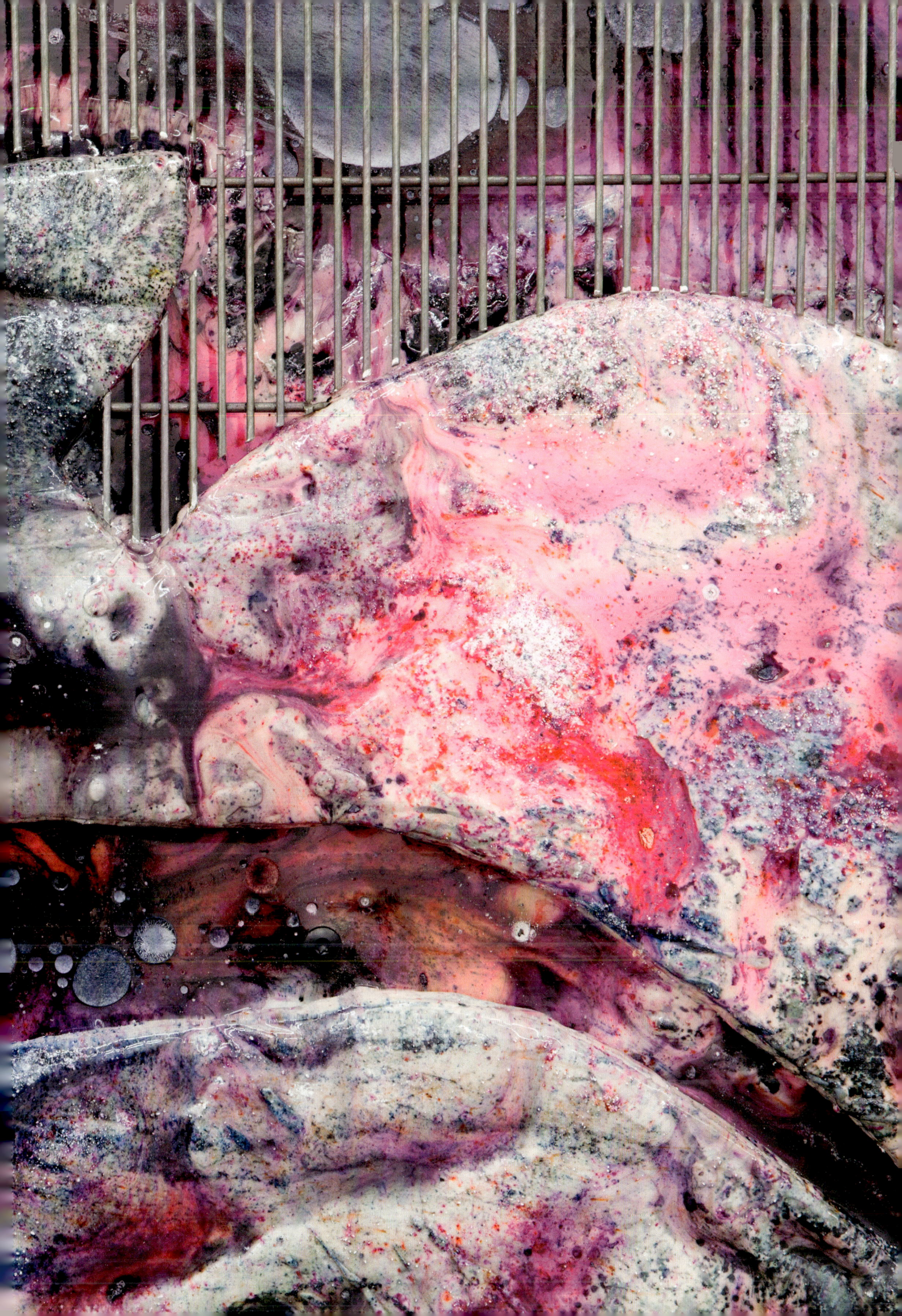

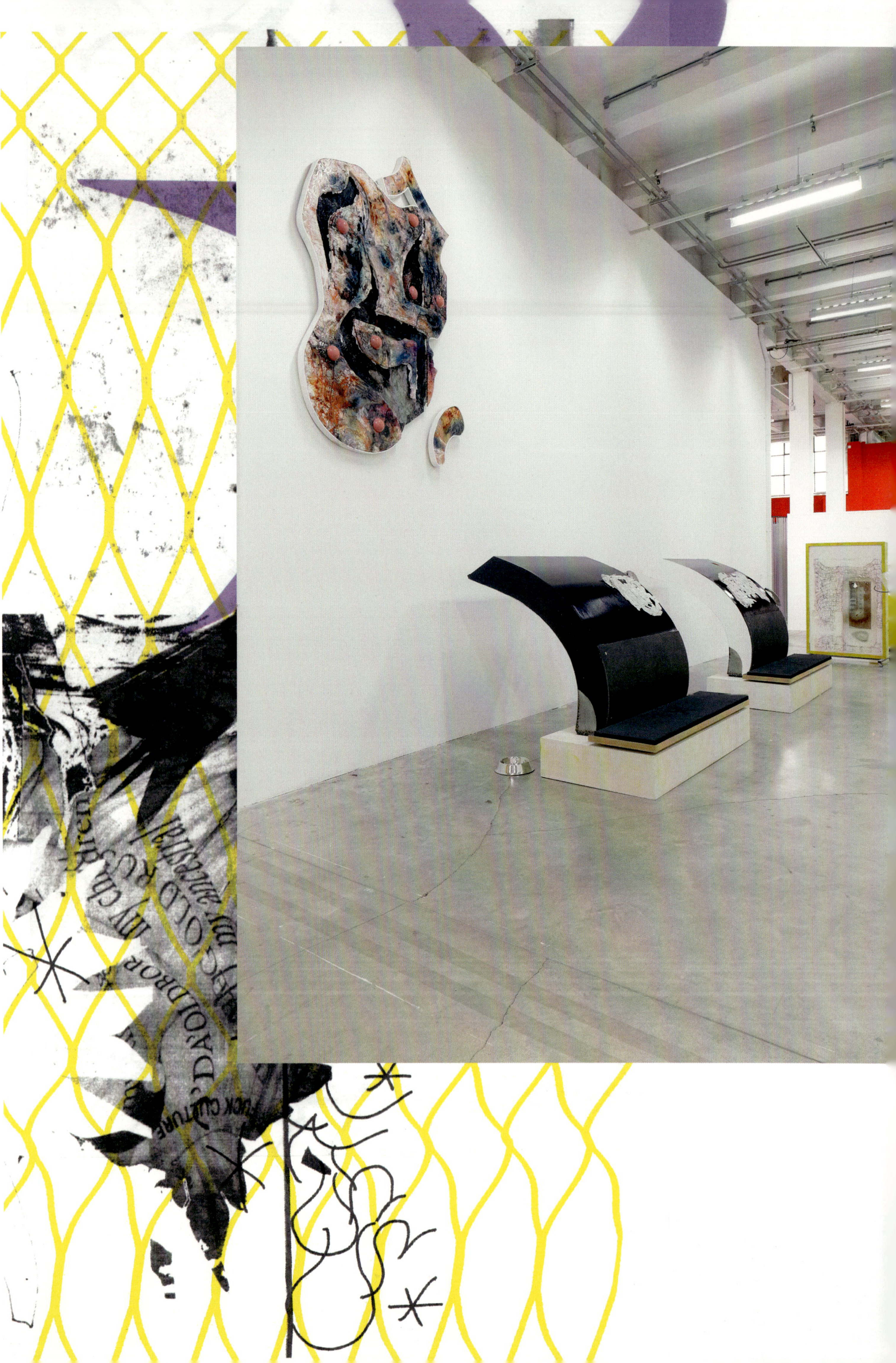

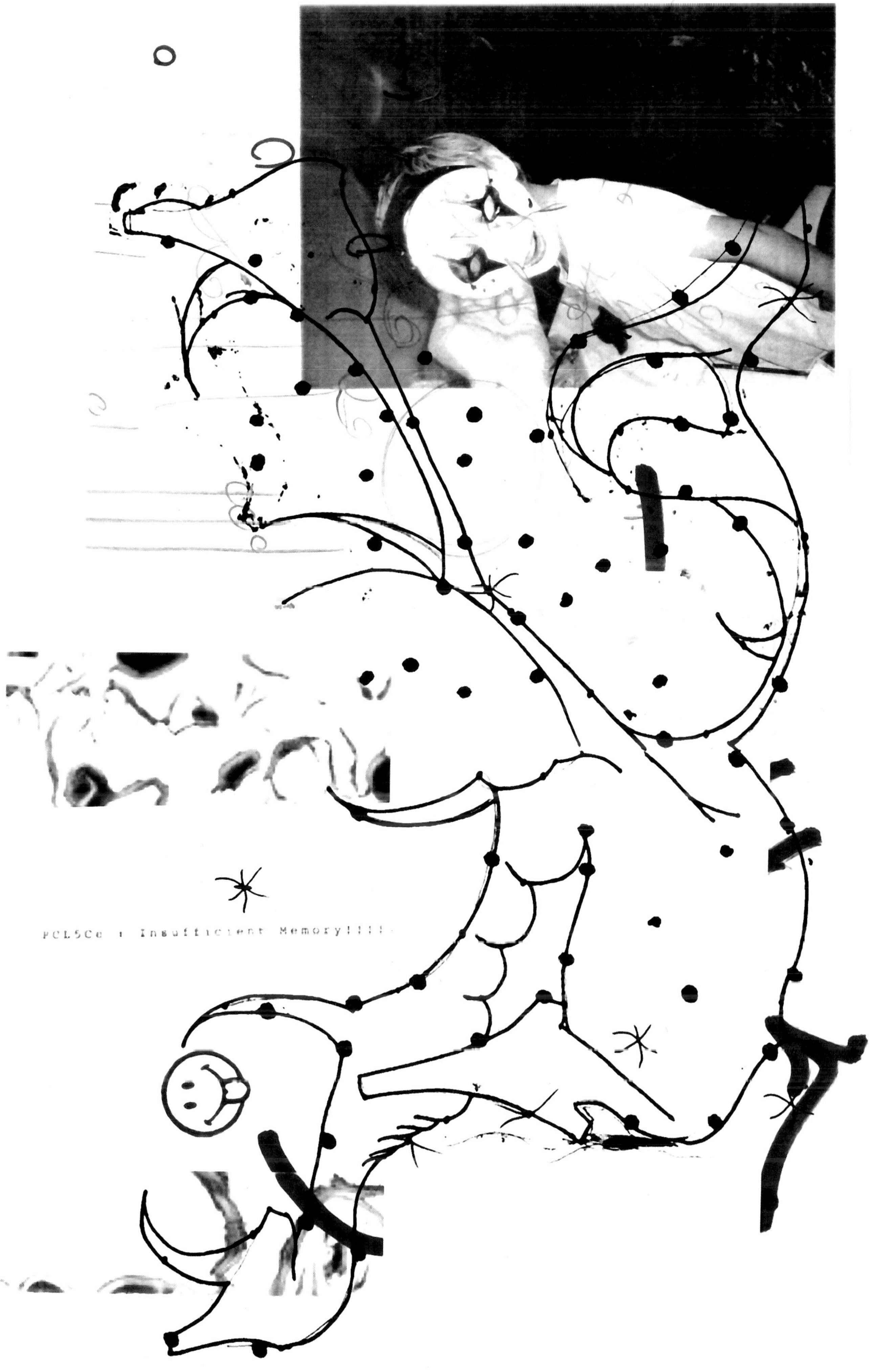
PCL5Ce : Insufficient Memory!!!!

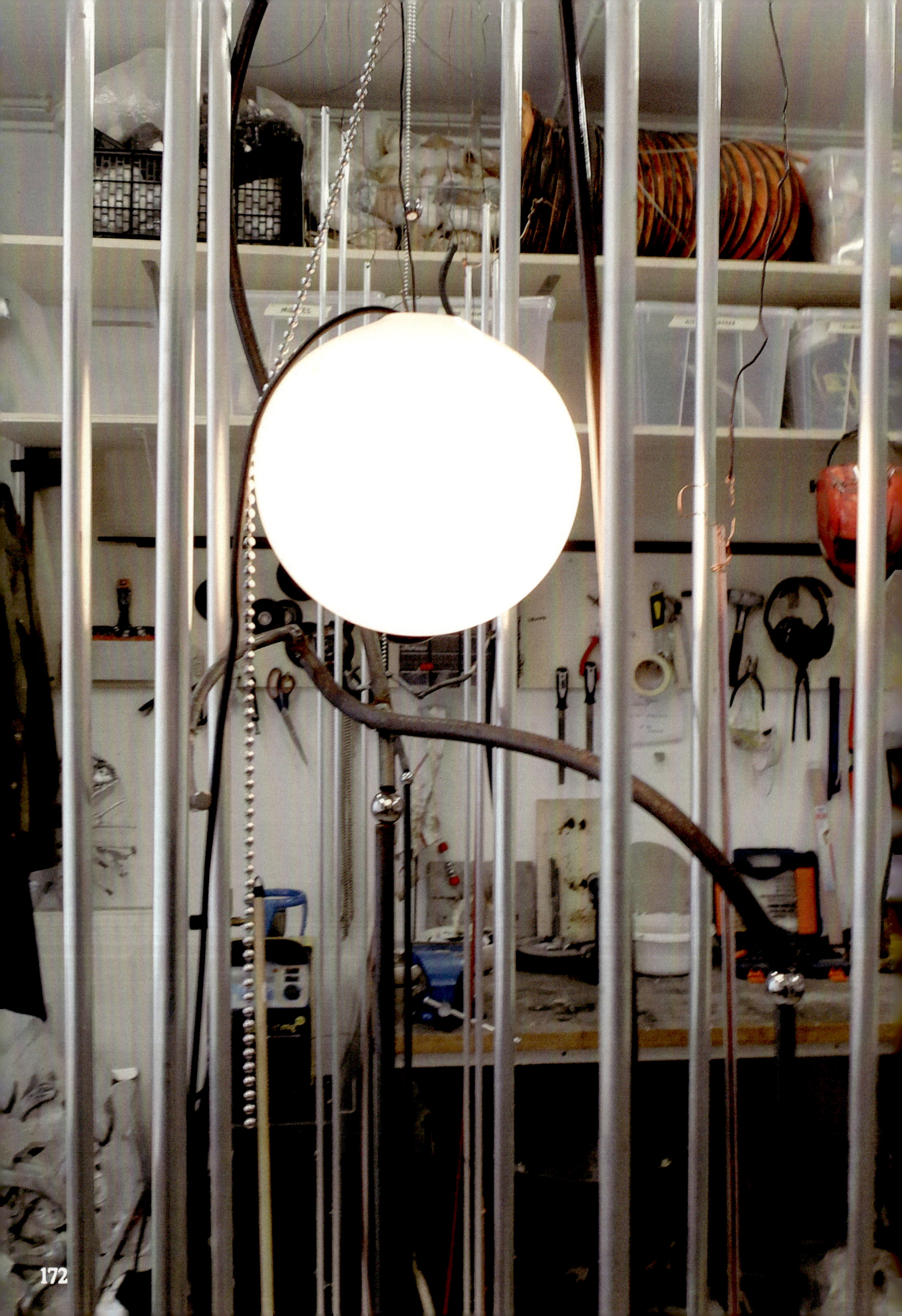

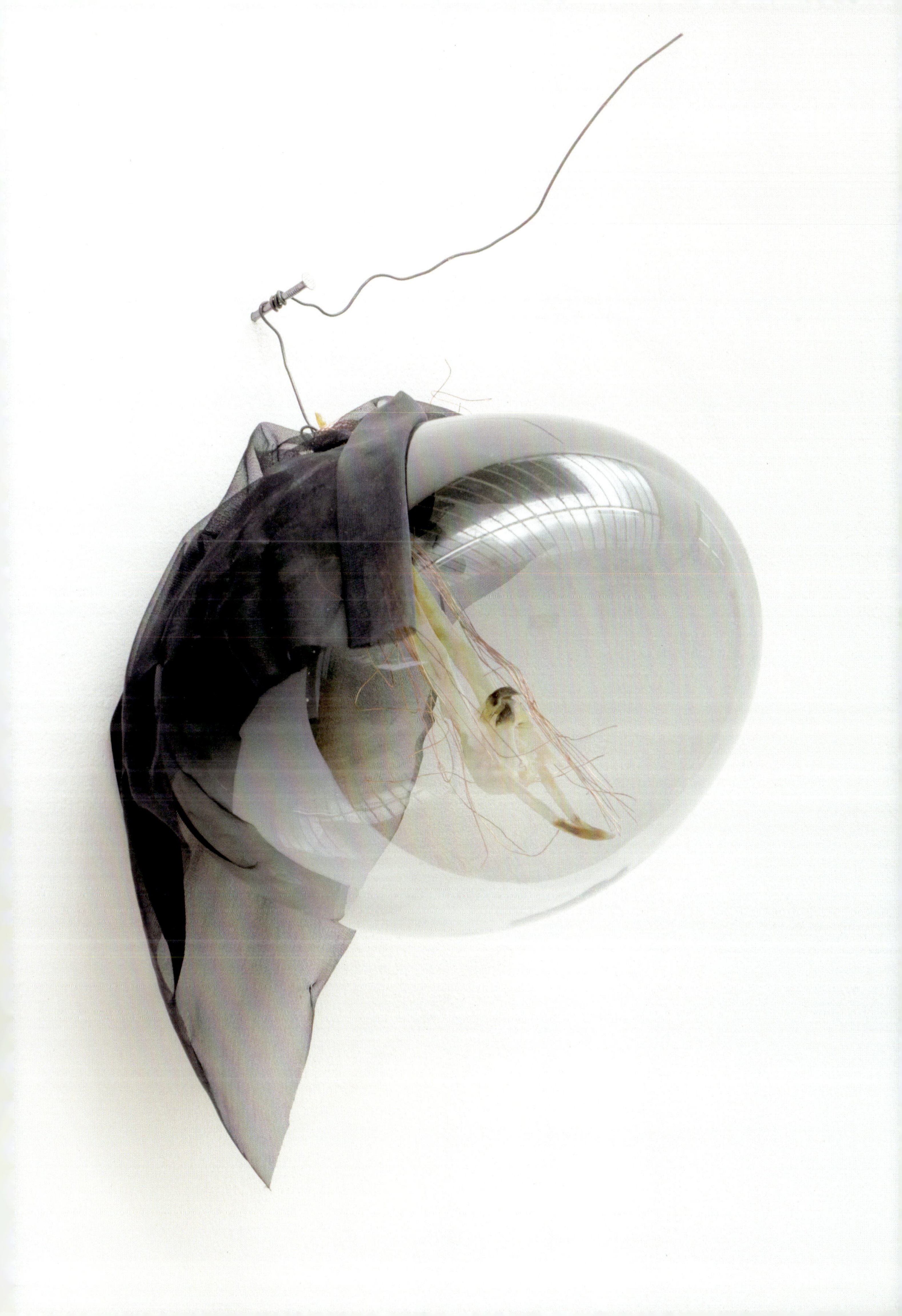

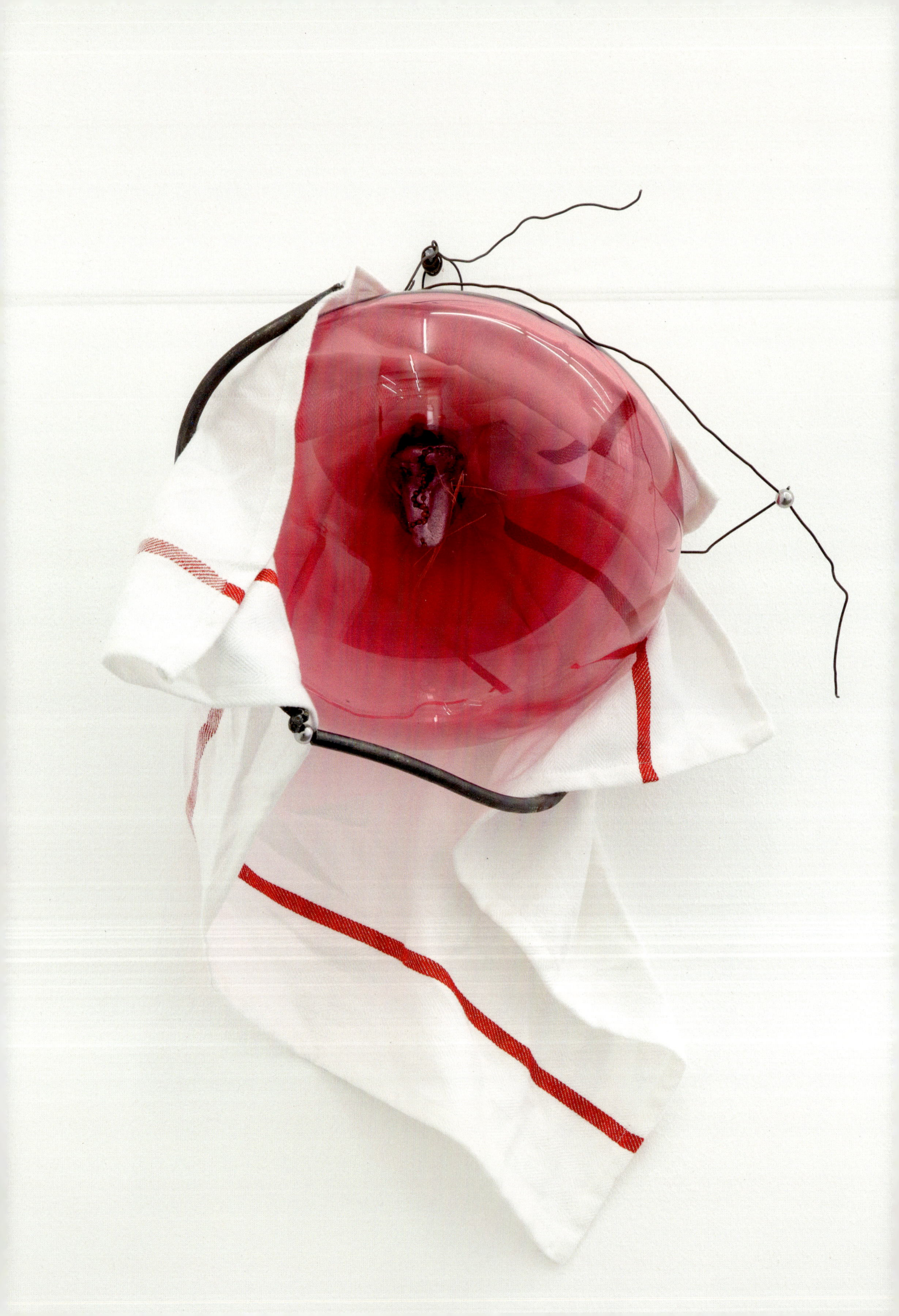

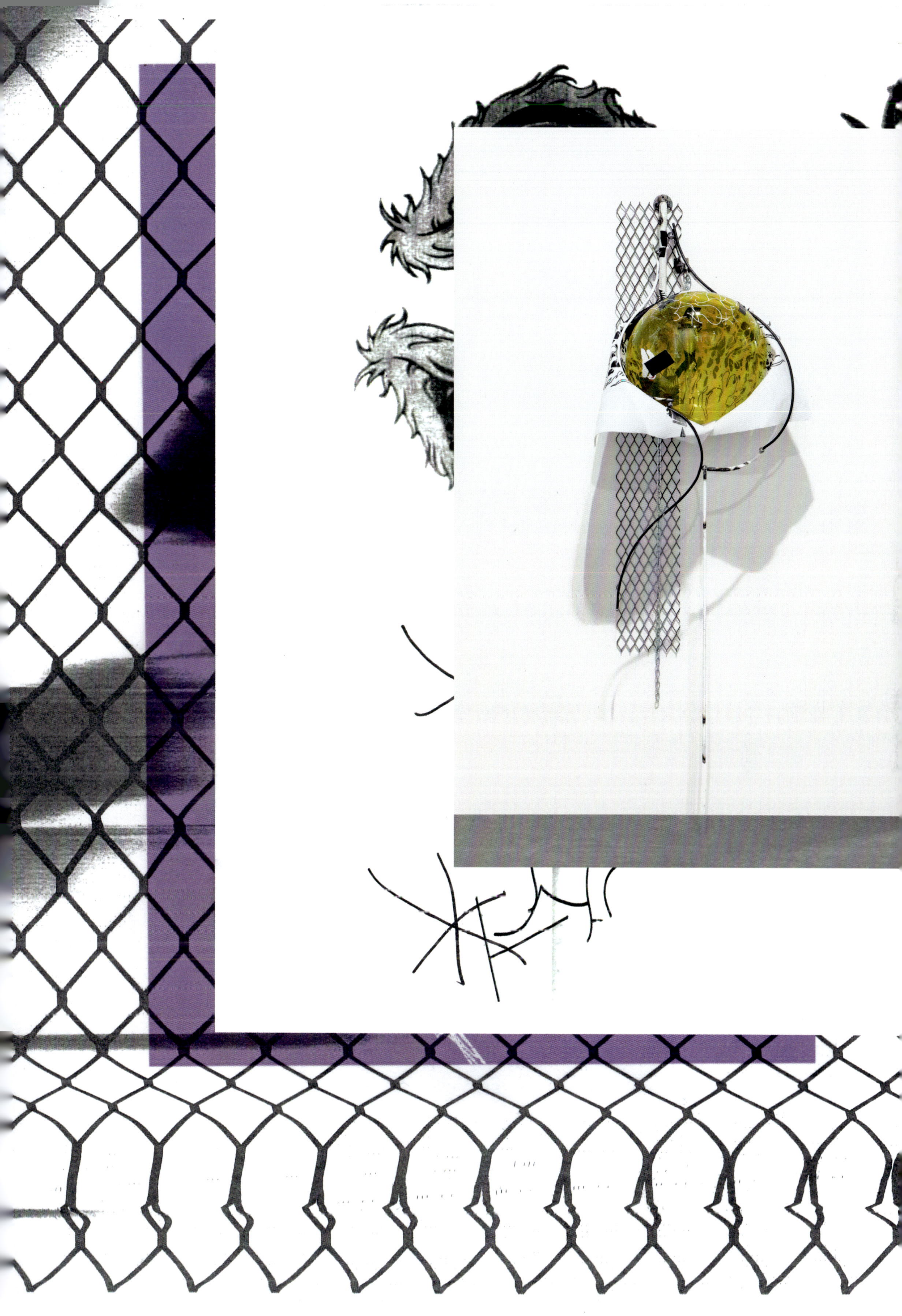

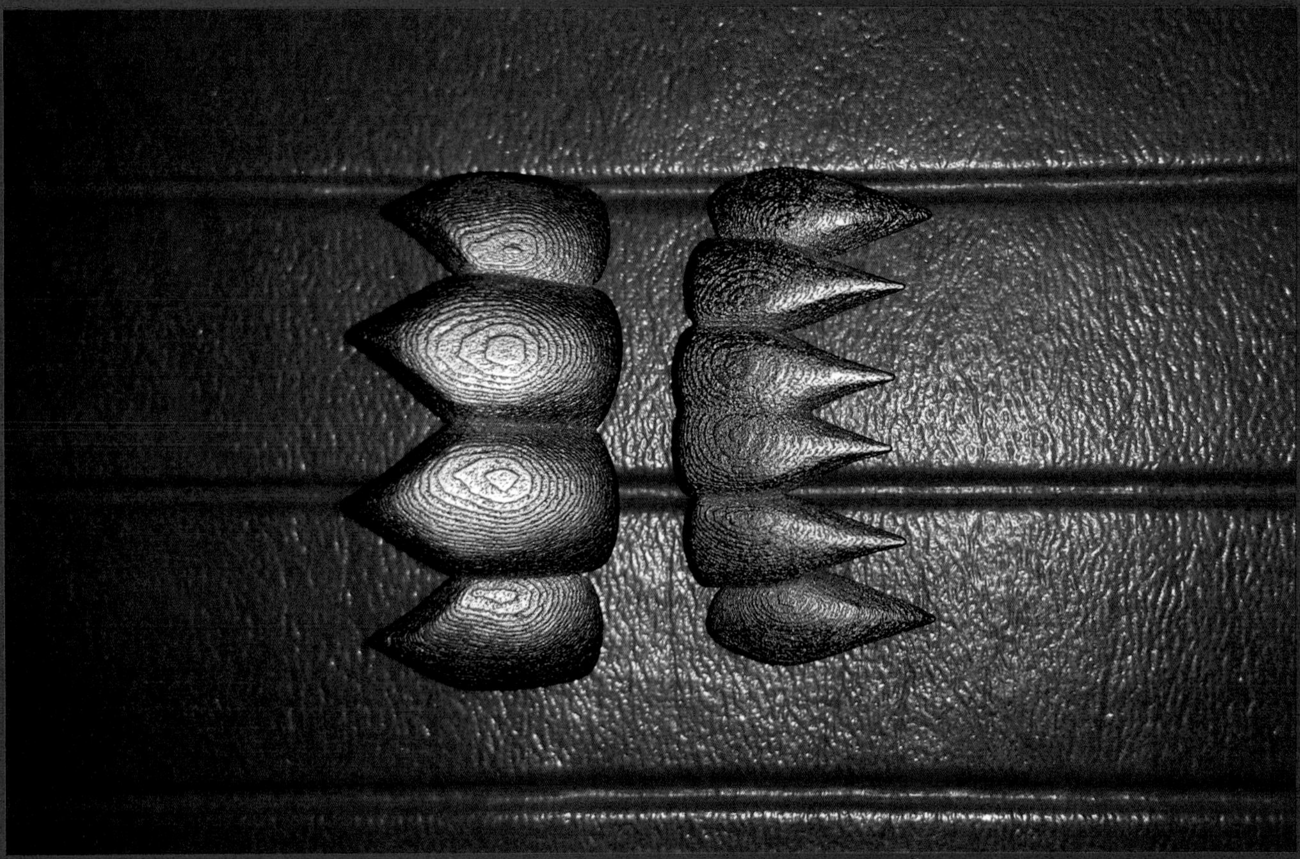

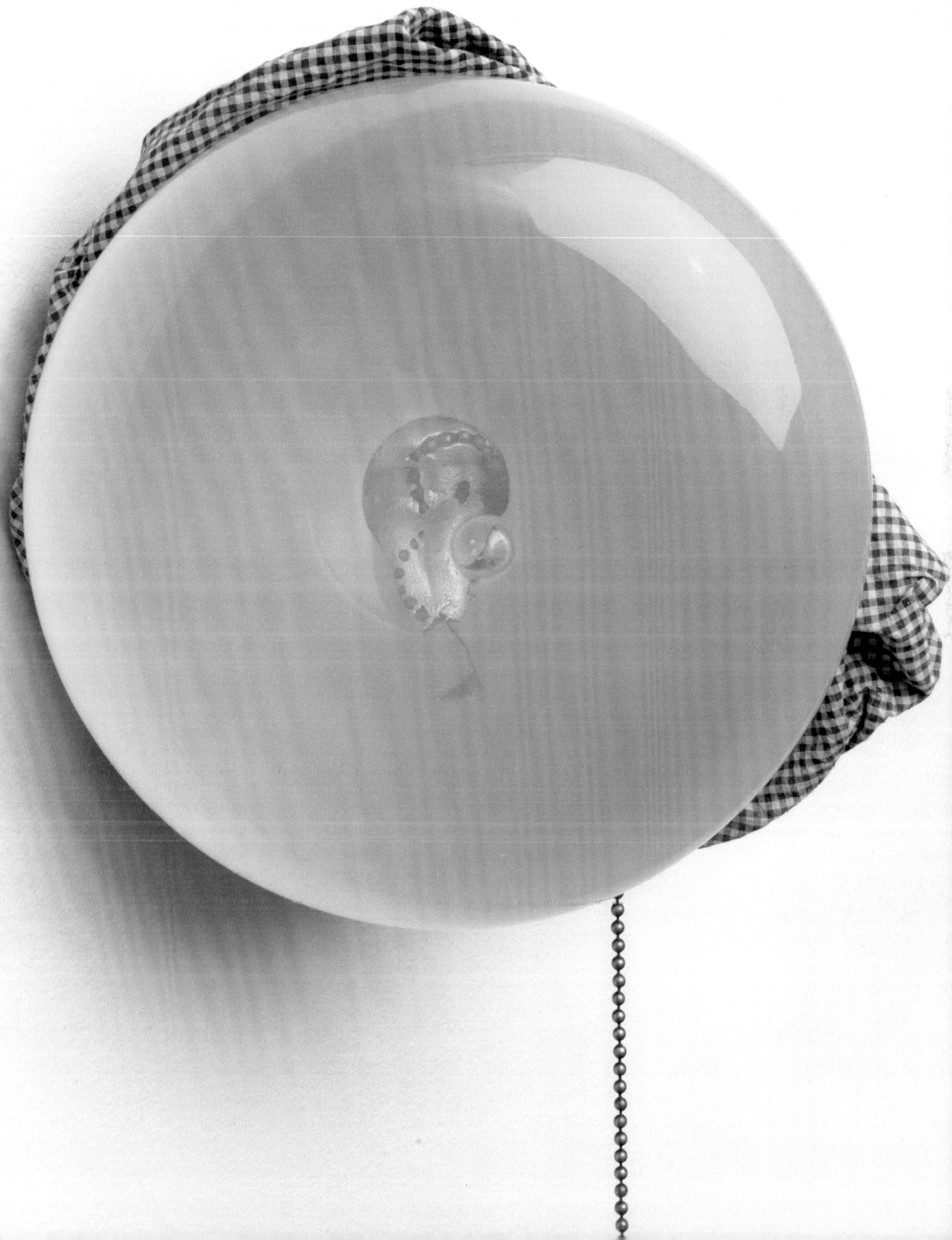

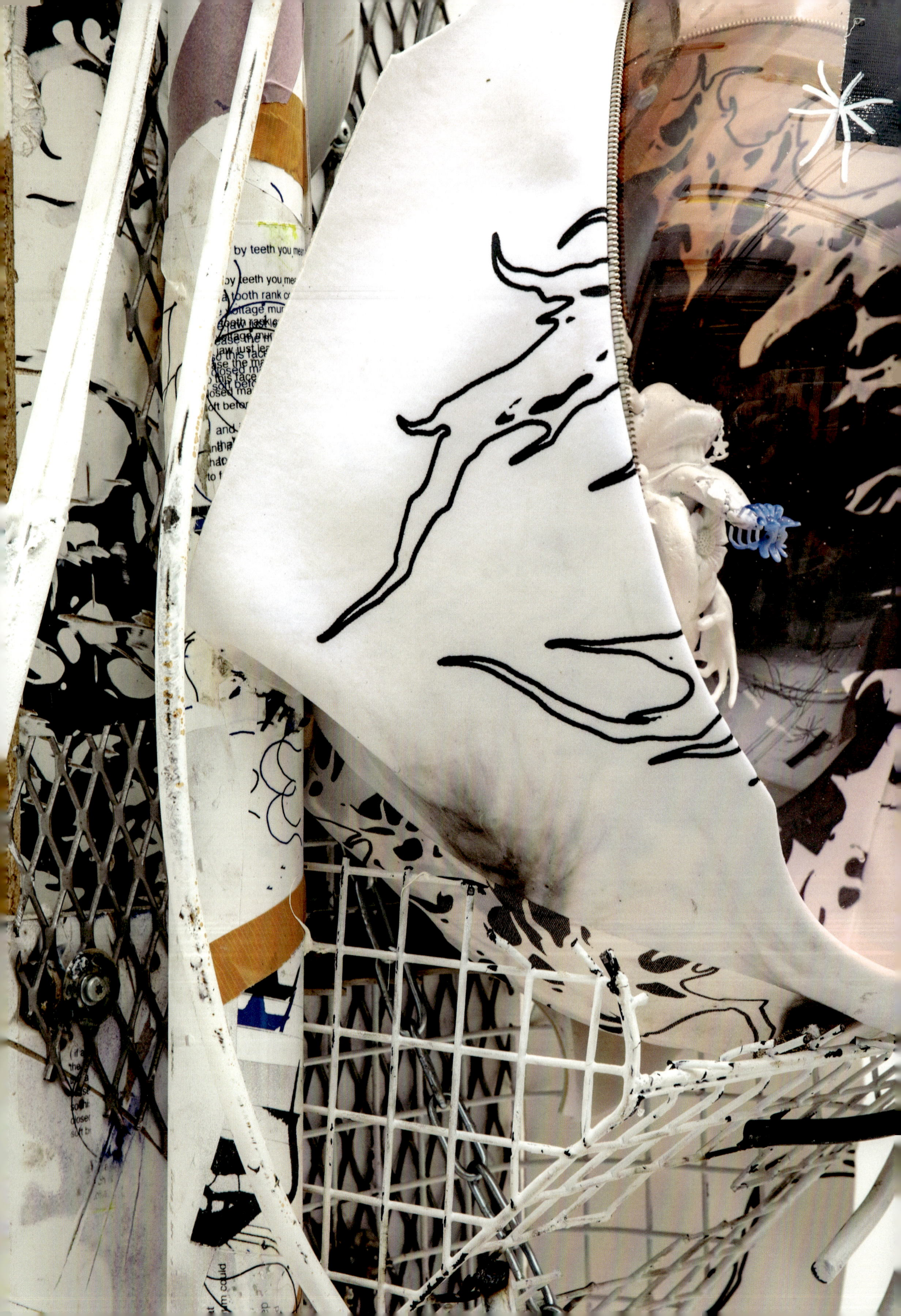

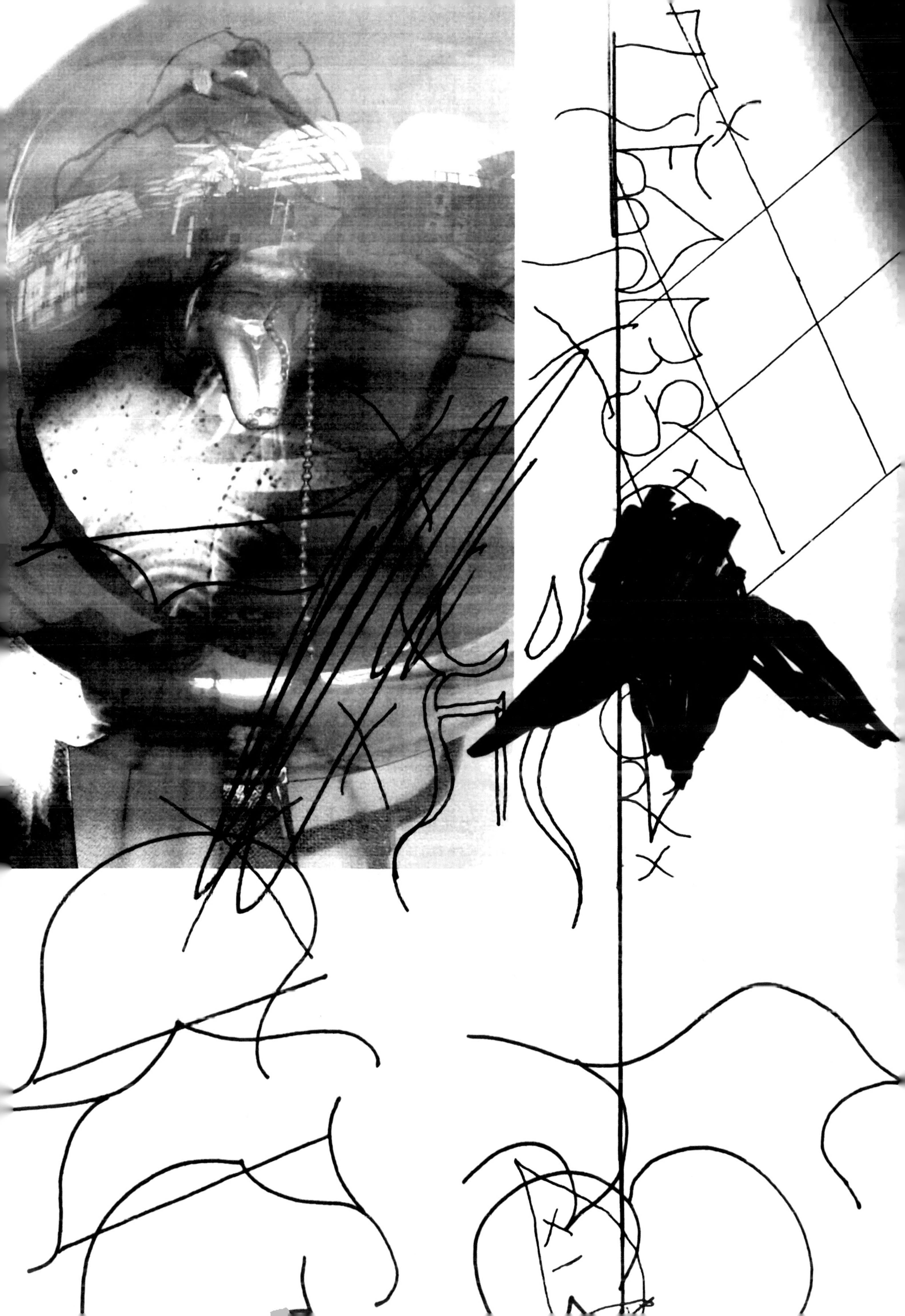

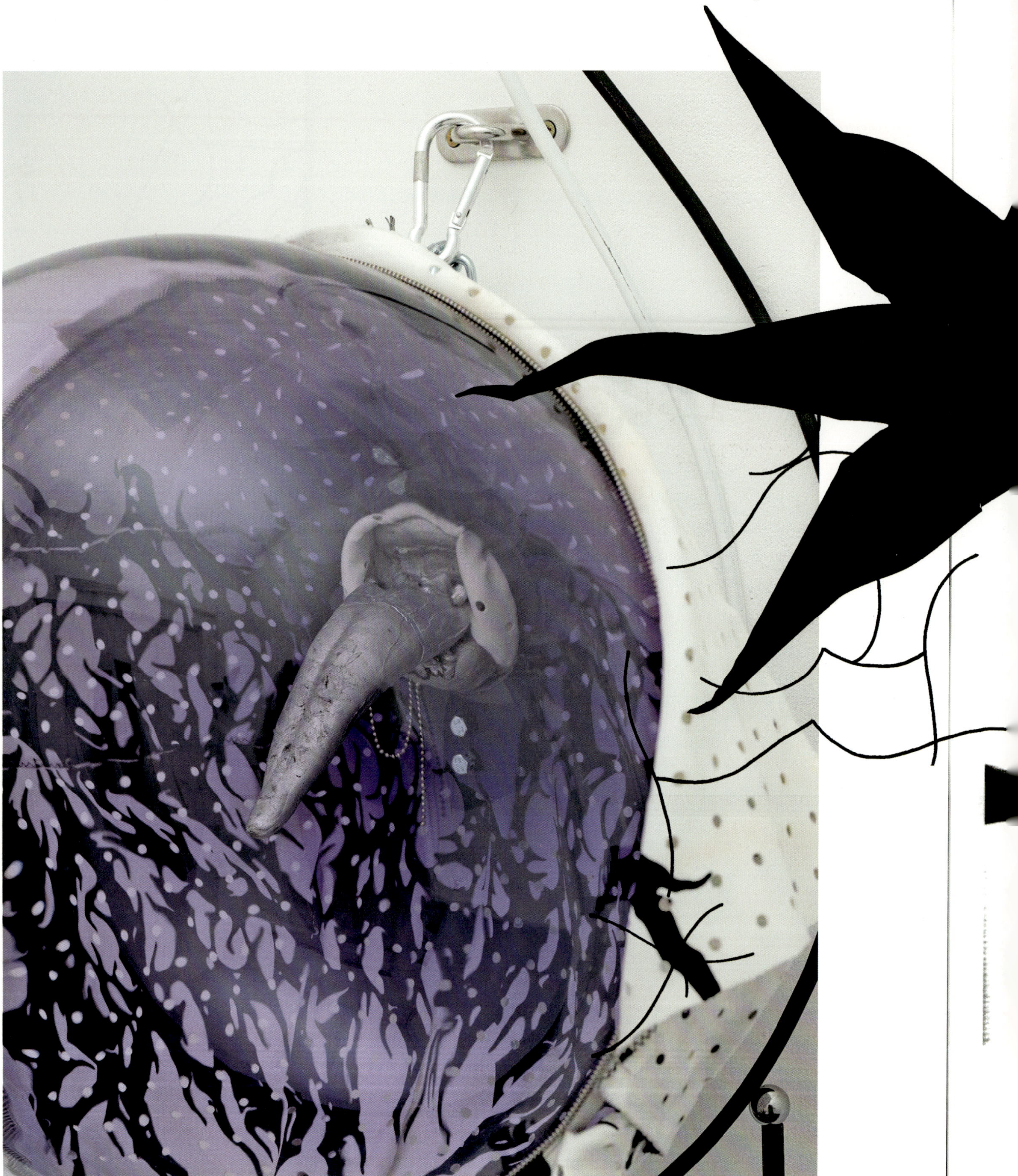

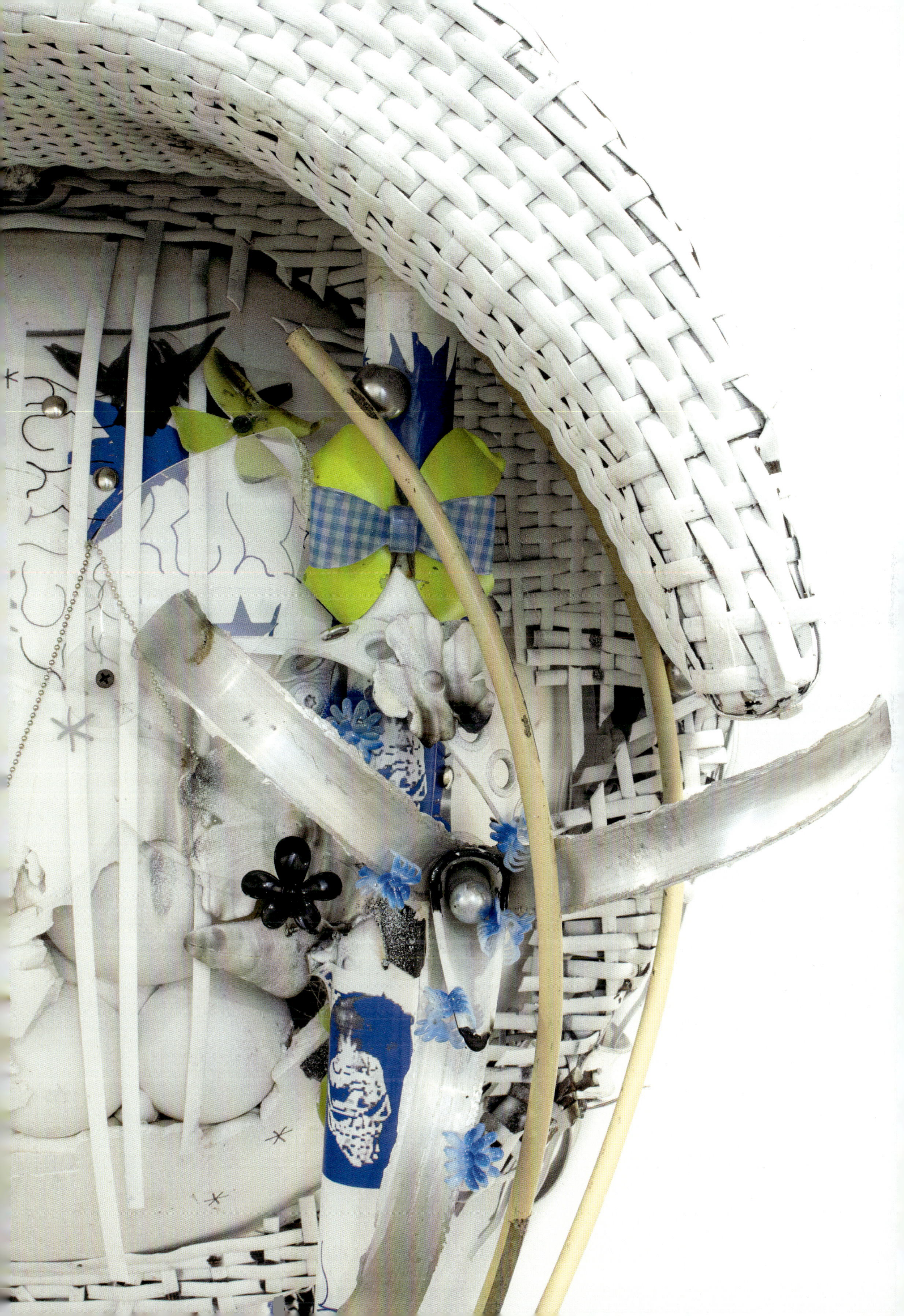

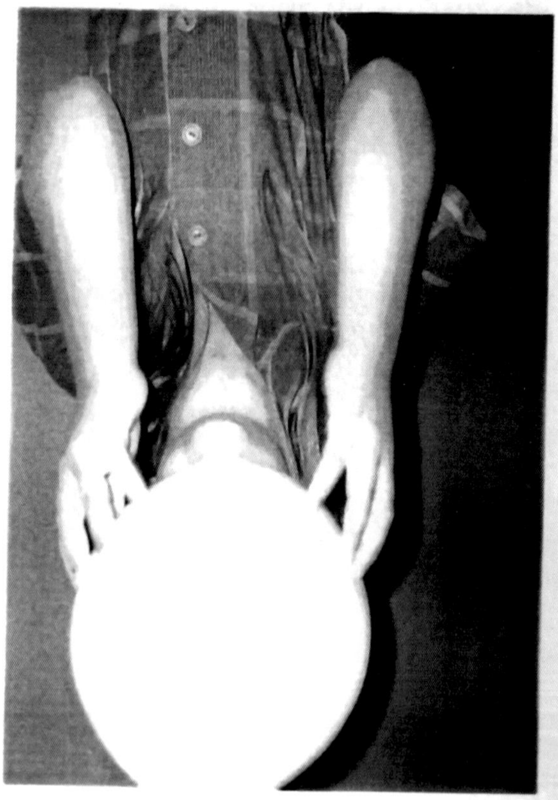

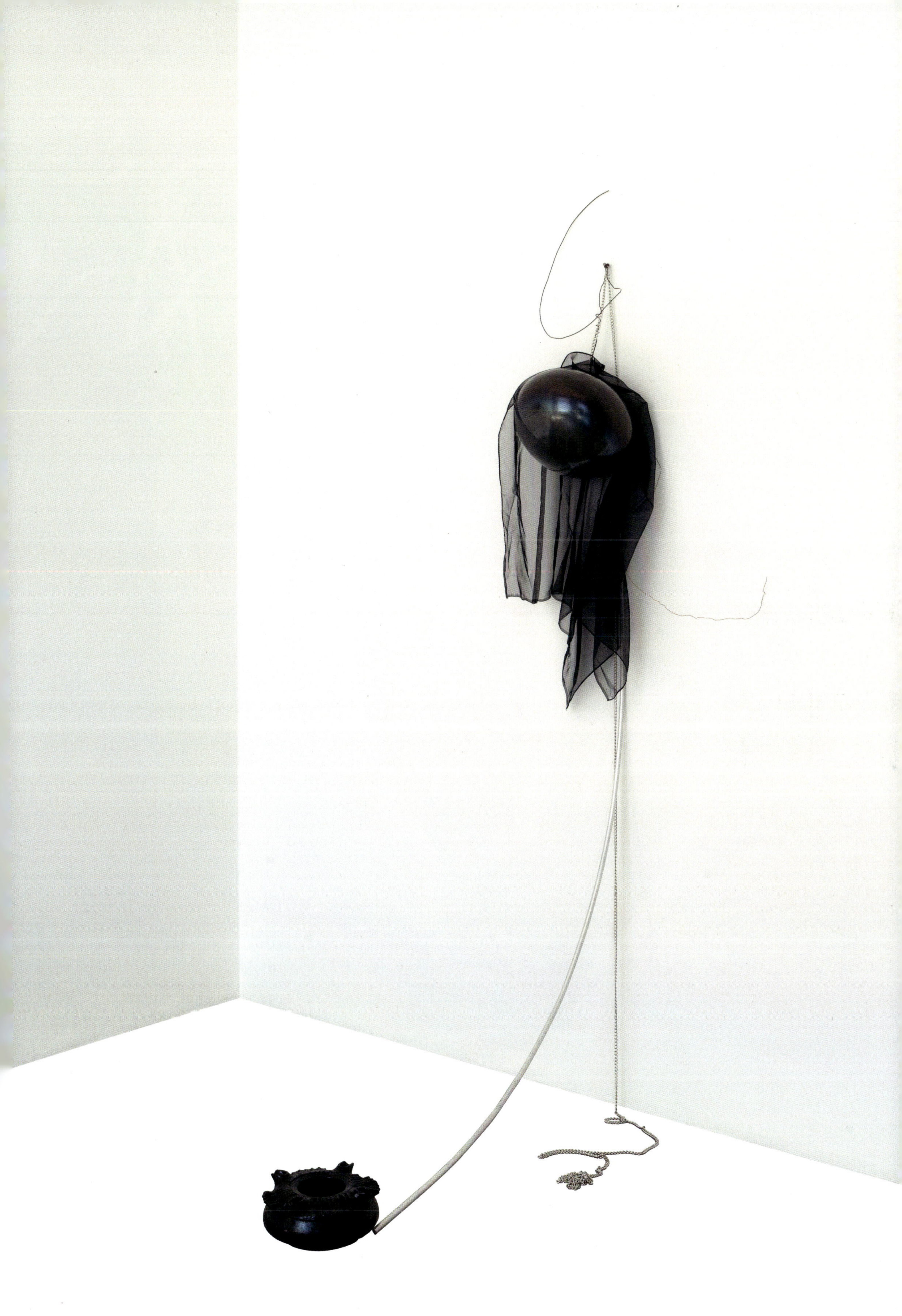

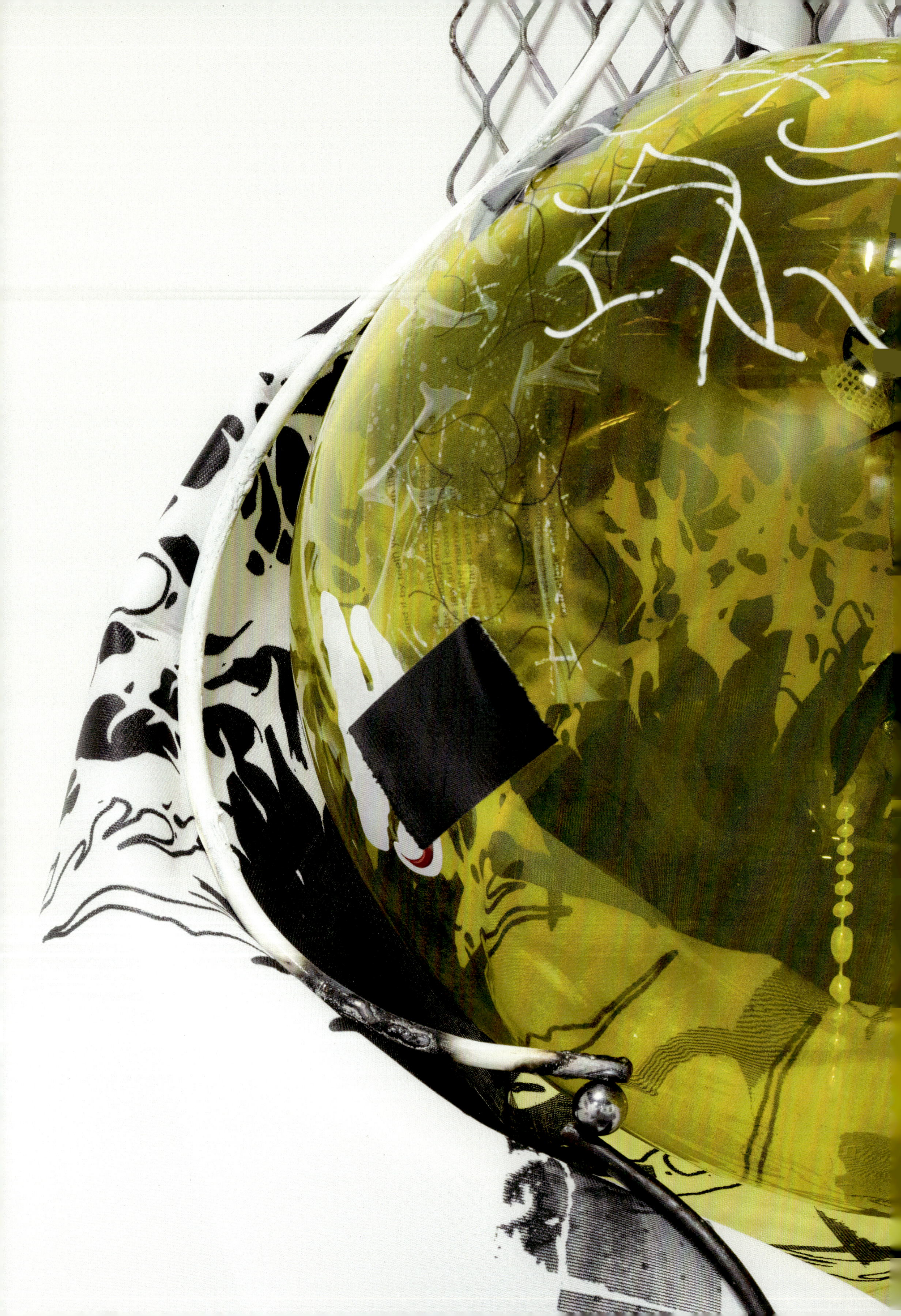

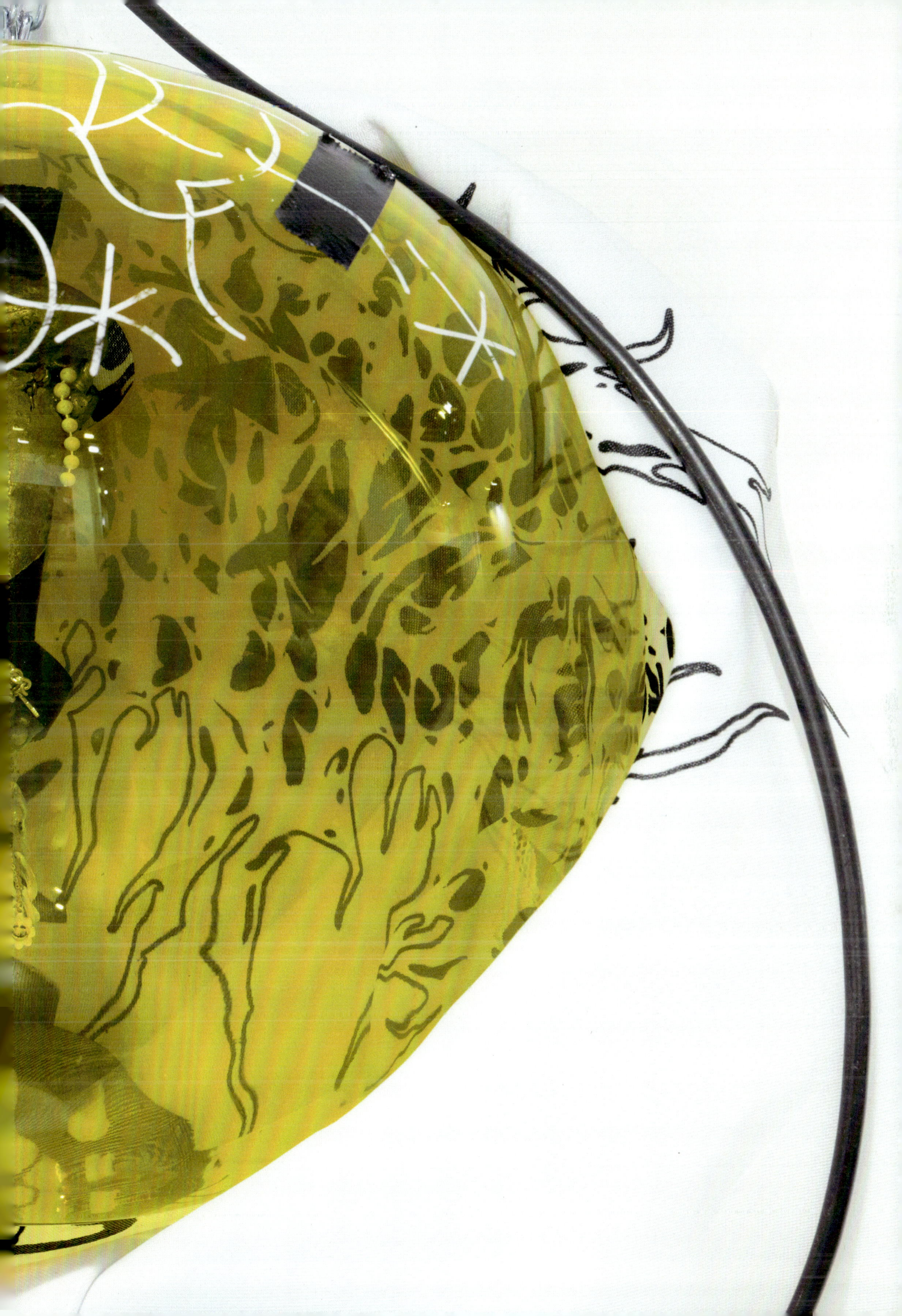

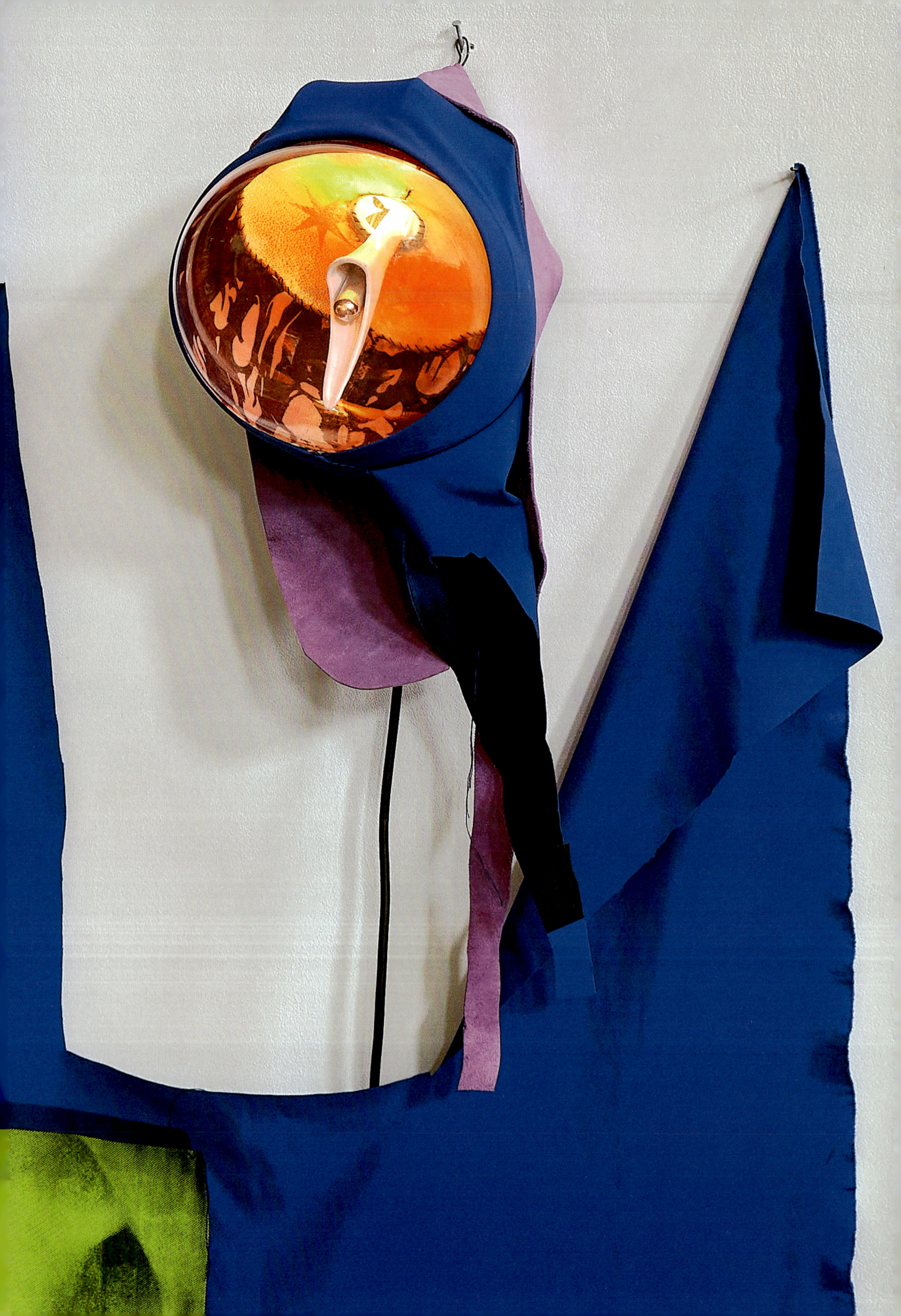

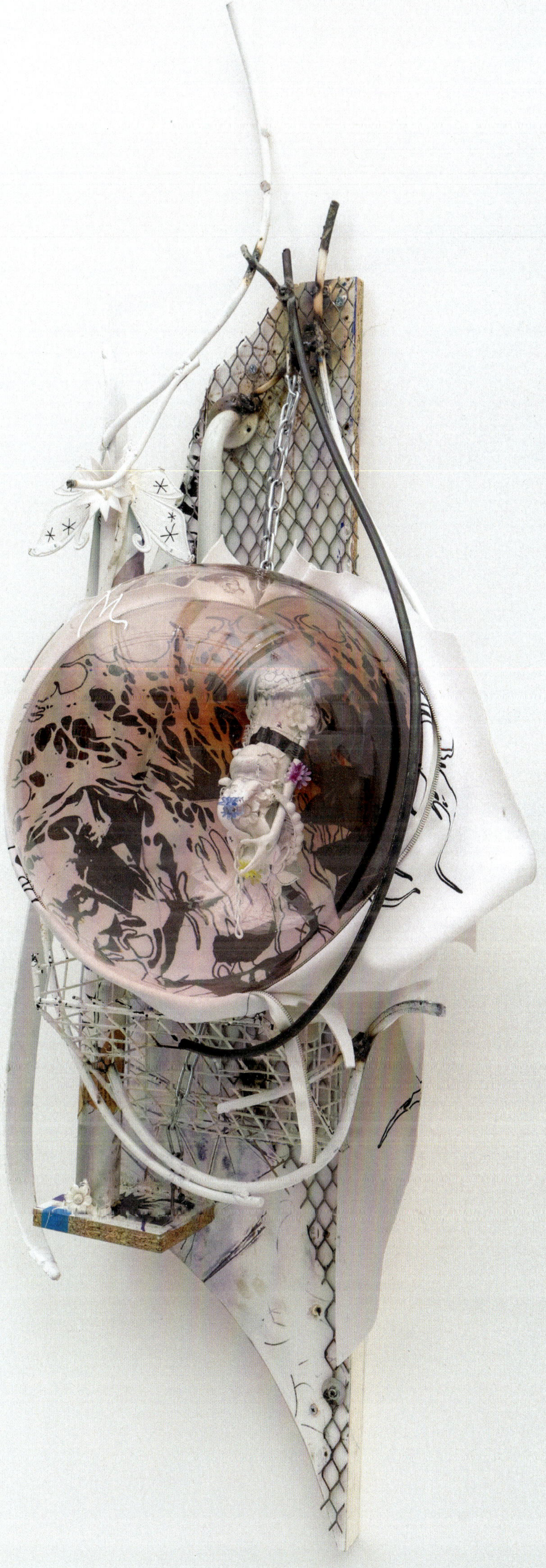

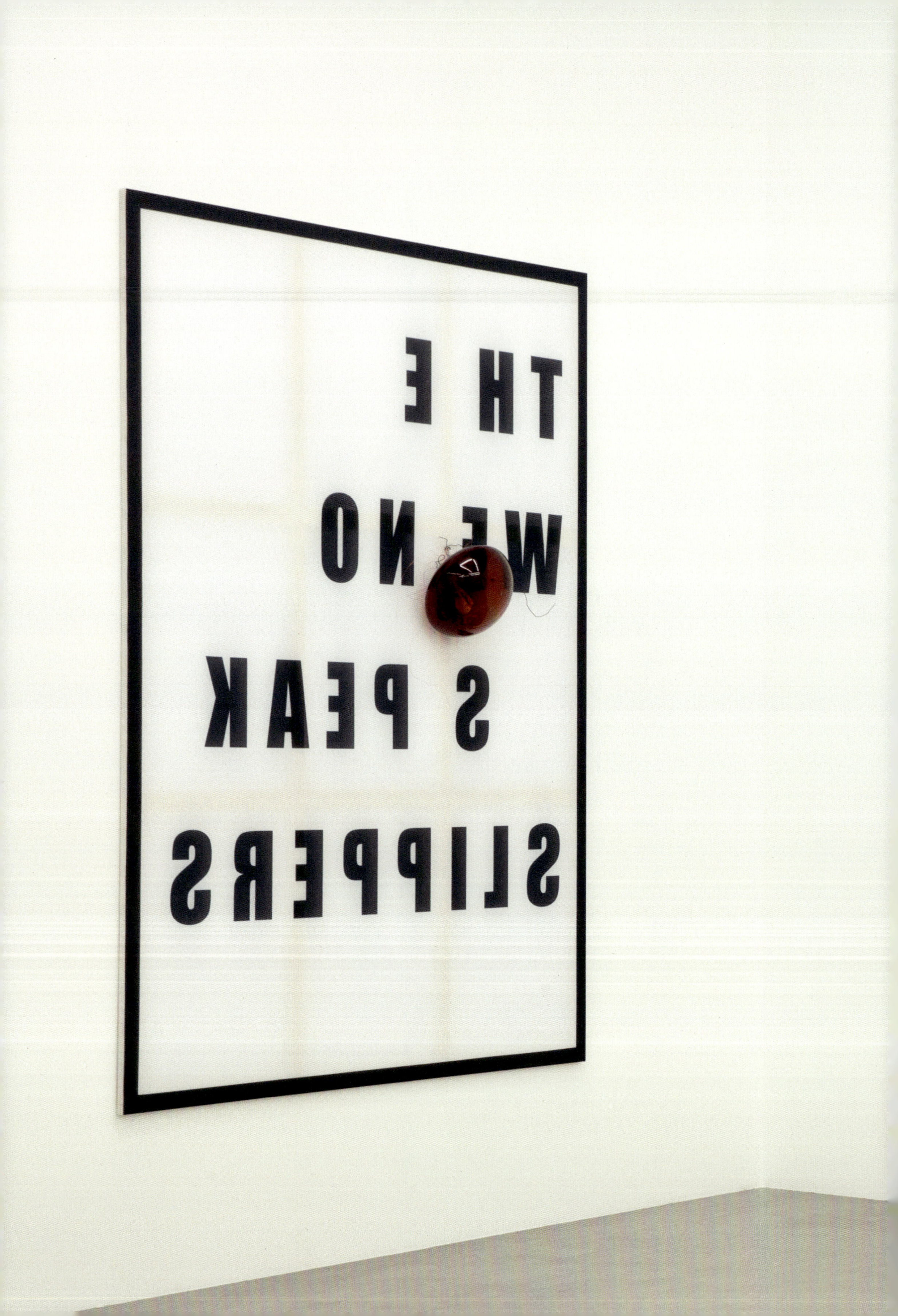
THE
WE NO
S PEAK
SLIPPERS

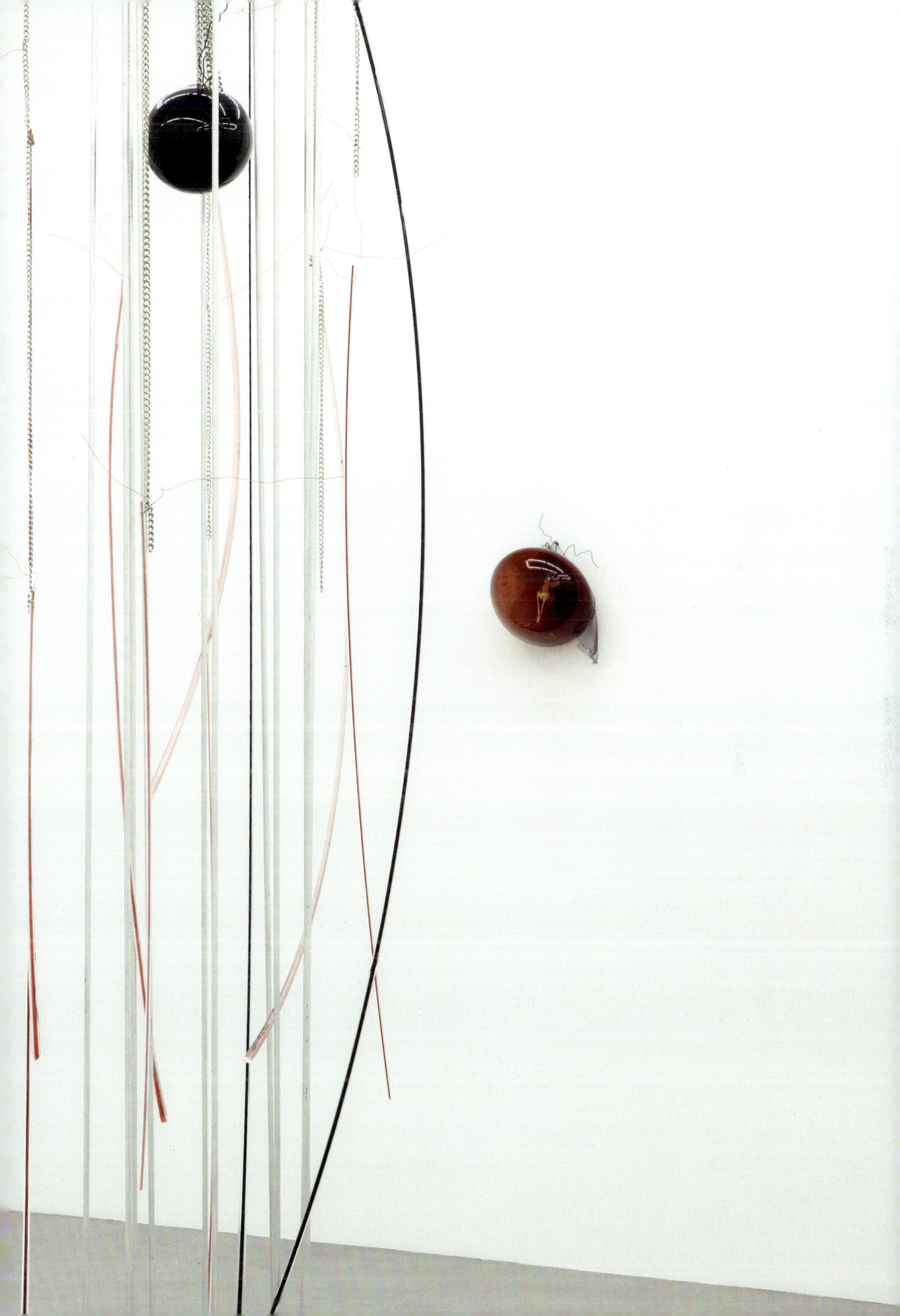

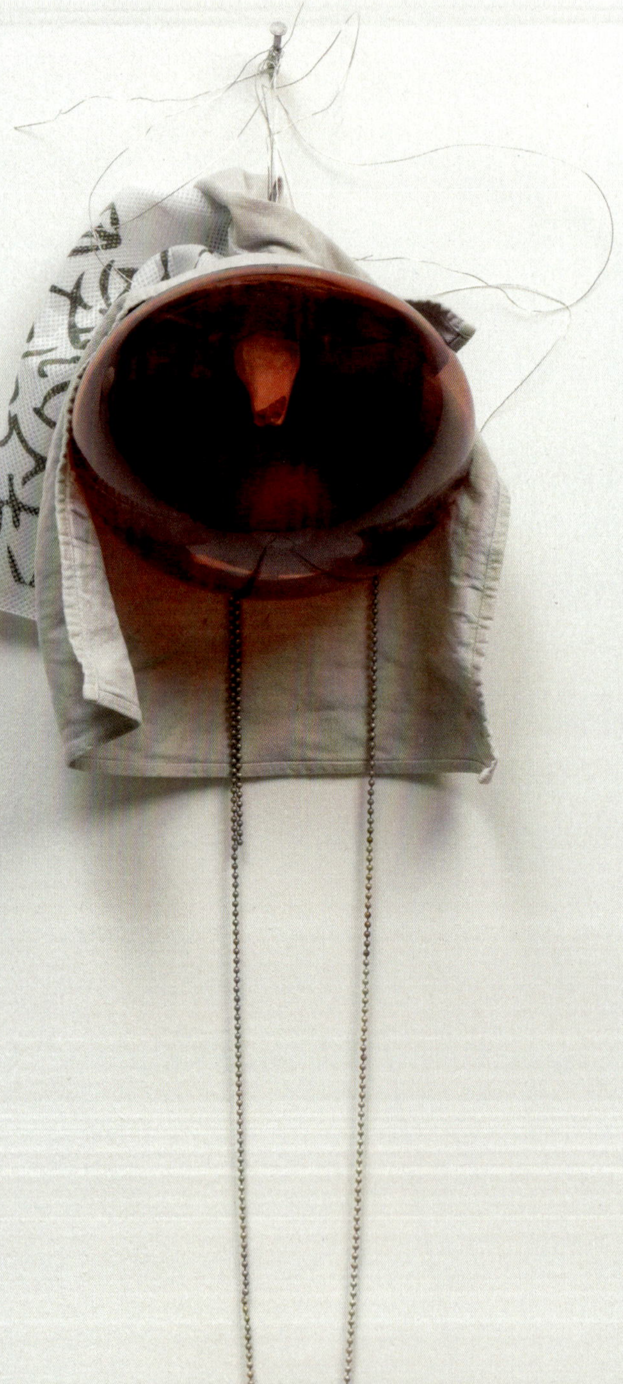

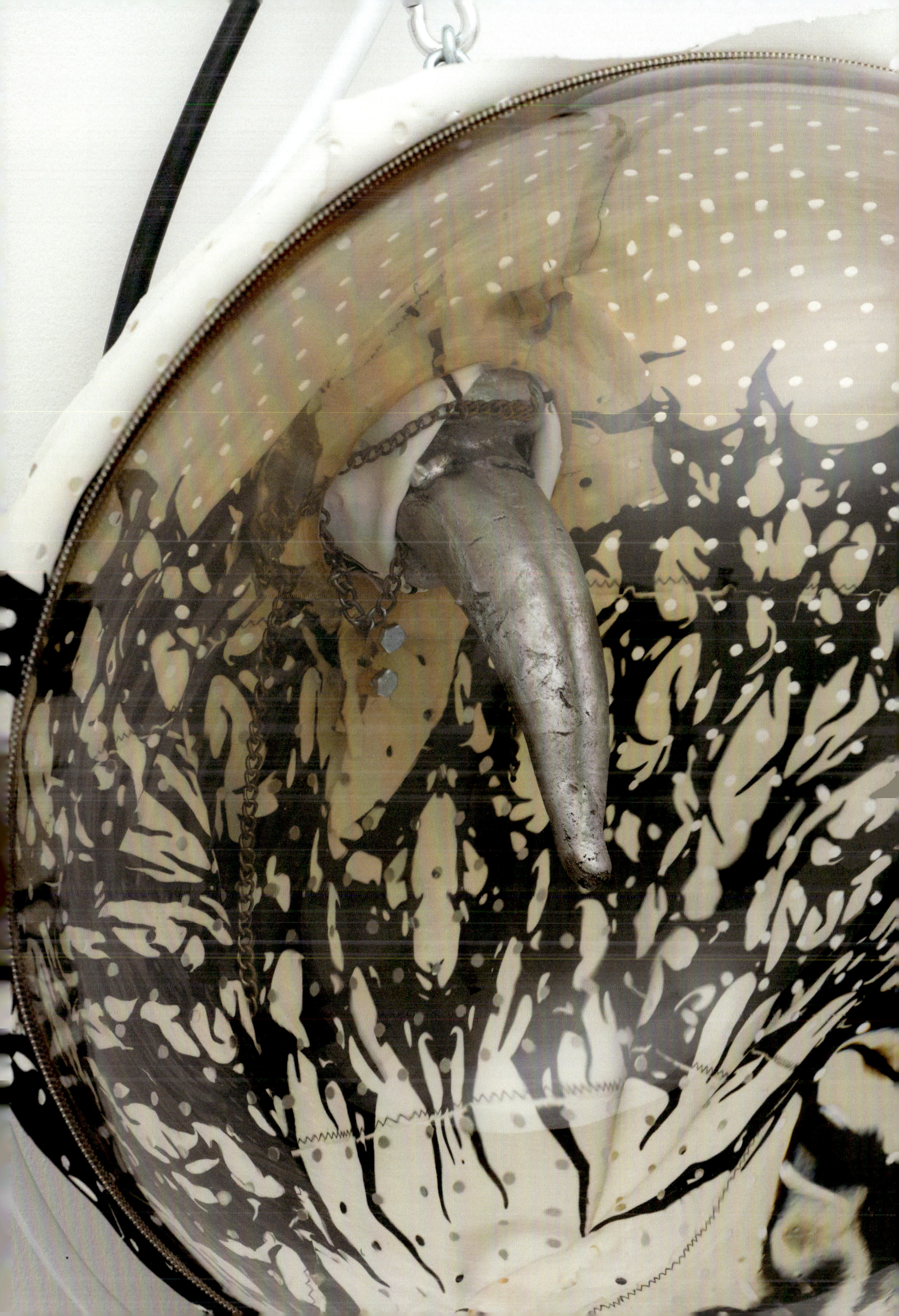

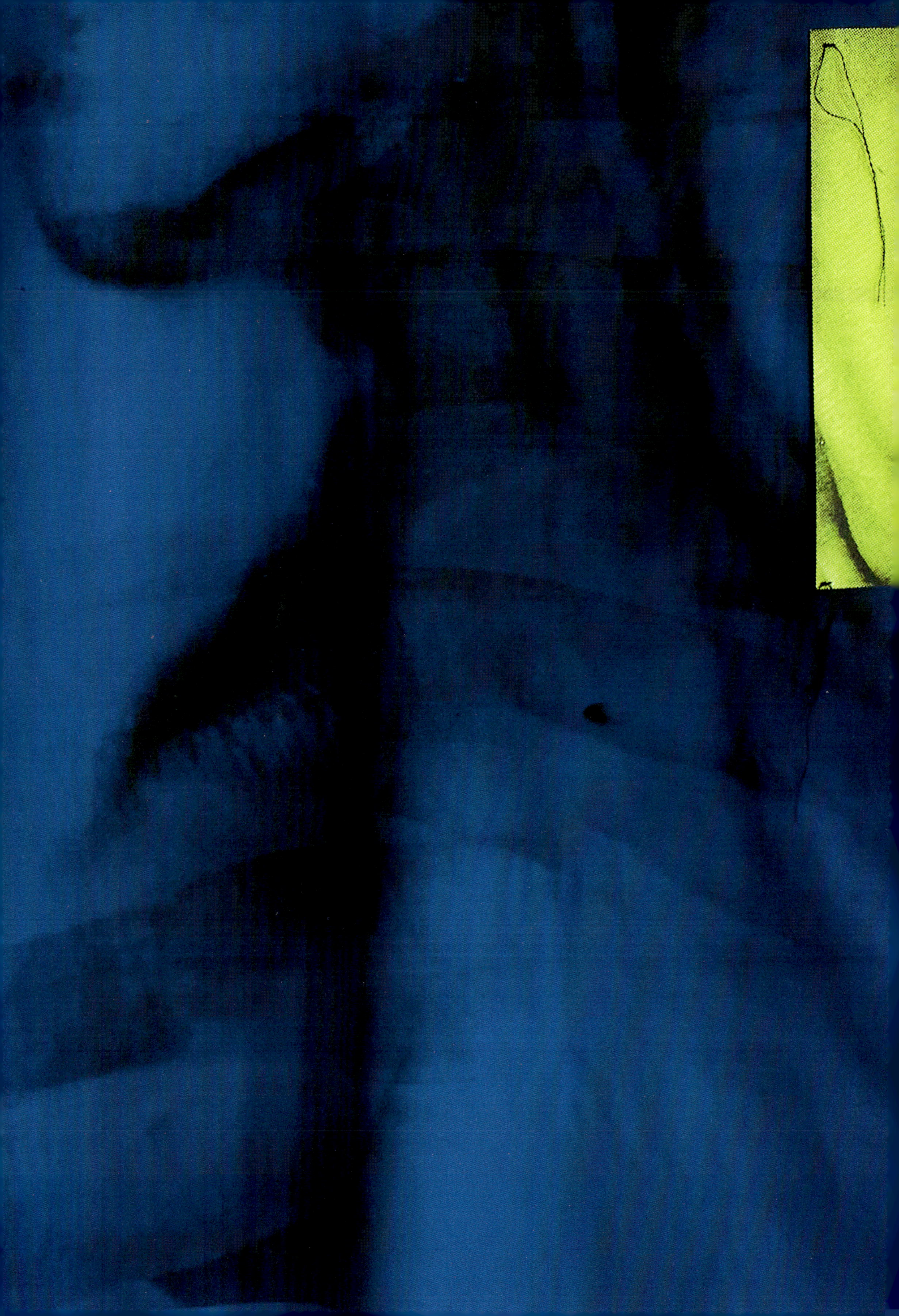

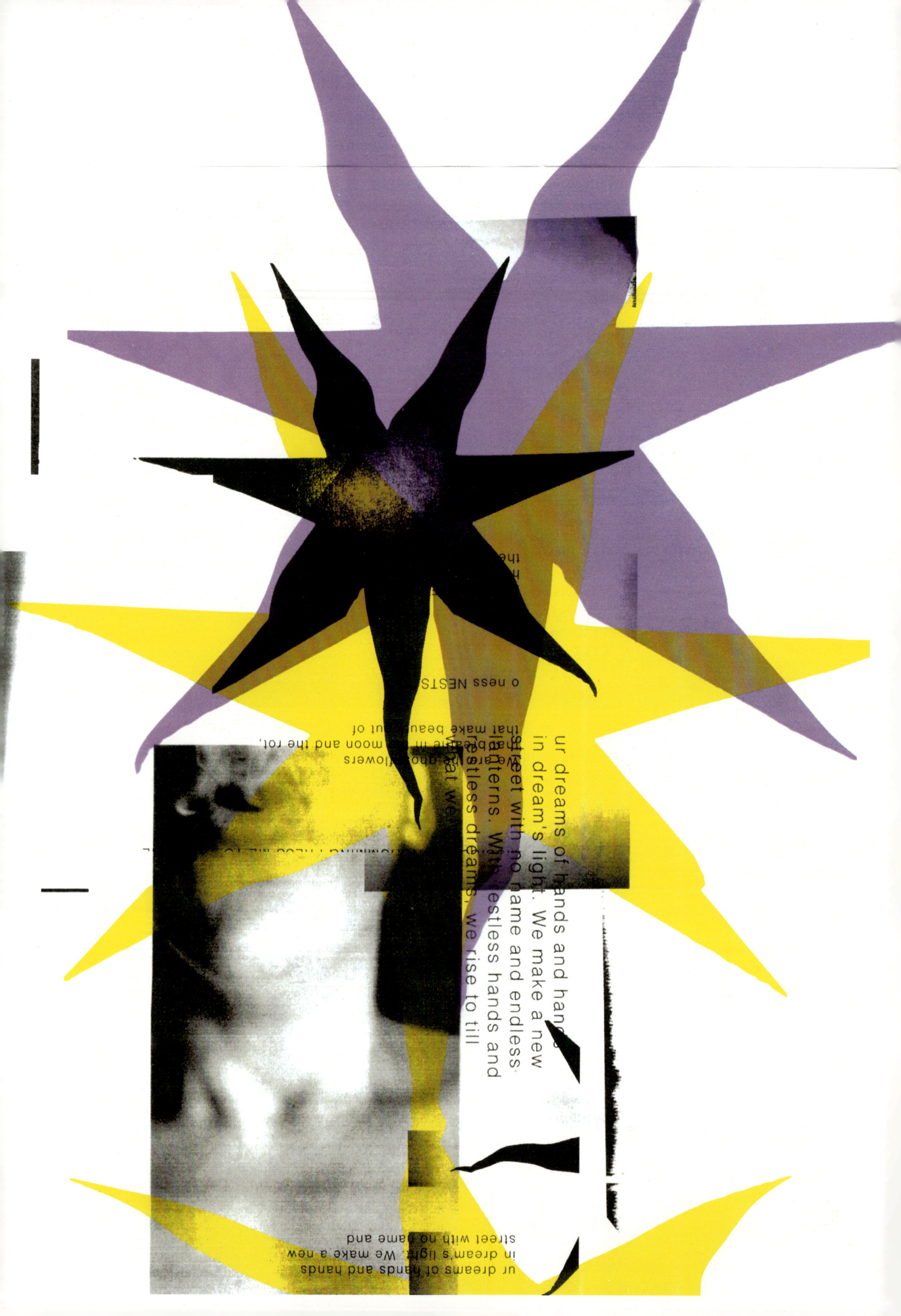
ur dreams of hands and hands
in dream's light. We make a new
street with no name and endless
lanterns. With restless hands and
restless dreams, we rise to till
ur dreams of hands and hands
in dream's light. We make a new
street with no name and

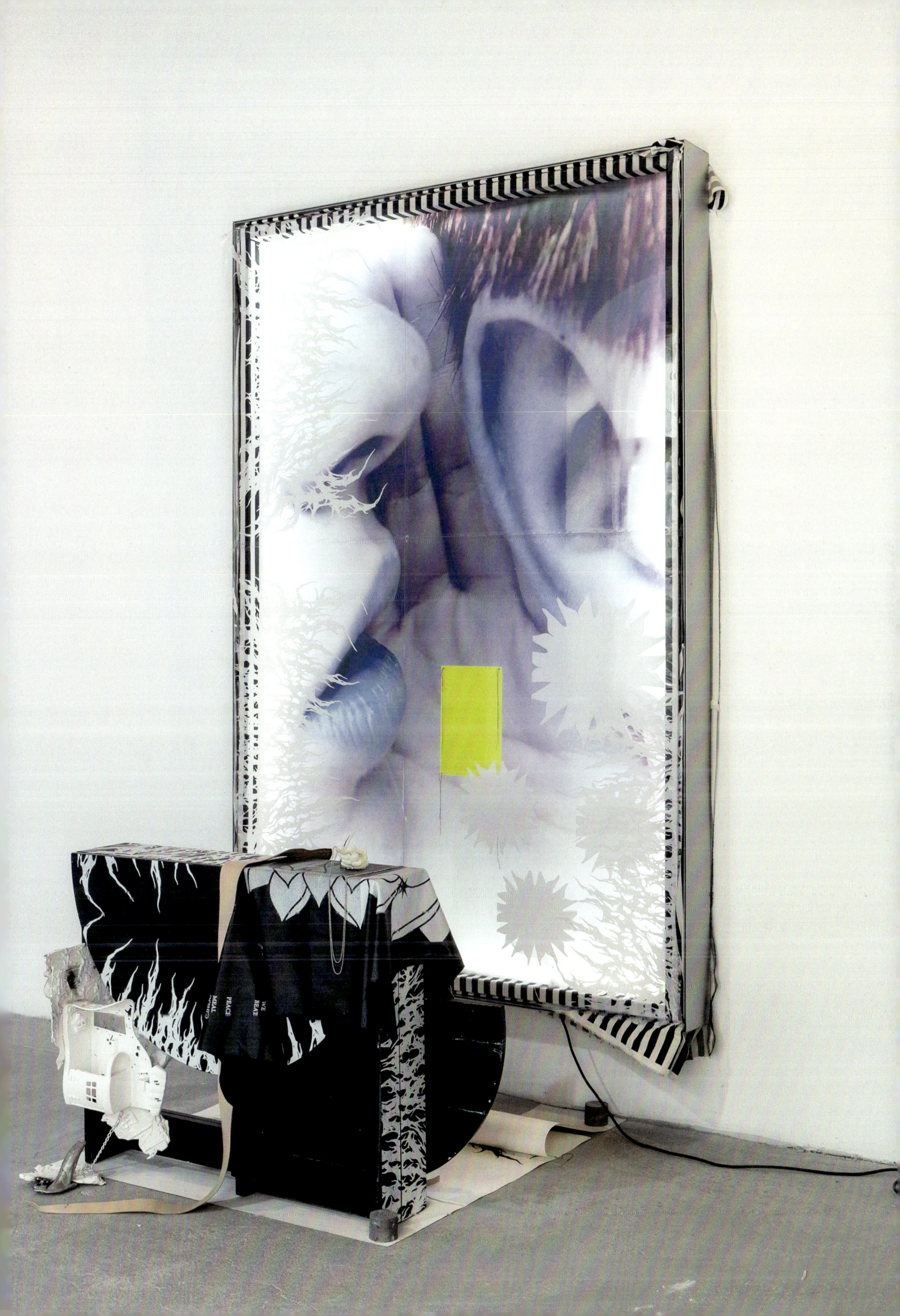

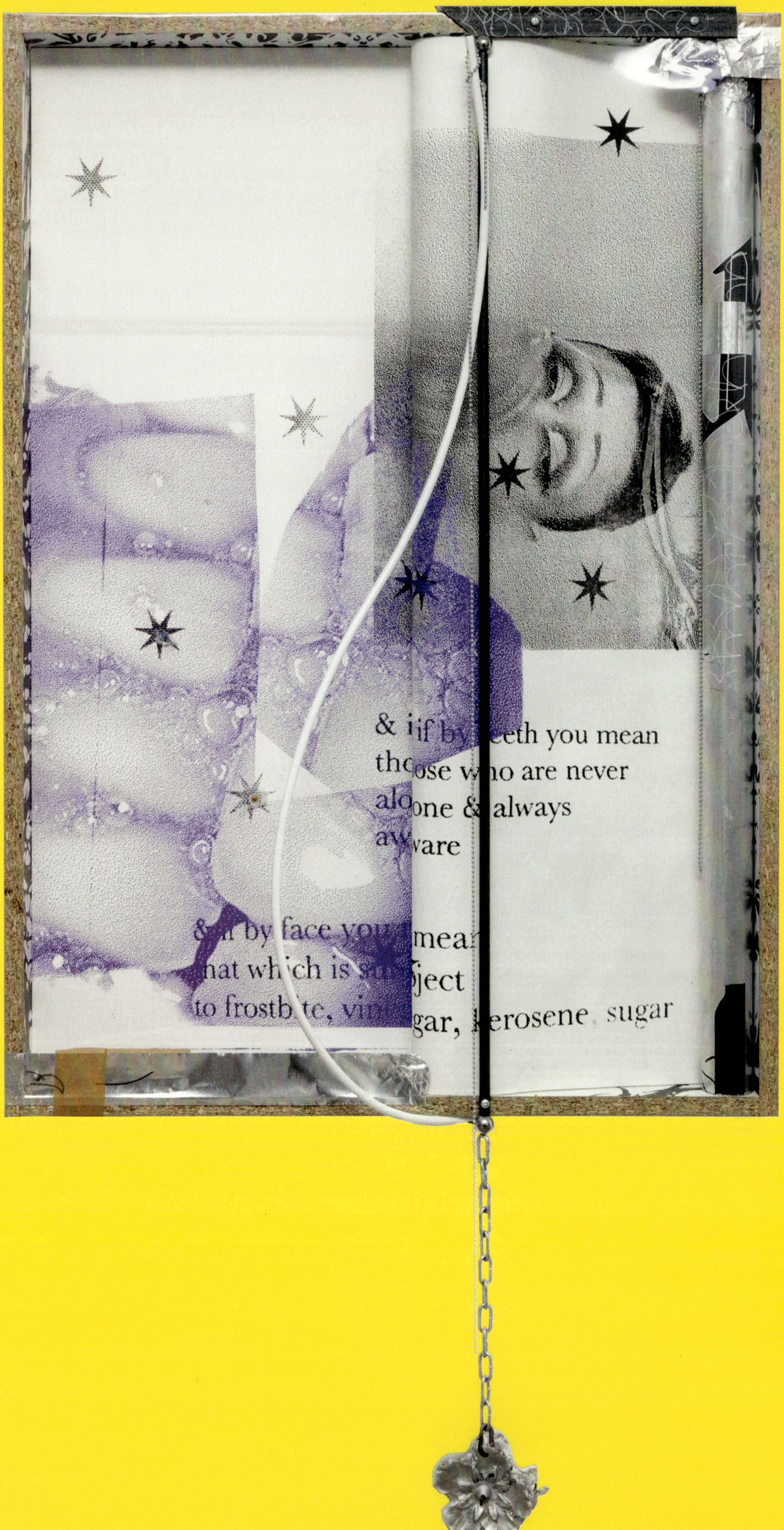
& if by teeth you mean
those who are never
alone & always
aware
by face you mean
hat which is subject
to frostbite, vinegar, kerosene sugar

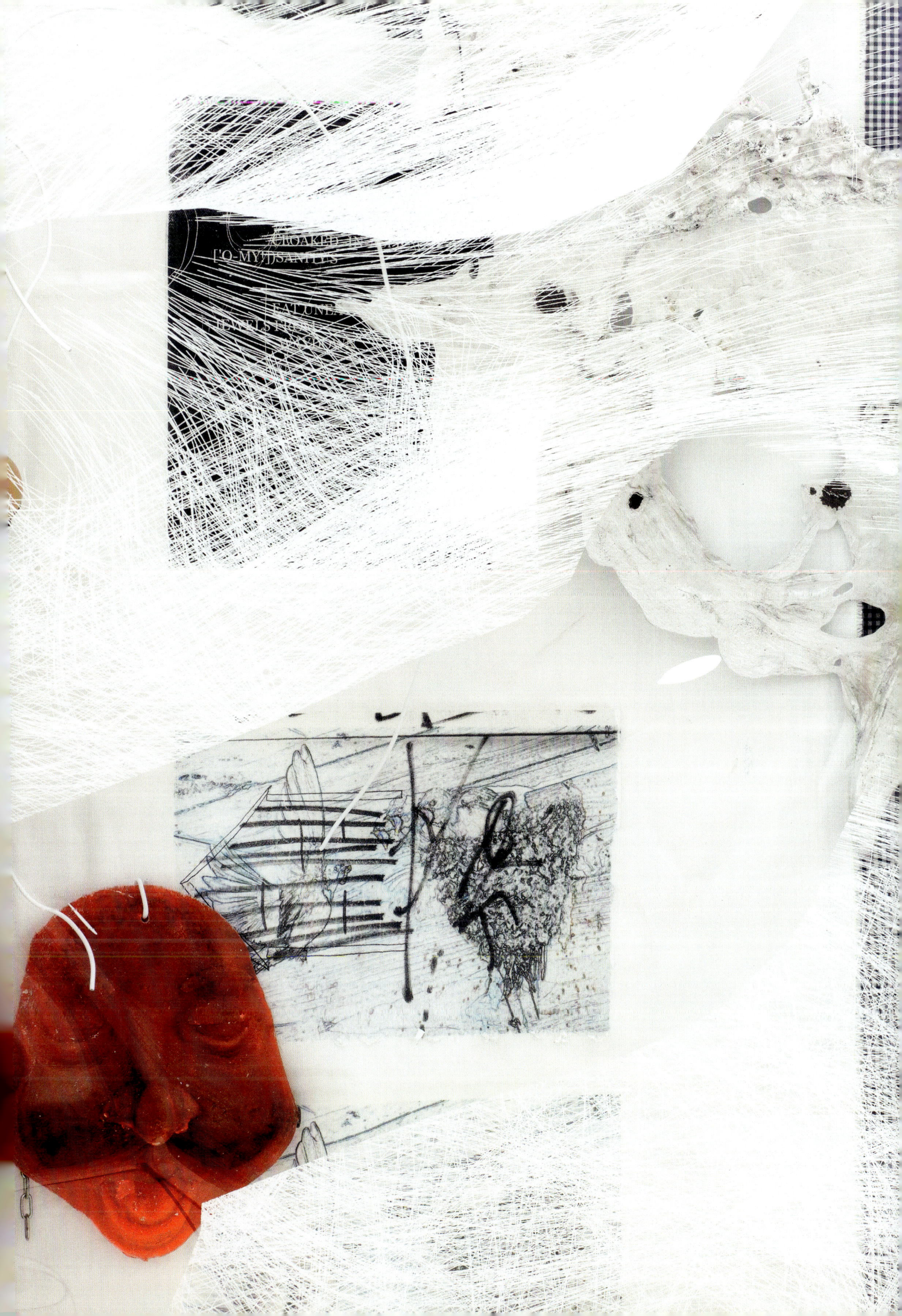
CROAKED IN

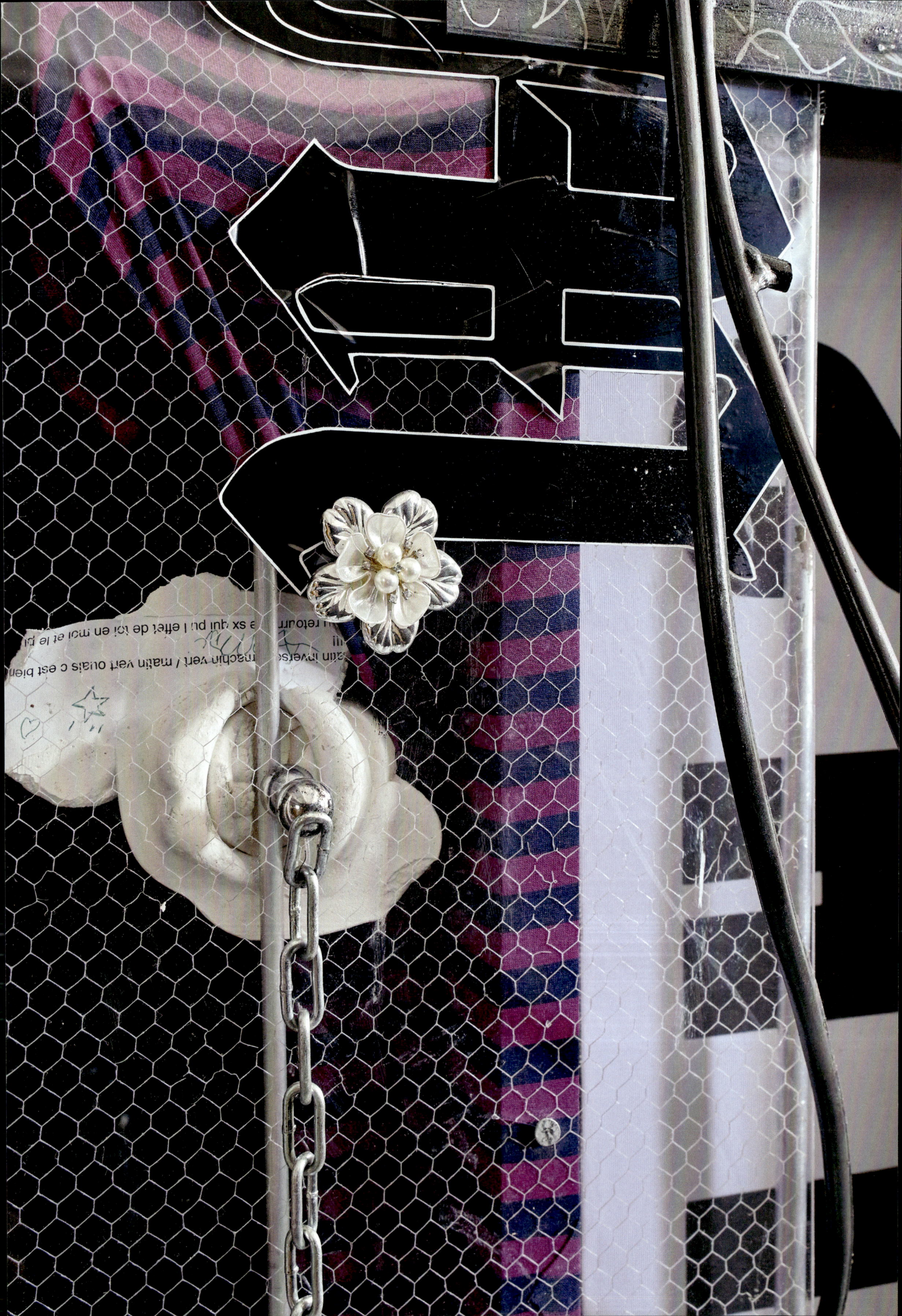

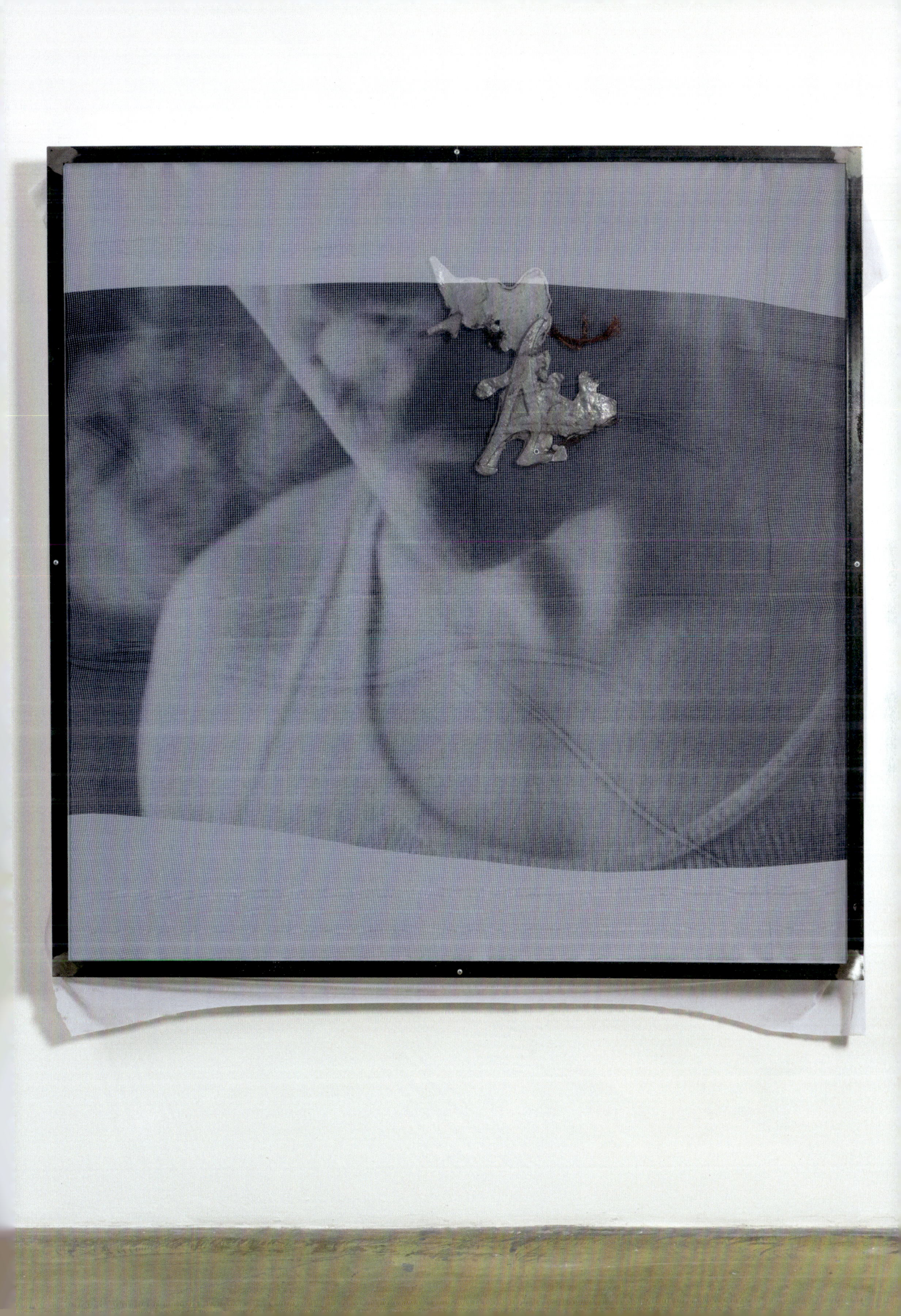

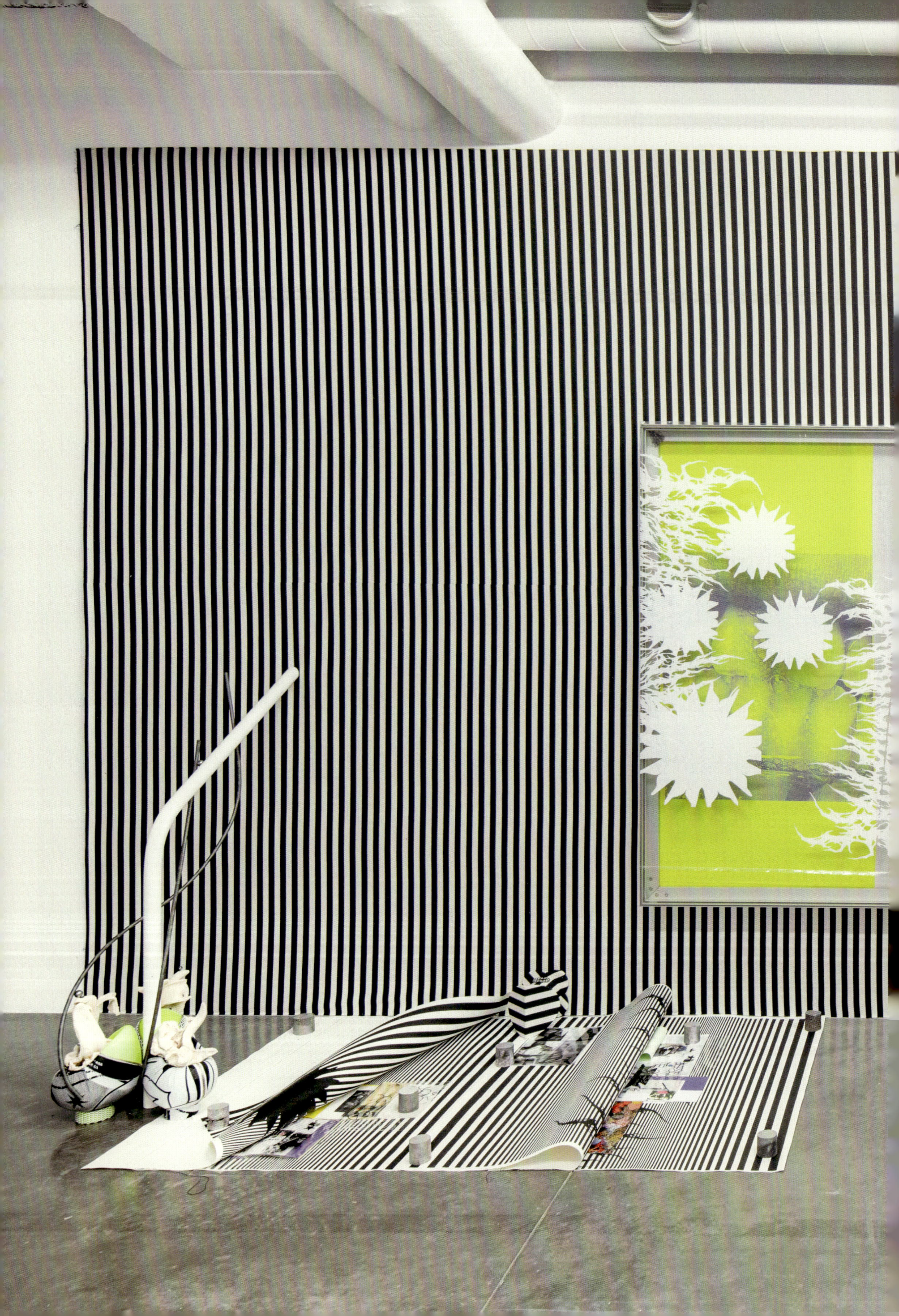

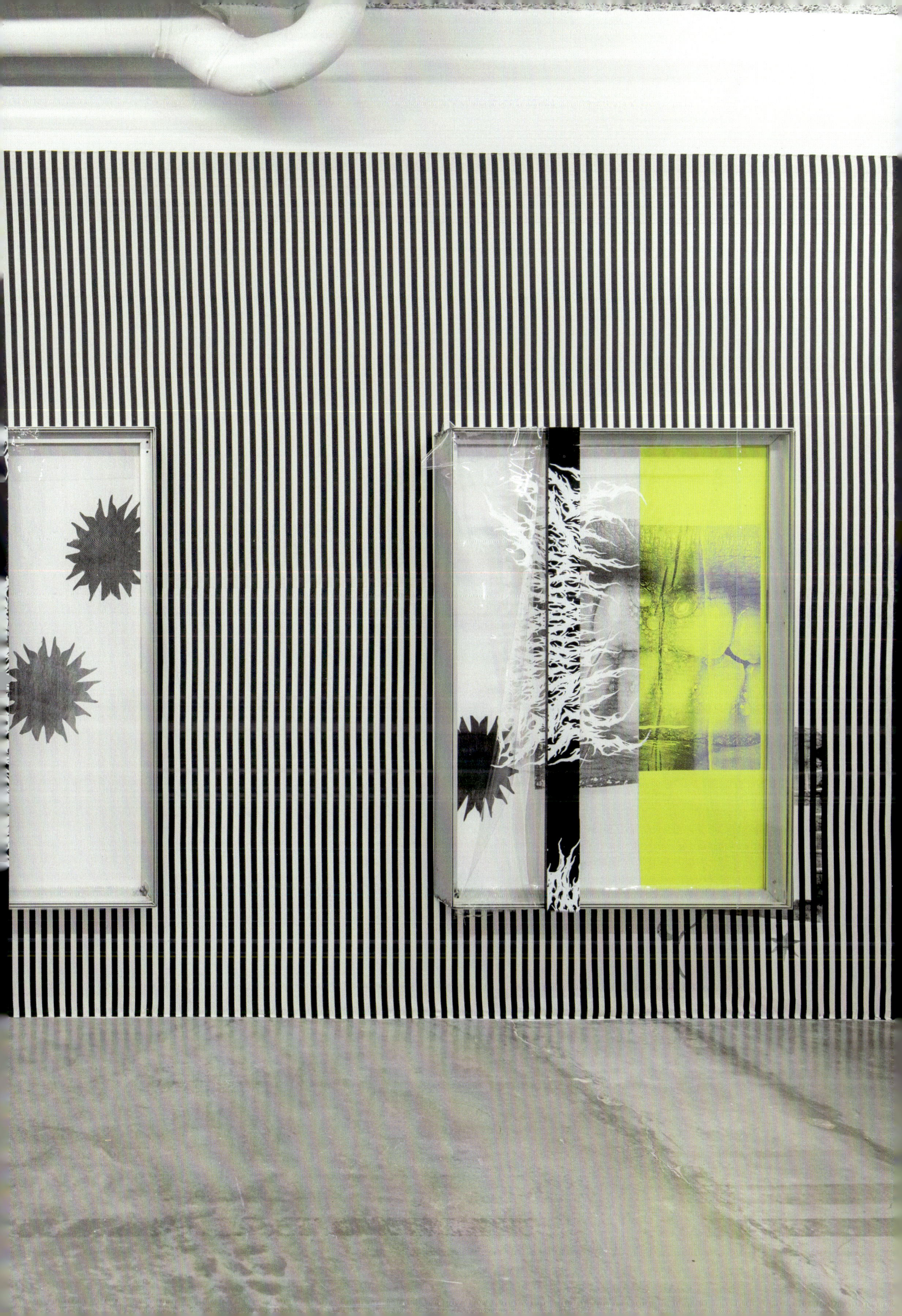

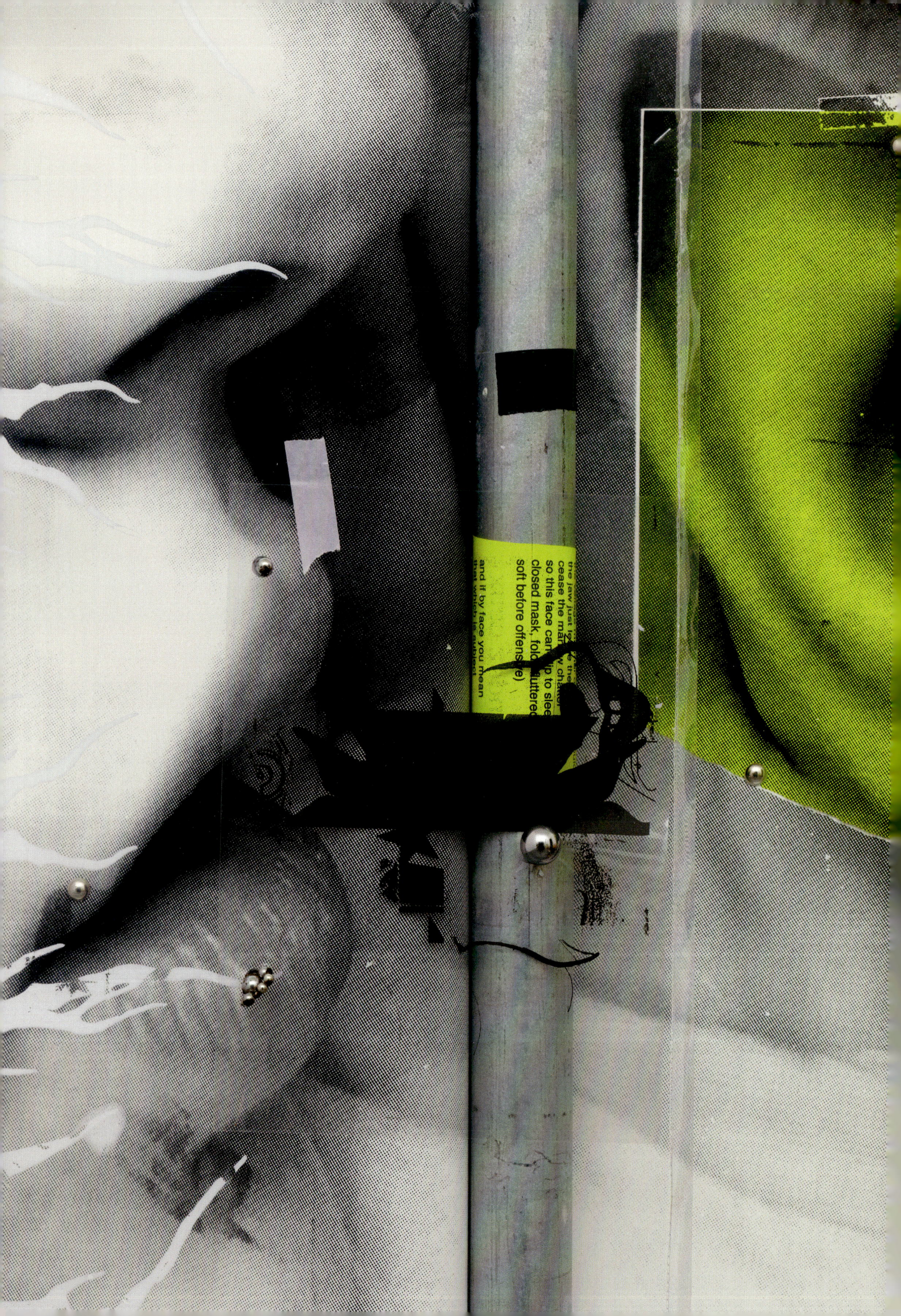
and if by face you mean

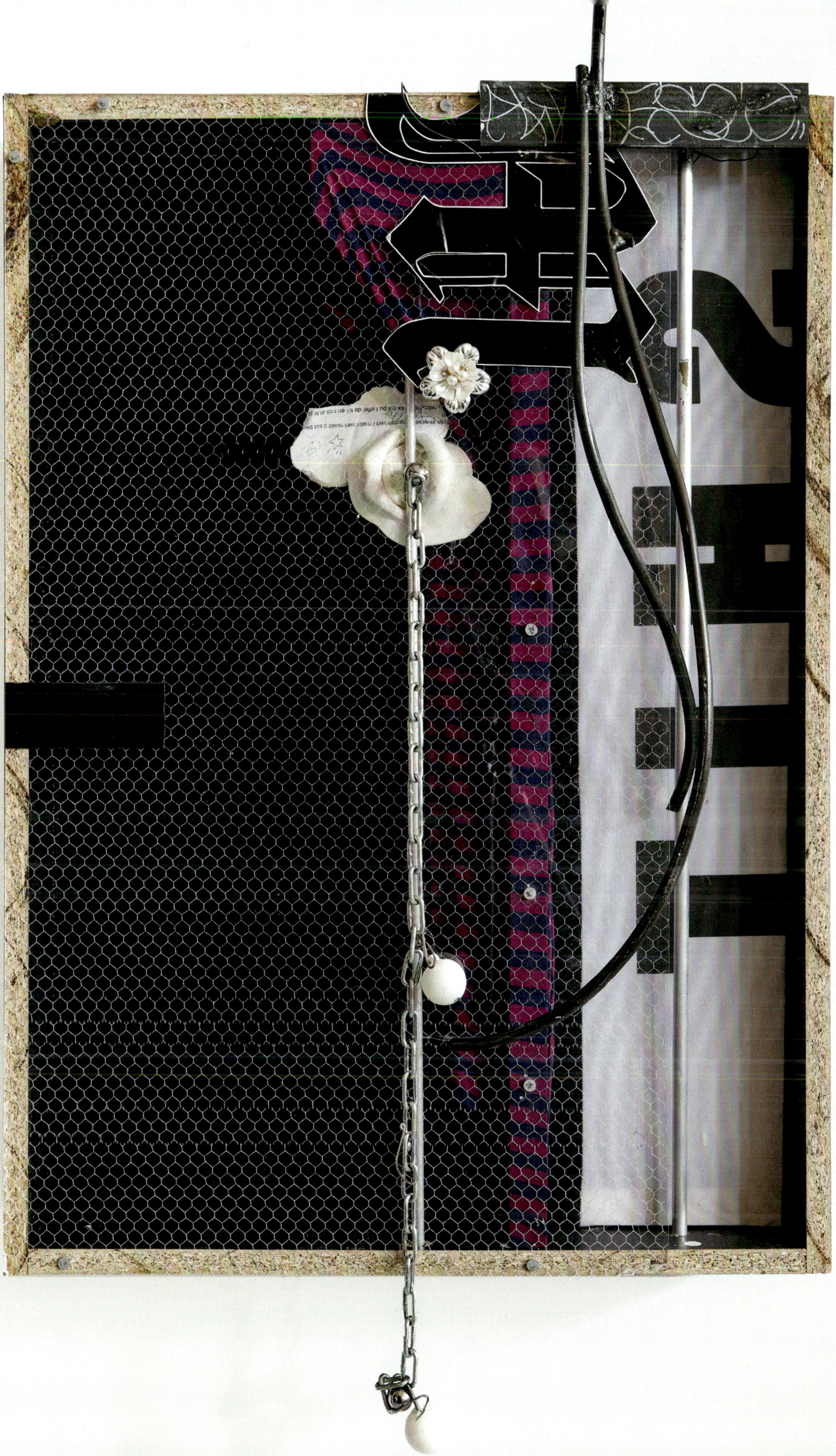

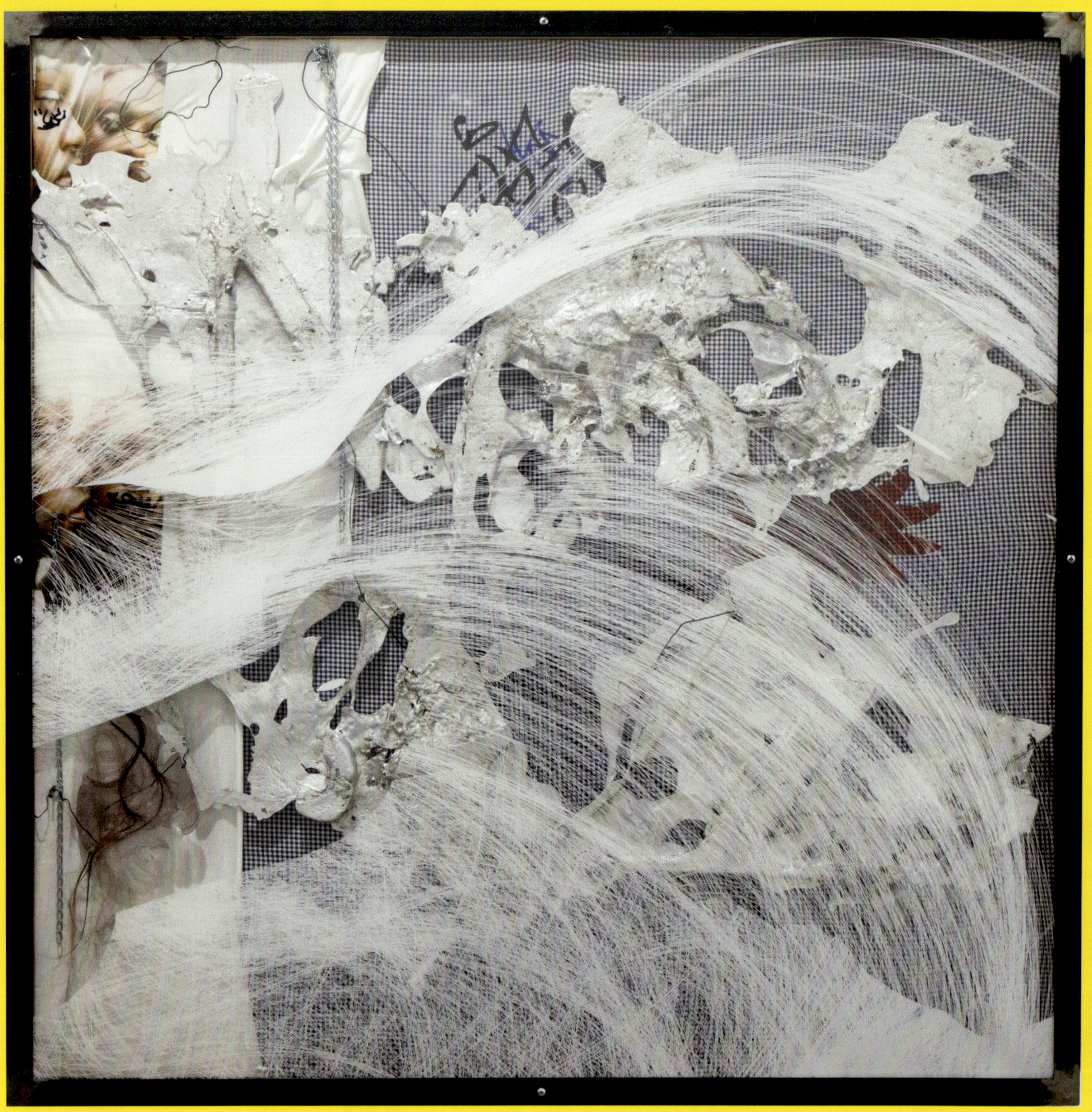

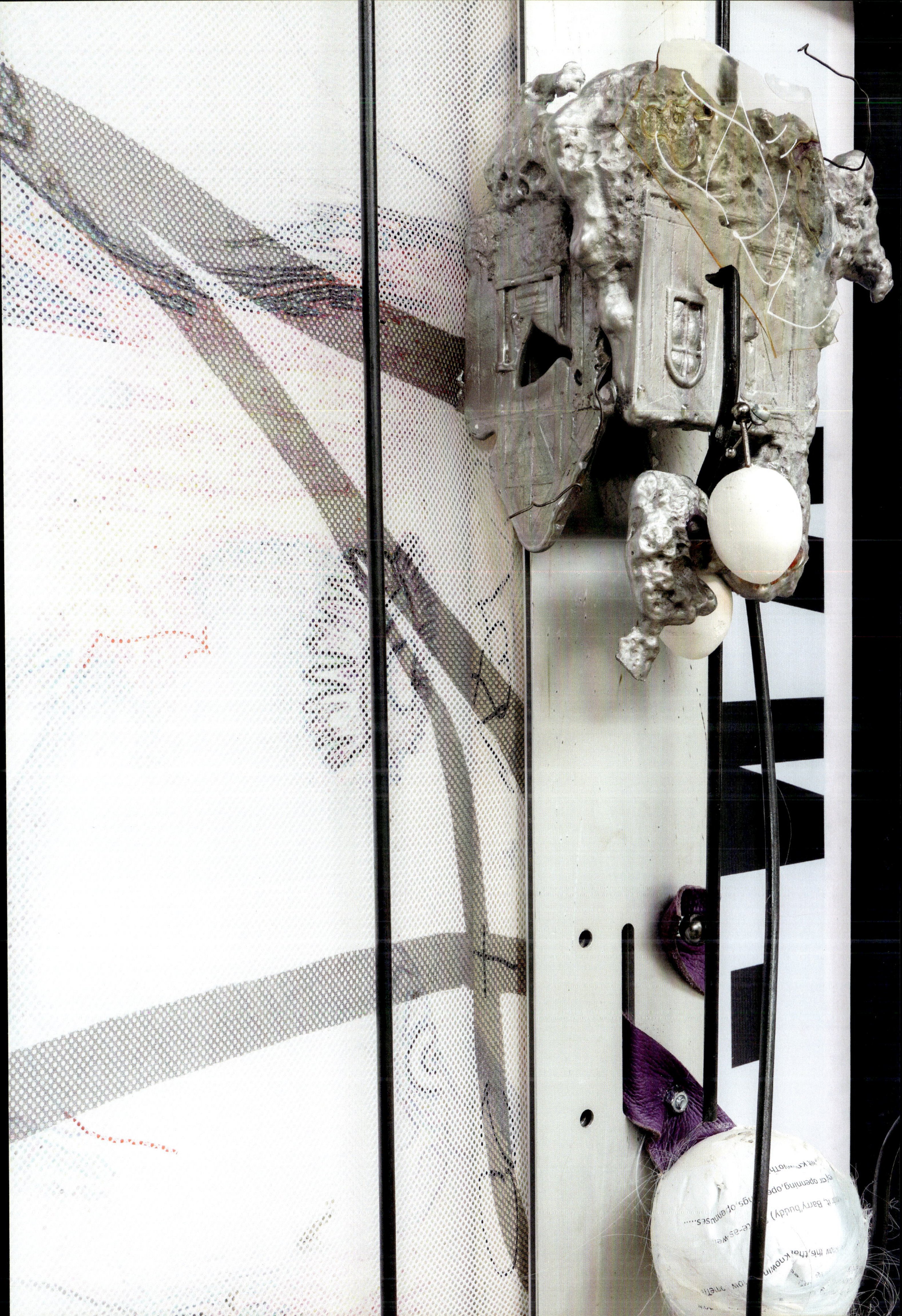

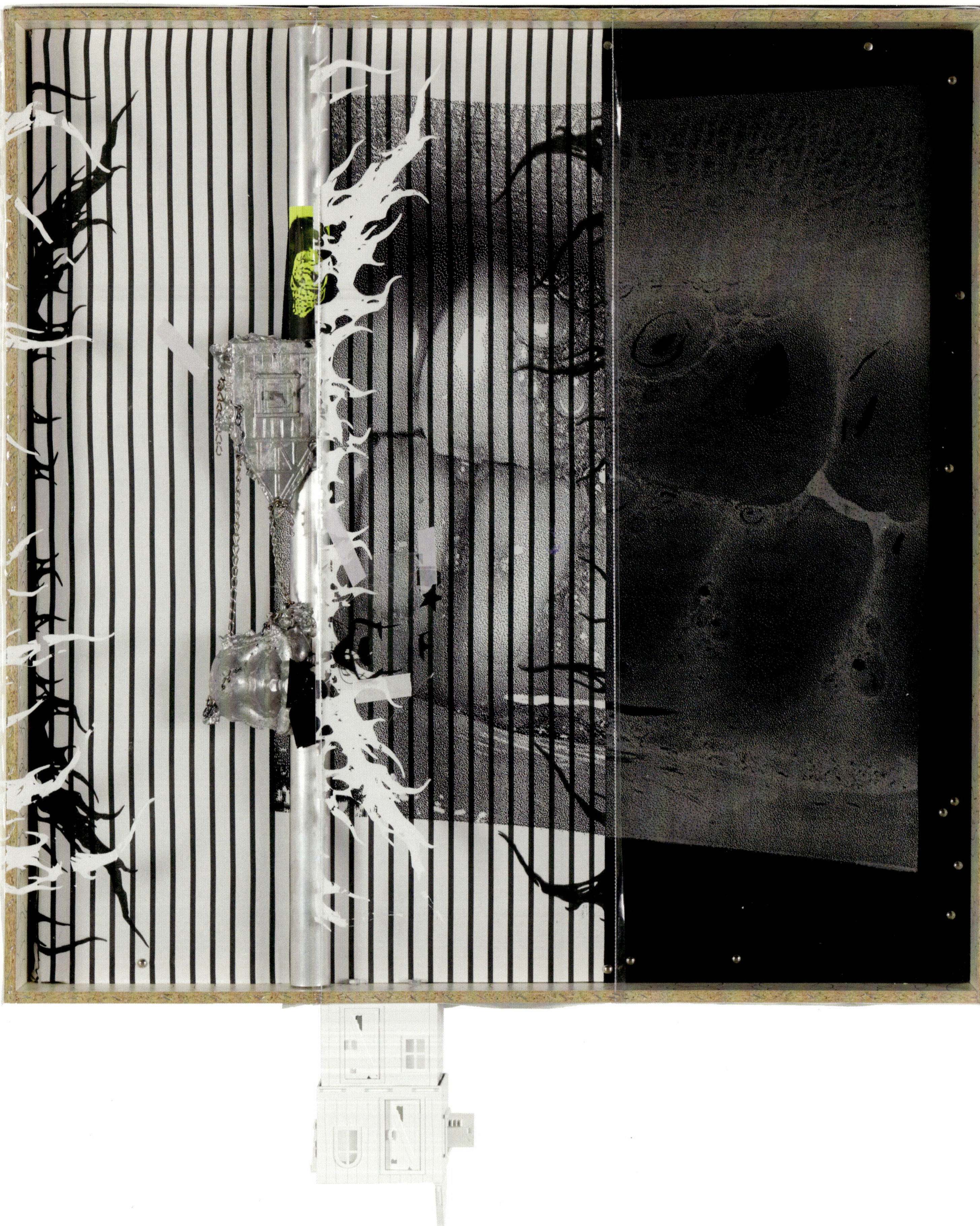

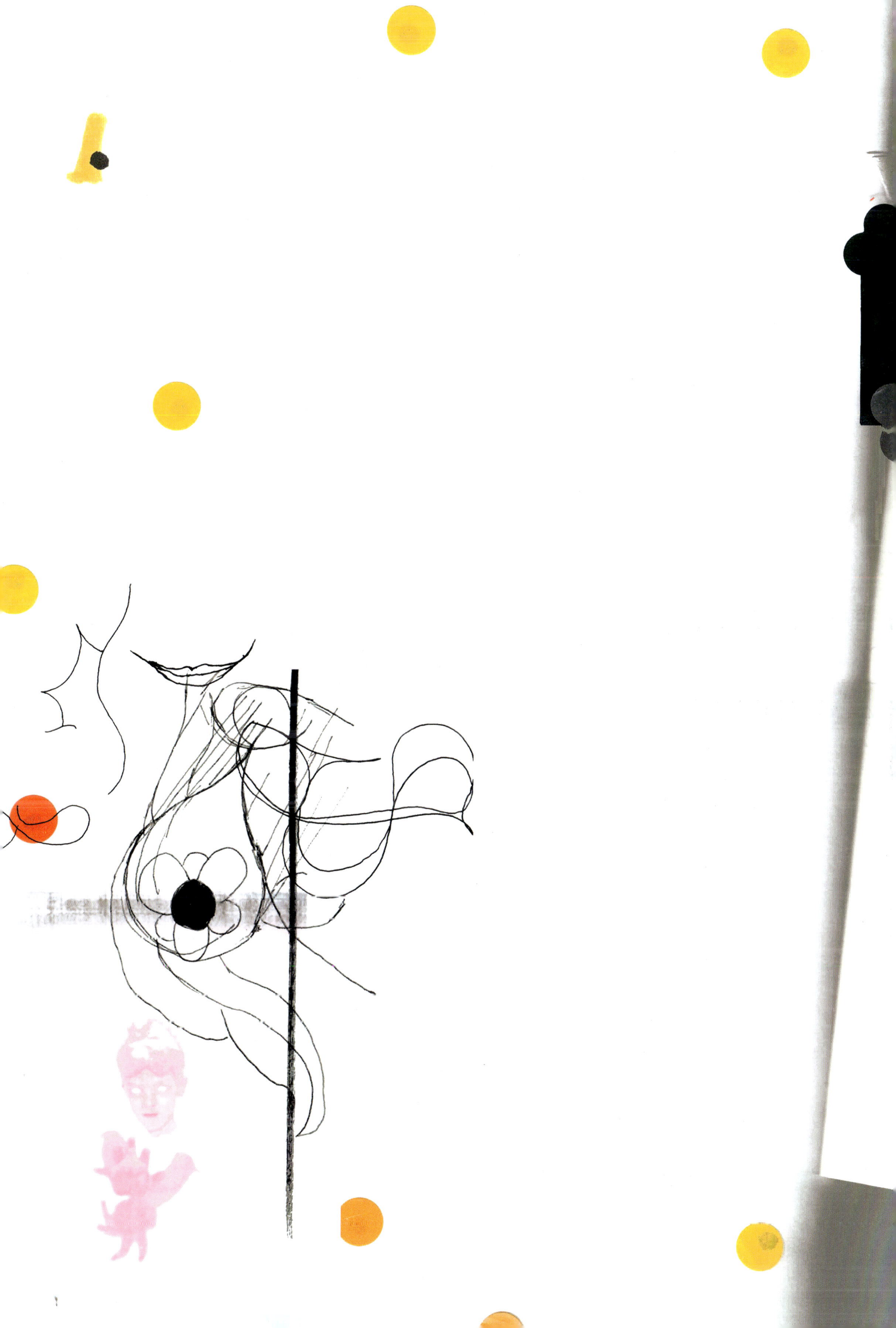

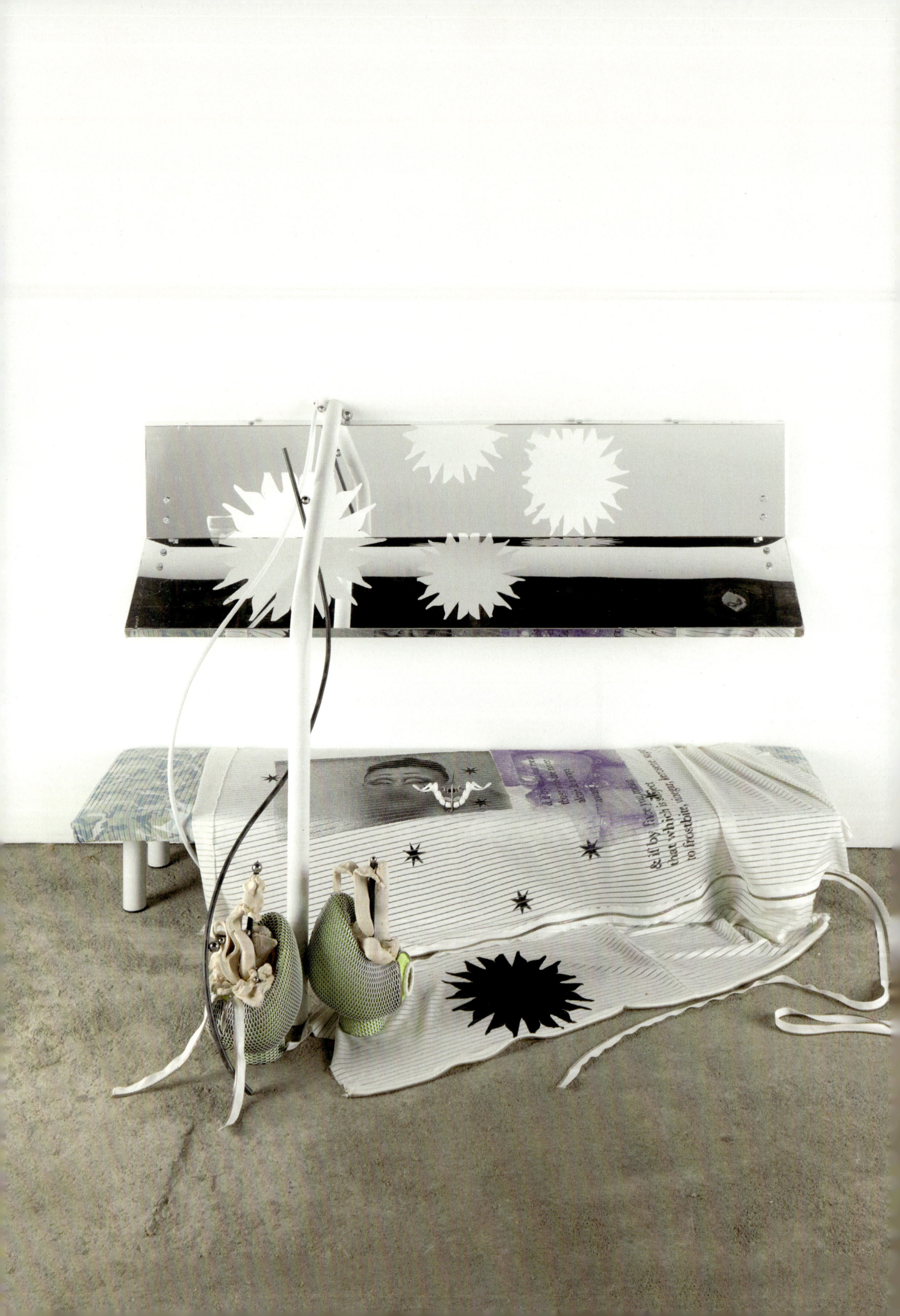

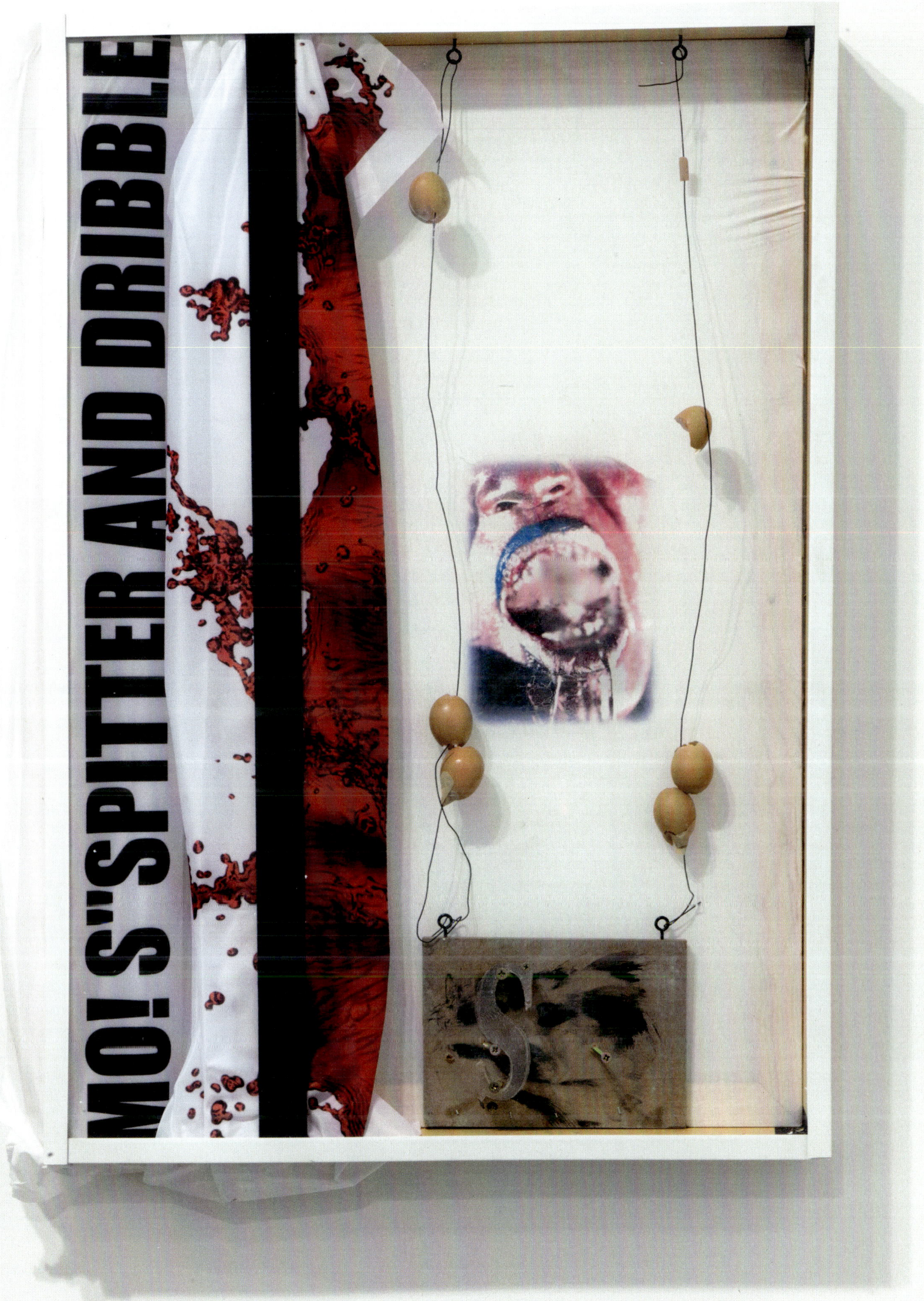
MO! S"SPITTER AND DRIBBLE
S

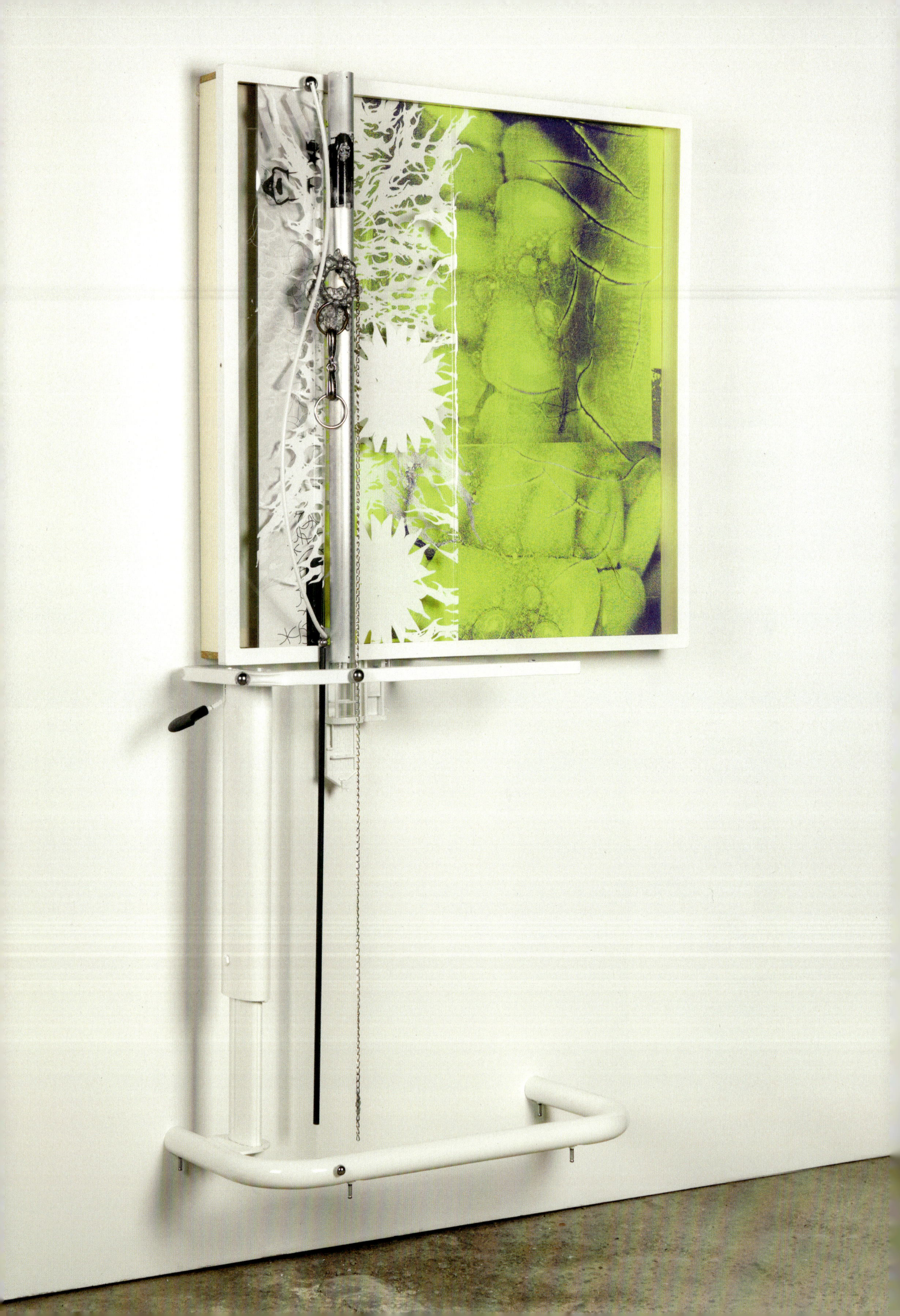

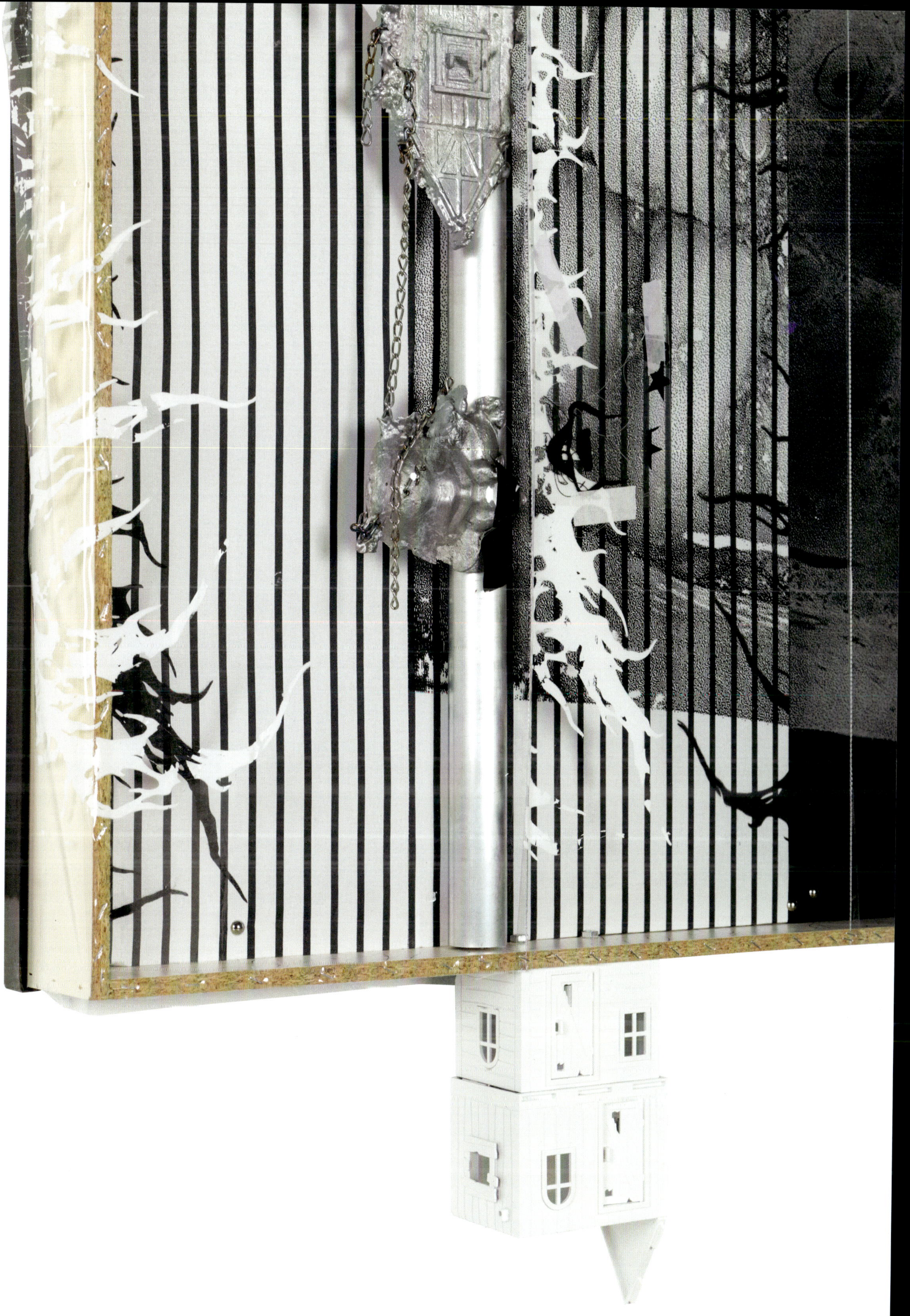

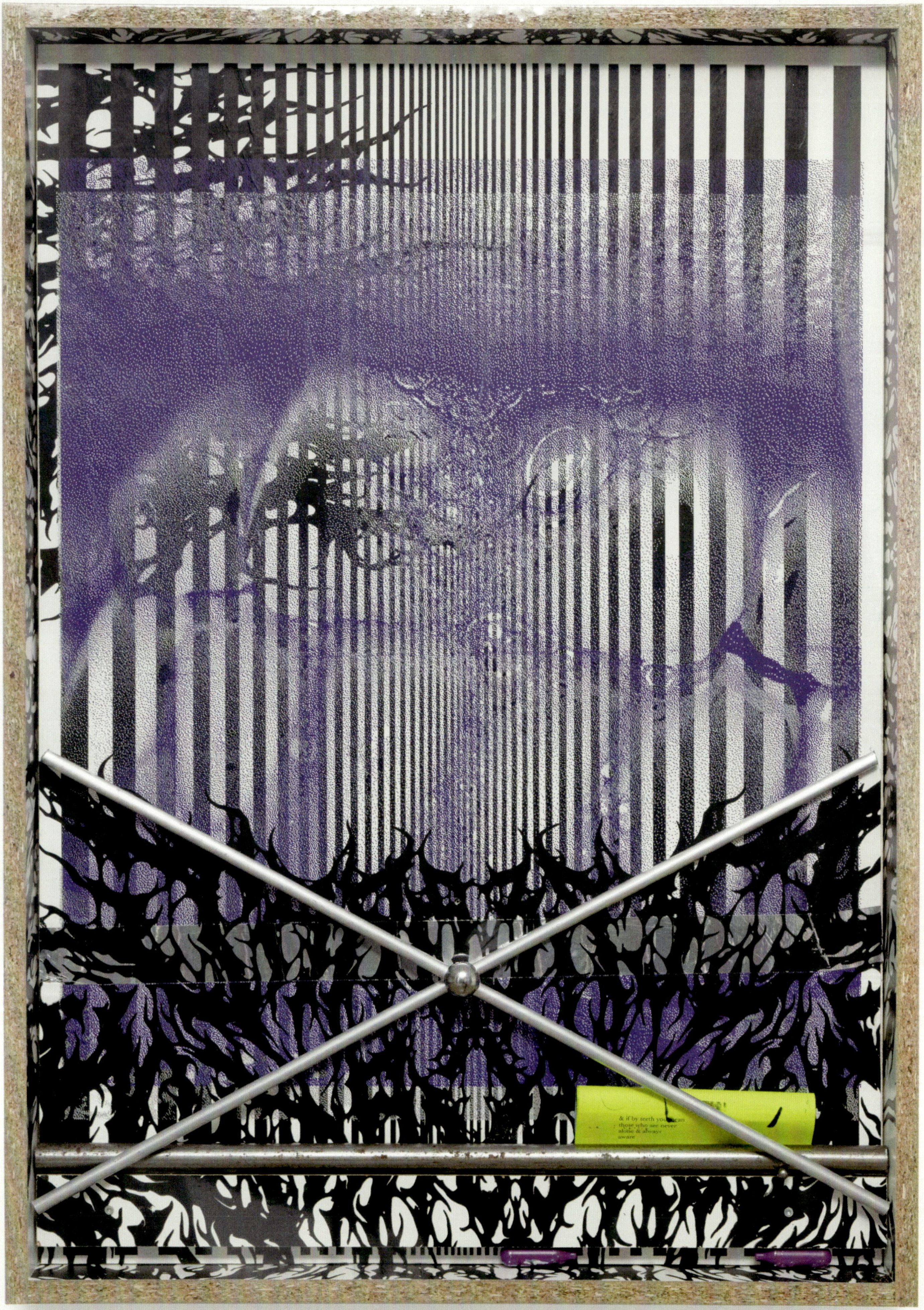
& if by teeth you
those who are never
alone & always
aware

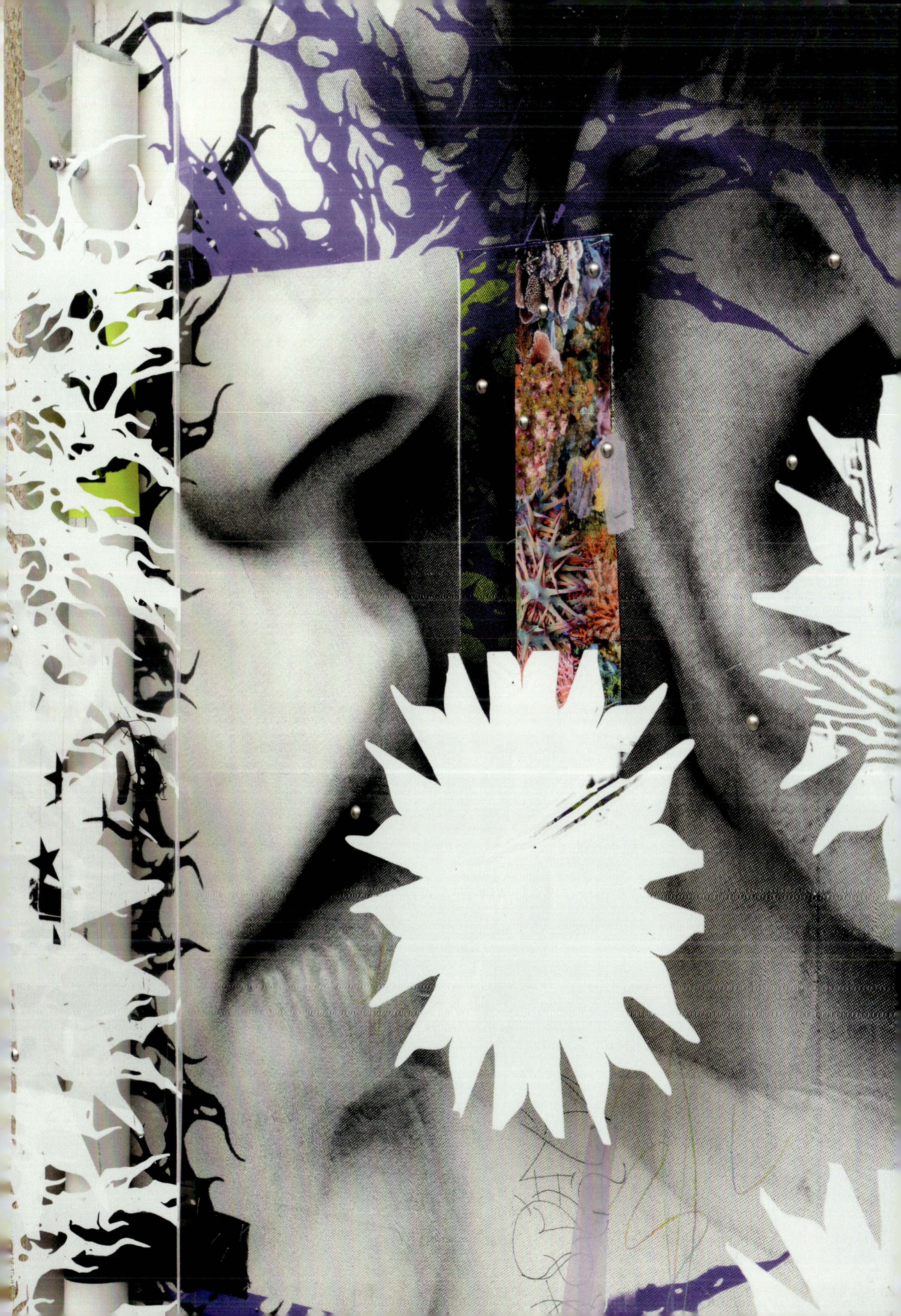

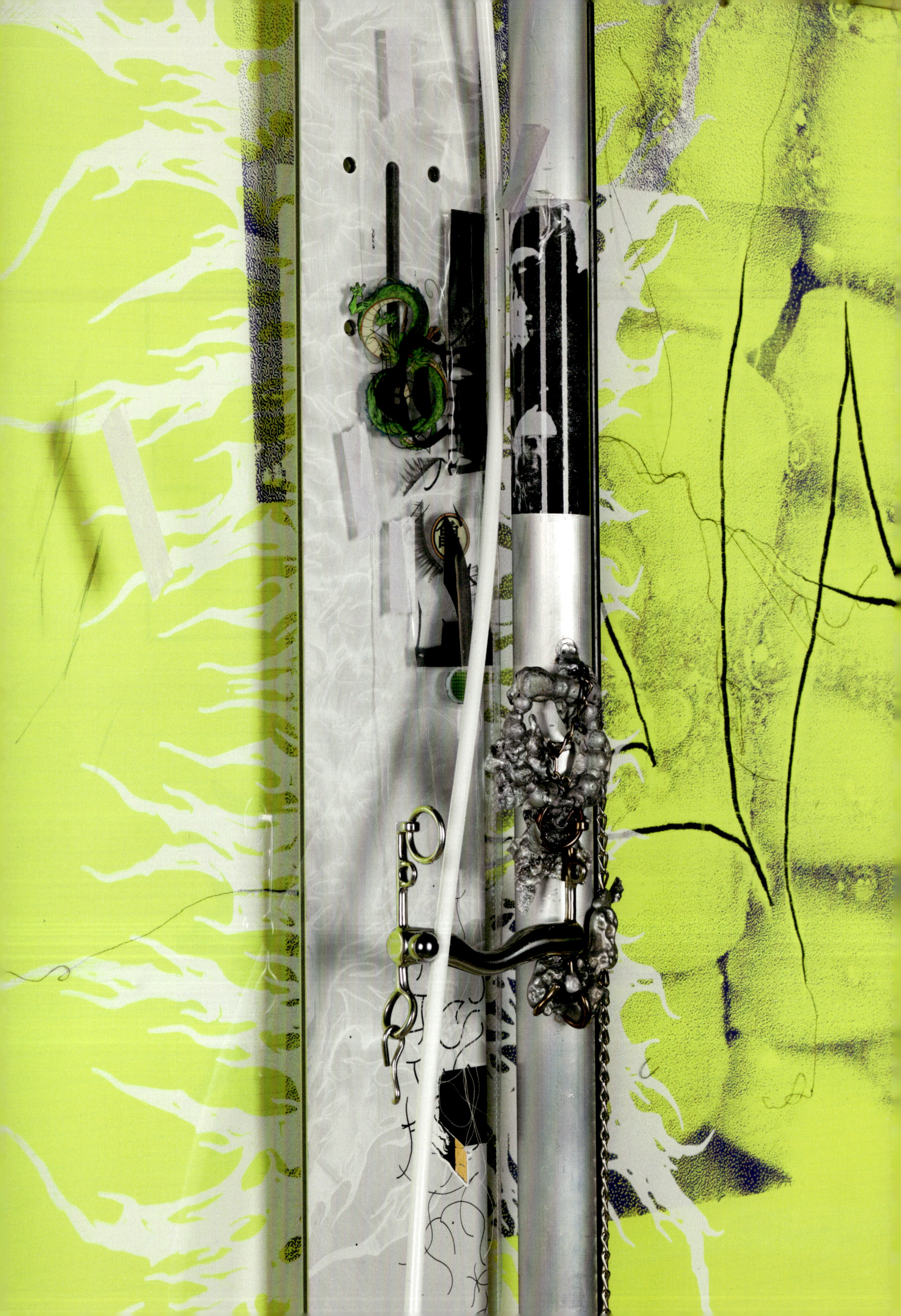

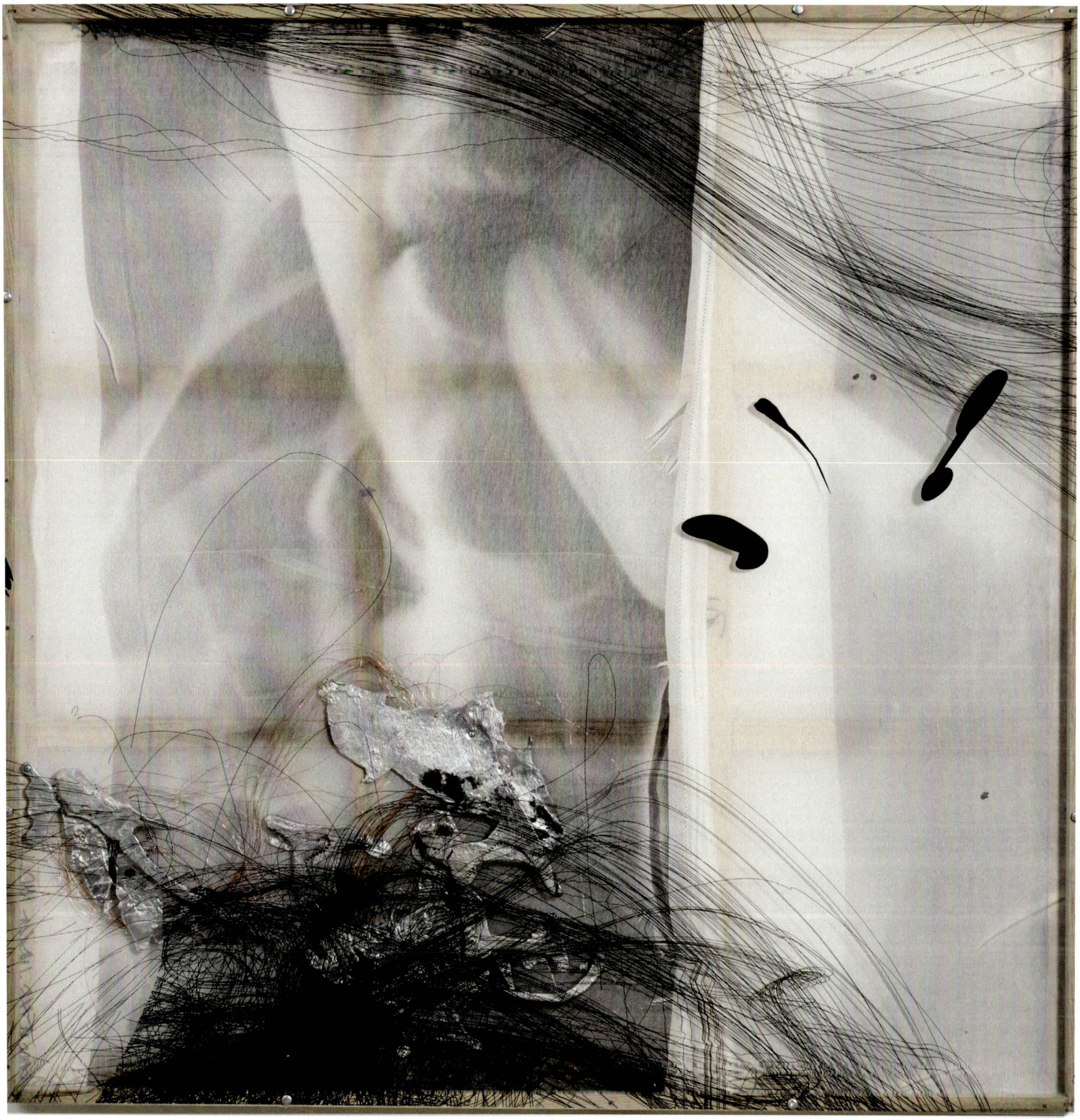

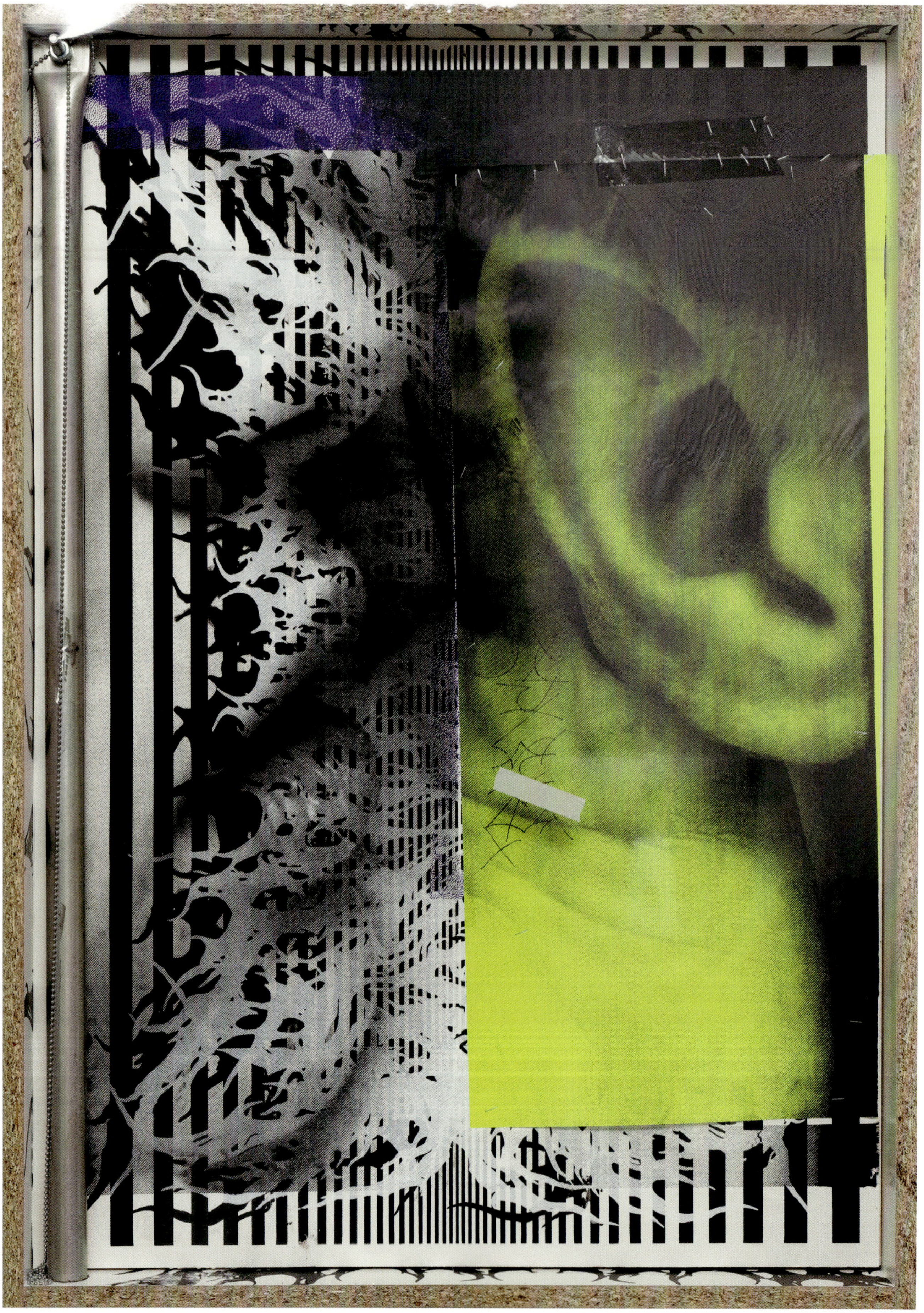

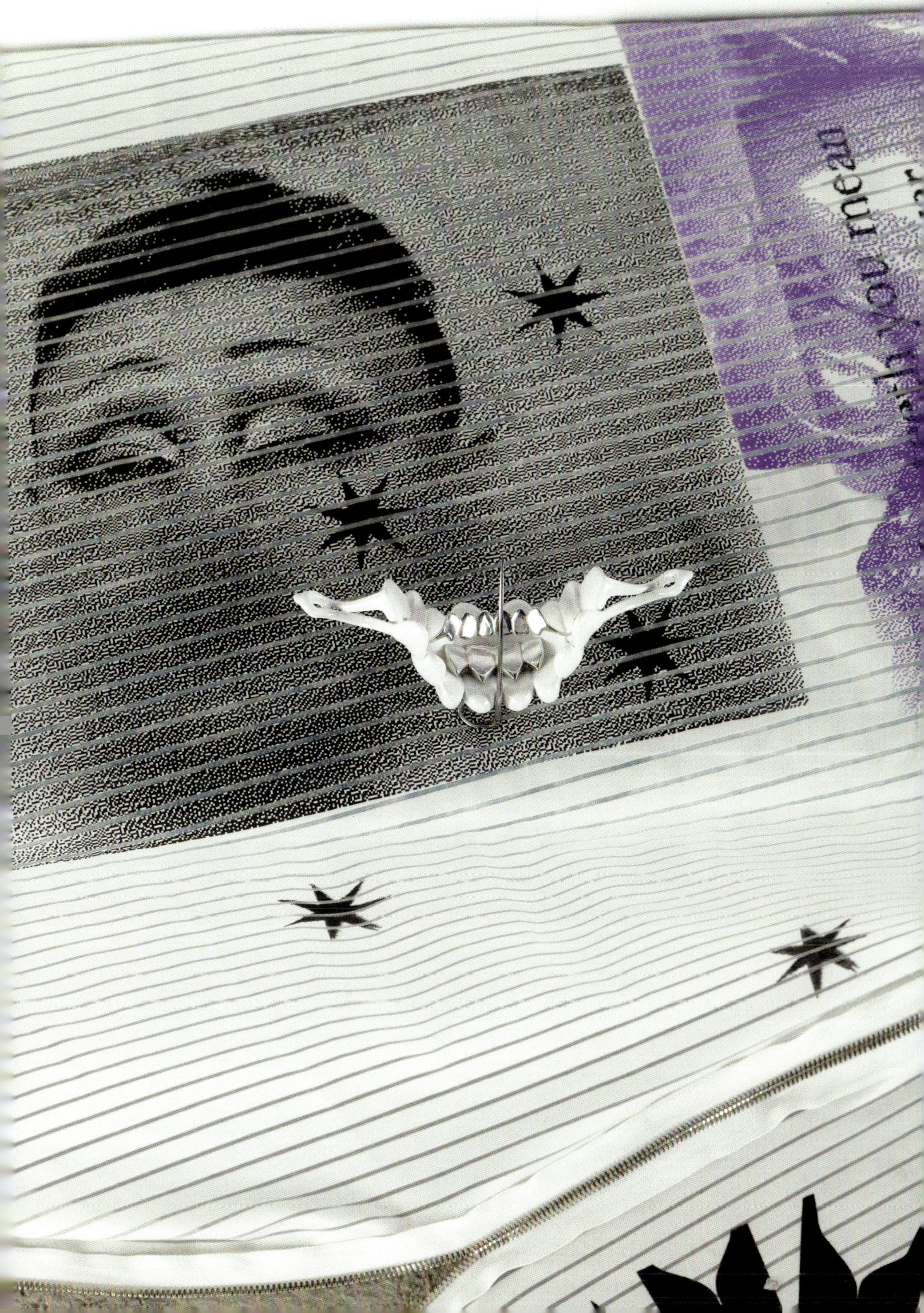
you mean

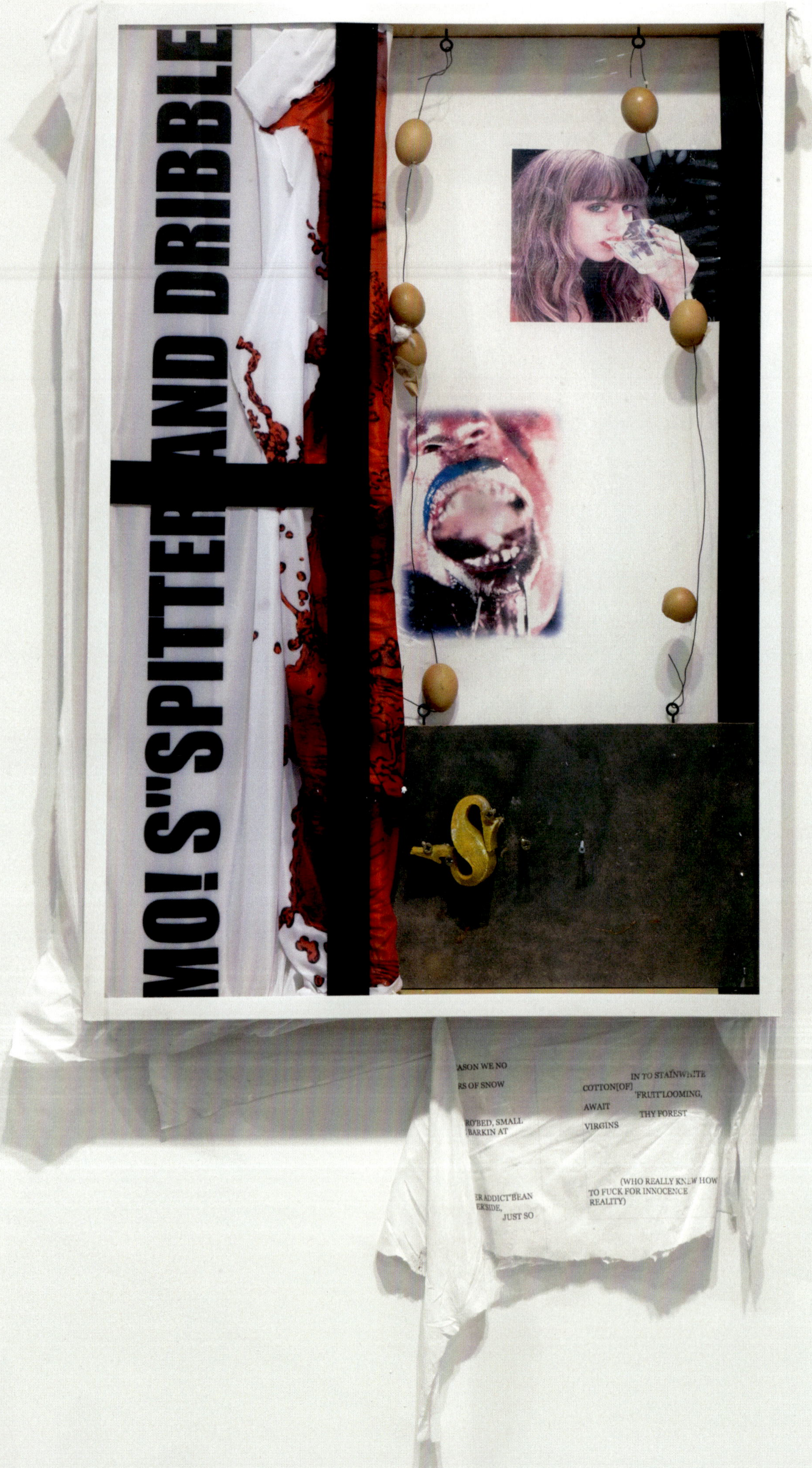
MO! S"SPITTER AND DRIBBLE
ASON WE NO
RS OF SNOW
RO'BED, SMALL
BARKIN AT
IN TO STAINWHITE
COTTON[OF]
'FRUIT'LOOMING,
AWAIT
THY FOREST
VIRGINS
ER ADDICT'BEAN
ERSIDE,
JUST SO
(WHO REALLY KNEW HOW
TO FUCK FOR INNOCENCE
REALITY)

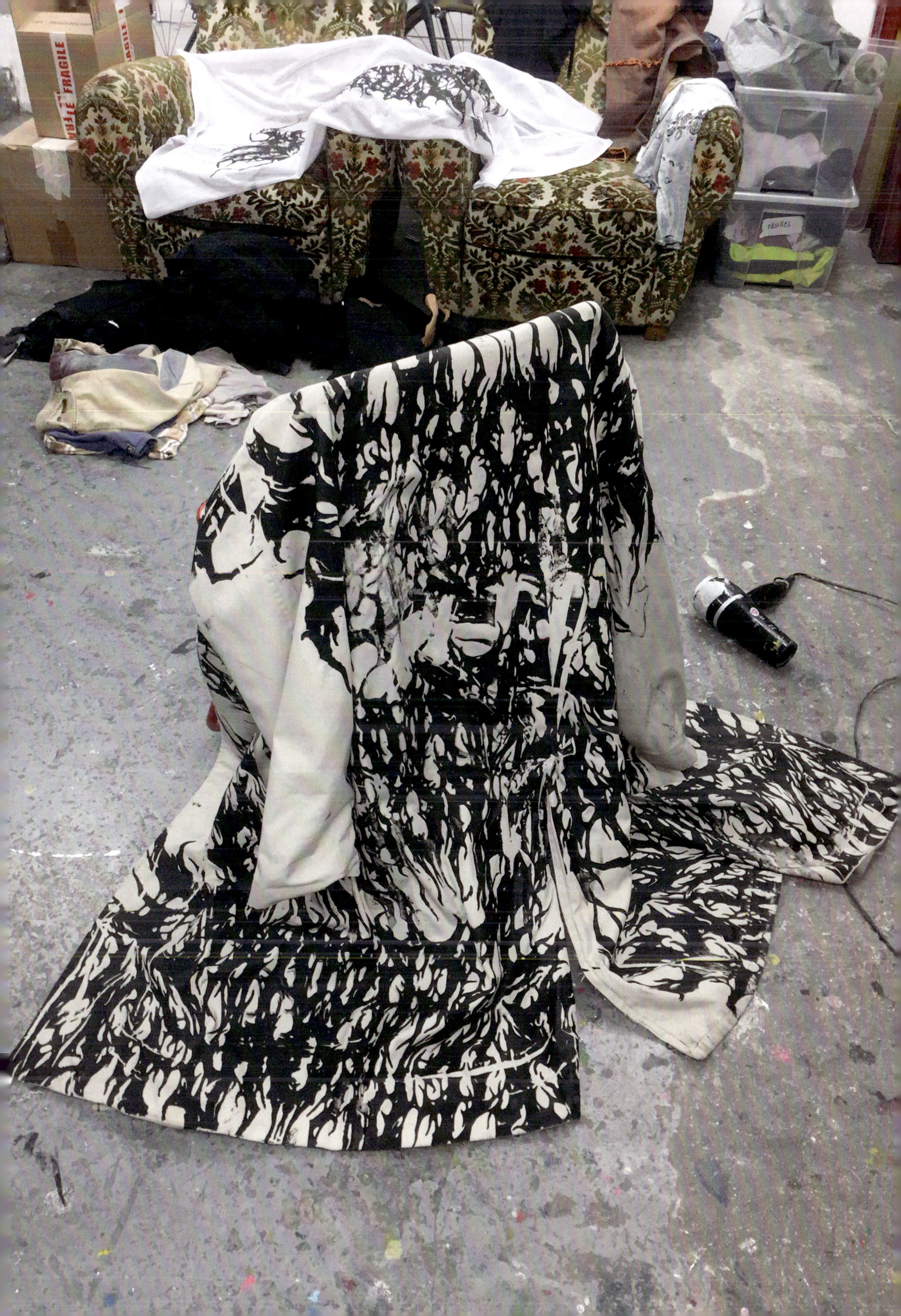
FRAGILE

Maurin Dietrich

Ouvrir une fenêtre et laisser entrer les ténèbres

Il y a des lieux où se révèle ce à quoi peut ressembler la réalité quand on la confond avec sa modélisation. Dans les entrepôts d'Amazon, on navigue dans un monde dont l'organisation n'est compréhensible que pour des robots: loin des catégories habituelles et de leur logique, les objets sont répartis de manière à rendre le plus court possible les déplacements des manutentionnaires en charge de la préparation des commandes. Les téléviseurs côtoient les bijoux, les livres les couches-culottes, etc. À l'extérieur de ces hangars posés en rase campagne, les employé•es sous-payé•es établissent des campements de fortune pour être sûr•es d'arriver à l'heure à leur poste. Si une critique lucide de la technologie ne peut plus aujourd'hui se passer d'une analyse des algorithmes, elle ne doit pas pour autant omettre de décrire le monde lui-même. C'est quand elle échappe à tout contrôle que l'essence de la technologie apparaît en pleine lumière – quand tout tombe en panne et que plus rien ne fonctionne. Au moment où elles déraillent, les machines se mettent à murmurer quelque chose, comme si leur inconscient voulait s'exprimer dans un dernier soupir.

Ces dernières années, sont apparus en grande quantité sur les plates-formes de vidéos en ligne de courts dessins animés mettant en scène les personnages préférés des enfants dans des situations délirantes et cauchemardesques: dans des reprises cheap de séries populaires, les un•es et les autres se massacrent ou se font exploser. Peppa Pig dévore son propre père, Spiderman viole la Reine des Neiges. Grâce à la concaténation arbitraire de mots dans leurs titres («BURIED ALIVE Outdoor Playground Finger Family Song Nursery Rhymes Animation Education Learning Video»), les vidéos remontent dans les index de recherche et se retrouvent dans les listes de visionnage des enfants[1]. Ces vidéos existent à présent en masse, générant un nombre de clics impressionnant: il y a par exemple dix-sept millions de versions de «Finger Family Song» disponibles sur YouTube, et si celles qui sont gentillettes affichent des millions de vues, c'est aussi le cas de celles où apparaissant Hitler ou Trump. Ce n'est pas seulement le contenu extrême de ces vidéos qui est dérangeant, mais aussi le simple fait qu'elles existent. Est-ce qu'il s'agit là des cauchemars esthétiques qui hantent les rêves des algorithmes qui ont désormais la charge de la production de nos biens virtuels et de notre imaginaire? Impossible de dire si ces dessins animés ont été réalisés à la main, dans des ateliers clandestins quelque part en Asie, ou s'ils sont l'œuvre d'une

1 Cf. James Bridle, tr. Benjamin Saltel, Un nouvel âge des ténèbres (Allia, Paris, 2022), pp. 258-273.

intelligence artificielle diabolique – impossible de dire laquelle de ces possibilités est la plus inquiétante.

Ouvrir une fenêtre et laisser entrer les ténèbres. Selon le point de vue que l'on adopte, un écran peut être considéré comme une «fenêtre» sur l'extérieur, comme le seuil au-delà duquel s'opèrent des processus de computation, comme une surface visible où lire des chaînes d'interaction complexes, ou bien un médium propre à la projection. Zone intermédiaire, l'écran accueille les matériaux mêmes qui nourrissent le travail de David Douard: conversations anonymes dans les commentaires d'une vidéo en ligne, morceaux de textes éparpillés sur le Darknet, discussions sur des forums comme Deep Underground Poetry. À partir de fragments de phrases, Douard crée des récits cryptiques qui échappent au sens et nous renvoient à notre propre conditionnement, nos habitudes sociales, notre imaginaire. Est-ce vrai qu'il n'est pas nécessaire qu'un mot soit écrit en entier pour qu'on le reconnaisse? La première ou la dernière lettre peut manquer sans que le sens nous échappe. On ne lit plus – le langage, l'écrit, se digèrent sans effort. En mettant l'accent sur la matérialité de la langue, Douard montre que celle-ci n'est plus que l'écho brisé de ce qu'elle voulait auparavant «dire». Ce n'est plus qu'une phrase éjaculatoire, perçante, morceau de syntaxe qui a perdu son sens, au mieux une pose obéissant à des codes que seul•es les initié•es peuvent encore déchiffrer. Les mots sont coincés dans nos gorges; ils nous coupent le souffle et nous étouffent.

David Douard écoute attentivement ce que les machines tentent de nous murmurer avant que celles-ci, épuisées, s'arrêtent de marcher. Son travail puise dans le réservoir infini de codes et de langages qui forment les structures des technologies actuelles. Ici, le langage opère comme un virus, une erreur: dans le travail de Douard, cette logique interne remonte à la surface pour lentement dégouliner. Plic, ploc, plic. Ses installations reflètent des systèmes qui échappent à notre perception, quand ils ne sont pas conçus pour être invisibles, alors même qu'ils sont essentiels au maintien d'un quotidien et qu'ils sont la matrice de ce qu'on appelle «réalité»: les conduits d'aération encastrés dans les murs des bâtiments, les tubes d'aluminium qui assurent le fonctionnement de l'air conditionné dans les sièges d'administration autrement irrespirables, les infrastructures multimédia des musées qui n'ont jamais assez de tension électrique pour marcher correctement, ou les logiciels et les puces qui se cachent derrière les surfaces parfaitement polies d'un iPhone. La méthode de travail de l'artiste, oscillant entre des processus organiques et technologiques, se déploie comme une poétique de la dégénérescence et de l'effondrement.

Autrefois, on laissait derrière soi des tags et des graffiti dans les rues et les zones sans surveillance des villes; aujourd'hui, c'est en ligne que ces marques subreptices prolifèrent, en dépit de la surveillance à laquelle Internet est soumis. Ces lieux virtuels, plongés dans des ténèbres éternelles, s'offrent comme des espaces de disruption. Dans son travail, Douard prend acte des changements qui définissent ce que sont les lieux de liberté et d'expression, et traduit des processus désincarnés en formes auxquelles nous sommes confronté•es dans l'espace d'exposition. Un monde étrange prend nerveusement vie, fait de matériaux secrètement animés, comme s'ils étaient les agents d'une résistance silencieuse.

Maurin Dietrich

Open the Window and Let Darkness In

Some places reveal what it looks like today when reality is mistaken for its model. In the warehouses of Amazon, workers navigate through a world whose order only robots understand, since the goods on the shelves are not sorted according to any usual categories, but to provide the shortest possible itinerary when preparing orders: TV sets next to necklaces, books next to diapers, and so on. In front of the warehouses, underpaid laborers camp in the woods, because otherwise they wouldn't make it to their shifts on time at these remote sites. In order to build a critique of technology, it's not only crucial to scrutinize algorithms, but also to picture the world around us. The essence of technology comes to light more accurately when it gets out of control; when it collapses and fails. As the machines go mad, it seems their unconscious is murmuring, as if they want to tell us something between their final moans.

For some time, short, wild, and nightmarish comic films have flooded video platforms, showing cute children's heroes massacring and blowing each other up.[1] In crude imitations of popular cartoons, Peppa Pig devours her father, Spiderman rapes the Snow Queen Elsa. Through the arbitrary concatenation of popular search terms such as "BURIED ALIVE Outdoor Playground Finger Family Song Nursery Rhymes Animation Education Learning Video," the videos sneak onto children's playlists. Heaps of these videos now exist, and they attract a phenomenal number of clicks: on YouTube, there are seventeen million versions of "Finger Family Song" alone, and not only are the harmless renditions viewed millions of times, but also variants featuring Adolf Hitler or Donald Trump. It is not just the drastic content of these videos that is unsettling, but also the fact that they exist in the first place. Are these aesthetic nightmares the dreams of algorithms that have taken control of the factory of virtual goods and the production of fantasies? One cannot even say whether these videos were hand-drawn in Asian sweatshops or constructed by diabolic AIs—or which of these possibilities would be more alarming.

Open the window and let darkness in. Depending on our perspective, the screen can be understood as a "window" to the outer world, a threshold to the underlying processes of computation, a visible surface and field for highly complex chains of interaction, or a medium for "screening." It is an intermediate area, hosting material that fuels David Douard's work—be it anonymous conversations on YouTube, text bits from the Darknet, or exchanges on forums such as Deep Underground Poetry. Through sentence fragments, Douard

1 See James Bridle, «Something is wrong on the internet,» **Medium**, November 6, 2017.

creates cryptic narratives that elude simple attributions of meaning and confront us with our own conditioning, socialization, imagination. Isn't it the case that a word doesn't have to be written out? The first and last letters can be missing, and yet we recognize the meaning at first sight. We no longer read; language and the written word are material that we digest without effort. As Douard puts the emphasis on its materiality, language appears as a broken echo of what it originally meant: a piercingly ejaculated sentence, a part of syntax that in the very next moment no longer makes sense, a pose conveyed by codes that can be deciphered by only a very few. Words stick in our throats; we gasp, cough.

David Douard appears to listen attentively to what the machines whisper to us shortly before they collapse from exhaustion. His work draws from an all-but-infinite pool of codes and languages—the actual structure of technology. Here language operates as a virus, a failing; Douard's work makes that inner logic surface and seep out. Drip, drip, drip. His installations reflect systems that are not easily perceived or that never become visible, although they are essential in supporting everyday life and form the matrix of what we call reality: the venting systems behind the walls of our homes, the endless aluminum tubes of air-conditioning that keep corporate headquarters alive, the media installations of our museums that never really work due to insufficient power supply, or the code hidden behind our perfectly polished iPhone screens. Douard's working method oscillates between organic and technological processes, unfolding as a poetics of degeneration and collapse.

Tags and graffiti used to be left behind in uncontrolled streets and other urban settings; today mark-making happens on virtual sites, in spite of online surveillance. These nonphysical places, in which permanent darkness prevails, offer the possibility of disruption. Douard's work reflects such shifts in places of freedom and expression; it translates bodiless processes into material forms that we face in the exhibition space. A strange world restlessly appears: where materials are permeated by a secret inner life and become agents of a silent resistance.

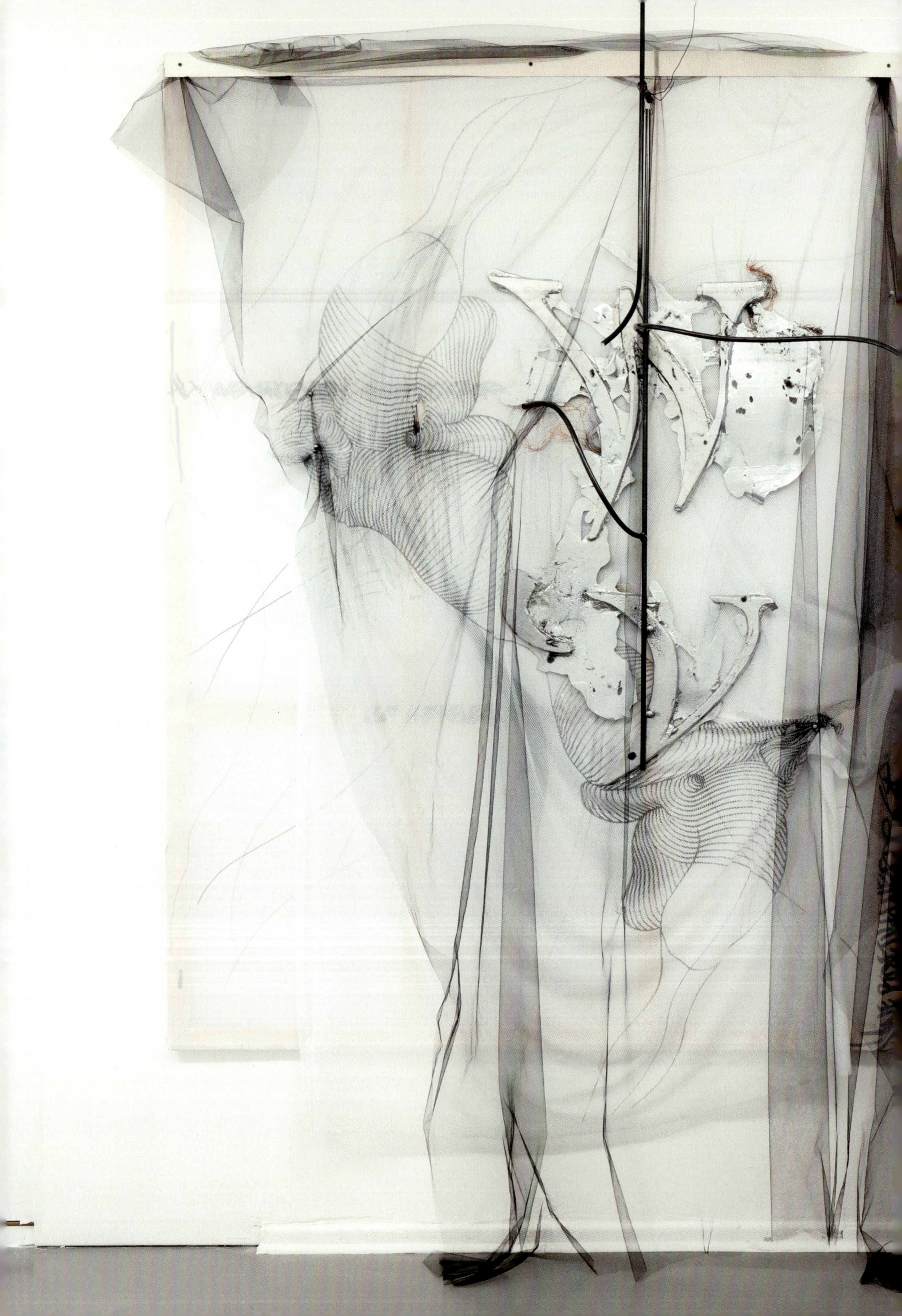

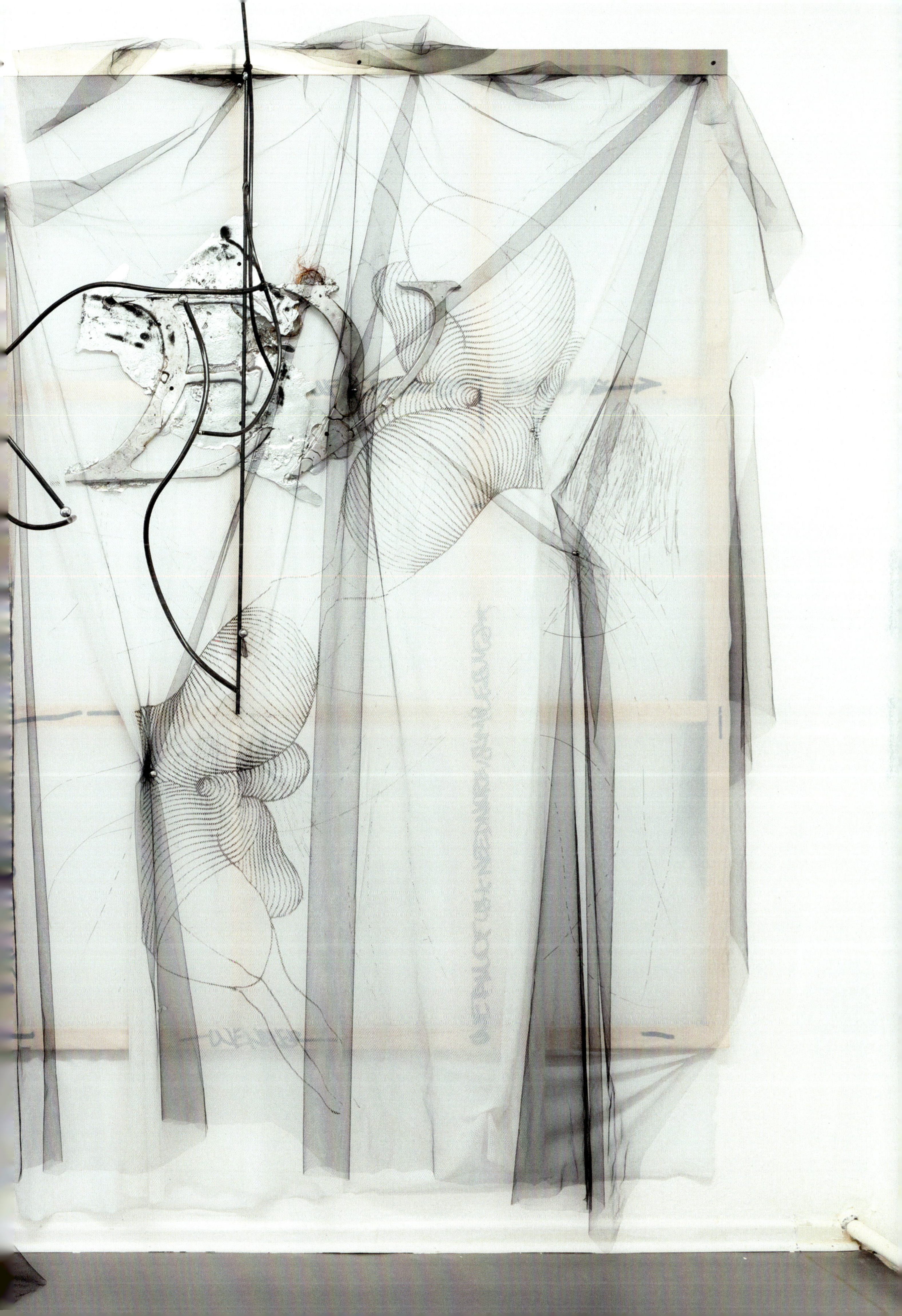

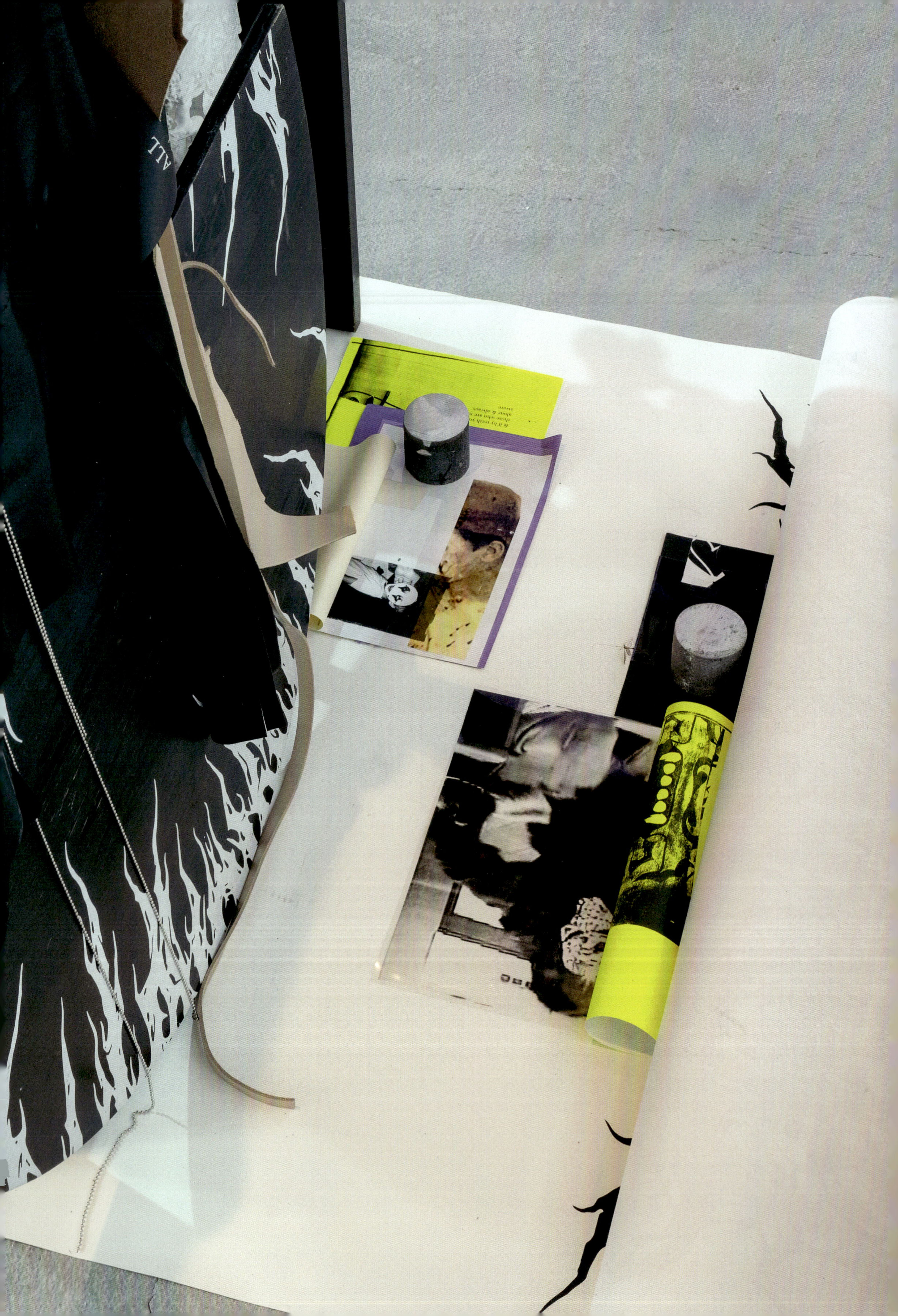

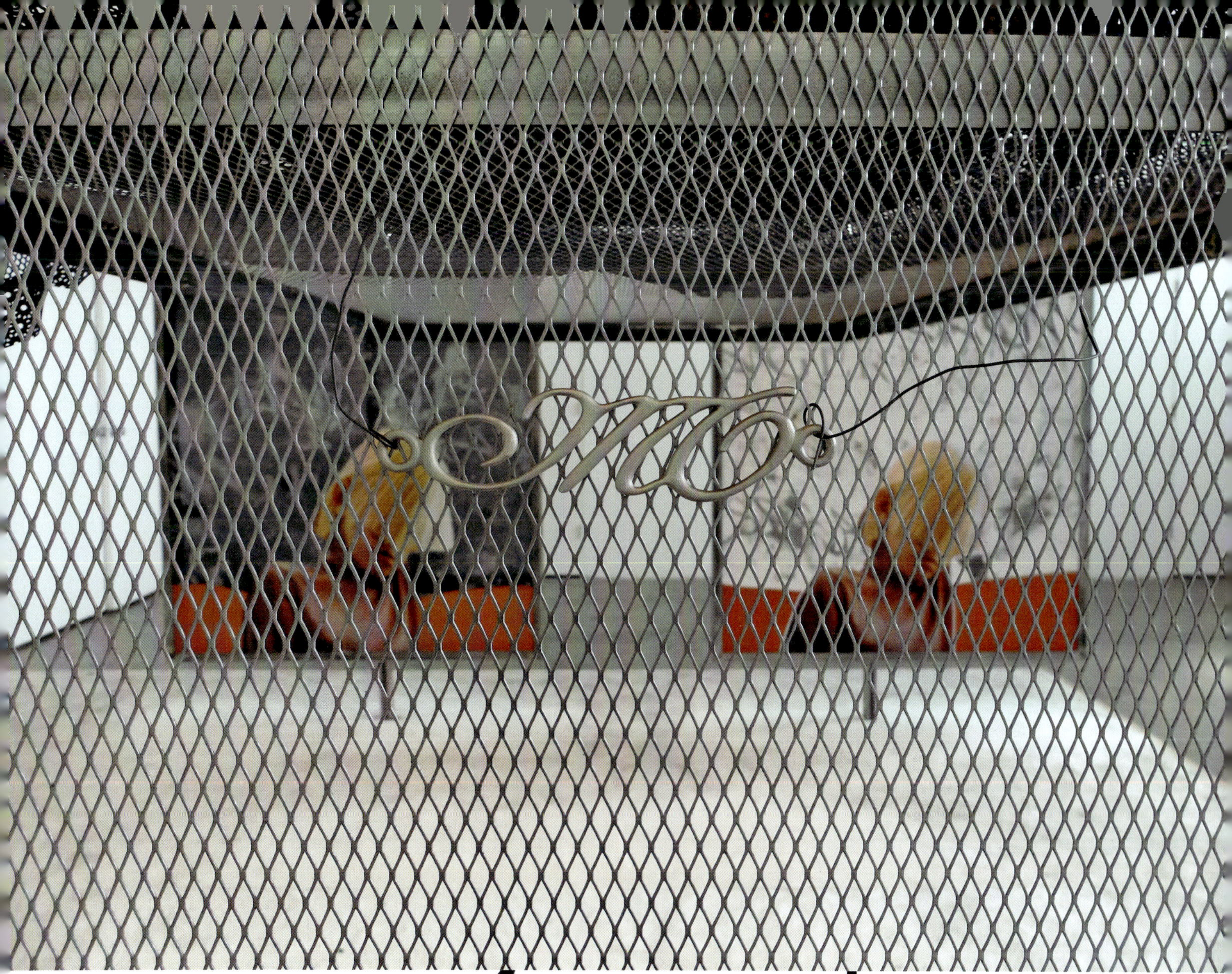

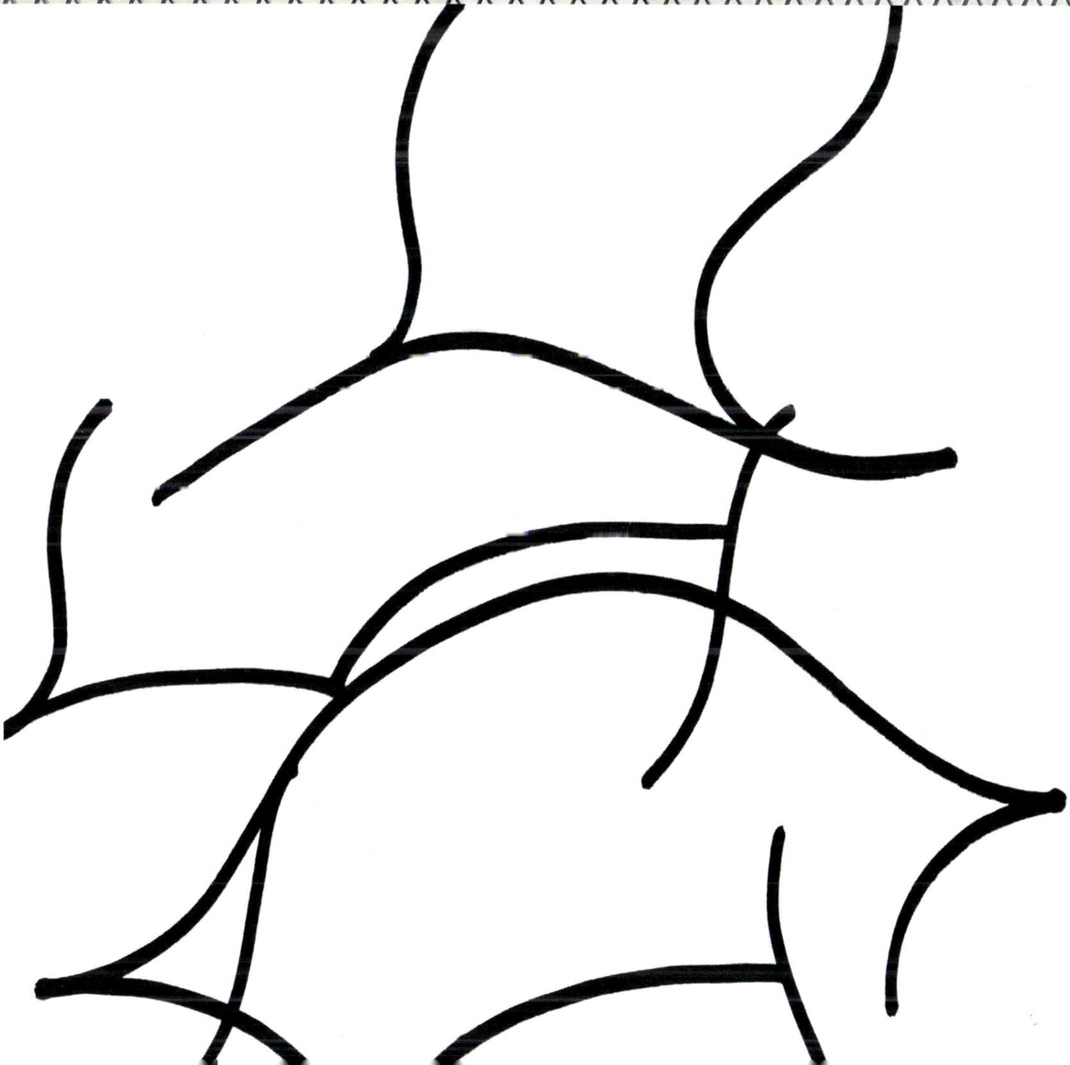

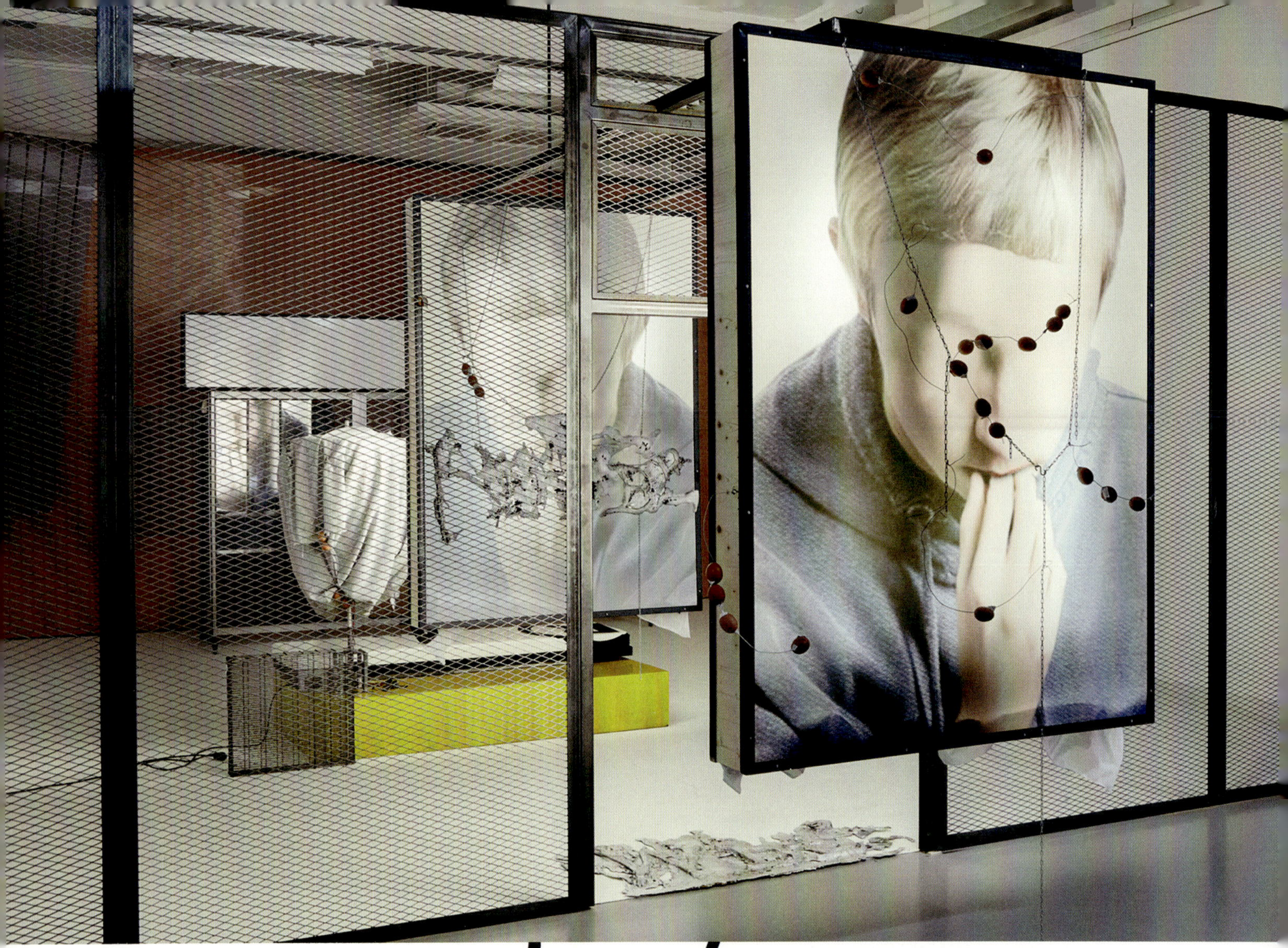

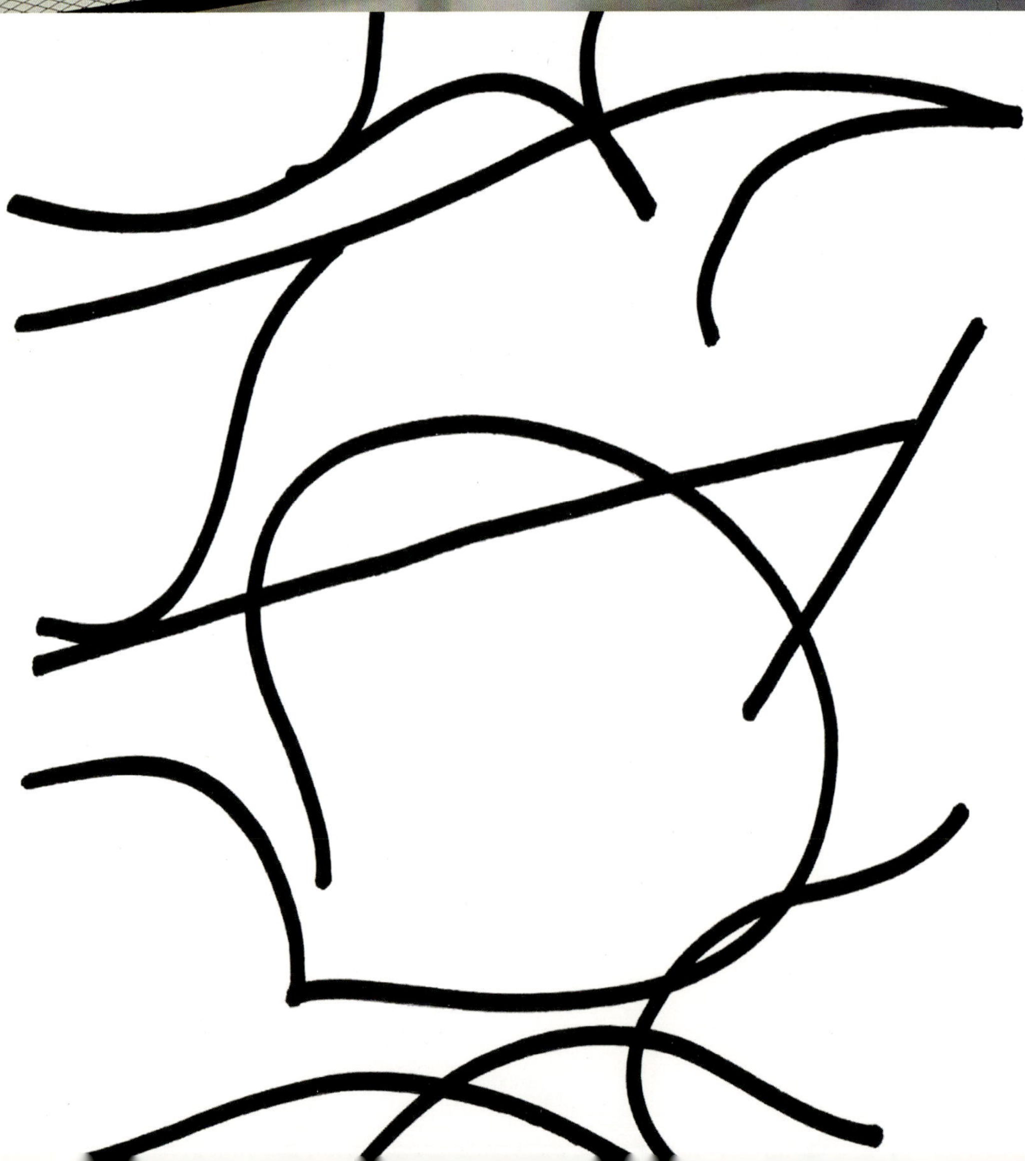

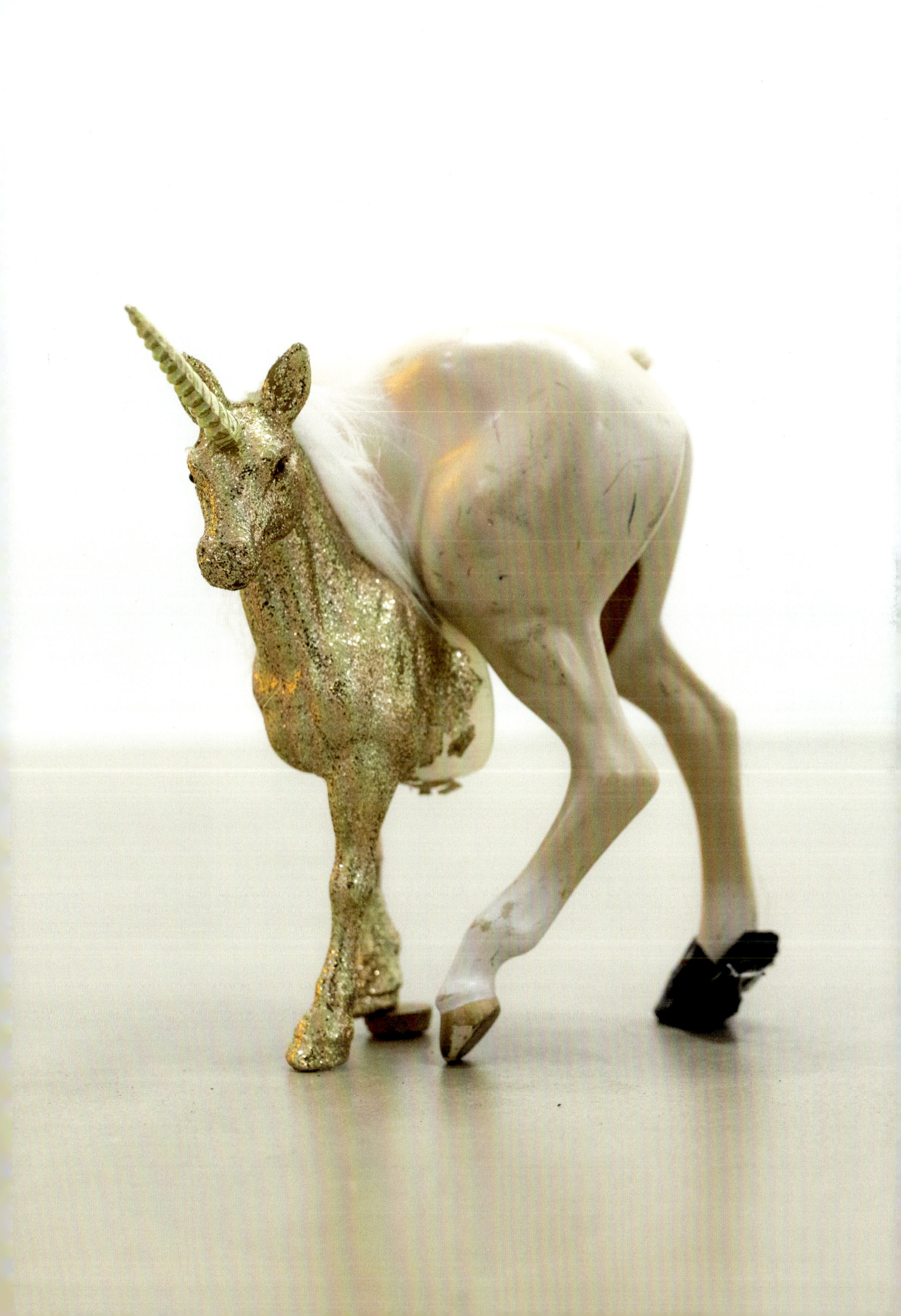

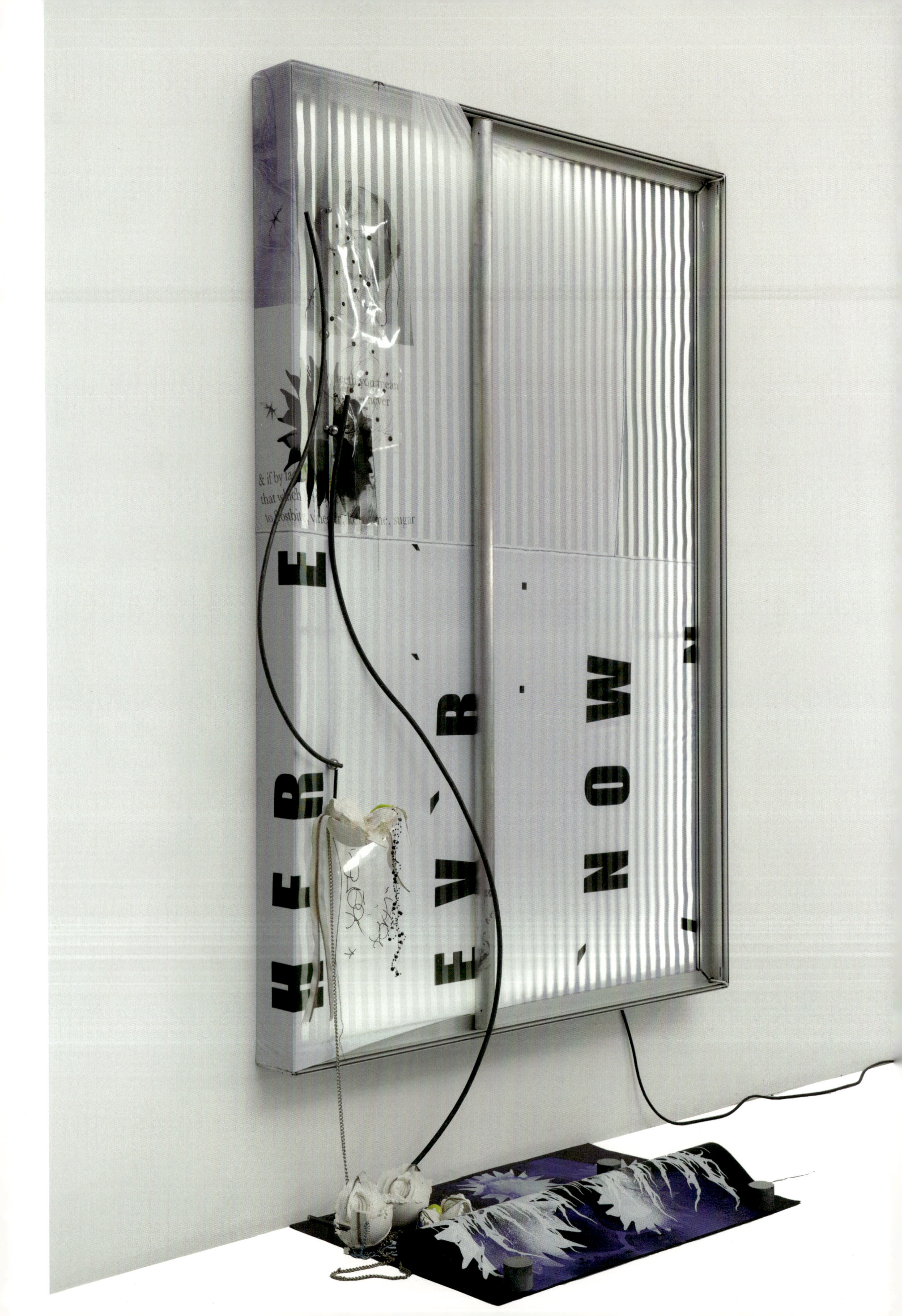

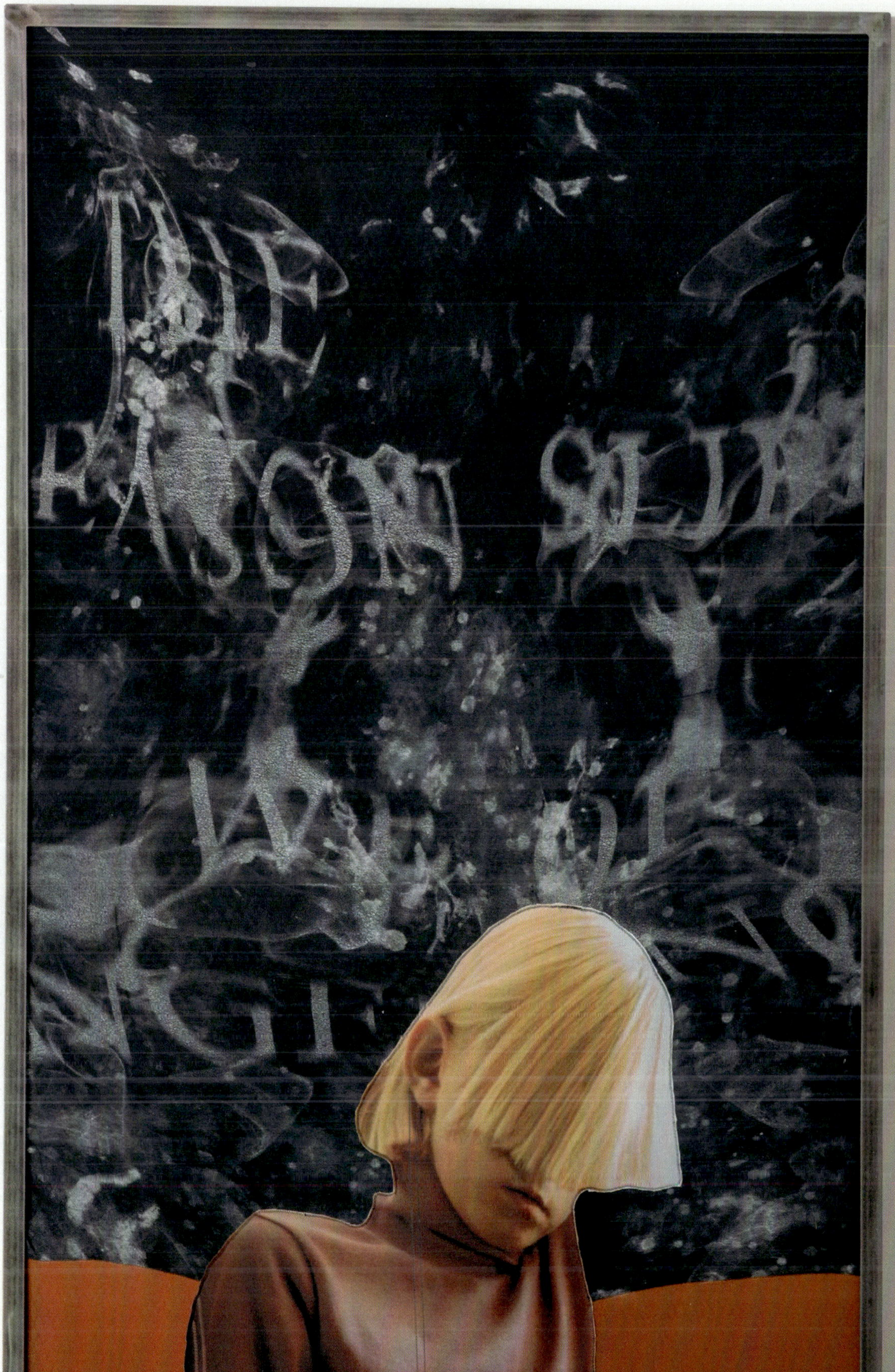

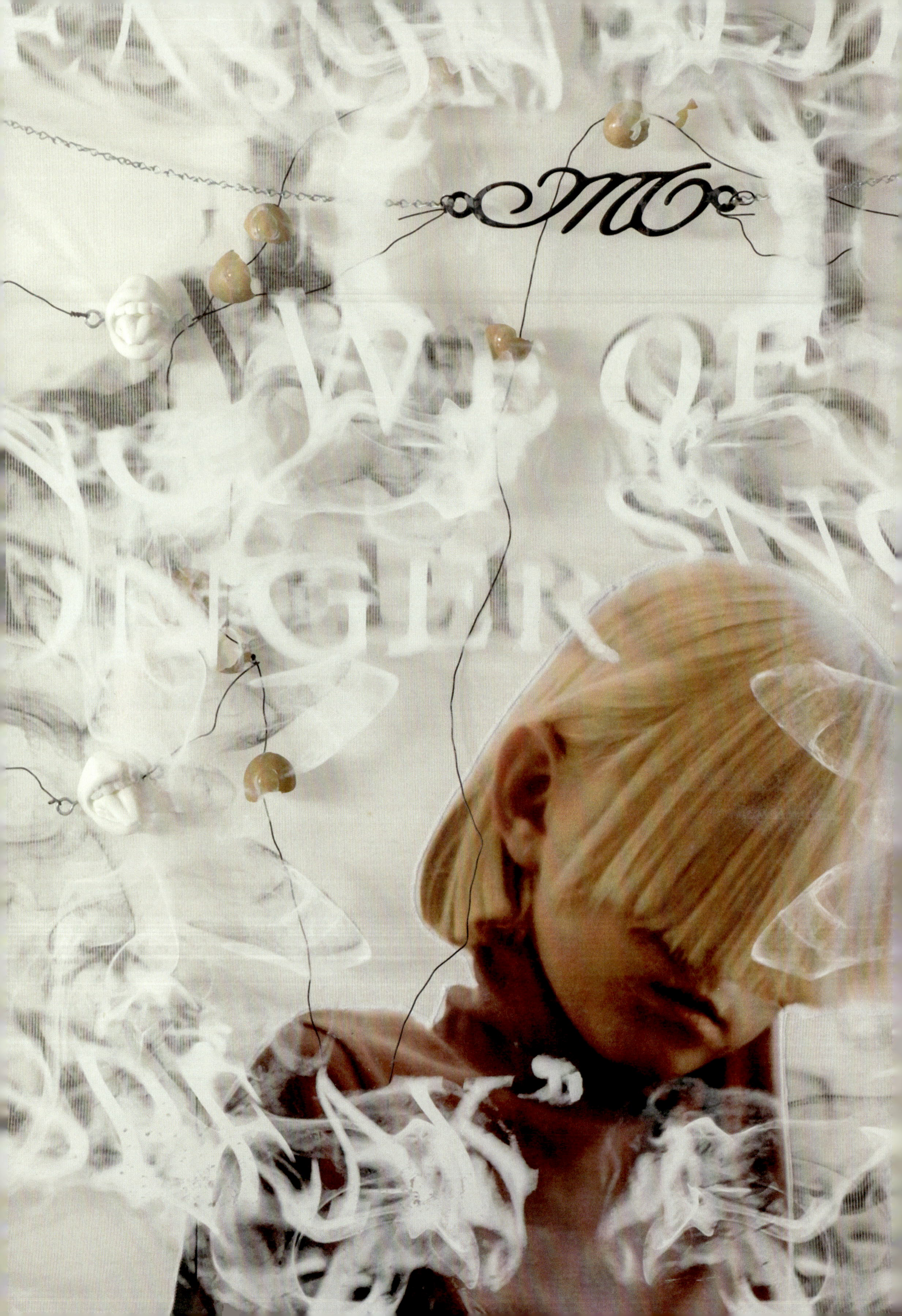

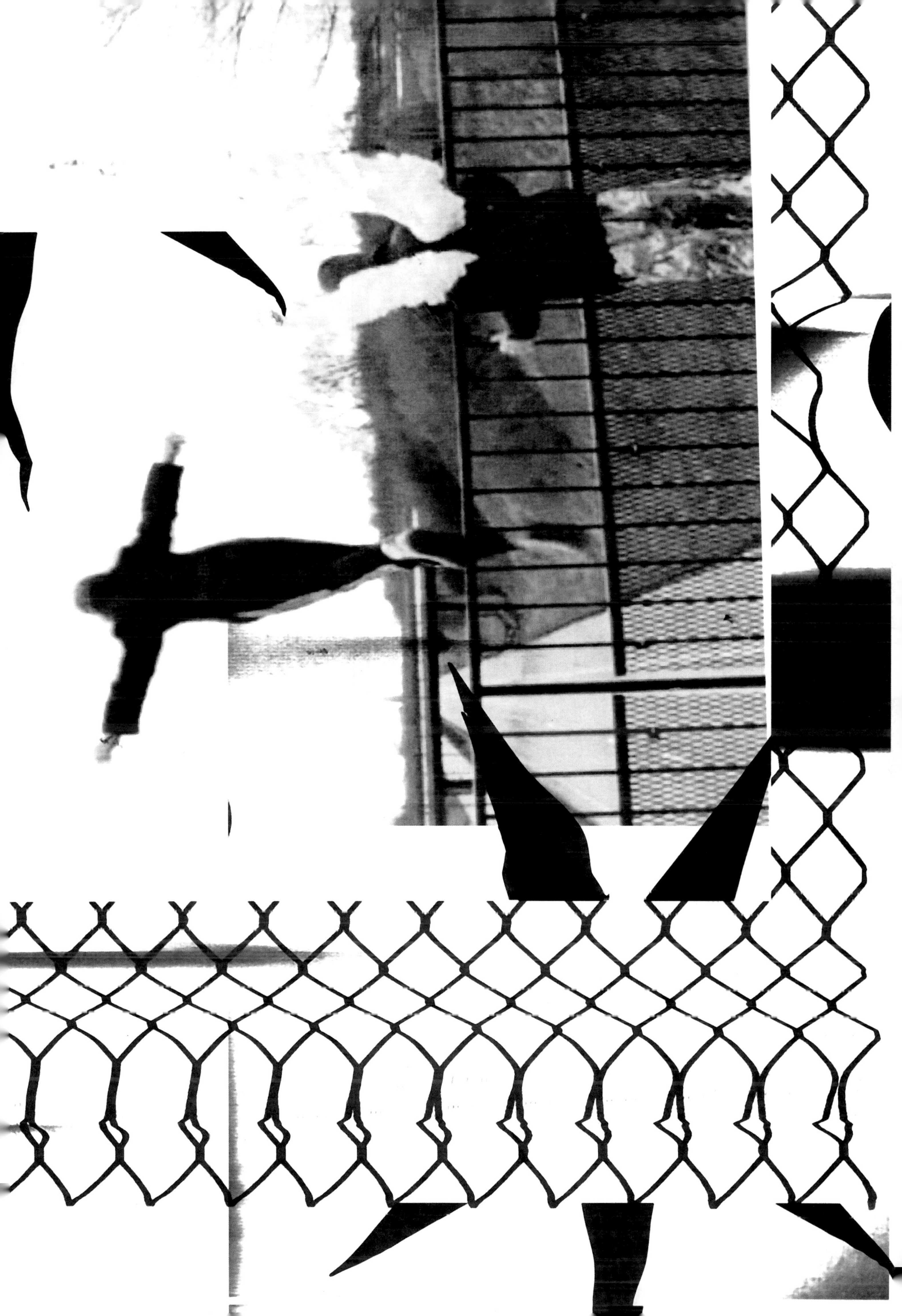

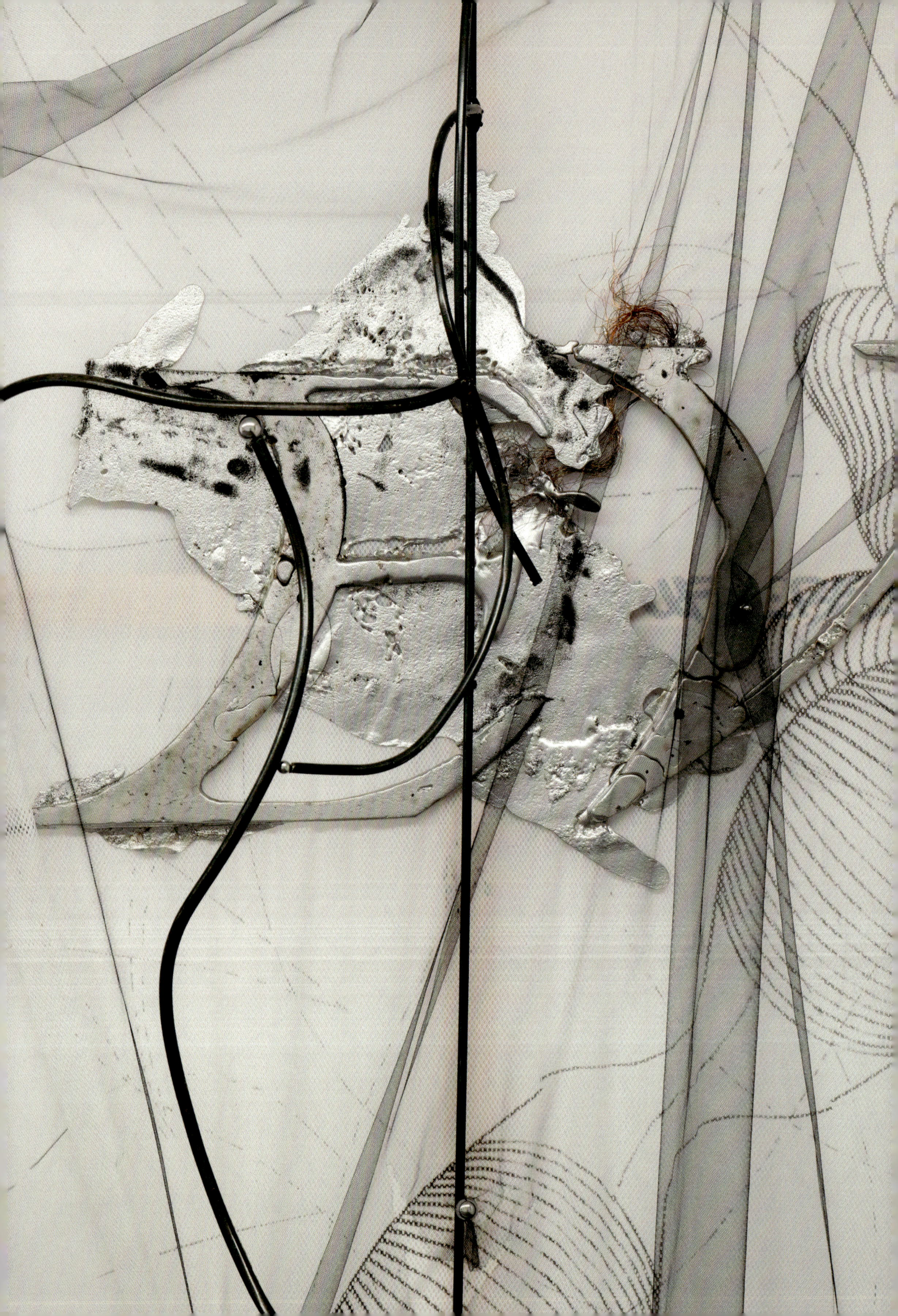

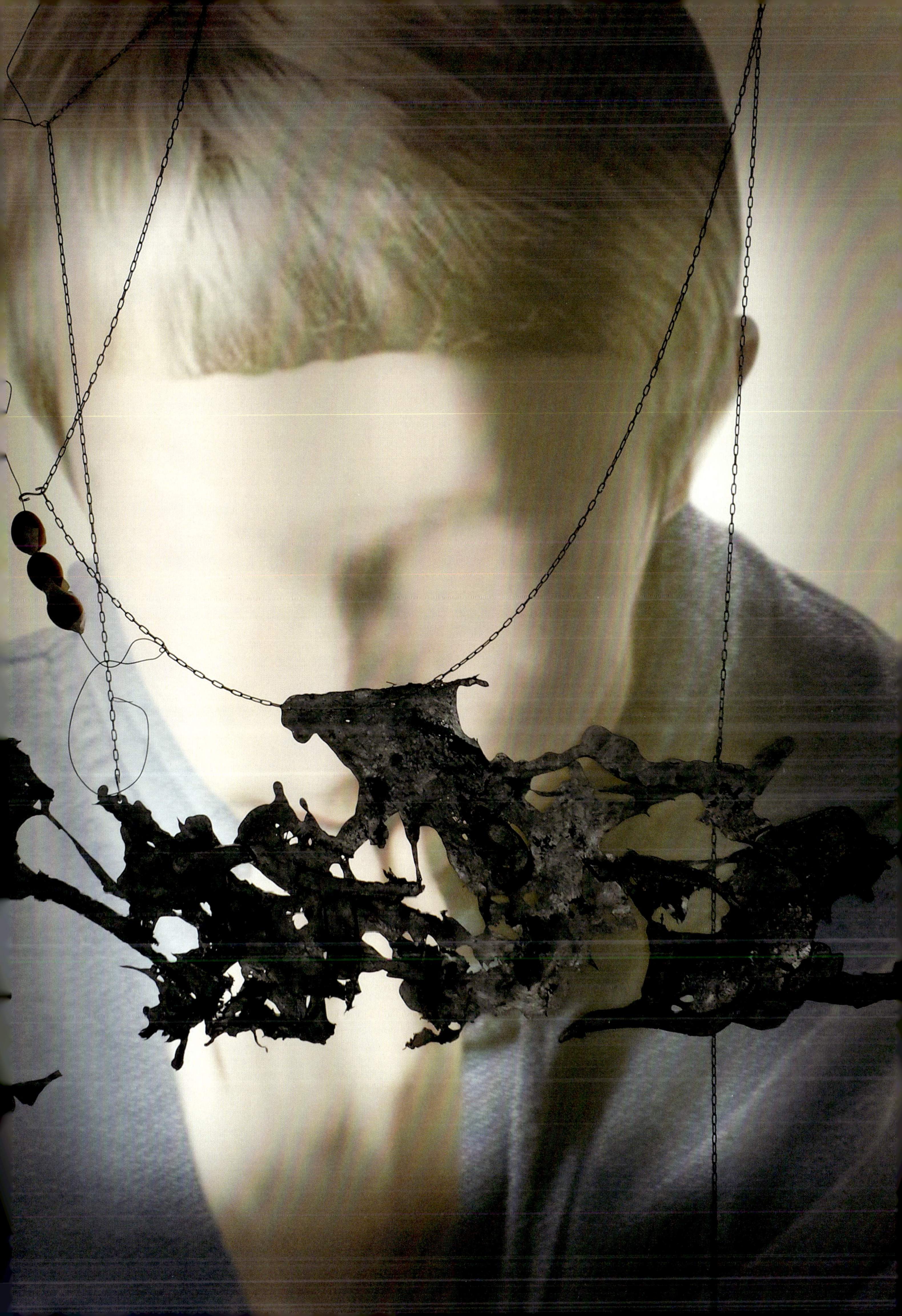

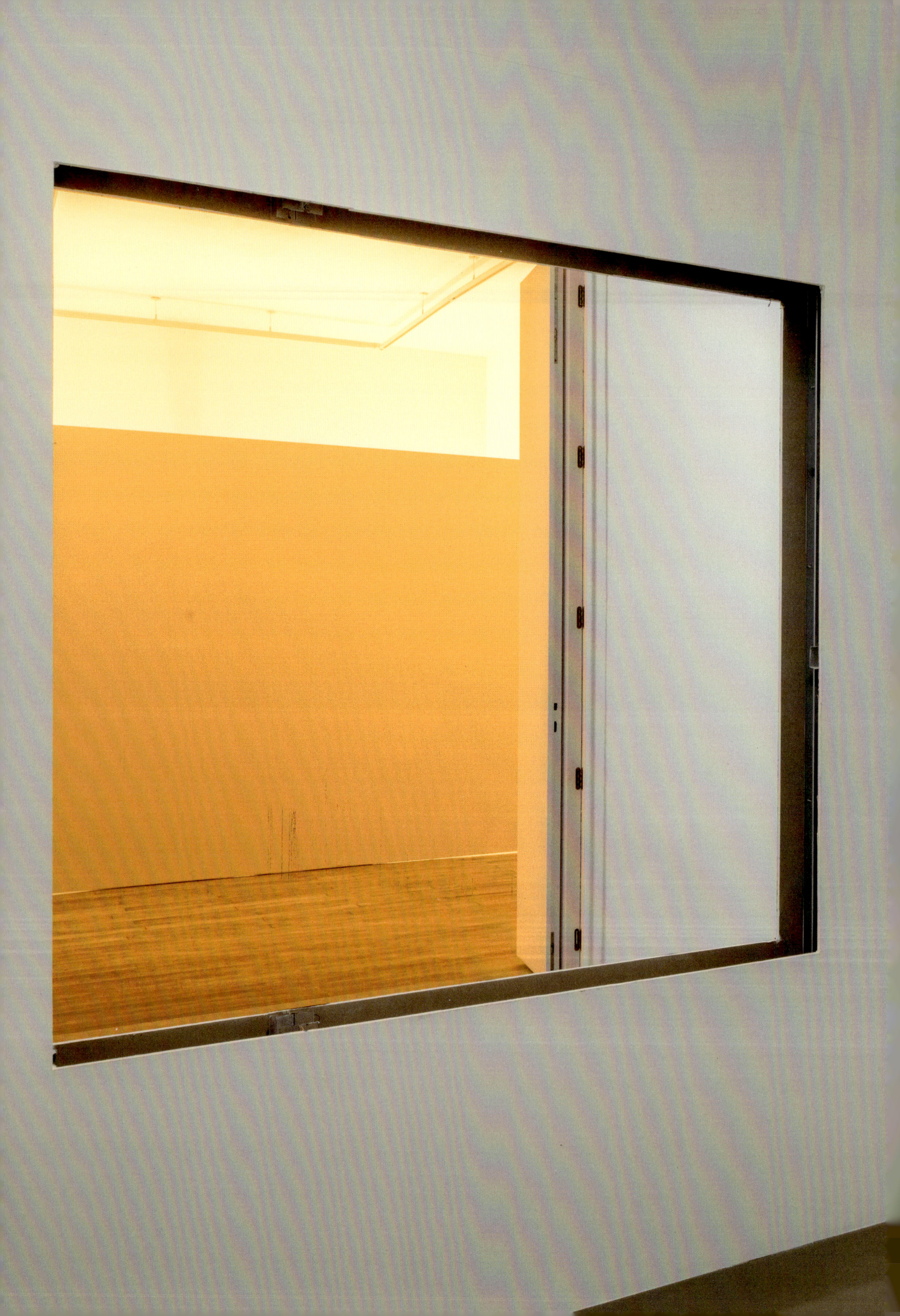

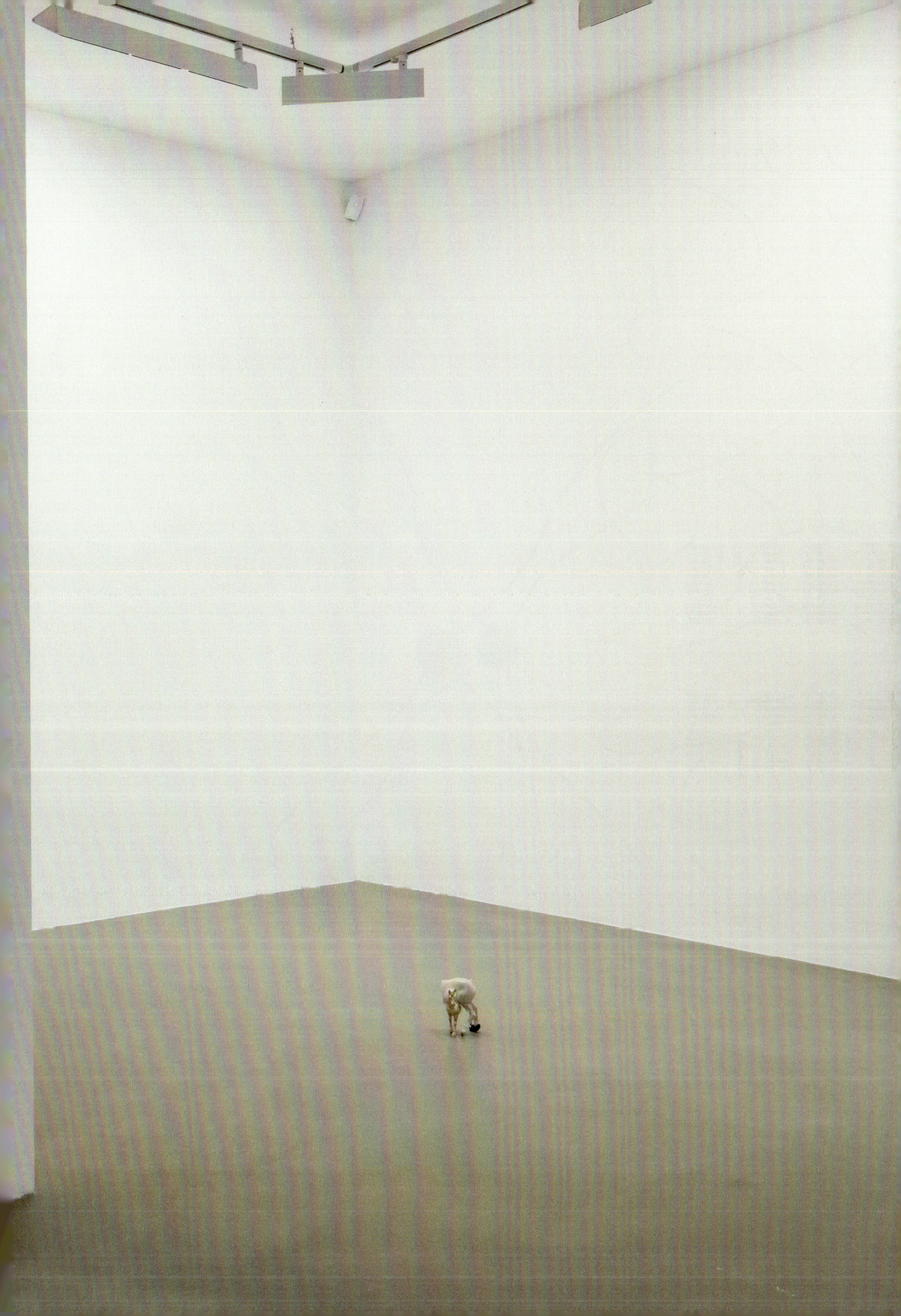

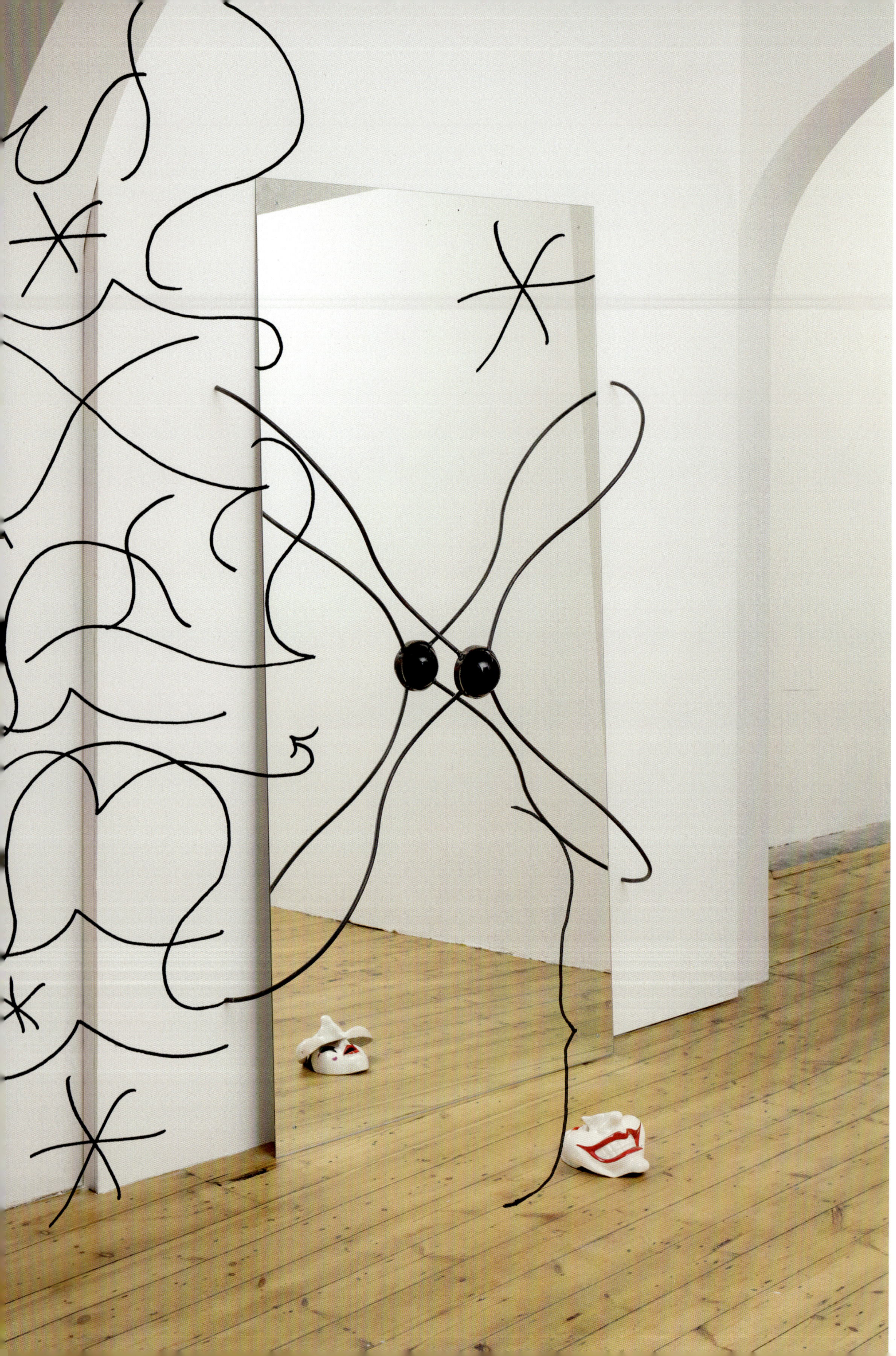

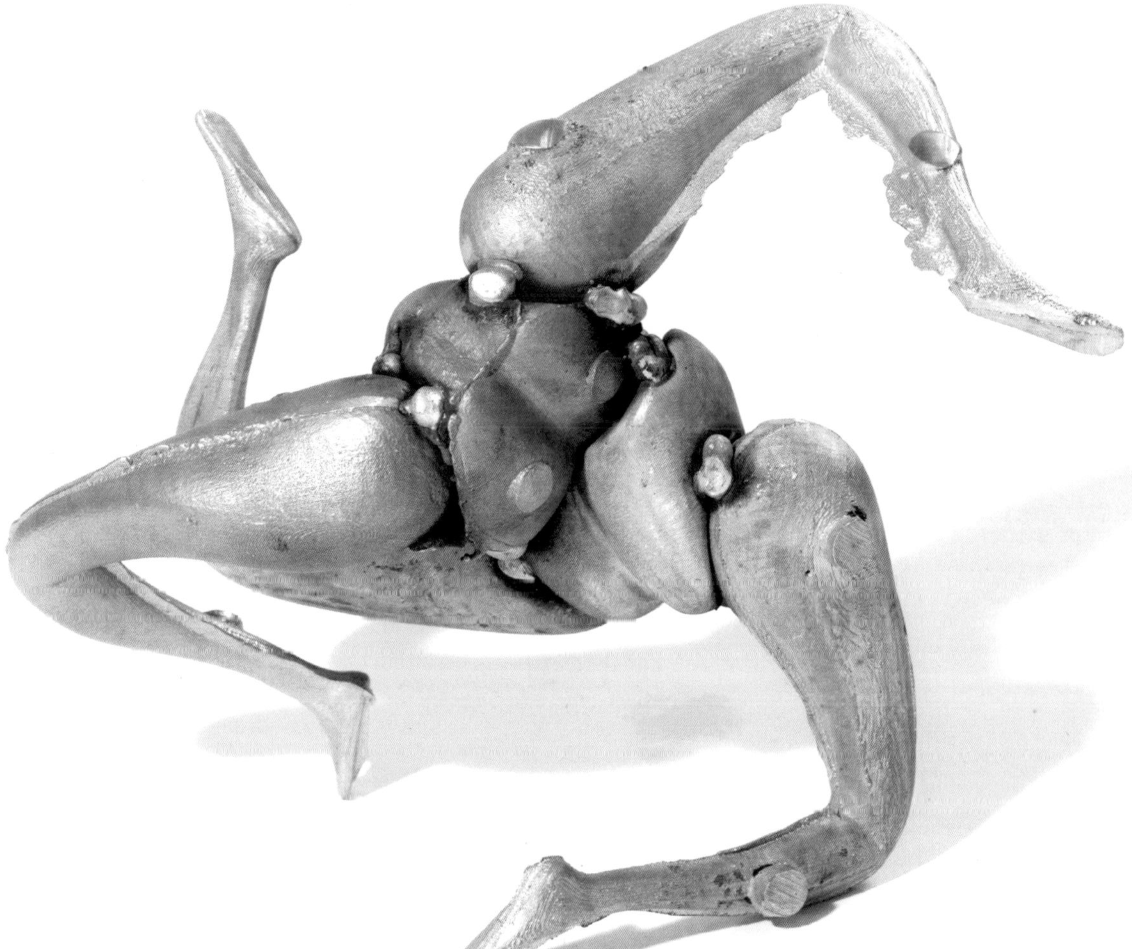

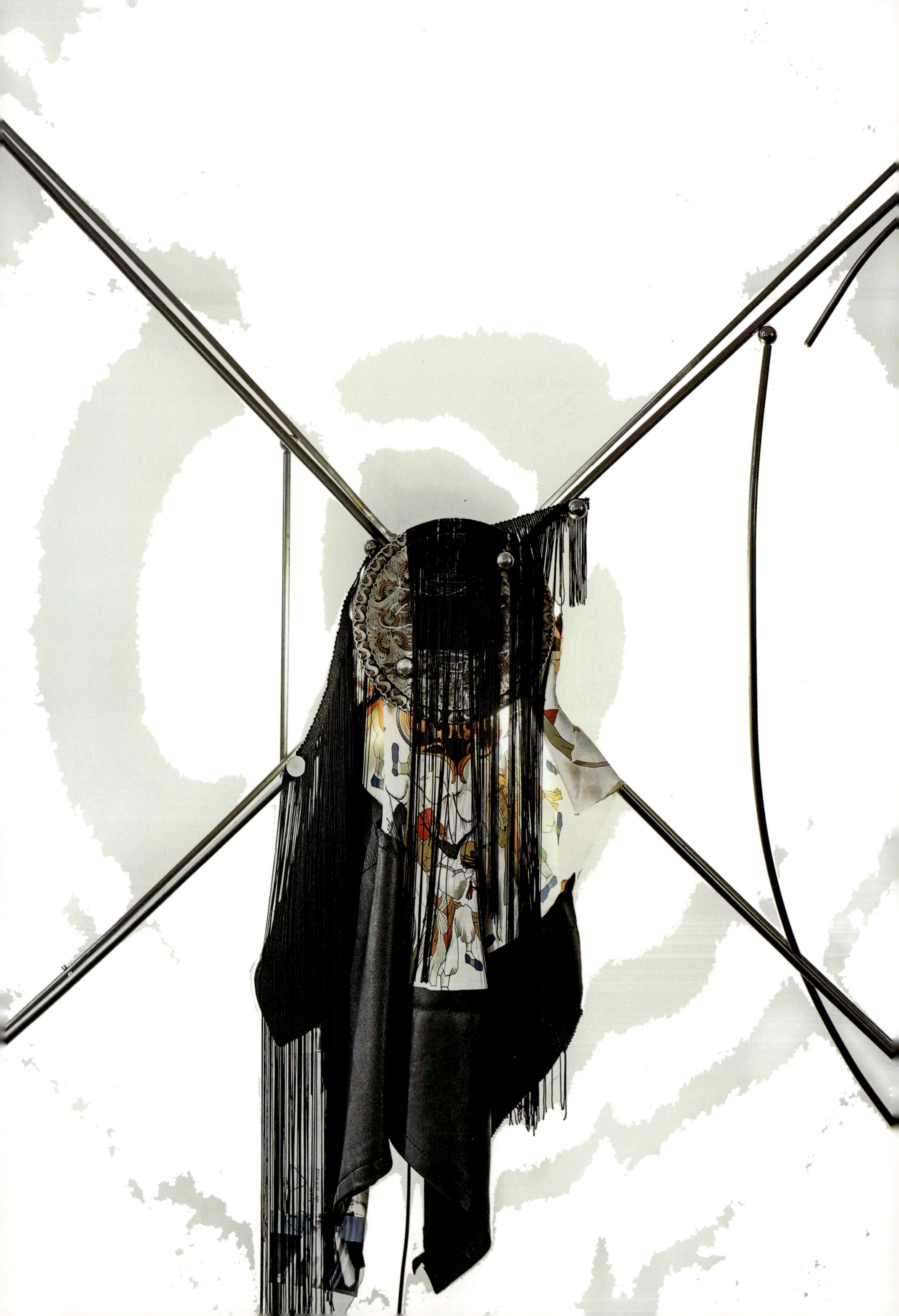

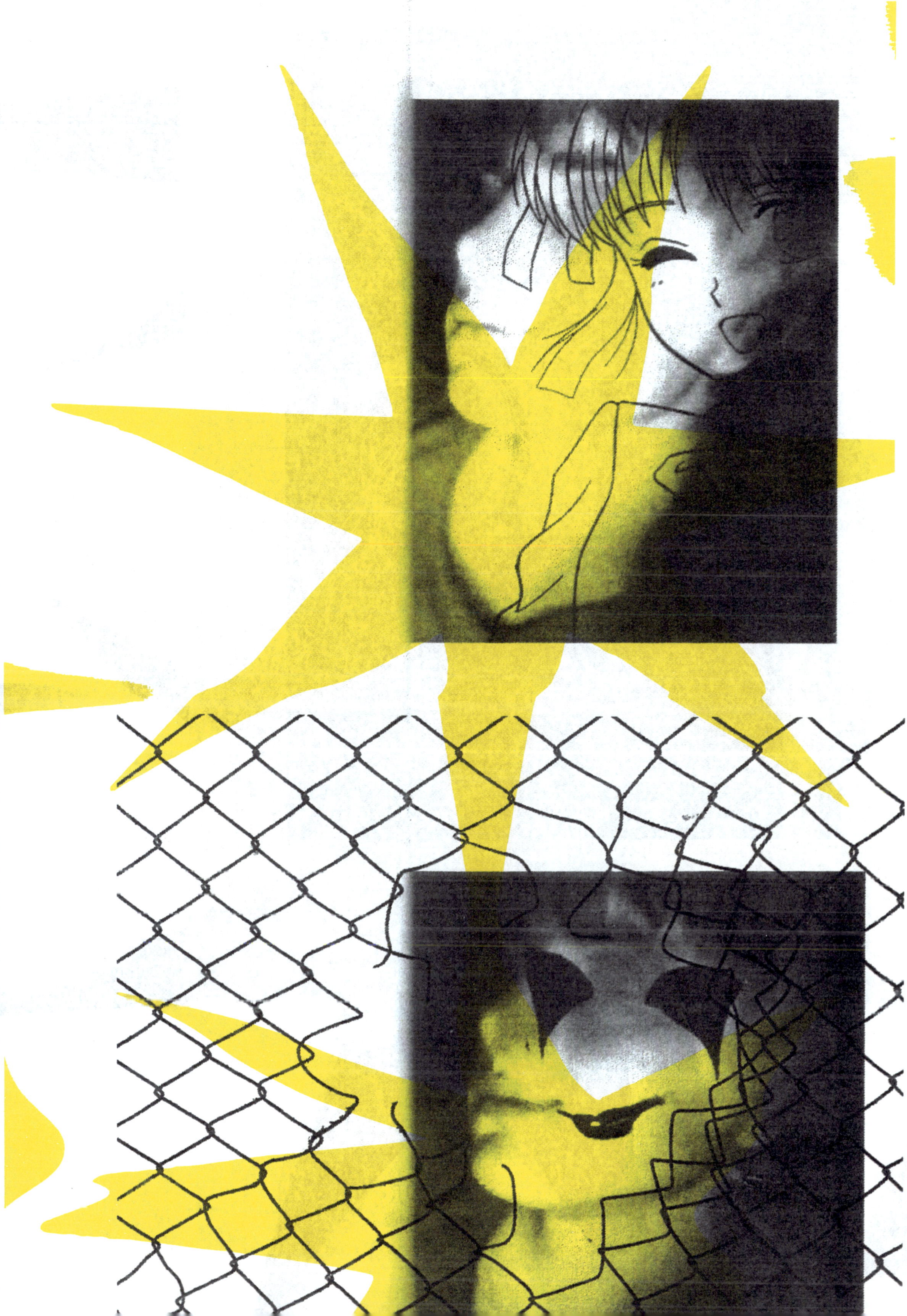

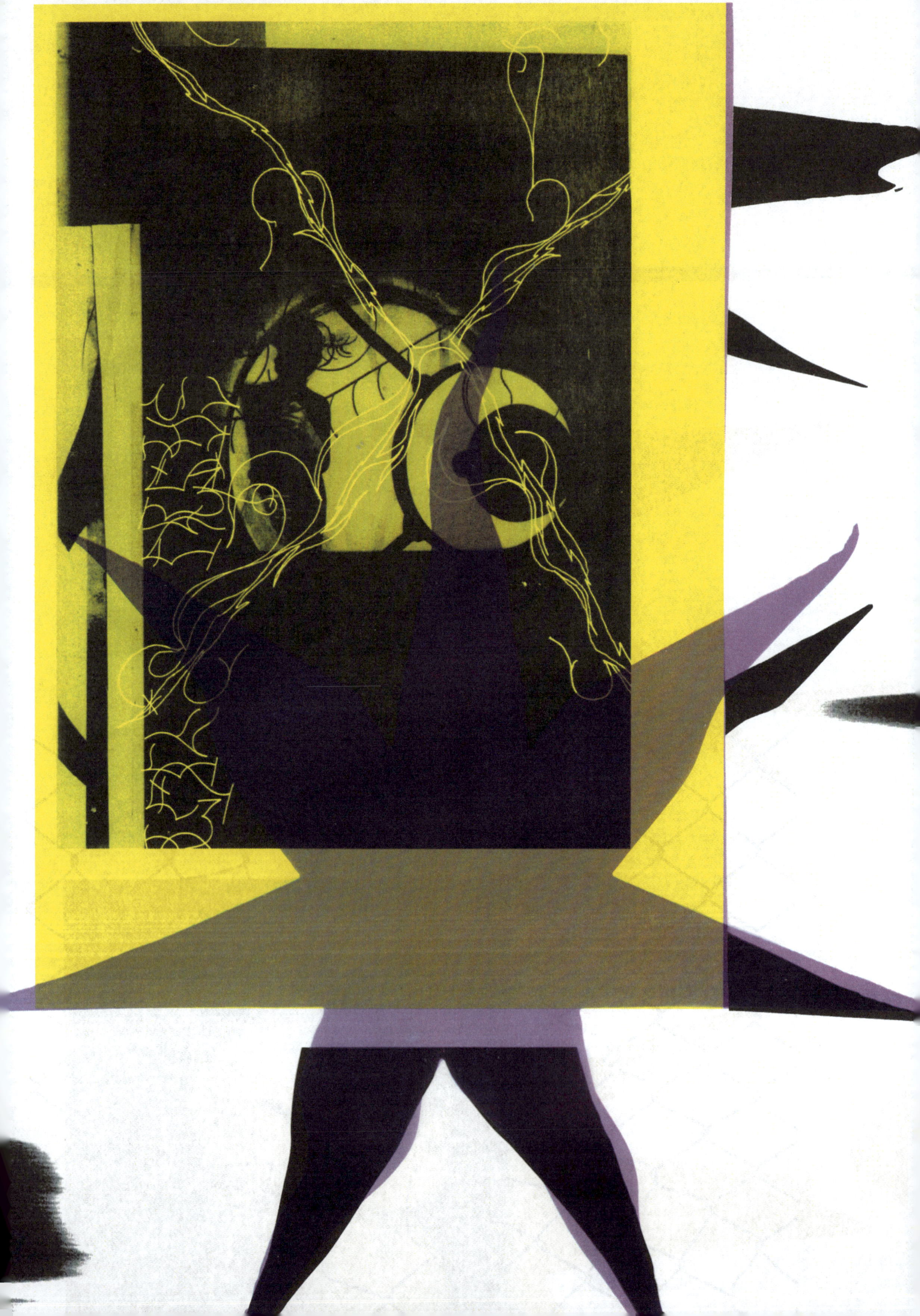

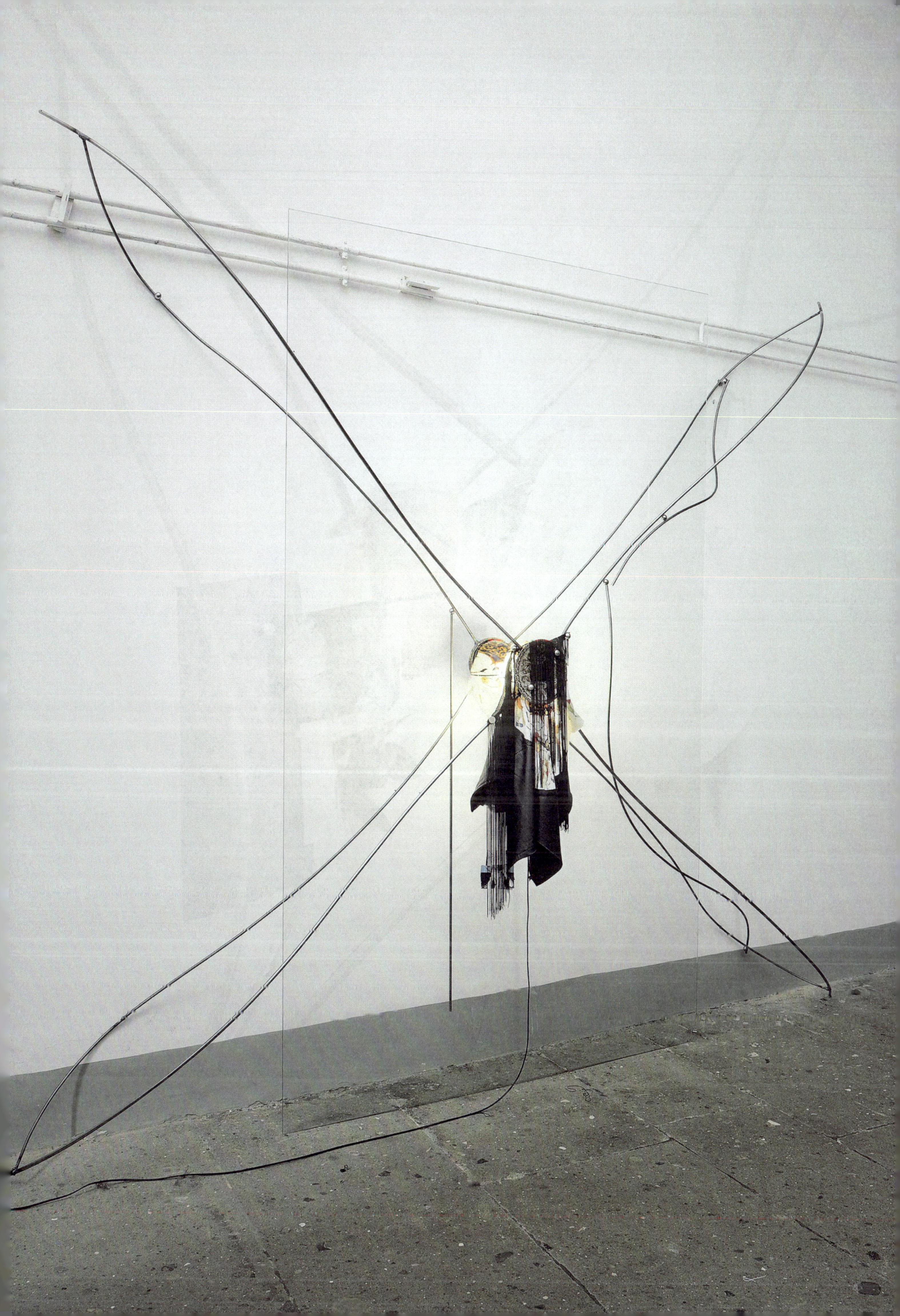

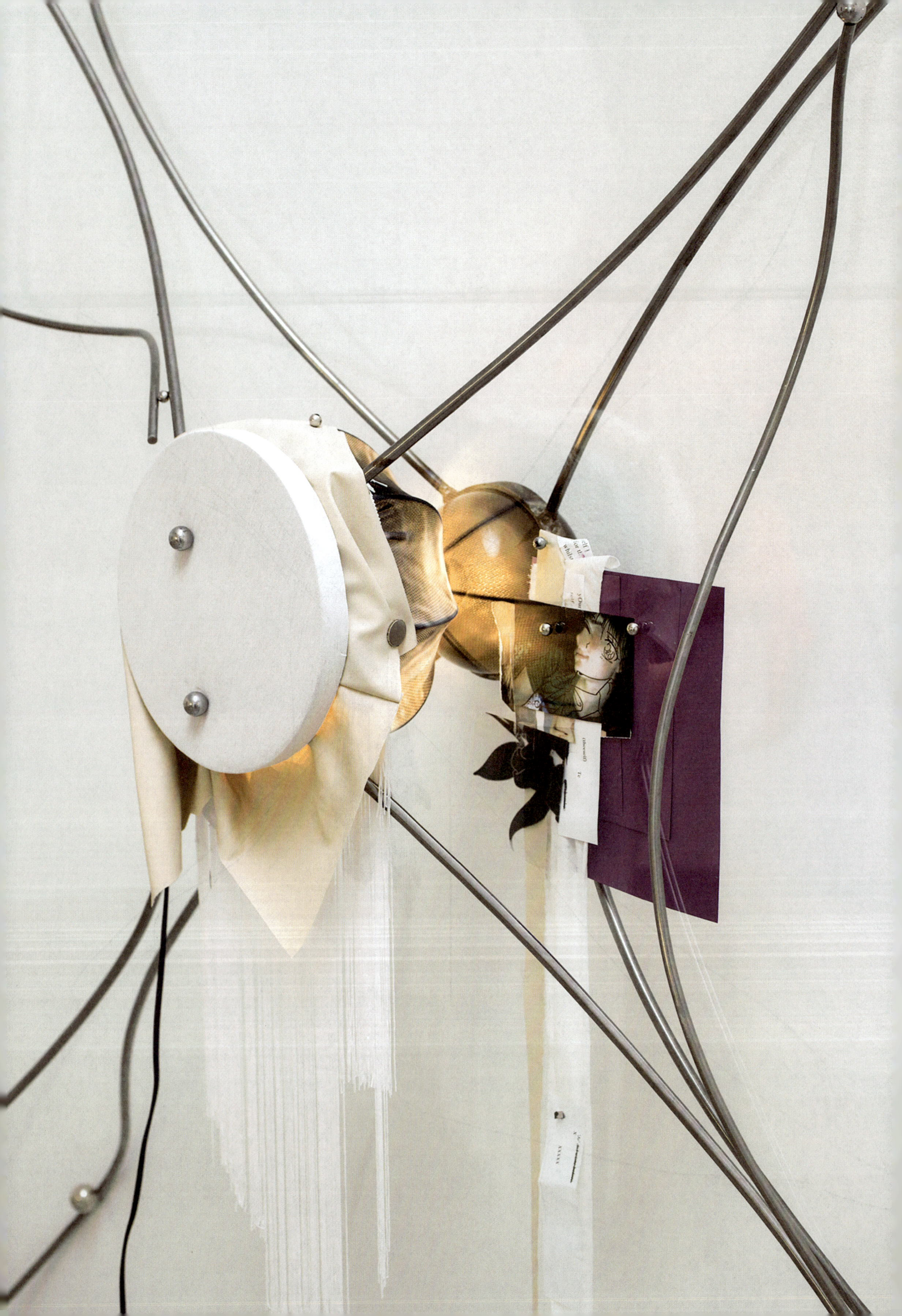

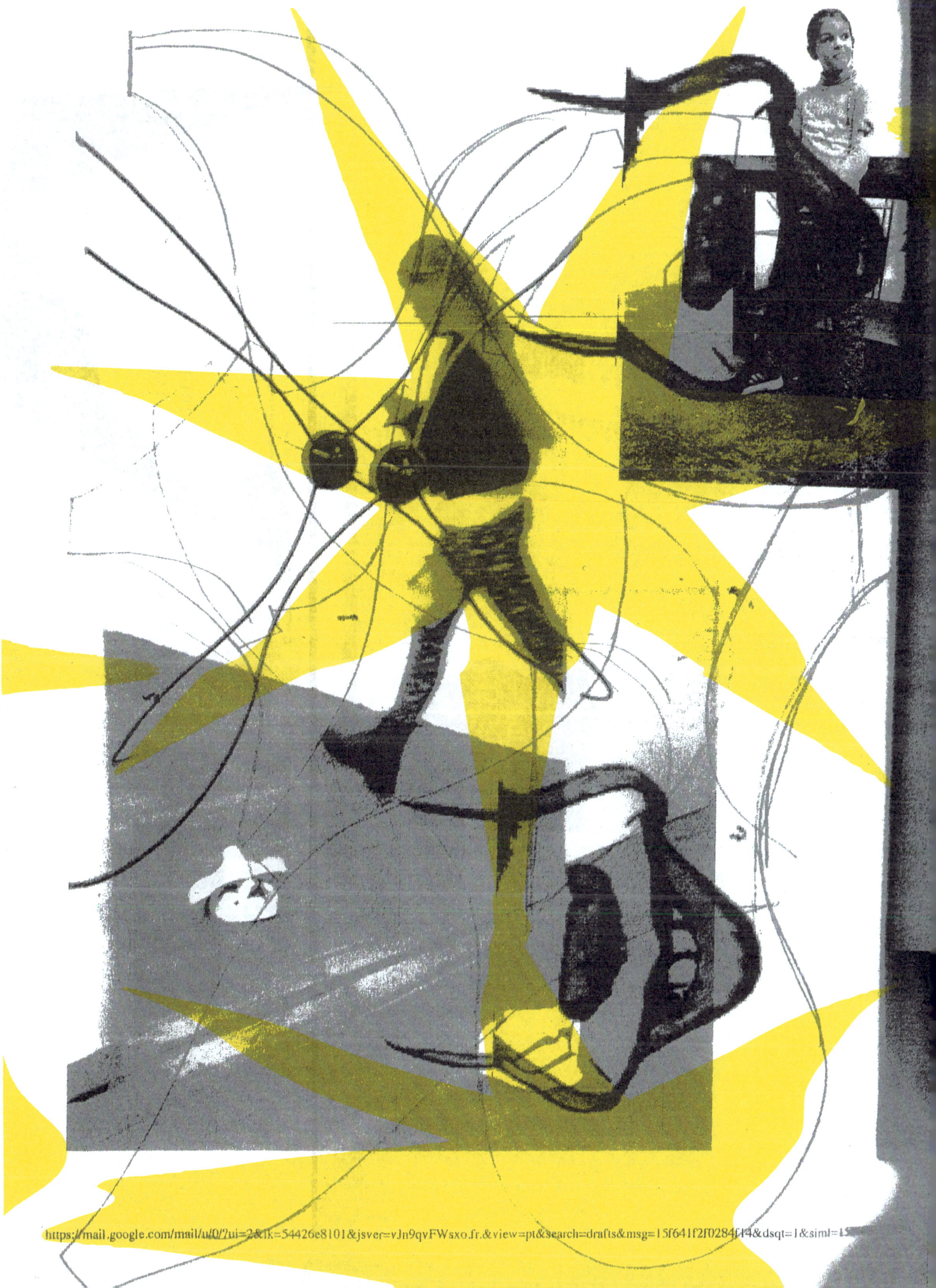

KE A TEEN GHETTO OF
SICDANCINGHUMMING PRESS-ME-TO-YOU TUNE

We are ghost flowers
that bre

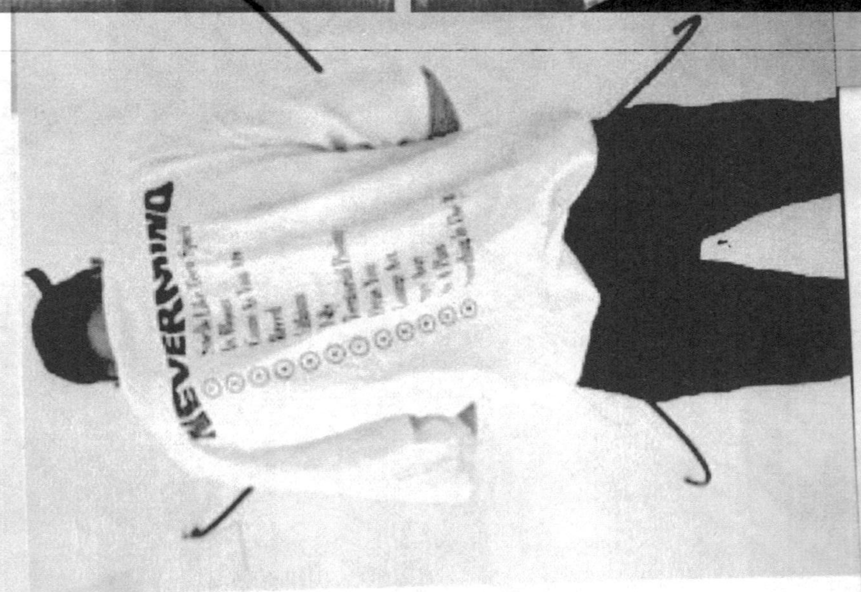

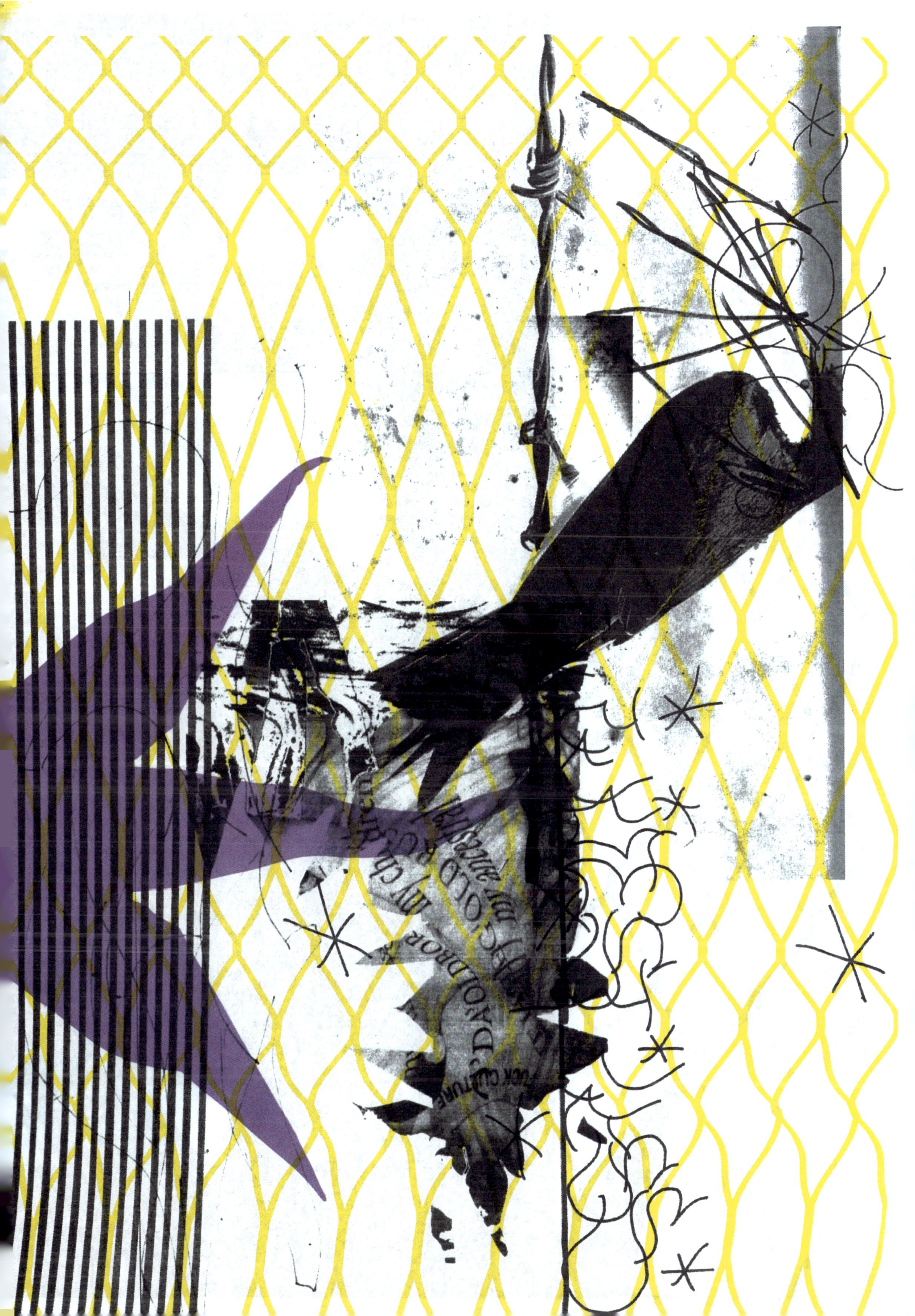

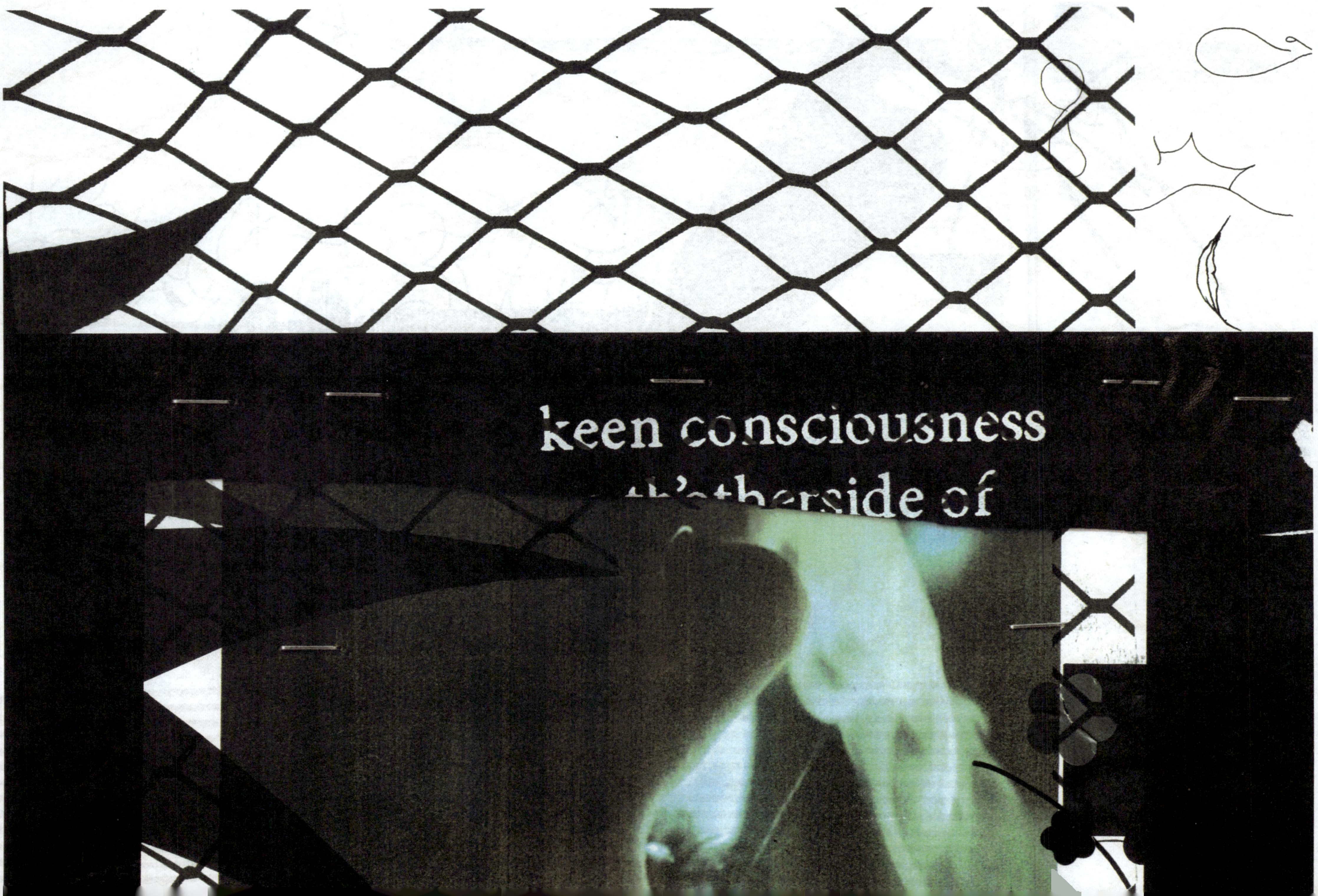
keen consciousness
th'otherside of

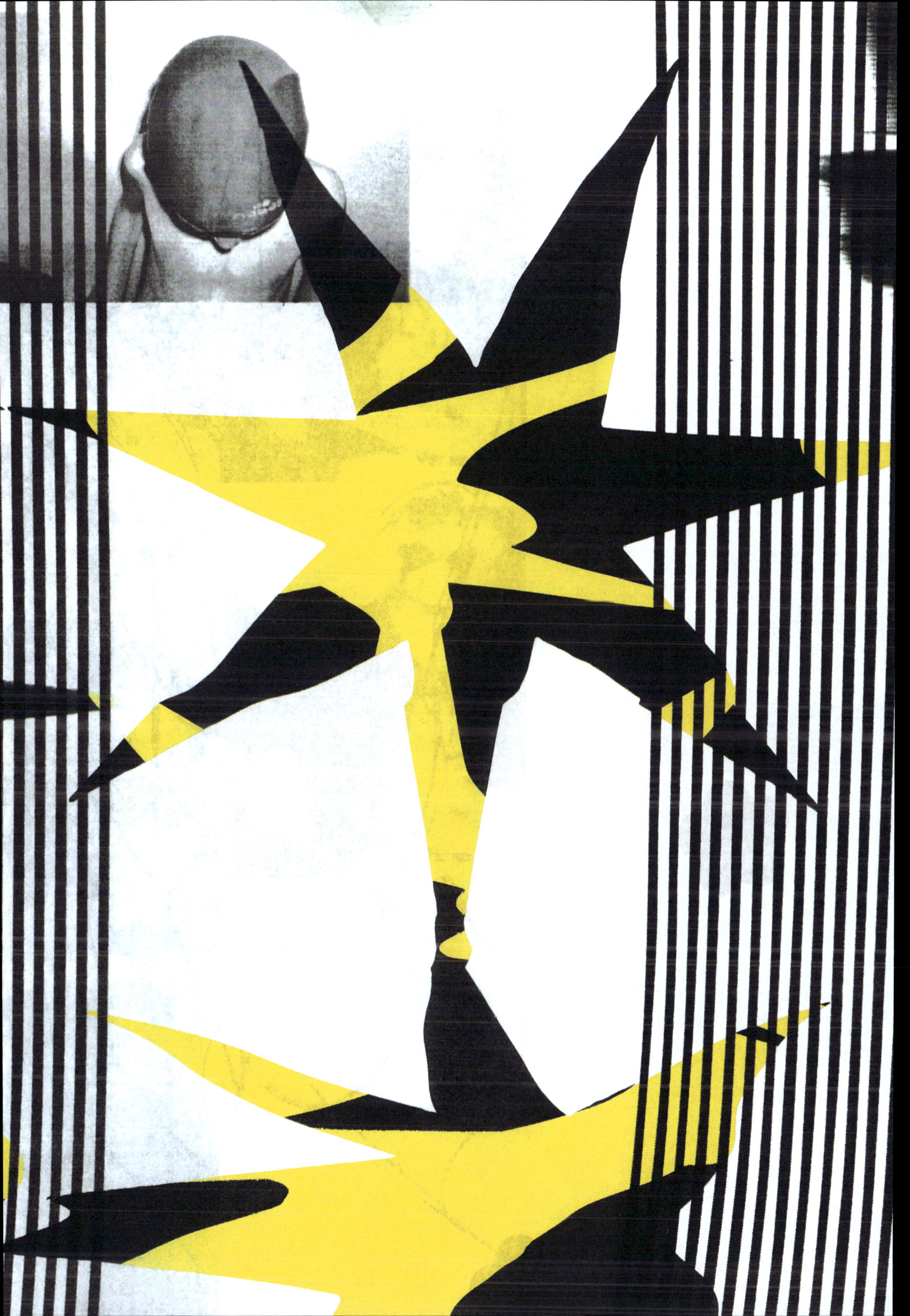

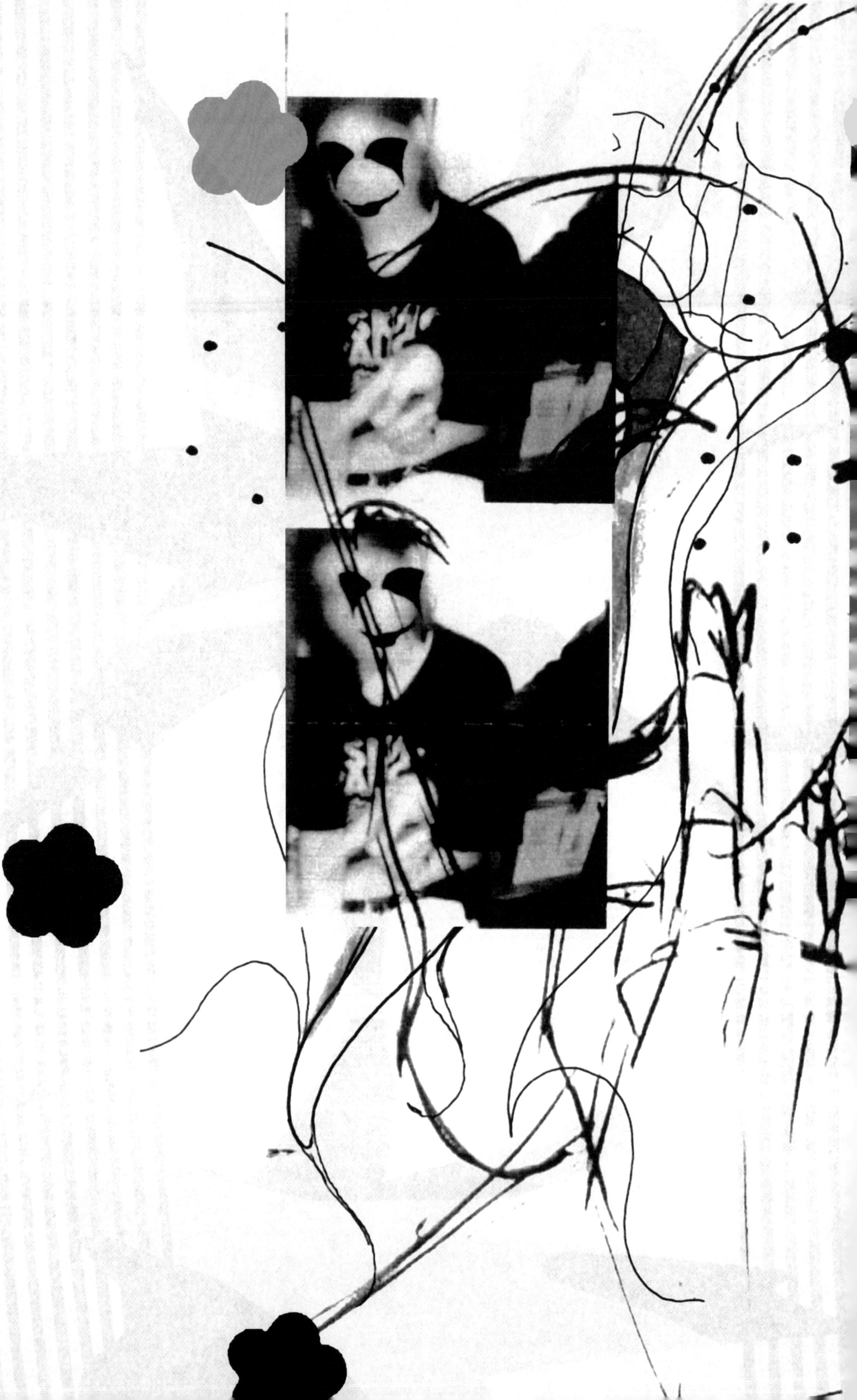

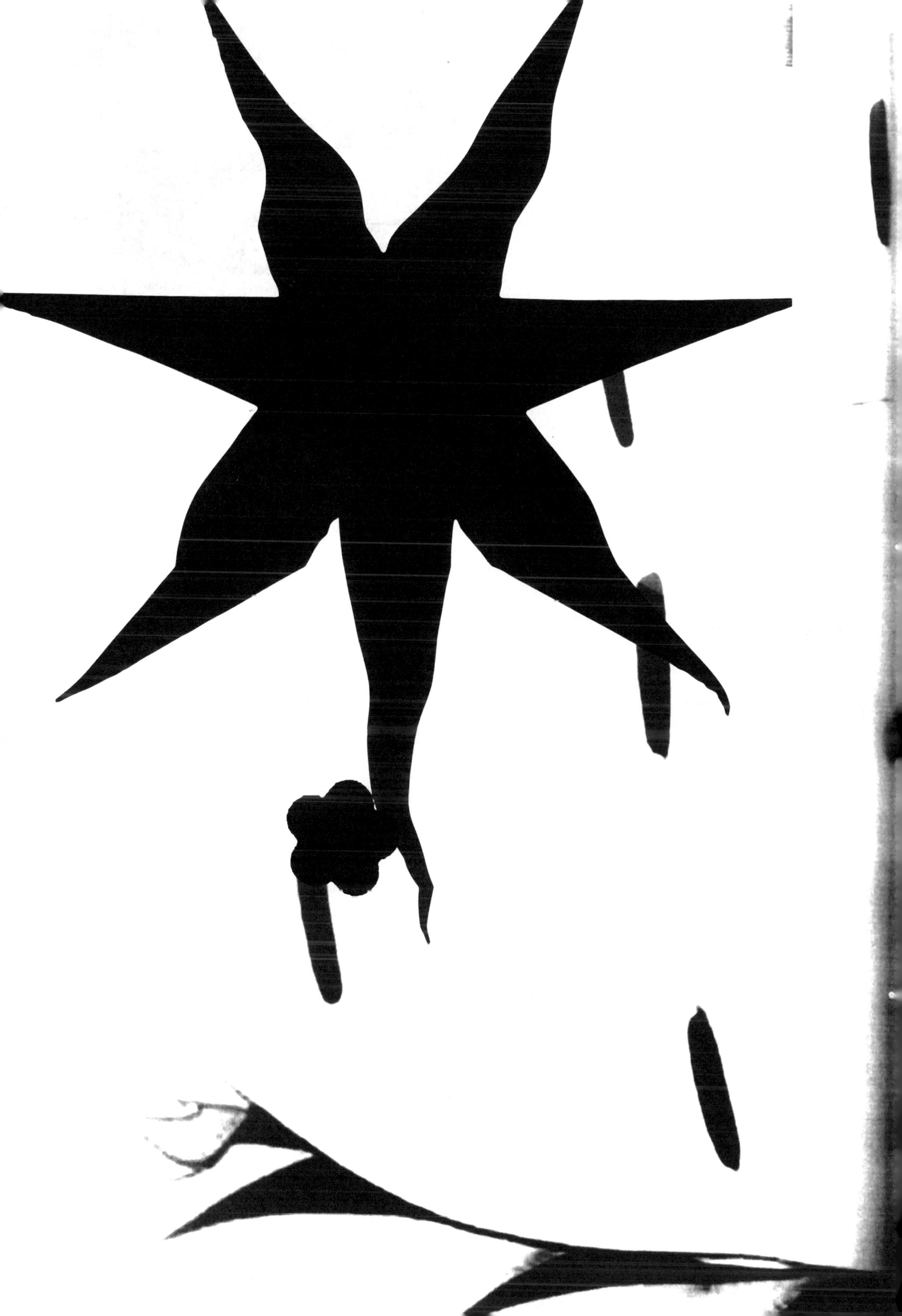

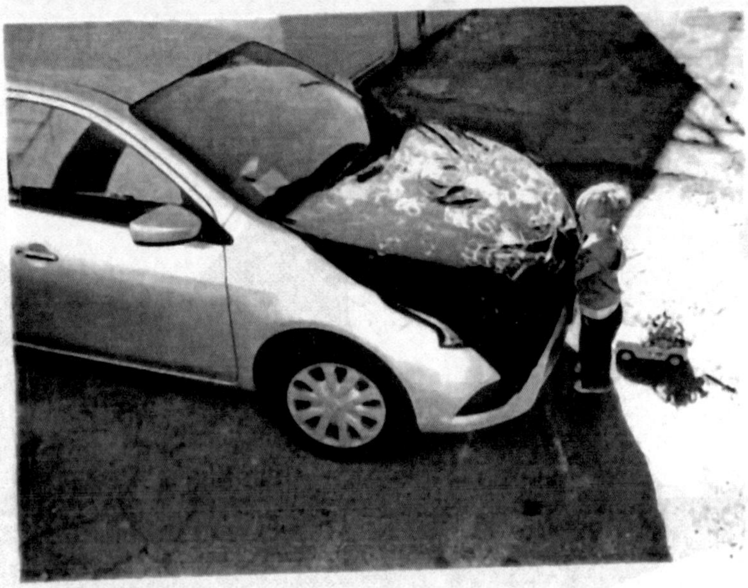

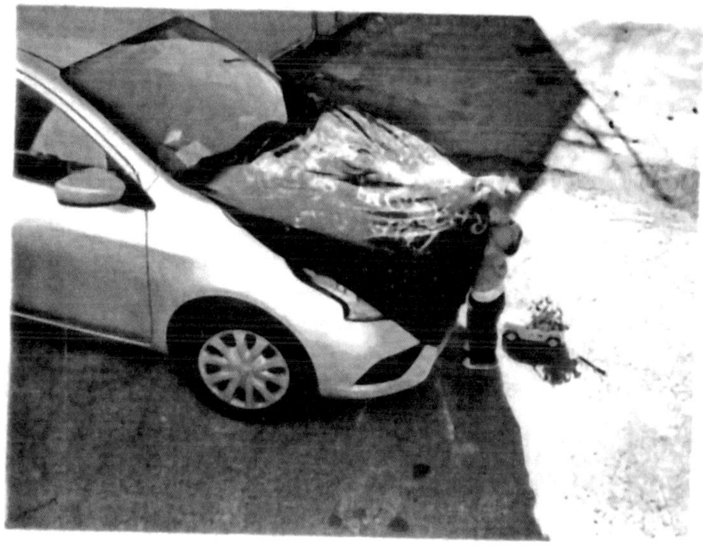

We are the ghost flowers
that breathe in the moon and the rot,
that make beauty out of

o ness NESTS

ur dreams of hands and hands
in dream's light. We make a new
street with no name and

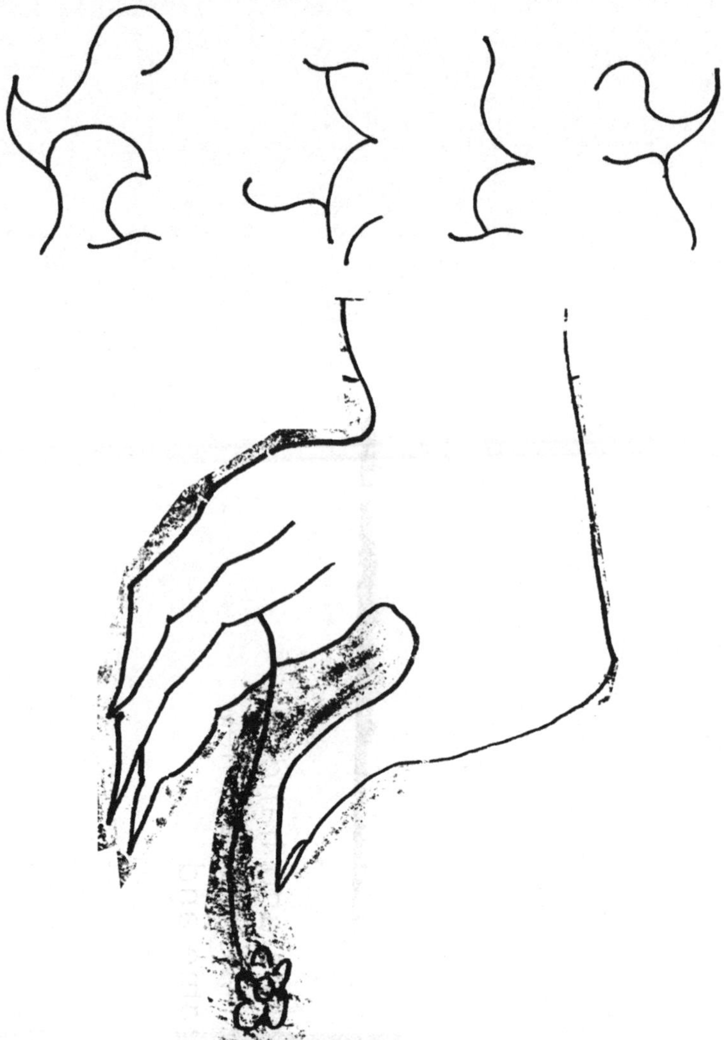